회계 분야 베스트셀러 1위!

"많은 사람들이 회계는 나와 먼 이야기라고 생각할 때부터 저자는 '회계지능'을 강조해왔다. 돈 자체는 주목하면서도 현금 흐름에 대해서는 주목하지 않는 사람들에게, 이 책은 투자 등 중요한 결정에 항상 회계지능이 도움을 줄 것이며 어쩌면 인생의 흐름을 바꿀 수도 있다고 말한다."

— 김봉진(우아한형제들 의장)

"회계는 회계 부서만이 하는 일이라는 선입견을 깨준다. 업무상 필요한 원가분석 뿐만 아니라 투자를 하기 전에 꼭 알아야 하는 것이 회계지식이라는 것을 알려준 회계입문서이다. 회계를 전혀 모르는 사람도 쉽게 볼 수 있다는 장점은 그대로, 최신 사례와 정보는 업데이트된 이 책이 더욱 기대된다."

— 백정희(GS홈쇼핑 상무)

"수많은 현자들이 회계가 중요하다고 얘기하지만, 막상 우리에겐 잘 와 닿지 않는다. 눈에는 보이지만 손에 잡히지 않는 신기루 같은 회계를 이 책은 우리 주변의 이야기를 통해, 내가 아는 그 회사의 사례를 통해 전달한다. 모든 직장인의 책꽂이에 한 권씩 꽂아주고 싶은 책이다."

— 사경인 회계사
(데이토리 대표,《재무제표 모르면 주식투자 절대로 하지 마라》 저자)

전설적인 회계입문서의 귀환!

"압도적이다. 처음 읽었을 때 회계가 이렇게 쉽고 재미있었나 놀랐고, 두 번째 읽으면서 완전히 내 것으로 만들어야겠다는 생각을 했다. 3독 후, 나의 경영과 투자는 이전과는 다른 차원의 문으로 들어갔다. 입문서라고 할 수 있지만 실제 경영 현장에서 이 이상의 지식은 필요하지 않았다. MBA 졸업자로서 말하건대, 이 책 한권만 제대로 자기 것으로 만들면 MBA 회계, 재무 수업 안 들어도 된다."

– 박현우(이노레드 CEO)

"단순한 숫자로 보일지도 모르는 회계는 수많은 임직원들의 선택과 노력의 결정체이다. 기업의 모든 결정은 결국 회계와 연결되기 때문이다. 직장 생활에서 회계지능을 갖고 시작하는 직원과 그렇지 않은 직원의 차이가 점차 벌어지고 있다. 이제 주식투자를 할 때 재무제표를 보는 것이 필수가 되었듯이, 회계를 아는 것도 선택이 아닌 필수가 될 것이다. 기업의 생존 필수능력 회계지능, 강대준 회계사의 책을 통해 그 기본을 다졌으면 한다."

– 김도윤 작가(유튜브 '김작가 TV' 채널 운영자)

지금 당장 회계공부 시작하라

지금 당장 회계공부 시작하라 전면개정판

초판 1쇄 발행   2012년 11월 7일
초판 24쇄 발행 2019년 4월 5일
개정판 1쇄 발행 2021년 6월 1일
개정판 5쇄 발행 2024년 8월 26일

지은이 강대준·신홍철

펴낸이 조기흠
총괄 이수동 / **책임편집** 박단비 / **기획편집** 박의성, 최진, 유지윤, 이지은, 김혜성, 박소현
마케팅 박태규, 홍태형, 임은희, 김예인, 김선영 / **제작** 박성우, 김정우
디자인 표지 김종민, 본문 박정현

펴낸곳 한빛비즈(주) / **주소** 서울시 서대문구 연희로2길 62 4층
전화 02-325-5506 / **팩스** 02-326-1566
등록 2008년 1월 14일 제25100-2017-000062호

ISBN 979-11-5784-510-1 13320

이 책에 대한 의견이나 오탈자 및 잘못된 내용은 출판사 홈페이지나 아래 이메일로 알려주십시오.
파본은 구매처에서 교환하실 수 있습니다. 책값은 뒤표지에 표시되어 있습니다.

⌂ hanbitbiz.com ✉ hanbitbiz@hanbit.co.kr f facebook.com/hanbitbiz
N post.naver.com/hanbit_biz ▶ youtube.com/한빛비즈 instagram.com/hanbitbiz

지금 하지 않으면 할 수 없는 일이 있습니다.
책으로 펴내고 싶은 아이디어나 원고를 메일(hanbitbiz@hanbit.co.kr)로 보내주세요.
한빛비즈는 여러분의 소중한 경험과 지식을 기다리고 있습니다.

전면개정판

지금 당장

강대준·신홍철 지음

회계공부 시작 하라

한빛비즈
Hanbit Biz, Inc.

《지금 당장 회계공부 시작하라》라는 도발적인 제목으로 세상에 나온 책을 전면 개정하면서 처음 가졌던 집필 의도를 생각해 보게 되었다.

"개정하지 않아도 통용되는, 시대를 관통하는 회계 책을 만들어야겠다."

예상은 보기 좋게 빗나갔다. 전문가용이나 수험서가 대부분이던 당시 회계 도서 시장에서 이 책은 일반 대중을 대상으로 출간된 유일한 책이었다. 덕분에 당시 대형서점 베스트셀러에 오랜 시간 머무를 수 있었고, 그것을 보며 흐뭇한 기분을 느끼던 일도 잠시. 책 속에 사례로 들었던 회사들의 경영 환경이 변화되고, 새로운 회계 평가 시스템이 나왔다. 더는 책을 그대로 둘 수 없었다.

회계 정보를 통해 나만의 기준을 갖자

요즘처럼 시장에 유동성이 풍부한 시기에는 주식 투자에 대한 관심이 높아지고, 이는 곧 기업에 대한 관심으로 확대된다. 하지만 정제된 회계 정보가 아닌, 자극적인 유인물 정보나 일명 슈퍼 개미로 불리는 투자자의 성공담에만 매몰되어 본인만의 시나리오 없이 주관적이지 못한 투자를 하게 되는 주변 사람들을 보며, 다시 한번 회계 공부의 중요성을 강조하고 싶다는 생각이 들었다.

언젠가 삼성전자에서 회계 관련 강의를 할 때 '스튜어드십Stewardship'이라는 주제로 강의를 해보면 어떻겠느냐는 제안을 받은 적이 있다. 강의를 준비하며 이 단어의 의미를 깊이 알아보다가, 그 함의에 무척이나 공감이 가서 즐겨 쓰는 단어가 되었고, 이후 주변에 이 단어를 자주 소개하곤 한다.

스튜어드십은 단순히 '관리 능력'이라고 번역하면 안 되고, 이 단어의 어원인 청지기 정신에 기반해 '주인의식을 갖고 임하는 모든 행위'라고 해석함이 맞다. 이 단어는 여러분이 어떤 업무를 하든, 어떤 위치에 있든 필요한 덕목이다. 비단 일을 할 때뿐만 아니라 인생 전체를 놓고 볼 때도 필요하다.

이러한 스튜어드십을 가지고 생활하기 위해 가장 중요한 정보가 바로 회계 정보다. 청지기는 재산을 기록한 장부가 없다면 하루도 맡겨진 임무를 수행할 수가 없다. 기업을 운영하든 영업 계획을 수립하든, 어떤 업무를 하든 이는 부정할 수가 없다. 우리도 마찬가지다.

회계의 변화를 보면 비즈니스 세상의 변화가 보인다

전면개정판을 준비하며 재무회계와 관리회계를 아우르는 기존 책을 분리해 요즘 같은 투자 열풍 시대에 부응하는 분석 위주의 책으로 바꾸는 게 어떻겠냐는 제안을 받은 적이 있었다.

하지만 비즈니스 세계를 보여주는 그림자 같은 역할의 회계를, 주로 외부에 공시하는 한쪽 면만 알려주는 것은 큰 축을 놓치는 결과를 가져올 것이라는 사실을 알기에, 기존 목차를 바꾸거나 내용을 덜지는 않았다. 대신 새로운 사례 위주로 이야기했고, 최근 재무자료를 활용하기 위해 노력했다.

여러분이 이 책을 읽으며 표준이 되는 회계를 공부하길 바라고, 소중한 오늘 하루를 새롭게 설계하는 동기부여를 얻길 바란다.

급변하는 기업환경의 변화 속에서 더욱 많은 기회가 생길 것이고, 그 기회조차 언제고 변화할 수 있다. 이런 환경에서 더욱 공부하고 얻어야 하는 정보가 회계임을 알고, 오늘부터! 아니, 지금 당장 회계 공부를 시작하자.

2021년 공저자를 대표하여
강대준 씀

1936년부터 지금까지 시즌을 거듭하며 인기를 얻고 있는 영국 BBC 방송의 〈닥터 후Doctor Who〉라는 드라마가 있다. 주인공인 '닥터'는 공중전화부스 모양의 타임머신 '타디스'를 타고 시간여행을 떠난다. 미래와 우주뿐만 아니라, 과거 로마 시대와 빅토리아 여왕 시대에도 가고, 셰익스피어와 찰스 디킨스도 만나고, 제2차 세계대전의 런던 대폭격 현장에도 간다.

그가 역사 속을 여행하는 동안 과거 속에서 그를 만난 사람들은 그의 존재에 대해 궁금해하면서 다양한 기록을 남긴다. 공중전화부스 모양의 우주선과 그의 모습은 동굴벽화 속에, 국립도서관 역사책 속에 신이나 천사 또는 외계인의 모습으로 남는 것이다. 그러면서 하나같이 외치는 말이 바로 "Doctor who?(도대체 닥터는 누구냐?)"이다.

언제 어디서나 만나게 되는 회계, 대체 넌 누구냐

비즈니스 세계에서도 비슷한 존재가 있다. 바로 회계다. 측정을 통해 회사의 정보를 제공하는 회계라는 시스템은 그 모양이나 형태는 조금씩 달랐지만 과거 어느 시대에나 있었고, 당연히 미래에도 존재할 것이다.

아담과 하와가 에덴동산에서 나와 자원을 가지고 스스로 생존활동을 시작했을 때에도, 고대 이집트에서 피라미드를 건설할 때 건축원가를 계산하고 노동자들에게 줄 임금을 측정할 때에도 지금과 형태는 달랐지만 회계라는 시스템은 존재했다. 현재와 미래에 수행될 다양한 경영활동에서도 역시 회계는 필연적으로 이용될 것이다.

인간이 조직을 구성하면 어떠한 형태로든 경영을 하게 마련이다. '지금 우리 가족은 먹고살 만한가? 지금 우리 회사는 남는 장사를 하고 있나? 내 재산은 얼마인가?' 등의 질문을 하게 되는 것은 동서고금을 막론하고 누구나 마찬가지일 것이다. 그 과정에서는 가계부를 쓰는 정도의 단순한 회계든지, 아니면 좀 더 전문적인 기술로 작성하는 복잡한 회계든지 어쨌든 회계는 반드시 사용될 수밖에 없는 것이다.

따라서 '대체 회계란 무엇인가?'를 알고 싶은 사람이라면 그 답은 숫자가 아니라 경영에서 찾아야 할 것이다. 즉, 회계는 경영의 파트너인 것이다. 경영이 존재하는 한 회계 역시 존재할 것이고, 경영환경이 급변한다고 해도 마찬가지다. 단지 회계 또한 환경에 맞춰 변할 뿐이다. 회계를 설명하는 유명한 말이 있다.

"회계는 인류가 발명한 가장 위대한 작품 중 하나다."

누가 한 말일까? 유명한 경영학자? 아니다. 바로 독일의 대문호 괴테. 그만큼 회계는 숫자를 뛰어넘어 이 사회의 경제활동을 유지할 수 있게 하는 그 무언가이다.

흔히 회계를 '경영의 언어'라 부른다. 일상생활에서 언어란 말하는 사람과 듣는 사람이 의사를 표현하기 위해 사용하는 말이나 글, 행동이지만, 비즈니스에서는 회계가 그 역할을 담당한다. 좋든 싫든 숫자와 그 숫자들을 활용해 표준화된 지표로 분석하고 보고하는 것은 모든 회사가 공통적으로 따르는 방식이다.

쓰는 법보다
'읽고 활용하는 법'을 배우자

여러 회사에서 회계강의를 하다 보면 회의시간에 등장하는 용어 대부분이 회계용어라서 답답함을 느낀다고 하소연하는 직장인들이 많다. 공헌이익,

EBITDA Earnings Before Interest, Taxes, Depreciation and Amortization, 영업이익, 충당부채, 영업활동현금흐름, 손익분기점BEP 등등의 용어를 잘 몰라서 회의시간에 주눅이 드는가 하면, 때로는 회사에 적지 않은 타격을 입히기도 한다. 이처럼 재무 전공자가 아니라도 비즈니스 커뮤니케이션에 뒤처지지 않으려면 최소한의 회계언어 구사력은 반드시 필요하다.

이러한 고민은 직급이 올라가면 올라갈수록 더 커진다. 그래서 회계를 배우고자 책을 사들고 공부를 시작하지만, 대부분의 교재는 재무 전문직군의 사람이나 회계사, 세무사 시험을 준비하는 이들을 위한 것들이다. 당연히 일반직군에게는 실무와의 괴리감이 크게 느껴지고, 흥미를 잃어버리는 경우가 많다.

그러나 C언어와 같은 컴퓨터 언어를 모르더라도 인터넷을 이용하는 데 무리가 없는 것처럼, 우리에게 필요한 회계언어 및 활용능력은 재무제표나 경영지표를 '만드는 것'이 아니라 '읽고 해석하는 것'이다. 이 책은 바로 회계를 잘 몰랐던 사람들을 위해 '읽고 해석하는 것'에 초점을 맞춰서 썼다. 외국어 학습이 쉽지 않은 것처럼, 처음부터 회계언어를 능숙하게 구사하기는 힘들 것이다. 하지만 이 책을 따라 차근차근 회계언어의 구조와 특징을 이해하다 보면 점차 자신감을 얻을 수 있다.

최근에는 소설형 회계 입문서가 많이 나오고 있다. 이런 책들은 회계의 기본 개념을 재미있게 알려줘서 좋다. 하지만 막상 실무에 적용해보려면 부족한 내용이 너무 많아, 어쩔 수 없이 따로 공부를 시작할 수밖에 없다는 사람들을 많이 만났다. 전문수험서와 소설형 입문서 사이의 간극을 메울 수 있는 책, 회계를 전공하지 않은 일반인들도 쉽게 이해할 수 있으면서 다양한 국내사례를 통해 실무에 많이 쓰일 수 있는 책이 필요하다는 생각이 들었다. 회계 입문서를 몇 권 읽어보신 분들이라면, 처음에는 이 책의 구성이 기존 책들과 많이 달라서 당황할 수도 있다. 그러나 조금 더 들여다보면 실무에서 많이 쓰이는 회계지식부터 다루고 있음을 알 수 있을 것이다.

미리 말씀드리자면 이 책은 회계나 경영학을 전혀 전공하지 않은 직장인들의 눈높이에 맞춰 쓴 것이다. 그래서 전공자들이 배웠던 순서나 방식과는 조금 다른 방식으로 회계라는 언어에 접근하고 있다. 독자들에게 좀 더 쉽게 다가가기 위한 노력이라고 생각해주었으면 좋겠다.

이 책을 편집하면서 타고난 회계지능과 열의를 보여준 임효진 에디터에게 진심으로 감사드리고, 늘 기도로 함께해준 가족에게 사랑의 말을 전하고 싶다.

2012년 가을 출간을 앞두고
신홍철·강대준

1 독자와 만든 회계 분야 베스트셀러 1위!

최신 정보와 사례를 담은 전면개정판!

이 책은 처음 출간된 직후 베스트셀러 1위를 지켜온 회계입문서로, 아이디어 기획부터 최종 오탈자 수정까지 '독자기획단'과의 피드백을 통해 만들어졌습니다. 일반 직장인들로 구성된 독자기획단의 냉철하고 꼼꼼한 참여로 독자 눈높이에 더욱 다가섰습니다. 또한, 최신 정보와 사례를 수록한 전면개정판으로 다시 돌아왔습니다.

2 회계, 이 한 권이면 끝!

철저하게 실무 중심으로 배치한 파격적 구성

이 책은 기존 회계입문서와 전혀 다른 구성으로 이야기를 풀어갑니다.

직장에서 가장 많이 활용되는 내용을 전면배치하여 실무에 빠르게 적용할 수 있고, 다양한 의사결정 상황에서 중요하게 생각해야 할 요소들을 알려줍니다.

3 쉽고 재미있고 친절하다!

회계 비전공자를 위한 눈높이 맞춤형 해설

이 책은 각종 숫자들을 어떻게 만들 것이냐가 아니라 '어떻게 읽을 것이냐'에 초점을 맞춥니다. 경영학이나 회계학을 배우지 않았어도 쉽게 이해할 수 있도록 자세한 설명과 친근한 사례로 이야기를 풀어갑니다.

4 실무에 바로 적용한다!

생생한 국내외 사례와 최신 정보들

우리 회사 상황과 너무 다른 외국 회사 사례만이 아닌 지금 바로 비교할 수 있는 최신 국내 사례를 중심으로 설명합니다. 수백 개 국내 기업의 회계정보를 실제로 다루고 있는 저자가 생생한 기업현장의 이야기를 전해줍니다.

5 투자할 때도 꼭 참고하자!

투자할 기업을 고르는 지혜까지

업무에 활용되는 지식뿐 아니라 투자자들에게도 중요한 안목을 키워줍니다. 재무제표 이면에 숨은 다양한 기업정보 활용법을 통해 당신의 투자 지식을 한 단계 업그레이드하세요.

이 책을 보는 방법

How To Read

보조설명

어려운 용어도 쉽고 빠르게!

복잡하고 어려운 회계용어, 주석을 따로 찾아볼 필요 없이 보기 쉽고 이해하기 쉽게 정리했습니다.

길잡이

무엇을 어떻게 읽을 것인가?

이번 장에서 다룰 중요내용을 알려주는 나침반으로서, 어떤 부분에 집중하며 읽으면 좋을지 짚어줍니다.

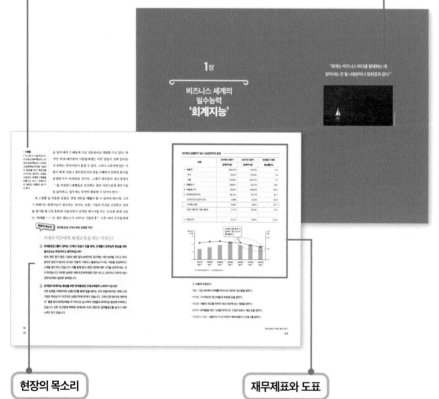

현장의 목소리

실무자에게 듣는 살아 있는 지식!

실제 기업현장 실무자들의 인터뷰를 통해 다양한 분야에서 회계지식을 활용하는 요령을 배웁니다.

재무제표와 도표

숫자와 숫자 사이의 관계 파악 훈련!

실제 재무제표와 다양한 도표를 이용해 이해를 돕습니다. 특히 집중해서 봐야 할 부분에는 도움말이 붙어 있습니다.

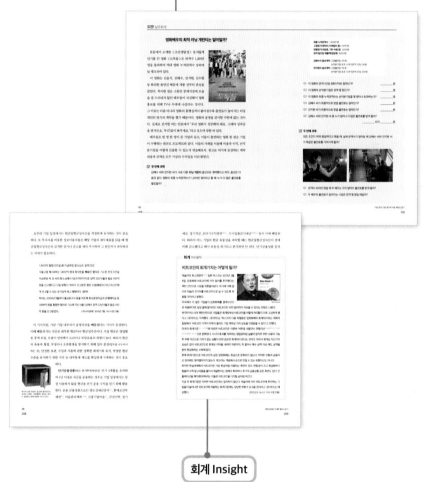

차례

C o n t e n t s

1장 비즈니스 세계의 필수능력 '회계지능'

2장 기본 중의 기본! 원가와 비용 제대로 알기

3장 **재무제표로** 경영의 큰 판을 읽자

4장 재무상태표 자세히 들여다보기

5장 손익계산서와 현금흐름표로 경영흐름 읽기

6장 기업의 건강을 진단하는 **재무제표 분석**

7장 CEO처럼 회계정보 활용하기

일러두기

본 책은 두 명의 저자가 공동집필했으나, 독자에게 혼란을 주지 않도록 본문에서는 구분 없이 '필자'로 통일하였습니다.

본 책의 내용은 다양한 자료를 바탕으로 저자들의 시각에서 분석한 것으로, 특정 단체 또는 특정 회계법인의 공식 입장이 아님을 알려드립니다.

본 책의 재무제표에 등장하는 숫자 중 괄호 안에 들어 있거나, 빨간색으로 표시되거나, △가 붙어 있는 숫자는 모두 음수(-)를 의미하며, 실제 현장에서 활용되는 모습을 보여주고자 통일하지 않았습니다.

본 책에 등장하는 실제 기업의 재무제표는 일부만 발췌한 것이며, 독자의 편의성을 위해 단위 및 표시 형식을 일부 변형하였습니다.

본 책에 포함된 이미지 중 일부는 저작권자의 사전 허락을 받지 못했습니다. 문제 시 연락주시면 알맞은 조치를 취하겠습니다.

1 수익Revenue과 이익Profit의 차이점,
   그리고 원가Cost에 대해 정확히 알고 있습니까?

2 매출은 느는데 이익은 줄어드는 현상을 설명할 수
   있습니까?

3 영업이익과 영업활동현금흐름은 다르다는 것을 알고
   있습니까?

4 경영자들은 의외로 회사의 이익을 줄여서
   발표하고 싶어 한다는 사실을 알고 있습니까?

5 여러 회계 지표 중 통계적으로 '주가'와의 상관관계가
   가장 높은 정보가 어떤 지표인지 알고 있습니까?

다섯 가지 질문에 하나라도 No라고 답했다면
지금 당장 회계 공부를 시작할 때입니다.

1장

비즈니스 세계의
필수능력
'회계지능'

"회계는 비즈니스 바다를 항해하는 데
없어서는 안 될 나침반이나 망원경과 같다."

미지의 세계에 대한 탐험은 언제나 우리를 설레게 한다. 모험이 주는 긴장감 때문이기도 하지만, 앞으로 펼쳐질 세계에 대한 호기심 때문이기도 하다. **모험**Venture이라는 단어와 가장 잘 어울리는 것이 **비즈니스**Business다. 비즈니스 세계를 탐험하는 것 또한 엄청난 긴장감과 호기심이 동반되기 때문이다. 15~17세기 대항해시대의 모험가들과 마찬가지로, 21세기를 살아가는 여러분은 비즈니스 세계를 항해하고 있는 것이다.

비즈니스 세계의 항해에 동참하려면 태평양처럼 무한하고 다양한 경영정보의 바다에 빠져봐야 한다. 과거의 선원들이 바다에 뛰어들고서야 비로소 바닷물이 짠지, 파도가 어떤 것인지 알 수 있었던 것처럼, 여러분도 정보의 바다에 빠져 허우적대봐야지만 비즈니스의 세계를 실감할 수 있다. 그리고 그 정보는 대부분 회계와 관련이 있다.

구체적인 회계의 기술을 배우기 전에, 여러분은 회계와 비즈니스가 어떤 관계를 가지는지 큰 그림을 그릴 수 있어야 한다. 회계와 비즈니스의 관계를 배우게 된다면 삼성전자, 애플, 아마존, 테슬라, 구글, 이마트, 알리바바, 쿠팡 등 우리 주변의 다양한 기업이 어떤 비즈니스를 하고 있는지를 구체적인 숫자와 함께 그 숫자 사이의 이면을 통찰하며 알게 될 것이다. 그리고 이러한 정보를 통해 여러분은 올바른 재무적 의사결정을 하게 될 것이다.

01

당신은 회계지능을 가지고 있는가

비즈니스 세계에서는 정보가 곧 돈이다. 비즈니스 세계의 구성원이라면 정보의 바다에서 의사결정에 꼭 필요한 정보를 길어 올릴 수 있어야 한다. 항해할 때 수시로 바람의 방향, 파도의 세기, 암초 등을 확인하고 북극성을 이용해 방향을 확인하듯이 비즈니스에서도 시장상황, 경쟁사 동향 등 온갖 정보를 바탕으로 의사결정을 해야 한다.

수영 실력을 갖춘 선원은 물을 두려워하지 않기 때문에 바람과 파도에 적절히 대응하면서 배를 운항할 수 있다. 비즈니스 구성원들 역시 필요한 정보를 적절히 활용할 수 있다면 문제를 해결해 나가는 데 두려움이 없을 것이다.

똑같이 일해도 다른 성과를 만드는 회계지능

수많은 경영정보 가운데 비즈니스 항해에 가장 유용한 것은 화폐수치로 표현되는 재무정보일 것이다. 이러한 재무정보를 산출하고 활용하는 분야가 바로 회계다. 따라서 비즈니스 항해에 필요한 정보활용 능력은 회계지능Accounting Intelligence으로 요약할 수 있다.

캐런 버먼의 저서 《팀장 재무학》에는 비즈니스맨이 기본적으로 알아야 할 '금융지능'이 나온다. 그러나 필자는 비즈니스맨이라면 금융보다 넓은 의미의 경영 프로세스에 대한 지능, 즉 '회계지능'이 필요하다고 본다.

회계지능이 높을수록 업무에 대한 이해도가 높을 뿐 아니라 성과에 대해 효율적으로 피드백할 수 있다. 조직의 일원으로 조직이 추구하는 목표달성에 자신이 어떻게 기여할 수 있는지를 명확히 이해하는 가운데 업무를 수행하는 것이다.

"우리가 추진하는 사업이 과연 이익을 낼 수 있을까?"

"내가 수행하는 업무가 이익창출에 기여할까?"

"보다 나은 업무수행 방식은 없을까?"

이런 질문에 좀 더 올바른 답을 낼 가능성이 높기 때문이다. 마치 야구 지능이 뛰어난 선수들은 감독의 지시나 사인 없이도 상황에 맞게 수비 위치를 조정하거나 다음 플레이를 대비하는 것과 같다.

○ 기업이 회계지능 높은 인재를 선호하는 이유

비즈니스에서는 수시로 판단이나 의사결정을 내려야 하는데, 이때 경영정보가 얼마나 중요한지 깨닫게 되면 회계지능을 키워야겠다는 생각을 자연스럽게 하게 될 것이다. 실제로 강의를 하다 보면 말단사원에서 중간관리자급으로 승진한 사람들 중에 회계를 공부해야겠다고 생각한 분이 많다. 기업에서는 어떤 결정이든 결국 회계와 연결되기 때문이다.

그런데 한 가지 유념할 점이 있다. 회계의 구체적 기술을 익히기 전에 비즈니스 세계란 무엇인가, 비즈니스 항해에는 어떠한 능력이 필요한가를 먼저 깨달아야 한다는 점이다. 즉, 처음부터 숫자를 다루는 구체적 기술을 배우기보다는 회계를 왜 배워야 하는지, 내게 필요한 회계지능은 어떤 분야의 어떤 능력인지를 먼저 이해하는 것이 중요하다.

> "신입사원이 들어오면 제가 이런 얘기를 합니다. 면접하면서 물어보면 '전략을 한 번 짜보고 싶습니다, 신사업개발을 해보고 싶습니다' 이런 얘기를 하는데, 신입사

원들한테 그런 일 못 시킵니다. 저는 분명히 얘기합니다. 자네들한테 신사업개발을 못 맡긴다! 왜? 아는 게 없으니까, 아직.

그러나 한 1년이나 2년이 지나고 난 다음에는 얼마만큼 더 하느냐에 따라서 그 사람의 미래가 달라진다는 얘기도 합니다. 처음 출발점에 섰을 때는 조그만 지식의 차이가 큰 차이를 만들지는 않습니다. 문제는 얼마만큼 스펀지 같은 마음자세가 있는가… 단순 반복하는 일로 시작을 하더라도 그 업무를 내가 왜 해야 하며, 내가 한 업무는 다음에 어떻게 이어지고, 그것이 회사의 더 큰 업무로 어떻게 연결되고, 이것은 어떠한 수익성과 연결이 되는지. 이런 생각을 하면서 지식을 빨아들이려는 생각을 가진 사람은 뭘 아는 게 없다가도 1년이 지나면 '뭘 좀 아는 사람'으로 변합니다. 그러면 금방 차이가 납니다, 리더가 될 사람은."

<SBS스페셜> 197회 중에서)

이것은 두산그룹 박용만 전 회장이 한 방송 프로그램에서 인터뷰한 내용이다. 여기서 주목할 부분은 아무리 신입사원이라도 '내가 하는 단순한 업무가 다른 업무와 어떻게 연결되는지, 어떤 수익성과 연결되는지'를 생각하면서 일해야 한다는 것이다. 회계지능이 높은 사람이란 바로 이런 사람이다.

○ 회계지능은 어떻게 길러질까?

회계지능은 유전적으로 타고나는 특별한 능력이 아니다. 물론 상대적으로 숫자에 밝은 사람도 있고, 재무에 대한 직관력과 뛰어난 이해력을 보여주는 사람도 있다. 하지만 우리는 지금 그런 예외적인 능력을 이야기하는 게 아니다. 여기서 말하는 회계지능이란 우리 자신을 포함해서 비즈니스와 관련된 사람이라면 반드시 배워야 하고, 또 쉽게 배울 수 있는 일련의 기술이다.

재무분야에서 일하거나 회계 관련 지표를 주로 다루는 사람들은 이러한 기술을 일찍 배우기 때문에 서로 전문용어로 대화할 수도 있다. 하지만 비(非)재무분야 사람들에게는 이런 말들이 전혀 알아듣지 못하는 외국어같이 들릴 수 있다. 그러나 고위직에 있는 사람이 회계 지표나 재무담당자의 말을 이해하지 못하면 회사를 운영하기가 어려워질 것이다. 그래서 대부분의 최고경영자 CEO를 비롯한 C레벨●들은 승진하는 동안 자연스럽게 재무기술을 습득하고, 업무에도 당연히 활용할 수 있어야 한다.[1]

즉, C레벨을 비롯한 임원은 경영 전반을 꿰뚫어 볼 수 있어야 하는데, 그러기 위해서는 회계지능이 필수라는 것이다. 또한, 기업의 비전을 선포하고 성과를 평가할 때 가장 흔하게 사용되면서 강력한 메시지를 주는 것 또한 회계 지표다. 아마존Amazon의 제프 베이조스가 1997년 기업공개IPO 이후 여러 주주들에게 처음 쓴 경영자 서한 'Day 1'을 보면 그의 회계지능은 사업을 시작하는 스타트업

- 아마존의 전략적 사고 프로세스를 여러분과 공유하겠습니다. 그럼으로써 여러분이 (수많은 훌륭한 투자처 중 하나를) 과감히 선택해야 할 때, 아마존이 합리적이고 장기적인 리더십을 확보하기 위해 투자하고 있음을 여러분 스스로 느낄 수 있도록 하겠습니다.

- 현명하게 돈을 사용하며, 비용 절감 문화를 유지하고자 노력할 것입니다. 특히 순손실이 발생하는 비즈니스에서는 검약하는 문화가 중요하다는 점을 잊지 않겠습니다.

- 성장을 추구함과 동시에 장기적 관점의 이윤 추구 및 자본 관리를 균형 있게 추진할 것입니다.

- 만약 회계 장부상 지표를 최적화할지 혹은 미래 현금 흐름의 현재 가치를 최대화할지 선택해야 한다면, 우리는 후자를 선택하겠습니다.

단계에서 이미 최고 수준임을 짐작할 수 있다.

　　회계지능을 높이고자 한다면 회계정보를 접할 때 일단 의심스러운 눈으로 보기 바란다. 그 안에 담긴 숫자가 잘못되어서 그런 건 아니다. 어떤 숫자를 왜, 어떻게 활용하여 이런 결정에 이르렀는지 이해하는 것이 무척 중요하기 때문이다. 숫자를 적용하는 방식은 회사마다 다르므로 이를 이해하는 가장 좋은 방법은 왜 이런 결과가 나왔는지 항상 의문을 품고 찾아보는 것이다. 이럴 때 회계 마인드가 형성되고 이는 곧 회계지능 향상으로 연결될 것이다.

> **● 재무제표**
> 특정 시점 및 기간 동안 기업이 이뤄낸 경영성과와 재무상태를 담아 외부에 공개하는 문서. 재무상태표, 손익계산서, 자본변동표, 현금흐름표, 주석으로 구성된다.

 현장의 목소리　현대중공업 인재교육원 **김경호** 부장

비재무직군에게 회계교육을 하는 이유는?

Q **현대중공업그룹이 원하는 인재의 모습이 있을 텐데, 인재들의 업무능력 향상을 위한 필수요소는 무엇이라고 생각하십니까?**

회계, 재무, 원가 등은 기업의 생존 필수능력인데, 최근에는 이런 능력을 가지고 있어 본인의 업무가 회사의 숫자로 어떻게 기록되고 활용되는지 아는 직원을 양성하려고 노력을 많이 하고 있습니다. 이를 통해 회사 경영 전반에 대한 시각을 갖추게 하는 것이 목적입니다. 이러한 능력은 재무직군에 한정된 것은 아니고, 관리직군 전반과 생산 관련직군에도 필요한 능력입니다.

Q **임직원의 회계지능 향상을 위한 현대중공업 인재교육원의 노하우가 있나요?**

이런 능력을 키워주려면 순환근무를 통해 일을 배우는 것이 바람직하지만, 재무나 원가팀은 특성상 타 직군과의 순환근무에 한계가 있습니다. 그래서 원가분석과 재무제표[●] 활용 등의 회계교육을 주기적으로 실시하여 직원들의 회계지능 향상에 주력하고 있습니다. 또한 조선업에 특화된 회계교육 프로그램으로 업무활용도를 높이기 위한 노력도 하고 있습니다.

02
회계는 숫자가 아니라
이야기다

'회계'라는 단어를 들으면 보통 복잡한 계산과 수많은 숫자를 떠올리기 쉽다. 그러나 이는 회계정보를 만들어내는 시스템(가령 전표 입력 위주의 복식부기 같은)에 대한 선입견에서 비롯된 것일 뿐이고, 실제로 회계의 본질은 매우 단순하다. 바로 '비즈니스에 관한 이야기이자 정보'라는 것이다. 다음 이야기를 살펴보자.

자본금 2억 원을 투자받아 설립된 IT회사 ㈜사차원은 자체개발한 게임 프로그램의 기술력을 인정받아, 미국의 한 인터넷 게임회사와 10년간 프로그램 독점 수출 계약을 체결하였다. 그 결과 글로벌 금융위기가 한창일 때도 직원 30명으로 무려 매출액 400억 원을 기록하기도 했다. 결제대금을 모두 달러로 받았기 때문에, 글로벌 금융위기로 환율이 크게 오르자 외환차익도 꽤 많이 챙겼다.

그러나 막상 회사 사장은 걱정이 이만저만이 아니다. 바로 세금 때문이다. 회사에 대한 법인세도 문제지만, 본인의 급여와 배당에 따른 개인소득세 또한 최고세율 구간에 오르면서 남들은 이해 못할 행복한 고민에 빠진 것이다.

세금을 아끼기 위한 고민 끝에 회사는 '비용 만들기' 전략에 돌입했다. 이익이 증가하면 세금을 많이 납부하게 되니, 비용을 더 많이 지출해서 세금을 줄이기로 한 것이다. 하지만 IT회사는 공장 같은 산업설비가 필요한 것도 아니고 판매매장이 있는 것도 아니어서 생각보다 회사비용을 만들기도 쉽지 않았다. 결국 관리비용을 크게 늘리고 임직원의 사소한 개인비용까지 회사 명의로 지출하는 상황에까지 이르렀다.

이 이야기를 들으면 ㈜사차원이 어떤 회사인지 대충 감이 온다. 이 이야기만으로도 독자들은 여러 가지를 유추해낼 수 있을 것이다. 회사가 주주로부터 투자받은 자본금이 있다는 점, 매출액과 일인당 매출액을 보니 회사의 생산성이 매우 높다는 점, 수익이 발생하는 구조 등등이다. 또 환율이 변동하면 위기가 발생할 수 있다는 점, 그리고 업무 무관 비용을 과도하게 지출하다가 세무조사를 당할 수 있다는 점까지 생각해볼 수 있다.

또한 ㈜사차원의 거래처가 미국에 있는 인터넷 게임회사 한 군데인데 그 거래처에 문제가 생겨서 거래가 중단된다면, 당장 매출에 큰 타격을 받을 수 있다. 이러한 사실까지 파악했다면 당신은 이미 수준급의 회계지능을 소유한 셈이다.

좋은 이야기는 곧 좋은 정보다

그런데 이러한 정보 중에 복잡하게 숫자를 계산해서 얻어진 결과가 있는가? 이처럼 어떤 회사의 상황을 이야기하다 보면, 간혹 모르는 단어가 한두 개 있을지 몰라도 대부분은 문맥을 유추하여 이해할 수 있다. 왜냐하면 기업경영은 우리가 상식적으로 아는 범위 내에서 전개되기 때문이다.

결국 회계도 형식적인 틀을 떠나면 이야기로 풀어서 설명하는 것이 가능해진다. 즉, 기업정보를 애타게 기다리는 사람들에게 이야기를 전하듯이 쉽게 말해주는 게 가능한 것이다. 이 책은 바로 그런 목표를 위해 만들어졌다.

◉ 누가 이야기를 듣는가

이제는 고인이 되어 사람들의 추모를 받고 있는 애플의 전 CEO 스티브 잡스는

스티브 잡스는 회사 실적을 간단한 이미지와 이야기로 풀어나감으로써 전 세계 주주들에게 열렬한 환호를 받았다. (ⓒCDernbach)

애플의 기기들을 선보이는 콘퍼런스 '맥월드'의 기조연설을 통해 프레젠테이션의 진수를 보여주었다. 이때 여러 신제품 발표와 더불어 애플의 실적발표도 같이 이루어졌는데, 잡스는 복잡한 숫자 대신 독특한 이미지화를 통해 자신들의 실적을 이야기하듯 설명하여 많은 호응을 얻었다.

잡스가 실적을 발표할 때 애플의 주주들은 회사 주가에 어떤 변화가 있을지 예상할 것이고, LG디스플레이처럼 애플에 제품을 공급하는 납품업체는 공급물량의 변화와 거래의 지속가능성 여부에 촉각을 곤두세울 것이다. 또 미국 국세청인 IRS^Internal Revenue Service는 애플의 실적을 보면서 얼마나 세금을 걷을 것인지 관심을 갖고 지켜볼 것이다.

반대로 스티브 잡스를 기업정보의 이용자라고 생각해 본다면, 그가 가장 관심을 보인 재무정보는 과연 어느 기업의 것이었을까? 당연히 애플이었을 것이다. 그런데 이것은 그가 CEO였기 때문만은 아니다. 왜냐하면 잡스가 1997년 애플에 복귀한 후 계약한 연봉은 단 1달러였고, 아무리 실적이 좋게 나와도 연봉이 오르지 않기 때문이다.

대신 그는 애플의 주주로서 550만 주에 달하는 주식을 소유하고 있었다. 그가 세상을 떠난 2011년 당시 가치로 21억 달러, 한화로 약 2조4,000억 원 상당의 주식이었다. 따라서 애플의 수익이 어떻게 변화하느냐에 따라 그가 보유한 주식 가치는 크게 변할 것이었고, 잡스는 배당을 통해 현금을 손에 쥘 수도 있었다. 하지만 그는 애플의 성장성에 대한 깊은 확신으로 주식을 처분한 적이 거의 없고, 애플은 잡스 생전에는 무배당 원칙으로 배당을 하지 않았다. 그의 사후인 2012년 8월에 첫 배당을 하였으므로, 잡스가 애플에서 받은 현금은 의외로 거의 없다고 할 수 있다.

그렇다면 스티브 잡스가 관심을 둘 만한 기업은 또 어디였을까? 물론 삼성전자 같은 애플의 경쟁사들도 있었겠지만, 의외의 회사가 한 군데 더 있다. 바로 애니메이션으로 유명한 디즈니다. 사실 잡스는 디즈니 전체 주식의 7.4%를 보유하여 기관 투자자를 제외한 개인으로는 최대주주였다. 여기서 받는 배당금은 연평균 약 4,800만 달러, 한화로 약 560억 원에 달했다. 결국 잡스의 주수입은 애플보다는 디즈니에서 나왔다고 봐야 한다. 그러니 어쩌면 주주로서의 잡스는 애플보다 디즈니의 재무정보에 더 관심을 두었을지 모른다.

기업정보가 움직이는 방향

잡스가 한 회사의 CEO이면서 다른 회사의 최대주주였던 것처럼, 한 사람은 다양한 측면에서 이해관계자가 될 수 있다. 마찬가지로 우리들도 어떤 기업에는 직원으로, 어떤 기업에는 주주로, 또 어떤 기업에는 소비자로, 다양한 형태의 이해관계자로서 특정 기업의 이야기에 귀를 기울이는 정보이용자가 될 수 있다. 마치 가공·추상을 의미하는 메타Meta와 현실 세계를 의미하는 유니버스Universe의 합성어인 '메타버스Metaverse' 속 여러 주체처럼, 직장인으로 고용되어 있더라도 다른 여러 기업의 주주로 그 기업의 비즈니스 세계에서 살 수도 있는 것이다.

○ 이야기에서 무엇을 얻고자 하는가

모든 좋은 이야기들이 그렇듯이 회계가 정보를 제공하는 이야기 도구로서 제 역할을 하려면 등장인물과 동기, 구성 등의 요소가 탄탄해야 한다. 특히 회계정보를 이용한 이야기 전달은 기업의 이해관계 때문이라도 특정 사건이나 기업의 실상을 정확히 전달해야 하므로, 그만큼 쉽게 이해할 수 있어야 한다. 다음 두 가지를 비교해보자.

1 삼성전자는 지난해 어려운 세계 경제환경에서도 선전하며 최고의 한 해를 보냈다.

2 삼성전자는 지난해 매출 279조 원이라는 실적을 기록하고, 영업이익은 51조 원으로 높은 실적을 달성하는 등 어려운 세계 경제환경에서도 선전하며 최고의 한 해를 보냈다.

둘 중에 어떤 것이 정보로서 더 가치가 있다고 생각되는가? 보다 구체적 정보를 제공하는 2번일 것이다. 여기에서도 알 수 있듯이 회계는 회사가 얼마나 잘 운영되고 있는지 '재무수치'를 이용해 '이야기'하는 것이다.

이론적으로 보면 회계는 '회사의 경영활동에 관심을 갖는 다양한 이해관계자가 합리적인 의사결정을 할 수 있도록 경영활동을 기록하고 추적하여 회사에 관한 유용한 정보를 측정하여 전달하는 과정'이라고 정의된다. 하지만 우리는 좀 더 쉽게 정보이용자 관점에서 '회사에 대해 관심이 있는 사람들을 위해 회사에 대한 다양한 재무정보를 생성하고 이야기하는 것'으로 이해하기로 하자.

SK그룹의 경우 유튜브에 파이낸셜 스토리라는 이름으로 회사의 회계정보를 영상과 스토리텔링으로 이야기하고 있다. (ⒸSK 공식 유튜브)

한 회사의 경영활동에는 주주, 채권자, 경영자, 종업원 등 다양한 이해관계자들이 얽혀 있다. 이러한 이해관계자들은 자신이 관심이 있거나 자신과 직·간접적으로 연관되어 있는 회사의 경영활동에 대해 각자의 목적에 맞는 다양한 정보를 원한다.

하지만 어쨌든 정보이용자들의 공통적인 요구사항은 한마디로 기업의 비즈니스 모델과 실상, 즉 경영성과나 재무상태에 관한 정보를 달라는 것이다. 물론 각자의 관심사에 따라 조금씩 차이는 있지만, 대개는 기업의 목적인 이익달성 수준과 잠재력 평가 정보로 요약된다.

이해관계자들이 기업정보를 얻으려는 목적

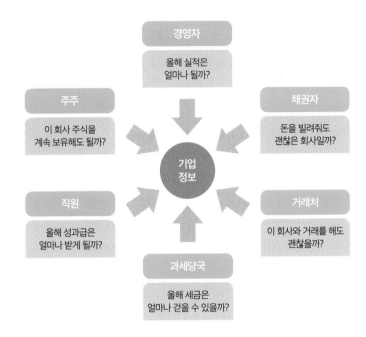

스티브 잡스는 회계도 애플식으로 만들었다

과거 한 일간지에 스티브 잡스의 회계방식에 대한 인터뷰가 실
렸다. 애플의 전 수석부사장 제이 엘리엇이 말하는 '잡스식 회계'
에 대한 이야기다.

"잡스가 어느 날 최고재무책임자CFO를 불렀다. '회계도 애플식
으로 심플하게 하라'고 주문했다. 회계란 게 원래 회계기준이 있
는 것 아닌가. 그런데 잡스는 이렇게 말했다. '비용과 기대수익을
공인된 회계기준보다 더 단순히 만들어봐요.' 한눈에 볼 수 있게 분석하라는 주문이었다."

당시 미국회계기준US-GAAP에 따르면 스마트폰 판매업체들은 제품을 판매하더라도 그 매출이 바로
반영되는 게 아니라 수년에 걸쳐 분산 반영됐다. 애플의 아이폰은 매출 후 수익이 완전히 인식되기까
지 2년이 걸렸다. 제품을 판매해도 그 안에 서비스 영역이 차지하는 비중이 높아서 로열티나 업그레
이드 비용은 계속 지출되는데, 수익이 한 번에 인식되는 것은 바람직하지 않다고 본 것이다. 잡스는
이 점이 불만이었다. 2년에 걸친 전체 매출액은 동일하지만 성과만큼은 즉시 반영되기를 원했다.

하지만 불행하게도 당시 CFO는 해내지 못했다. 외부 이해관계자를 위한 회계기준에만 신경 쓴 그는
내부 이해관계자인 잡스에게 원하는 정보를 주지 못한 것이다. 당연히 그는 곧 교체됐다. 그리고 새
로 온 CFO는 결국 잡스 스타일의 '애플식 회계'를 만들어냈다.

애플식 회계가 가동된 지 몇 년 후인 2011년, 미국의 **회계기준위원회**FASB는 애플식 회계가 합리적
이라는 점을 수용하여 거래발생과 동시에 제품 판매 영역에 해당하는 부분을 구분하여 매출에 포함
시킬 수 있게 회계기준을 변경하였다. 전문가들은 이 회계기준 변경으로 역시 애플이 가장 큰 수혜를
받을 것이라 예상했다.

더 단순하게, 한눈에 볼 수 있게 전달하라는 잡스의 요구는 어쩌면 회계의 본질을 잘 말해주는 것인
지도 모른다. 숫자에 가려 보이지 않는 핵심을 쉽게 전달해야 정말 의미 있는 회계정보인 것이다.

03
회계는 모든 곳에
존재한다

오른쪽 메모는 '포스트잇'으로 유명한 회사인 쓰리엠(3M)이 만든 일종의 목표선언 문구다. 여기서 3은 3년을 의미하고, 30과 50이란 숫자는 총매출액 중에서 신제품의 매출액 비중을 의미한다. 따라서 3/30이란 3년 이내에 출시된 제품의 매출액 비중이 30%라는 것이고, 3/50이란 3년 이내에 출시된 제품의 매출액 비중이 50%라는 것이다.

" 3/30에서
3/50으로! "

  즉, 이 문구는 종전의 목표는 3/30이었지만 올해부터는 3/50 이상이어야 한다는 의지를 담고 있다. 시장 경쟁이 심해져서 과거에 개발한 제품에 의존하는 대신 끊임없이 신제품을 개발·출시해야 한다는 것을 강조하기 위해 경영진이 고민 끝에 내건 캐치프레이즈다.

우리는 숫자의 세계에 살고 있다
구구절절한 내용을 간단한 수치만으로 표현한 '3/30에서 3/50으로'는 메시지가 강력할 뿐 아니라, 실제 구성원들에게 미치는 동기부여 효과 또한 크다. 왜냐하면 목표달성 여부에 따라 전 구성원의 성과급이 좌우되기 때문이다.

측정방법도 단순하다. 목표달성 여부는 총매출액과 신제품 매출액이라는 두 가지 수치만 알면 계산할 수 있다. 매출액은 외부에도 공표되는 매우 기본적인 회계정보이고, 3년 이내 신제품의 매출액 역시 회사 내부의 직원들은 쉽게 뽑아볼 수 있는 회계정보다.

○ '단순한 숫자'의 힘

이처럼 간단한 수치를 이용해 구성원들의 열정을 이끌어내려는 비전선언문이 많다. 1990년대 초반의 스타벅스는 'In the year 2000, 2,000 locations!(2000년까지 2,000개 매장 개설)'를 내세웠고, 현대자동차그룹의 경우 향후 10년간 수소전기차 부품 등 수소 경제와 관련된 일자리 5만1,000개를 마련하고, 2030년 국내에서 연간 50만 대 규모의 수소전기차^{FCEV} 생산 체제를 구축하겠다는 중장기 수소차 로드맵을 목표로 내세우고 있다.

사실 수치를 이용한 정보전달은 효과가 매우 크다. 우리 주변에도 수치로 전달되는 정보들이 많다. 한낮 최고기온이 섭씨 32℃라거나, 진도 8.0의 지진이 일어났다거나, 비가 올 확률이 80%라고 하면 우리는 자연스럽게 '오늘은 덥겠

기업의 히스토리를 숫자로 표현한 예

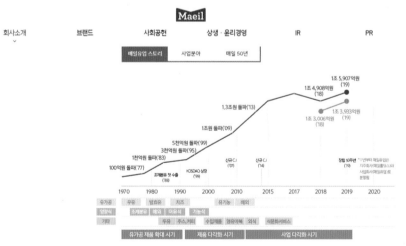

기업의 히스토리 또한 숫자를 통해 이야기할 수 있다. 사진은 매일유업 홈페이지의 회사소개인 매일유업 스토리.

출처: 매일유업 홈페이지

구나, 엄청 강한 지진이 일어났구나, 오늘은 세차를 하지 말아야겠구나'라고 생각하게 된다. 이처럼 숫자를 이용한 정보전달은 익숙해지기만 하면 더할 나위 없이 편리하다.

○ 숫자에서 무엇을 얻을 것인가

골프 경기에서는 '스코어카드'란 것을 이용한다. 각 골퍼들은 자신과 지정감시자로 지목된 파트너의 홀별 스코어, 최종 18홀의 스코어를 스코어카드에 작성해서 제출해야 한다. 이를 토대로 우승자를 가리게 되는데, 자칫 잘못된 수치를 제출할 경우(가령 동반자가 기록한 자신의 스코어와 스스로 기록한 스코어가 불일치할 경우)에는 실격 처리된다. 골프는 심판 없이 골퍼들끼리 자율적으로 치르는 게임이기 때문에 그만큼 신사도와 신뢰를 강조하는 것이다.

골프 스코어카드에 기록되는 홀별 및 최종 18홀 스코어는 협회에 반드시 제출해야 하는 최소한의 자료다. 이것을 회계적으로 표현하자면 핵심성과정보를 공유하는 것이다.

골프 스코어카드의 예(2016년 경기)

출처: PGA투어 트위터

그러나 골퍼가 나중에 활용하기 위해 자신에게만 필요한 정보를 기록하는 것은 전혀 문제가 되지 않는다. 매 홀의 퍼팅 수나 사용한 클럽을 기록하면 게임 후에 총 퍼팅 수를 쉽게 파악할 수 있을 뿐 아니라, 몇 번 홀 공략에서 무엇이 아쉬웠는지를 스스로 돌아볼 수도 있다. 예를 들어 파Par 4홀에서 '드라이버(D) 티샷

→ 5번 아이언으로 세컨드 샷 → 온 그린에 실패해 피칭 웨지(W)로 어프로치 → 2퍼트(PP)로 마무리(총 5타)' 과정을 거쳤다면 'D5WPP'로 적어놓는 식이다.

이것을 회계라고 생각하면 스코어는 성과, 협회에 제출하는 스코어카드는 성과자료의 공유(공시●), 그리고 개인적으로 기록한 자료는 판단을 돕기 위해 기업 성과관리를 위한 내부자료라고 보면 된다.

기업에 관심을 갖는 이해관계자들은 어떤 정보를 원할까? 기업경영도 일종의 비즈니스 게임이기 때문에, 우리 팀(기업이나 조직)의 승리에 대한 관심은 승리를 바라는 스포츠 관중과 다르지 않을 것이다. 다만 기업의 승리는 재무성과를 중심으로 한 기업가치로 판가름 난다는 점이 다를 뿐이다.

스포츠에 비유하자면 총득점은 수익에, 실점은 비용에 해당하고 그 차이인 득점 차는 곧 이익에 해당한다. 이익이 0이면 무승부처럼 허무함을 느낄 수 있다. 그리고 이익이 마이너스(-), 즉 득점보다 실점이 많으면 장기적으로는 패자가 된다. 이처럼 경영의 숫자가 아무리 복잡해 보여도 정말 중요한 것 몇 개만 놓치지 않으면 회계가 어렵기는커녕 매우 유용하게 사용할 수 있을 것이다.

겉으로 봐서는 어느 것이 좋은지 알 수 없는 레몬 시장에서는 잘못 고르면 낭패를 보게 된다. (©CocteauBoy)

회계가 정보 독점을 막는다 [2]

레몬은 모양이 예쁘고 오렌지처럼 맛있게 생겼지만, 실제로 먹어보면 매우 시고 심지어 쓰기까지 하다. 그래서 레몬 시장Lemon Market이라고 하면 겉은 멀쩡해 보이지만 질적인 측면에서는 엉망인 재화나 서비스가 거래되는 시장을 의미한다. 이러한 시장이 생기는 원인은 제대로 된 정보를 한쪽만 독점해서, 소비자나 다른 경제주체가 합리적인 의사결정을 하지 못하기 때문이다.

레몬 시장의 대표적인 사례가 중고차 시장이다. 중고차의 상태는 차의 원소유자가 가장 정확하게 알고 있다. 겉으로는 멀쩡한 그 차가 실은 어디가 결함이 있는지, 큰 사고가 났었는지 여부는 사려는 사람은 정확하게 알 수가 없다. 정보를 한 쪽만 독점하는 정보 비대칭이 생기는 것이다.

따라서 중고차를 구입하려는 사람은 개중에 통상 반 정도는 문제가 있는 차라는 것을 전제로 차를 선택하고 흥정을 하려 한다. 그러면 정말로 괜찮은 차를 내놓는 사람에게는 오히려 손해다. 자신의 차가 정말로 괜찮다고 생각하는 사람은 중고차 시장에서는 제값을 받기 힘들다는 사실을 깨닫고 다른 판매 루트를 찾게 될 것이다.

그 결과 중고차 시장에서 괜찮은 차는 점점 줄어들고, 문제가 있는 차는 점점 더 늘어나게 된다. 결국 '악화(惡貨)가 양화(良貨)를 구축(驅逐)한다'는 그레셤의 법칙처럼, 나쁜 차가 좋은 차를 몰아내게 되는 것이다.

중고차 시장에 문제 있는 차가 늘어나면 늘어날수록 가격은 더욱 부적절하게 형성되면서, 좋은 차가 나올 가능성은 더욱더 줄어든다. 마침내 소비자는 중고차 시장 자체를 외면해버리게 될 것이다. 이렇게 정보 비대칭에 의해 초래된 시장실패를 흔히 역선택Adverse Selection 또는 '잘못된 선택'이라고 한다.

○ 정보공유와 평등한 자원분배

일반적으로 기업가들은 투자자 및 재원제공자보다 사업에 대해 훨씬 정확하고 풍부한 정보를 갖고 있다. 이를 바탕으로 기업가들은 '이 사업 아이디어가 수익성이 좋다'는 측면을 강조해서 보여주게 될 것이며, 이때 정보의 전달 수단은 '투자를 하면 돈을 얼마나 잘 벌 수 있는가'를 담은 회계보고서가 될 것이다.

이때 사업가는 안 좋은 정보는 투자자들에게 주지 않으려 할 것이다. 사업이 실제보다 더 잘되고 있는 것처럼 보이게 회계보고서를 작성해야 투자를 끌어낼 수 있기 때문이다. 이럴 경우 기업가가 제공하는 정보의 신뢰성에 문제가 생긴다.

실제로 이런 일이 발생하면 어떻게 될까? 별로 가치 없는 사업을 과대포장된 회계보고서로 눈속임해서 투자자를 유혹하게 될 것이고, 이 상태를 방치하면 자본시장 자체가 붕괴될지도 모른다. 즉, 투자자와 기업가 사이의 정보불균형은 '불편한 진실'을 숨겨버리고, 결국 자본시장의 기능까지 무력화할 수 있다.

자본주의는 수요와 공급에 의해 가격이 결정되고 이른바 '보이지 않는 손'에 의해서 유지되는데, 이는 일반 실물시장뿐 아니라 자본시장도 마찬가지다. 그 과정에서 회계는 결정적 역할을 한다. 어디가 '좋은 기업'이고 어디가 '나쁜 기업'인지 구분할 수 있게 하고, 좋은 기업에는 자금이 공급되어 원활한 사업활동을 돕는 반면 나쁜 기업에는 자금이 흘러가지 않도록 돕는 것이다. 회계가 정보를 생산하고 그것을 공유하게 하기 때문에 자본시장에서 수요와 공급이 합리적으로 결정될 수 있는 것이다. 이것은 자본자원의 효율적 배분에도 기여한다. 참고로 회계정보를 공식적으로 가장 많이 담고 있는 사업보고서^{Annual report}에는 발생할 수 있는 위험요인^{Risk Factor}을 반드시 기록하게 요구되고 있다. 테슬라^{Tesla}의 2021년 사업보고서(미국 상장사의 사업보고서는 10K로 칭한다)에는 CEO인 일론 머스크^{Elon Musk}에 대한 높은 의존도가 위험요인으로 기록되어 있기도 하다.

○ 회계정보는 사회적으로 약속된 소통방법이다

기업이든 배필이든, 겉으로 보이는 게 전부는 아니다. (ⒸSBS 홈페이지)

과거 인기 TV프로그램 <짝>에 출연한 28세의 여자 5호가 화제를 불러일으킨 적이 있다. 지각을 했으면서 기사 딸린 고급 승용차를 타고 온 그녀가 "해운회사 회장의 외동딸입니다. 앞으로 아버지의 뒤를 이어 회사를 맡고 싶습니다."라고 소개하자 남성 출연자들의 태도가 바뀌었다.

그녀의 지각을 비난하던 남자들은 어느새 "웃는 모습이 너무 예쁘다, 바라는 것 없이 그냥 잘해주고 싶다."며 칭찬을 늘어놨다. 또 여자 5호의 눈에 들기 위해 애정촌을 열심히 청소하기도 했다.

방송을 본 네티즌들은 "사람이 어쩜 저렇게 갑자기 바뀌나", "역시 돈이라면", "솔

직히 여자의 배경을 보면 나라도 그럴 거다."라며 뜨거운 반응을 보였다.

필자가 이 게시판에 댓글을 단다면 이렇게 올릴 것 같다. '혹시 그 해운회사의 재무제표는 보셨나요? 자산이 500억 원인데, 부채가 1,000억 원이면 어쩌지요?' 물론 그 회사의 재무제표가 엉망이라는 뜻은 아니다. 하지만 배우자든 회사든, 눈에 보이는 것이 좋다고 확인도 안 하고 덥석 붙들었다가는 큰코다칠 수 있다.

회계가 자본자원의 효율적 배분에 기여한다고는 하지만, 막상 회계정보를 접해도 이 회사와 정말 거래를 해도 될지, 투자할 만한지, 내가 입사를 해도 될지 의문이 들 때가 많다. '지금 잘나가는 회사는 ○○ 회사입니다. 왜냐하면 올해 순이익을 100억 원이나 달성했거든요'라고 회계용어를 써서 이야기해도 그렇다. 왜냐하면 한 가지 단순한 회계정보만 가지고 재무상태나 경영성과를 판단할 수 없고, 그 정보가 진실된 정보인지도 모르는 일이기 때문이다.

그래서 회계가 진정으로 가치를 지니기 위해서는 정보제공자가 사회적 약속에 맞는 회계정보를 제공하고, 정보이용자 또한 기본적인 회계상식을 가지고 있어야 하는 것이다.

"토종꿀 1kg은 꽃 560만 송이"

허영만 화백의 만화 《식객》에는 이런 글이 나온다.

"벌 5만 6,000마리가 날아다니면서 한 마리당 100개의 꽃에서 꿀을 빨아 부지런히 옮겨야 꿀 1kg이 나옵니다. 게다가 토종벌은 서양벌에 비해 혀의 길이가 짧고 몸통이 작아서 더 많은 수고가 필요합니다. 토종벌은 혀가 5.3mm인데 서양벌은 27mm입니다. 꿀 생산량 역시 서양벌의 4분의 1밖에 되지 않습니다. 그래서 토종꿀이 귀한 것입니다."

수치를 보면 알겠지만 토종꿀이 비쌀 수밖에 없는 이유가 있다. 벌의 노력이 많이 들기 때문이다. 뒤에서 자세히 설명하겠지만, 벌들의 노력을 **원가**로 생각한다면 이것은 원가에 대한 이해를 돕는 귀한 예라고 할 수 있다.

"2021년 ○○자동차가 판매한 자동차를 일렬로 세울 경우 지구 ○바퀴를 돈 셈이다."

이런 표현도 신문에 자주 등장한다. 그만큼 정보 이용자들이 쉽게 이해하기 쉬운 수치나 어휘, 시각화를 이용해 표현하는 것이 회계를 설명하는 데에는 매우 중요하다.

04
회계를 '경영의 언어'라 하는 이유

어떤 목적으로 탄생했든, 규모가 크든 작든 상관없이 한 조직의 경영 핵심은 더 나은 성과를 거두는 것이다. 조직의 가장 대표적인 예가 바로 기업이다.

기업에서는 수많은 경영활동이 이뤄지지만, 결국은 세 가지 핵심적인 활동으로 구분할 수 있다. 첫째는 필요한 자금을 조달하는 재무활동, 둘째는 조달한 자금을 경영목적상 필요한 설비나 원재료 등 자산 취득에 활용하는 투자활동, 그리고 셋째는 이렇게 획득된 자원을 활용하여 제품을 생산 판매하고 서비스를 제공함으로써 본래의 목적을 달성하는 영업활동이다.

기업은 반드시 세 가지 활동을 한다

"외부에서 보기에 비즈니스라는 것은 특별히 신경을 쓸 필요도 없고 어떤 바보라도 열심히만 한다면 성공할 수 있는 우연의 게임처럼 느껴질 수도 있다. (중략) 사업도 규율 있는 일반지식에 바탕을 두고 시행하고 있다는 것을 제대로 보이지 않으면 남에겐 그렇게 보일 수밖에 없는 것이다."

이것은 경영학의 아버지라고 불리는 피터 드러커의 말이다. 이 말의 의미는

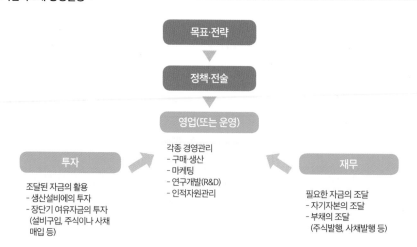

기업은 우연히 경영되는 것이 아니라 세 가지 활동 범주가 있고, 그 정보를 여러 이해관계자에게 알려줘야 한다는 것이다.

그런데 피터 드러커도 말했듯이, 밖에서 보기엔 체계적인 계획 없이도 잘 굴러가는 듯한 회사도 있다. 페이스북(현 메타)이 처음 등장했을 때도 그랬다. 무료가입이고, 이용자 입장에서는 특수기능이나 부가기능을 사용하기 위해 별도의 추가 구매도 필요 없을뿐더러, 다른 검색사이트에 비해 광고도 거의 찾아볼수 없었으므로, 사람들은 이 회사가 과연 어떻게 운영되는지 의아해했다.

하지만 알고 보면 페이스북 역시 앞서 설명한 세 가지 핵심활동을 정확하게 수행한다. 페이스북의 경영활동은 다음과 같다.

페이스북의 재무활동

"페이스북은 세상을 더 열린 공간으로 만들고 서로 연결되도록 하기 위한 사회적 임무를 성취하기 위해 만들어졌다. 사람들이 기업과 경제에 더욱 잘 연결될 수 있도록 돕겠다."

이것은 페이스북 CEO인 마크 저커버그가 기업공개IPO를 하기 위해 미국증권거래위원회SEC에 신청서를 제출하면서 미래 주주들에게 보낸 편지다. 페이스북은 2012년 5월 기업공개, 즉 상장을 통해 약 180억 달러의 자본을 조달했다.

페이스북의 투자활동

페이스북은 조달된 자본을 글로벌 플랫폼 기업으로 성장하기 위한 투자에 사용했고, 인스타그램의 인수 등 플랫폼 생태계 확장을 위해 투자했다. 또한 디엠Diem 등 가상화폐 및 VR 관련 산업과 같은 새로운 비즈니스 모델을 계속 개발할 것으로 예상된다.

페이스북의 영업활동

페이스북은 상장 신청서에서 '2011년 37억 달러의 매출을 기록하고 10억 달러의 이익을 냈다'고 밝혔다. 매출의 85%에 해당하는 32억 달러가 광고매출에서 나왔다. 또한 전체 매출 중 44%가 미국 이외 지역에서 발생한 것으로 확인됐다. 페이스북은 2009년 2억2,900만 달러의 이익을 기록해 흑자로 전환한 뒤 계속 흑자를 유지해왔고, 2020년 매출 842억 달러, 영업이익 33억 달러를 기록하였다. 페이스북의 2021년 1분기 기준 월 활성 이용자MAU는 27억 명을 돌파했다.

이처럼 새로운 비즈니스를 하는 기업이든 전통적인 제조기업이든, 모든 기업은 핵심적인 세 가지 경영활동을 수행한다. 따라서 기업을 파악하려면 기업의 재무활동, 투자활동, 영업활동이 어떻게 전개되는지를 파악해야 한다.

기업경영에서 회계가 하는 역할

기업의 세 가지 활동을 파악하기 위해 제공되는 정보는 다양하지만 특히 의사결정자에게 전달되는 회계정보를 잘 살펴보아야 한다. 자동차를 운전할 때 계기판을 보고 속도를 조절하거나 연료를 보충하듯이, 회계정보는 이해관계자에게 회사의 과거와 현재 활동상황을 알려주고 필요한 경우 조치를 취하게 도와

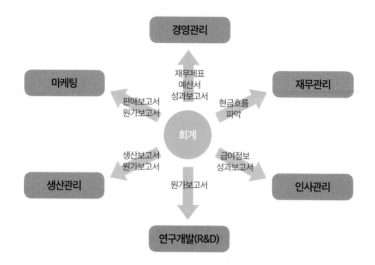

주는 것이다.

⊙ 회계는 기업의 일반적 정보를 제공한다

기업은 성장해가면서 여러 변화된 환경에 직면하고, 새로운 의사결정을 내려야 한다. 이때 의사결정의 근거가 되는 것이 회계정보이므로, 회계정보는 항상 의사결정에 적합한 형태로 제공되어야 한다.

예를 들어 어떤 회사가 특정 사업부를 분사시켜 별도의 회사를 세웠거나 다른 회사를 인수하는 경우, 본래의 회사는 모회사가 되고 분사 또는 인수한 회사는 자회사가 된다. 삼성전자에서 분사된 삼성디스플레이 같은 회사나 해외판매 법인과 생산법인의 경우 우리가 일반적으로 생각하는 삼성전자(수원에 본사를 둔 국내법인)와는 법적으로 별개의 회사다. 그러나 삼성전자가 대부분의 지분을 소유하고 있어서 경제적으로는 같은 회사라고 볼 수 있다.

따라서 정보이용자 입장에서는 삼성전자 해외법인의 매출정보나 손익정보만 별도로 파악하기보다는 모회사인 삼성전자의 정보와 함께 놓고 판단하려 할 것이다. 그래서 회계에서는 연결재무제표를 통해 모회사(지배회사)와 자회사(종속회사)의 재무정보를 하나로 합쳐서 제공한다.

어떤 기업에 관심이 있는 사람들이 궁금해하는 정보들을 열거해보면 다음과 같이 다양하게 나올 수 있다.

정보이용자들이 알고 싶어 하는 기업정보들

매출액 변화, 자산과 자본의 변화, 수익성의 변동, 경영진의 현황, 종업원의 수 변화, 사업부문의 변화, 고객수 및 시장점유율의 변화, 기업가치(주가)의 변화, 기업 이미지(브랜드 가치)의 제고, 수출액의 변화, 자회사의 상황, 생산·판매법인의 해외진출 상황, 특수 관계인과의 거래내역 기타

이 궁금증의 대부분은 재무정보에 속하는 것임을 알 수 있다. 경영진의 현황, 종업원의 수나 기업 이미지 같은 정보는 비재무정보지만 향후 재무정보에 영향을 미치는 선행지표이므로 결국 넓은 의미의 재무정보라고 할 수 있다.

○ 회계는 경영을 측정하고 관리하는 도구다

피터 드러커가 말한 '측정할 수 없으면 관리할 수 없다If you can't measure it, you can't manage it'는 성과관리의 대표적인 격언이다. 이 말은 곧 관리하고자 하는 것이 있다면 측정해서 수치로 나타내라는 것이다. 이때 경영활동을 측정하고 관리하게 해주는 것이 회계다.

필자도 여기에 한마디 보탠다면 '회계는 눈으로 볼 수 없는 것을 숫자를 통해 눈앞에 보이게 해준다'라고 말할 수 있다. 천호식품 김영식 창업주의 "남자한테 참 좋은데 어떻게 표현할 방법이 없네"라는 CF는 구수한 사투리와 코믹한 발상으로 인기를 끌었지만, 만약 어떤 경영자가 "투자자에게 참 좋은데 어떻게 표현할 방법이 없네, 거래처에 참 좋은데 어떻게 표현할 방법이 없네"라는 식으로 말한다면 투자자나 거래처는 정말 곤란할 것이다. 측정을 통해 눈으로 볼 수 있는 숫자로 표현해야만 우리는 의사결정을 할 수 있기 때문이다.

장거리 운항노선이 많은 캐세이퍼시픽의 보잉747 화물기는 유가가 한참 고
공행진을 기록하던 시기에 조종실 부분과 꼬리 날개 부분, 동체의 회사명과 로
고만 남기고 나머지 부분은 페인트칠을 모두 벗겨냈다. 이른바 '누드 화물기'다.
이렇게 벗겨낸 페인트의 무게는 약 200kg. 성인 남자 승객 3명분의 무게에 불
과하지만 1년 동안 비행기 한 대당 약 2억 원의 항공유를 절약할 수 있었다. 페
인트 무게를 측정해 원가절감 의사결정을 한 사례다.

○ 회계는 유용한 정보를 골라내게 한다

그런데 문제가 생겼다. 측정되는 정보, 눈에 보이는 정보가 너무 많다. 오늘날
측정되는 정보는 과거엔 상상도 못할 만큼 많이 쏟아져 나오고 있다. 이러한 정
보과잉 현상은 경영환경과 정보기술의 발전에 의해 앞으로 더욱 가속화될 전
망이다. 인터넷을 비롯해 신용평가기관, 증권회사, 은행, 각종 정보매체 등에서
수시로 쏟아져 나오는 정보, 유튜브를 비롯한 SNS를 타고 퍼지는 원인 모를 루
머까지 그야말로 정보의 홍수인 것이다.

이런 환경 변화에 발맞춰 당연히 회계정보 또한 변해가고 있다. 회계기준도
국제회계기준IFRS 도입을 계기로 자산·부채에 대한 평가방식 및 재무제표 양식
이 대폭 변했다.

그래서 더욱 회계공부를 해야 할 필요성이 생긴다. 정보의 홍수 속에서 유용
한 정보를 선별하고, 그중에 의사결정에 도움이 되는 정보를 골라, 적당한 형태
로 전환하는 능력을 키워주기 때문이다.

마케터에게 회계지능은 필수

Q **마케팅 업무를 담당하는 입장에서 회계 공부가 필요하다고 생각하시나요?**

재무제표는 한마디로 기업의 가계부와 같습니다. 그럼 재무제표는 누가 볼까요? 저도 회사의 마케팅 실무를 담당하기 전까지 회계는 CEO나 CFO 아니면 재무팀 직원들, 투자자들을 위한 것이라고 생각했습니다. 하지만 재무제표는 마케터에게도 필수적이에요. 물론 마케터가 회계의 모든 이론까지 공부할 필요는 없지만 반드시 회계 마인드와 회계지능을 가져야 할 필요는 있습니다.

Q **마케터가 회계지능을 가지고 업무를 한다면 어떤 점에서 도움이 될까요?**

마케팅을 진행하는 데에는 많은 돈이 투입되기 때문에 마케팅 전략을 수립할 때 판매하고자 하는 상품과 서비스, 고객만 고려해서는 안 돼요. 반드시 현재 회사의 **재무상황**도 고려해야 합니다. 즉 효익과 비용을 고려해서 수익성 있고 실현가능한 마케팅을 하기 위해서는 회계를 이해해야 한다는 것이죠. 구체적으로는 ROI라는 수치로 관리할 수 있어요.

또, 회삿돈을 내 돈처럼 소중히 여기는 마음은 재무담당자들만의 몫이 아니라고 생각해요. 자신이 기획한 마케팅 전략을 놓고 과연 '내 돈을 주고라도 실행할 수 있는가?'라는 질문에 확답할 수 있는 것이 중요합니다.

05
목적에 따라
회계정보도 달라진다

1966년 미국회계학회AAA의 특별위원회가 공표한 회계의 정의를 살펴보자.

> 회계는 정보이용자가 사정을 잘 알고서 판단이나 의사결정을 할 수 있도록 경제
> 적 정보를 식별하고 측정하여 전달하는 과정이다.
> (Accounting is the process of identifying, measuring and communicating
> economic information to permit informed judgements and decisions by
> users of the information.)

이를 자세히 살펴보면 정보이용자가 회계정보를 원하는 목적은 바로 판단이
나 의사결정 때문임을 알 수 있다. 그런데 정보이용자가 '무엇에 대해' 판단이나
의사결정을 하느냐에 따라 원하는 정보가 다를 수도 있다.

예를 들면 어떤 회사의 주주, 채권자 또는 국세청과 같은 외부 이해관계자들
은 회사의 매출액이나 영업이익에 크게 관심이 있겠지만 회사의 부서별 성과내
역은 별로 관심이 없을 것이다. 반대로 회사의 CEO라면 전체 매출액 못지않게
어떤 부서가 성과를 많이 냈는지 부서별 성과내역도 궁금할 것이다.

이렇듯 회계정보는 비슷해 보이지만 이용하는 손님의 취향에 따라 다른 조리

법으로 만드는 요리와 같다. 이에 따라 회계의 영역도 달라지게 된다.

상장기업인 ㈜한빛에 다니고 있는 입사 1년차 신입사원 용감해 씨는 오늘 출근길이 매우 즐겁다.

어제 언론에 발표된 ㈜한빛의 작년 경영성과가 매출과 영업이익 모두 10% 이상 크게 성장한 것으로 나타났기 때문이다. 다른 회사에 다니는 친구들은 ㈜한빛의 실적발표 소식을 듣고 용감해 씨에게 ㈜한빛에 지금이라도 투자해야 되는지를 물어보기도 하고, 특별상여금을 받게 되면 밥을 사라고 재촉하고 있다.

그런데 용감해 씨가 기분이 좋은 이유는 따로 있었다. 회사의 전체실적은 좋았지만 사실 그가 속한 영업 3팀은 작년 초에 세운 매출목표를 달성하지 못한 상태다. 하지만 다른 부서들이 목표를 초과달성하여 전체적으로 성장했다는 말을 들으니 마음이 놓였다. 그리고 내심 첫 특별상여금에 대한 기대를 하며 스스로 매우 운이 좋다고 생각하고 있다.

과연 신입사원 용감해 씨는 그가 기대하는 것처럼 특별상여금을 받을 수 있을까?

위에서 용감해 씨의 친구들은 ㈜한빛의 주식매입을 고민하는 잠재적 투자자로 외부 정보이용자이고, 용감해 씨와 영업 3팀은 정보의 내부이용자다. 친구들은 매출과 영업이익이라는 회계정보를 이용했고, 용감해 씨와 영업 3팀은 팀별 성과평가 목적 손익정보라는 회계정보를 이용했다.

친구들이 사용한 정보는 '재무회계' 정보에 속하고, 용감해 씨가 사용한 정보는 '관리회계' 정보에 속한다.

| 정보의 외부이용자 | 재무회계 |
| 정보의 내부이용자 | 관리회계 |

정보이용의 유형에 따라 회계는 재무회계와 관리회계로 나뉜다. 재무회계는 주로 회사 외부의 이해관계자들에게 재무정보를 제공하는 것을 목적으로 한다. 반면 관리회계는 경영진과 같은 회사 내부의 정보이용자들이 경영활동을 계획하거나 통제하는 데 유용한 내부보고 중심의 정보를 제공하는 것이 목적이다.

따라서 ㈜한빛의 신입사원 용감해 씨는 기대와 달리 특별상여금을 받지 못할 가능성이 크다. 재무회계상으로 외부에 공표된 이익은 크게 증가했을지 몰라도, 회사 내부 사람들이 들여다보는 관리회계 정보상에서는 영업 3팀의 성과가 좋지 않음이 드러날 것이기 때문이다.

또, ㈜한빛의 결산 결과 이익이 급격히 증가했다면 국세청에서는 법인세를 얼마나 매길지 결정하기 위해 실적을 예의 주시할 것이고, ㈜한빛 입장에서는 절세를 위한 세무전략을 고심하게 될 것이다. 이때 기업의 세금, 즉 법인세와 부가가치세 납부를 목적으로 재무회계상 이익을 세법에서 정한 세무상 이익으로 조정하는 것을 '세무회계'라고 부른다.

모든 사람의 입맛에 맞춘 '재무회계'

음식으로 치자면 재무회계는 잘 차려진 뷔페와 같다. 기업 외부에 존재하는 다양한 이해관계자를 대상으로 하기 때문에 표준화된 정보가 제공되어야 하기 때문이다. 일반적인 뷔페는 다양한 음식이 표준화되어서 제공되므로 우리나라 사람뿐 아니라 전 세계 여러 나라 사람들이 입맛에 따라 골라 먹을 수 있다. 재무회계는 일정한 기준에 따라 정보를 처리해서 보고서 형태로 제공되므로, 그 속에서 필요한 정보를 골라 보면 된다.

이렇게 제공되는 보고서가 바로 재무제표이고, 재무제표를 작성하는 '일정한 기준'을 GAAP Generally Accepted Accounting Principle이라고 한다. 현재, 우리나라의 상장사 기준 GAAP은 국제회계기준IFRS이고, 비상장회사는 일반회계기준K-GAAP을 준수해야 한다. 기업이 필수적으로 작성해야 하는 재무제표에는 재무상태표(과거에는 대차대조표라고 불렸다), 손익계산서(또는 포괄손익계산서), 현금흐름표, 자본변동표는 물론 이에 대한 상세한 설명을 담은 주석도 포함된다.

내부자의 입맛에 맞춘 '관리회계'

관리회계 정보는 지역별로 다르게 먹는 향토음식과 같다. 똑같은 김치라도 풍토와 생활상을 반영해서 지역별로 조금씩 달라지는 것처럼 관리회계 정보도 회사마다 기준이나 내용이 조금씩 다르다. 조직의 관리자 등 내부이용자들에게 각각의 목적에 따라 필요로 하는 정보를 제공하는 회계이기 때문이다.

그중에서도 가장 대표적인 정보가 바로 '원가정보'다. 각 기업이 필요로 하는 원가정보를 산출하기 위한 여러 측정 시스템을 '원가회계'라고 따로 지칭할 때도 있지만, 넓은 의미에서는 관리회계의 한 범주라고 봐야 할 것이다.

재무회계와 관리회계(경영회계라고도 부를 수 있다)가 별도로 운영되는 것은 아니다. 둘 다 회계정보라는 큰 틀 안에 있기 때문에 같은 정보를 공유할 때도 있고, 때로는 재무회계 정보를 활용하여 관리회계 정보로 사용하거나 반대로 관리회계 정보를 재무회계에서 사용하기도 한다.

미국 상무부의 통계에 따르면, 매년 미국에서는 백만 명 이상이 어떤 형태로든 창업을 하지만 10년 이상 생존할 확률은 단 4%에 불과했다. 대부분의 사람들은 자신이 잘하는 분야에서 창업을 한다면 사업을 성공적으로 운영할 수 있을 것이라고 생각한다. 그래서 요리사는 식당을, 헤어디자이너는 미용실을, 편집자는 출판사를, 작가는 콘텐츠 사업에 진출한다. 하지만 자신이 좋아하고 특

의사결정 체계에서 회계정보의 흐름

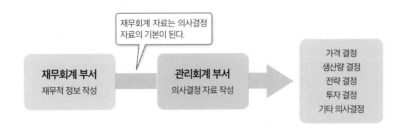

정 직무에서 잘하는 '기술자의 일'이라도 '기업가의 일'로 넘어간다면, 관리지표를 산출하고 계속적인 피드백을 통해 경영을 하는 것이 중요해진다. 따라서 계획을 세우고 정보를 얻은 후 성과를 측정하여 미래를 대비하는 관리회계정보를 놓치는 경영자라면, 사업 성공의 길로 가기 어려워진다.

국세청 입맛에 맞춘 '세무회계'

기업이 국가에 법인세를 납부할 때는 회계기준이 아니라 법인세법을 근거로 납부한다. 단순하게 보면 발생한 이익에다가 법인세율을 곱해서 세금을 납부하면 되지 않느냐고 생각할 수 있지만, 세금을 납부할 때 계산되는 이익(과세표준)과 재무제표상의 이익(당기순이익)에는 약간의 차이가 있다. 그 이유는 수익과 비용을 인식하는 방법에서 기업회계기준GAAP과 세법 사이에 차이가 있기 때문이다. 이러한 인식방법의 차이를 조정하는 것이 '세무조정'이다. 같은 회사를 다니며 연봉 수준이 비슷한 개인도 여러 상황에 따라 연말정산 환급금액이 달라지는 것과 마찬가지다.

또, 흔히 부가세라고 하는 부가가치세VAT의 경우에도 일반적으로 거래금액의 10%를 납부하는데, 기업회계에서 말하는 '거래'와 부가가치세법에서 말하는 '거래'의 개념이 약간 다르다. 여기서 생기는 차이를 따로 조정하기도 한다.

세무조정을 할 때는 세법에 따라 별도의 장부를 만드는 것은 아니고, 회계기준상 재무제표와 차이가 나는 항목들만 조정한다. 하지만 기본적으로 회계상의 수익과 비용에서 출발하므로 이를 세무회계라고 부르는 것이다.

재무회계와 세무회계의 차이점

	재무회계	세무회계
주요목적	기업의 재무상태 및 영업성과를 정보화함 → 재무제표 등을 정보이용자에게 공급한다	납세의무 이행 → 세액산출을 위한 자료마련 및 계산을 진행한다
행위기준	일반적으로 인정된 회계 원칙	세법

영화 <쇼생크 탈출>과 회계의 힘

잘나가던 은행가 앤디는 아내를 살해했다는 누명을 쓰고 종신형에 처해진다. 악명 높은 교도소 쇼생크에서 갖은 고생을 하던 앤디는 회계와 세무지식으로 자신을 가장 괴롭히던 간수의 절세를 도와주게 되고, 이 일을 계기로 교도소장의 개인 자산관리를 맡게 된다.

분식회계와 자금세탁으로 소장의 재산을 불려주며 나름대로 교도소 생활에 적응해 가던 앤디는 누명을 벗을 기회를 맞지만, 그를 계속 이용하고 싶었던 소장은 증인과 증거를 제거해 버린다. 좌절한 앤디는 오랜 준비 끝에 천둥 번개 치던 밤 탈옥에 성공하고, 자신이 관리하던 소장의 재산을 모조리 인출해버린다. 또 소장의 부정행위를 낱낱이 적어둔 '탈세장부'를 언론에 공개함으로써 복수에 성공하고 멕시코 해변가로 유유히 사라져 버린다.

영화 <쇼생크 탈출>의 영어 원제는 Redemption인데, 이는 '보상' 또는 '되찾기'라는 뜻이다. 억울한 옥살이를 한 앤디가 탈출과 더불어 거액의 목돈을 챙길 수 있던 마지막 장면을 떠올리면 쉽게 이해할 수 있다.

회계라는 관점에서 바라보면 이 영화는 매우 흥미롭다. 교도소장이 버는 수입은 똑같지만, 주인공 앤디가 어떤 회계방법을 사용하느냐에 따라 비자금 조성을 통해 재산이 많아지거나 순식간에 사라져 버린다. 또 어떻게 하느냐에 따라 합법이 되기도, 불법이 되기도 한다.

죄수들의 인권을 유린하고 마구 짓밟는 쇼생크의 간수들조차 앤디의 회계지식만큼은 무시하지 못했다. 만약 주인공 앤디가 회계 공부를 하지 않았다면 과연 쇼생크 교도소에서 탈옥하고 복수까지 할 수 있었을까? 반대로, 교도소장이 회계에 대해 좀 더 알았더라면 그렇게 한 번에 당했을까라는 질문도 해보게 된다.

나의 회계지능은 몇 점일까?

본격적으로 회계를 배우기 전에 먼저 현재 나의 회계 마인드는 어느 정도인지, 회계지능은 몇 점인지 체크해보자. 지금 산출되는 점수가 높지 않다고 실망할 필요는 없다. 이제부터 회계지능을 높이는 게 더 중요하기 때문이다.

☑ **나의 회계 마인드 테스트**

항 목	그렇다	보통이다	아니다
다음 달 청구될 카드대금을 대략 알고 있다.			
한 달 평균 휴대전화 요금을 알고 있다.			
물건을 살 때 가격비교를 하고 산다.			
가계부를 통해 재무 상황을 관리하고 있다.			
내가 마시는 커피의 원가가 항상 궁금하다.			
우리 회사에서 판매하는 제품이나 서비스의 원가를 안다.			
식사할 때 친구들과 식사비를 어떻게 배분할지 미리 생각한다.			
사용 가능한 현금과 시간을 잘 관리한다.			
기업들의 실적발표에 관심이 있다.			
숫자 계산이 재미있고, 통계자료를 보는 것을 좋아한다.			
개 수	개(×2점)	개(×1점)	개(×0점)
총 점			점

20~15점 : 이제 곧 회계 고수
대단한 회계 센스를 가지고 있는 사람. 전문적인 회계용어와 재무구조를 조금만 공부해도 회계 고수가 될 수 있다.

14~9점 : 자질이 충분한 사람
회계에 대한 관심은 적지만 숫자에 대한 자질이 높은 편. 충분한 관심이 있고 활용하는 사람이므로, 공부를 통해 회계 마인드를 키우면 훌륭하게 실력발휘를 할 수 있다.

8점 이하 : 조금은 변화가 필요한 사람
생활과 마음에 여유를 가지고 사는 멋진 사람. 하지만 냉정한 비즈니스 세계에서는 살아남기 힘들 수도 있다. 회계 마인드를 키우는 데 좀 더 신경을 쓴다면 엄청난 경쟁력을 얻게 될 것이다.

☑️ 나의 회계지능 테스트

항 목	그렇다	보통이다	아니다
회사의 차입금 상세내역을 어디서 확인할 수 있는지 안다.			
상품과 제품이 어떻게 다른지 안다.			
재무상태표와 손익계산서, 현금흐름표 간의 관계를 이해한다.			
'매출원가'와 '판매비와관리비'의 차이점을 안다.			
수익과 이익이 어떻게 다른지 안다.			
연결재무제표의 의미를 안다.			
감가상각전영업이익(EBITDA)의 개념에 대해서 안다.			
손익분기점(BEP)의 의미를 알고 의사결정에 활용할 수 있다.			
유동자산과 비유동자산을 구분할 줄 안다.			
영업이익과 당기순이익의 차이점을 안다.			
개 수	개(×2점)	개(×1점)	개(×0점)
총 점			점

20~15점 : 이미 당신은 전문가
이미 회계에 대한 전반적인 공부가 이루어져 있고, 업무에도 활용하는 사람. 회계에 대한 다양한 사고의 폭을 넓히 겠다는 관점에서 이 책을 본다면 회계사 못지않은 회계지능을 얻을 수 있다.

14~9점 : 관심은 있으나 체계가 부족한 사람
회계에 관심이 많고 업무에서도 자주 접하지만, 체계적인 공부는 부족한 사람. 그만큼 업무 활용도가 높지는 않은 수준이다. 좀 더 체계적으로 공부하면 자신 있는 의사결정이 가능해질 것이다.

8점 이하 : 아직 감이 부족한 사람
아직 회계에 대한 감이 부족한 사람. 그러나 실망할 필요는 없다. 이 책은 바로 이런 독자들을 대상으로 준비된 책 이다. 끝까지 읽어나간다면 위의 질문에 비교적 쉽게 답변할 수 있고, 기대 이상으로 회계지능을 높일 수 있을 것 이다.

2장

기본 중의 기본!
원가와 비용
제대로 알기

"외부자에게 필요한 정보와
내부자에게 필요한 정보는 다르다"

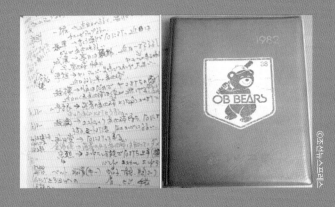

오랫동안 야구 감독 자리를 지켰던 김성근 전 감독은 프로야구가 처음 생긴 1982년부터 자신만의 야구노트를 기록했다고 한다. 일반적인 기록지 대신 본인만의 방식을 이용해 타자들이 어떤 볼카운트에서 어떤 스윙을 하는지, 각 투수별로 잘 던지는 구위와 승부방식은 무엇인지는 물론 심지어 심판들의 성향까지 기록했다. 그가 '야구의 신'이라고 불린 이유는 이처럼 철저한 기록을 바탕으로 치밀하게 분석하고 승부를 고민한 덕분일 것이다.

김 전 감독의 야구노트는 일반 야구팬들에게는 그다지 이용가치가 없을지 모른다. 그러나 팀을 꾸려나가는 감독에게는 분명 중요한 정보다. 회계도 마찬가지다. 기업의 정보를 알아내기 위해 재무상태표나 손익계산서 등 복잡한 숫자로 이뤄진 재무제표를 기본적으로 봐야 하는 건 맞지만, 조직을 운영하기 위해서는 조금 **다른 정보**가 필요한 것이다. 회의에서 자주 등장하는 '손익분기점'이나 '제품별·부문별 매출액' 등은 재무제표만 잘 본다고 알 수 있는 것이 아니라 회사가 돌아가는 큰 틀을 이해해야만 파악할 수 있다. 따라서 이 책에서는 재무제표 보는 법을 배우기에 앞서, 기업이나 조직의 운영 측면에서 많이 사용되는 관리회계에 대해 먼저 이야기하기로 한다.

무엇을 근거로
의사결정할 것인가

다음 질문에 대해 답을 해보자.

❶ 재료비가 몇백 원이라고 알려진 커피 한 잔의 **원가**는 어떻게 구성될까?

❷ 쿠팡과 이마트, GS25와 같은 편의점은 같은 제품을 판매해도 가격이 다르다. 무
엇을 기준으로 그 **가격**을 책정한 것일까?

❸ 오랜만에 멀리 떨어져 지내던 세 친구가 모여 저녁식사를 했다. 다이어트 때문
에 샐러드만 먹은 친구, 스테이크까지 먹은 친구, 스테이크에 와인까지 곁들여
먹은 친구가 식삿값을 똑같이 **삼등분**해서 낸다면 합리적인 것일까?

❹ 프로야구 SK와이번스 구단을 인수한 신세계그룹은 SSG랜더스를 통해 과연 입
장권과 기념품을 얼마나 판매해야 투자비용과 운영비용을 회수하고 **이익**을 창
출할 수 있을까? 그리고 부수적인 광고효과까지 고려한다면?

❺ 고유가 때문에 수익성에 타격을 입을 것으로 예상되는 항공사가 최근 원가절감
정책이 아니라 항공기의 운행횟수를 늘리고 신규노선 개척이라는 매출확대 전
략을 쓰고 있다. 이러한 **전략**은 타당한 것인가?

❻ A씨에게는 5년째 연애 중인 여자친구가 있지만, 서로 사이가 멀어진 지 오래다.
헤어지는 것이 좋을 것 같긴 하지만, 각종 선물과 이벤트에 **들인 돈**이 아깝다는

생각에 망설이고 있다. A씨는 제대로 판단하고 있는 것일까?

이런 질문들은 일상생활에서는 그냥 잠깐 궁금하게 여기고 마는 문제들이다. 하지만 기업의 경영환경에서는 이런 문제들이 지속적이고 복합적으로 작용한다. 그래서 기업에서 발생하는 여러 이슈에 대해 경영자들은 답을 내고자 최선을 다한다. 그리고 이를 도와주는 경영의 도구가 바로 '관리회계'다.

초점을 기업 내부로 가져온다면

우리는 앞서 외부 정보이용자 입장에서 기업의 실상을 파악하려면 재무제표에 담긴 정보를 분석해야 하고, 이것은 재무회계 범위에 속한다는 것을 배웠다. 야구에 비유하자면 직접 경기를 관람하지 못한 팬들도 인터넷과 TV에서 제공하는 스코어카드나 하이라이트 동영상을 보면서 지난 게임을 분석하고, 과연 자신이 응원하는 팀이 플레이오프에 진출할 수 있을지 예측하는 것과 같다.

그러나 눈길을 팀 안으로 돌려 감독 입장에서 접근하면 필요한 정보의 종류가 달라진다. 감독은 관람이 아니라 팀을 운영해야 하고, 그 과정에서 다양한 의사결정이 필요하기 때문이다. 따라서 스코어카드 외에도 다른 여러 정보가 필요하다. 예를 들면 단기적으로는 선발투수 및 타순을 결정할 때 필요한 선수들의 정보, 그 과정에서 각 선수들에게 필요한 훈련 및 진행상황, 컨디션 등을 체크해야 한다. 또 게임 진행 중에 투수를 언제 교체할지, 도루와 번트는 언제 사용할지 등을 결정하기 위해서는 매 순간 선수들의 성과자료 및 코치진의 조언이 필요한 것이다.

야구단을 인수하고 SSG랜더스를 새롭게 창단한 구단주 용진이형(정용진 신세계그룹 부회장)은 경기를 볼 때 무엇을 중심으로 볼까? (©머니투데이)

기업경영도 마찬가지다. 회계의 초점을 기업 안으로 가져와보자. 야구감독처럼 기업의 최고경영자CEO를 비롯한 의사결정자들도 온갖 판단과 의사결정을 하기 위해서 다양한 정보가 필요하다. 다만 기업의 기본적인 목적이 이윤추구이다 보니, 그 정

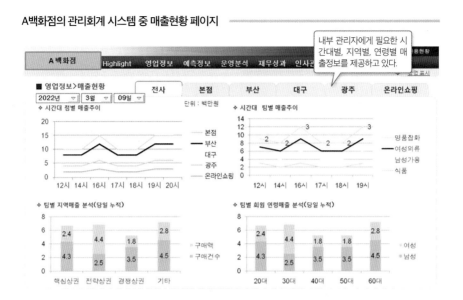

보가 주로 재무적 수치로 나타날 뿐이다.

앞서 설명했지만 외부 이해관계자들을 위한 정보인 재무회계와 달리 관리회계는 기업의 경영자를 비롯한 내부 의사결정자에게 유용한 정보를 제공한다. 성과평가의 기준이 각 기업마다 다르듯이 관리회계는 각 조직의 특성에 맞는 내부기준을 활용하고, 이를 외부에 공시할 필요는 없다. 즉, 우리 집안일이라는 것이다.

관리회계의 역할과 범위

관리회계는 크게 세 가지 영역으로 구성되어 있다. (1)원가정보 산출, (2)의사결정, (3)성과평가가 그것이다. 다음 사례를 보자.

> 어린이 장난감을 만드는 ㈜잘나가실업의 나 사장은 요즘 고민에 빠졌다. 새로 나온 장난감이 날개 돋친 듯 팔리고 있는데, 이상하게 남는 건 없는 느낌이다. 제조원가 1만 원짜리 제품을 2만 원에 팔고 있어서 이익률이 50%나 된다고 신제품 담당부서장에게 보고를 받았는데도 말이다.

기본 중의 기본! 원가와 비용 제대로 알기

이상하게 여긴 나 사장은 원가분석 컨설팅을 받은 후 충격에 빠졌다. 정확한 원가를 산출해 보니 그동안 1만 원이라고 했던 원가는 재료비만 고려해 산출한 것이었다. 인건비와 간접적인 경비와 광고비 등을 포함해서 다시 계산해보니 실제 원가는 판매 가격인 2만 원보다 큰 2만 5천 원이었다(원가정보 산출).

제대로 된 원가정보를 얻은 나 사장은 가격인상이나 사업철수, 둘 중 하나밖에 길이 없다고 생각했다(의사결정).

그리고 그동안 실적이 좋았다고 평가받았던 신제품 담당 부서장의 보너스 지급계획을 철회하였다(성과평가).

이 이야기는 관리회계의 전형적인 프로세스를 보여주고 있다. 관리회계의 프로세스는 원가정보를 산출하고, 이를 토대로 다양한 의사결정을 진행하고, 성과평가로 귀결되는 일련의 경영 흐름이라고 볼 수 있다.

그런데 일반 독자들을 혼동시키는 것이 있다. 서점에 가면 《원가회계》라는 교재와 《관리회계》라는 교재가 따로 있고, 심지어 '원가를 관리한다'는 오해를 불러일으키는 《원가관리회계》라는 교재도 보인다. 이것은 원가정보의 산출에 특히 포커스를 맞춘 분야를 '원가회계'라 부르는 경우가 있기 때문이다. 그러나 사실 원가회계는 관리회계의 일부라고 보는 게 맞다. 원가관리회계 또한 마찬가지이다. 회계사 2차 시험의 '원가회계' 과목도 사실은 '관리회계'라 부르는 게 맞다.

그러나 독자 여러분은 이름이 중요한 게 아님을 알아주시기 바란다. 관리회계의 핵심주제인 '원가정보의 산출, 의사결정, 성과평가'는 서로 분리되는 과정이 아니라 하나의 흐름을 가지고 연결되어 있기 때문이다. 중요한 것은 어떤 과정을 거쳐 기업이 움직이는지를 파악하는 일이다.

어떤 의사결정을 위한 정보인가

요컨대 관리회계는 장단기 경영계획 및 통제와 관련된 의사결정을 지원하기 위

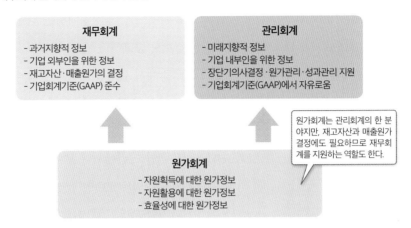

재무회계
- 과거지향적 정보
- 기업 외부인을 위한 정보
- 재고자산·매출원가의 결정
- 기업회계기준(GAAP) 준수

관리회계
- 미래지향적 정보
- 기업 내부인을 위한 정보
- 장단기의사결정·원가관리·성과관리 지원
- 기업회계기준(GAAP)에서 자유로움

원가회계
- 자원획득에 대한 원가정보
- 자원활용에 대한 원가정보
- 효율성에 대한 원가정보

원가회계는 관리회계의 한 분야지만, 재고자산과 매출원가 결정에도 필요하므로 재무회계를 지원하는 역할도 한다.

해, 유용한 정보(비재무적 정보를 포함하여)를 산출하고 활용하는 조언자와 같다.

이때 산출되는 정보는 무엇을 위한 것이냐에 따라 나뉠 수 있다.

○ 계획하고 추진하기 위한 정보

기업은 생존을 위해 가격과 비용의 차이, 즉 이익을 최대한 크게 하기 위해 온갖 방법을 강구한다. 비즈니스 모델이 중시되는 이유가 그 때문이다. 비즈니스 모델은 기업이 수익을 창출하는 원동력이기 때문이다. "향후 10년 동안 우리는 과연 무엇으로 먹고살 것인지 고민하라"는 삼성그룹 고 이건희 회장의 말처럼, 기업은 현실에 안주하지 말고 계속해서 새로운 수익원을 창출해내지 않으면 살아남을 수가 없다. 반도체 시장을 개척하고, 치열한 휴대폰 시장에서 삼성전자가 스마트폰으로 방향을 전환하는 동안 노키아 같은 경쟁업체들이 밀려났던 것을 떠올리면 쉽게 알 수 있을 것이다.

그런데 비즈니스 모델을 결정하는 것은 기술과 제품, 경쟁업체의 전략 등을 고려해야 하는 장기적 전략계획이자 투자활동과 관련된 의사결정이다. 이때 필요한 정보는 자사의 기술 및 원가경쟁력은 물론 경쟁업체의 전략까지 실로 다양하다.

○ 지키고 관리하기 위한 정보

이렇게 새로운 전략 및 운영계획을 위한 정보 외에도, 기업경영에서는 '과연 목표한 바가 제대로 수행되고 있는가'에 대한 정보도 중요하다. 일종의 통제 또는 모니터링을 위한 정보다. 대표적인 것으로는 7장에서 설명할 계획과 실적의 '차이분석 정보'가 있다. 최근에는 디지털화와 빅데이터 분석을 통해 관리회계의 모니터링 기능이 극대화되고 있다.

앤젤라 애런츠는 버버리를 디지털화(digital transformation)를 이용해 성장시킨 후 애플의 CEO 팀 쿡에게 발탁되어 무대를 옮겼다. (ⓒ버버리)

1990년대 마트 할인 코너에서나 보이며 쇠퇴하던 버버리를 새로 부임한 CEO인 앤젤라 애런츠Angela Ahrendts는 디지털·온라인 채널에 최적화된 유통 방식을 통해 구해내었다. 이때 적극적인 관리회계 데이터를 활용하여, 새로운 전략을 시도 후 피드백 정보를 보고 성공 요인 분석 후 그 요인을 강화하는 방식을 사용하였다. 애런츠는 가장 먼저 디지털·온라인 채널에 기반을 둔 리테일 전략을 수립했다. 이를 통해 패션위크에 제품을 선보이면 곧바로 판매에 들어가는 시스템see now, buy now을 구축했다. 젊은 감각의 버버리 제품들은 런웨이에 공개된 직후 디지털 리테일 네트워크를 통해 100여 개가 넘는 나라에 즉시 유통되었다. 이런 파격적인 행보는 젊은 세대의 관심을 끌기에 충분했고 버버리의 매출과 영업이익은 수직 상승했다. 시장 가치도 함께 올랐다. 애런츠가 CEO에 취임했을 당시 버버리의 시장 가치는 20억 파운드(약 3조 원) 정도였지만 2014년 퇴임할 때는 70억 파운드(약 10조 3000억 원)에 달했다. 기업을 3.5배나 성장시킨 셈이다.

○ 활동별·기능별 정보

기업경영을 지원하기 위한 관리회계 정보는 앞서 설명한 것처럼 크게 계획과 통제 관련 정보로 구분하기도 하지만, 1장에서 소개한 3대 경영활동을 위한 정보로 구분할 수도 있다. 즉 영업활동, 투자활동, 재무활동을 위한 정보로도 구분되는 것이다. 또한 연구개발, 디자인(설계), 엔지니어링(생산), 제조, 마케팅, 물류, AS 등 가치사슬[●] 단계별 혹은 기능별 분류로 유형화할 수도 있다.

● **가치사슬**
Value Chain. 주요 원자재의 공급원에서부터 고객에게 전달되는 제품 또는 서비스에 이르기까지 상호 연결되는 일련의 가치창조 활동.

어떤 분류를 따르든 경영의 핵심 측정요소는 크게 목표달성 여부를 재는 효과성[Effectiveness]과 목표를 달성하기까지 여러 자원의 활용 수준을 재는 효율성[Efficiency]으로 구분된다. 야구로 치면 전자는 득점이나 승패로, 후자는 타율이나 출루율로 측정된다.

회계 Insight

생존부등식과 선택의 문제

경영이란 '조직이 추구하는 바를 달성하기 위해 온갖 방안을 강구하는 것'이다. 경영은 곧 수많은 선택의 집합이라 할 수 있다. 따라서 선택의 핵심은 어떤 대안이 기업에 미칠 효익을 원가와 비교하는 것이다. 즉, 어떤 대안을 수행할 때 들어가는 원가보다 얻을 수 있는 효익이 커야 좋은 선택이 되는 것이다. 예를 들어 우리 공장에 자동화 시스템을 도입하겠다고 결정할 때는 자동화를 통해 얻을 수 있는 장점이 최소한 원가보다는 커야 하는 것이다.

이처럼 간단한 논리에 의해, 기업이 지속적으로 이익추구를 할 수 있으려면 최소한 다음과 같은 **생존부등식**을 충족할 수 있어야 한다. 여기서 V는 고객이 느끼는 가치[Value], P는 가격[Price], C는 원가[Cost]를 지칭한다.

$$V(가치) \geq P(가격) \geq C(원가)$$

생존부등식의 요지는 간단하다. 기업이 제공하는 재화나 용역의 판매가격은 이를 실행하기 위한 원가(비용)보다 커야 하며, 그 가격을 지불하는 고객은 최소한 자신이 지불한 가격 이상의 가치는 느낄 수 있어야 한다는 것이다.

마치 야구감독이 '승률 5할 이상 달성 및 플레이오프 진출'이라는 목표를 위해 목숨을 걸듯이 기업 CEO 또한 '손실 대신에 이익'을 재무제표에 기록할 수 있도록 노력한다. 흔히 실무에서 이야기하는 것처럼, 최소한 **손익분기점**[BEP]은 넘기는 경영성과를 내고자 하는 것이다. 회계는 바로 이런 목표를 실천하기 위한 도구다.

02
얼마가 필요한지
알려주는 원가정보

기업이든 개인이든 의사결정을 하기 위해서 가장 필요한 정보를 꼽으라고 하면 원가정보가 반드시 포함된다. 그만큼 원가정보는 기업경영에서 매우 중요하다. 기업에서 신제품을 출시할 때 이 제품의 원가가 얼마인지 반드시 알아야 하고, 소비자가 상품을 구매할 때도 원가정보가 필요하다.

대학 동아리에서 MT를 가려고 예산을 세우는 것도 비용이 얼마나 필요한지를 계산하는 것이므로 일종의 원가정보다. 원가를 모르면 우리는 의사결정 자체를 할 수 없을지도 모른다.

원가는 '활동을 측정한 것'이다

서울 남산터널을 평일 낮 시간에 지나가기 위해서는 혼잡통행료를 내야 한다. 운전자라면 한 번쯤 혼잡통행료를 내고 터널을 지나가는 게 나을지, 시간과 연료는 더 들겠지만 혼잡통행료를 내지 않고 남산을 돌아서 가는 게 나을지를 고민해봤을 것이다. 이때도 역시 의사결정을 하려면 원가가 중요한 의사결정 정보로 작용한다.

그런데 도대체 어디까지가 원가에 포함되는 것일까? 일단 혼잡통행료 그 자체는 당연히 원가에 들어가고, 연료비도 원가에 들어간다. 시간도 중요한 요소이니 원가라고 치자. 그런데 차가 막혀 기분이 안 좋아지는 것은 어떨까? 안 좋은 터널 공기 때문에 발생하는 건강 문제는? 과연 이런 것들도 원가에 포함되는 것일까?

자원을 가지고 어떤 활동을 한다면 필연적으로 비용, 즉 원가가 발생한다. 그러나 원가를 정보로 이용하기 위한 전제조건이 있다. 바로 우리가 그 활동을 원가로 간주할 것이냐 말 것이냐, 간주한다면 어느 정도라고 생각해줄 것이냐를 결정해야 한다는 것이다. 이 과정을 '측정'이라고 한다.

눈에 보이지 않는 원가를 찾아내라

평소 야근과 주말근무를 자주 하는 한심해 과장. 그런데 사실 한 과장은 야근과 주말근무를 즐긴다. 노총각인 한 과장은 평일 저녁은 물론 주말에도 특별한 취미활동이나 친구와의 약속도 거의 없어, 집에서 같이 사는 부모님의 눈치를 보는 것보다 차라리 회사에 있는 것이 더 좋기 때문이다.

야근의 또 다른 즐거움은 바로 야근수당이 나온다는 사실이다. 평일에 밤 10시까지 근무하면 3만 원, 주말에는 8시간 이상 근무하면 5만 원의 야근수당이 나오니 꽤 괜찮은 부수입원이다.

또한 한 과장은 어차피 야근을 할 생각이기 때문에 정규 업무시간에는 그다지 집중해서 일을 하지 않는다. 눈치를 보며 인터넷 뉴스를 읽거나, 점심식사 시간도 충분히 즐긴다. 사실 야근을 할 때도 몰래 인터넷 창을 열어놓고 저녁에 열리는 스포츠 중계를 보다가 갈 때도 많다. 그래서 오늘도 야근 중인 한 과장. 그에게 야근은 일석삼조의 즐거움이다.

여러분이 회사의 경영자라면, 이런 한 과장에게 야근수당을 주고 싶을까? 또 하나 생각해 볼 것은, 과연 한 과장의 일석삼조 야근 때문에 낭비되는 원가가 과연 야근수당뿐이겠느냐는 것이다.

눈에 보이는 낭비원가와 보이지 않는 낭비원가

낭비원가는 숫자로 인식되는 것뿐만 아니라 눈에 보이지 않는 부분에서도 발생된다. 눈에 보이는 원가가 돈으로 지출되는 것이라면, 보이지 않는 원가는 일하는 방법이 잘못됐거나 업무를 비효율적으로 할 때 발생하는 것이라고 할 수 있다. 한 과장의 경우는 야근수당과 야간 전기세 등 눈에 보이는 비용 외에도 업무속도 저하, 신용도 실추, 다른 직원들의 사기저하 등 보이지 않는 낭비를 발생시킨 장본인인 셈이다.

따라서 기업이 잘되기 위해서는 눈에 보이든 보이지 않든 모든 원가관리를 잘할 필요가 있다. 예를 들면 회사에서 자주 열게 되는 회의도 원가개념에 비춰봤을 때 비능률적으로 진행돼서는 안 된다.

쓸모없는 회의를 하느라 직원들의 시간을 낭비하고, 그만큼 급여가 낭비되며, 복사용지 등 기타 자원들이 낭비되어 원가가

> 회의는 시간을 소모하고, 시간은 돈을 소모한다.
> 따라서 회의는 돈을 소모한다.
> Meeting takes time, Time takes money.
> Therefore, meeting takes money.
>
> 1분은 525원
> 1시간은 3만1,472원
> 1일은 25만1,775원
>
> 효율적 회의가 돈을 번다!
> Meeting efficiency makes money!

발생하기 때문이다. 그러니 회의는 가장 효율적인 방법으로 할 필요가 있다.

소니코리아는 '타임 테크놀로지'라는 독특한 제도를 도입해서 회의로 인한 낭비를 줄이고 있다. 회의실 한쪽 벽면에 시간을 비용으로 계산해서 써놓았는데 76쪽의 내용이 바로 그것이다. 또 회의에 들어갈 때는 15분짜리 모래시계를 들고 들어가도록 한다. 이렇게 시간의 흐름을 '측정'함으로써 실제 원가정보로 느끼게 하는 것이다.

카멜레온처럼 다양한 원가의 종류

원가는 분류기준에 따라 다양한 종류로 나눌 수 있다. 먼저 각 개념을 살펴본 후 사례를 통해 차근차근 알아보기로 하자.

분류기준	원가 항목
자원의 소비 유형에 따라	재료비/노무비/경비
원가행태에 따라	변동원가/고정원가
추적가능성에 따라	직접원가/간접원가
의사결정과의 관련성에 따라	관련원가/비관련원가 기회원가/매몰원가
통제가능성에 따라	통제가능원가/통제불능원가

○ 자원 소비유형에 따른 분류: 재료비, 노무비, 경비

'원가의 3요소'라고 불릴 정도로 가장 오랜 역사를 지닌 원가분류가 바로 재료비와 노무비로 우선 구분한 후 나머지를 경비로 분류하는 방식이다. 정부 등 공공부문에서 사용하는 (제조)원가의 분류방식 중 품목별 분류의 경우에도 재료비, 노무비, 경비로 분류하고 있다.

○ 원가행태에 따른 분류: 변동원가와 고정원가

생산활동이나 판매활동을 할 때마다 원가가 발생한다면 변동원가, 그렇지 않고 일정하다면 고정원가로 분류한다. 예를 들어 김밥가게에서 김밥을 하나 말아서 팔 때마다 들어가는 재료비는 변동원가지만, 김밥이 팔리든 안 팔리든 직원의 월급은 똑같이 줘야 하므로 이것은 고정원가로 볼 수 있다.

○ 추적가능성에 따른 분류: 직접원가와 간접원가

여러 제품이나 서비스를 함께 제공할 때, 각 제품에 직접 들어가는 원가가 얼마인지 정확히 추적할 수 있는 원가(직접원가)는 큰 문제가 되지 않는다. 하지만 공통으로 발생하는 원가(간접원가)는 배분, 즉 어느 제품에 얼마의 원가를 부담시킬 것인지의 문제가 발생한다.

친구 두 명이 중국집에 가서 한 명은 8,000원짜리 자장면을, 다른 한 명은 9,000원짜리 볶음밥을 시켜 먹었다면 각자 주문한 메뉴가 무엇인지 분명하므로 돈을 어떻게 나눠서 내야 할지를 분명히 알 수 있다. 이것이 직접원가다. 그런데 탕수육을 시켜서 같이 먹었다면 누가 돈을 내야 할까? 이것은 간접원가에 해당하는 문제로, 어떻게 배분할지 결정해야 한다.

함께 시켜 먹은 탕수육 값은 어떻게 나눠 내야 할까?

추적가능성과 앞서 살펴본 요소별 분류를 동시에 고려한 직접재료원가, 직접노무원가, 제조간접원가로 분류하는 방식도 널리 사용된다.

○ 의사결정 관련성에 따른 분류: 관련원가와 비관련원가, 기회원가와 매몰원가

의사결정으로 인해 대안 간의 차이를 보이는 미래 원가를 관련원가라고 한다. 예를 들어 최신 스마트폰으로 바꾸기 위해서 갤럭시 S22와 아이폰 13을 두고 고민하다가 결국 갤럭시 S22를 구매했다면, 구입할 때 지불한 구매대금은 의사결정에 따라 달라진 것이므로 관련원가에 포함된다. 하지만 갤럭시든 아이폰이든 똑같은 통신사의 똑같은 가격제를 이용할 경우 통신요금은 의사결정과는 무관하므로 비관련원가인 것이다.

이미 투입되어 회수할 수 없는 과거 원가인 매몰원가는 비관련원가에 속한다. 갤럭시 S22를 구입하기 전에 사용하던 휴대폰 구입가격은 새로운 스마트폰 구입 여부와 상관없이 이미 회수할 수 없는 매몰원가에 해당하고 의사결정과는 무관하다.

반면에 의사결정 시 어느 한 대안을 택함으로써 포기한 다른 대안의 가치를 기회원가라고 한다. 갤럭시 S22를 선택한 경우 포기한 아이폰 13의 가치가 기회원가다. 기회원가는 매몰원가와 달리 의사결정을 할 때 반드시 고려해야 할 부분이다.

○ 통제가능성에 따른 분류: 통제가능원가와 통제불능원가

기업이나 조직 안에서 특정 관리자에 의해 일정 기간 동안 크게 영향을 받는 원가를 통제가능원가(또는 관리가능원가)라고 한다.

예를 들어 LG전자의 판매대리점 베스트샵의 점장이 그 지점에서만 단독으로 경품행사를 진행할 경우, 여기에 소요되는 원가는 통제가능원가이므로 향후 성과 평가에 반영할 수 있다. 하지만 LG전자 본사 차원에서 진행하는 기업 이미지 광고의 경우는 베스트샵 점장이 관여할 수 없으므로, 점장 입장에서는 통제불능원가에 해당한다.

목적에 맞게 활용해야 진짜 정보가 된다

이렇게 다양하게 분류되는 원가는 대체 어떤 목적에서 어떻게 활용되는 것일까? 구체적인 예를 들어보자. 울산 현대자동차 생산공장에서는 아반떼와 i30가 근처의 제조 라인에서 생산되고 있다. 시장에서 동급으로 분류되는 두 차종의 차체는 다르지만 엔진 등 일부 부품이 같다.
그래서 이런 부품들은 함께 구입한다. 그렇다면 두 차종에 똑같이 들어가는 엔진 원가는 어떻게 분류할 수 있을까?

차체는 다르지만 일부 부품이 같은 아반떼(좌)와 i30(우)는 부품구입비용을 공유할 수 있다. (출처: 현대자동차, 네이버)

현대자동차 제3공장 아반떼의 원가분류

		추적가능성에 따른 분류	
		직접원가	간접원가
원가행태에 따른 분류	변동원가	엔진, 타이어, 전조등, 라디에이터, 차체, 생산라인 인건비 등	페인트, 전력비, 수선비, 용접비, 소모성 부품, 식당운영비 등
	고정원가	아반떼 관리팀 인건비, 아반떼 설계팀 인건비 등	공장장 인건비, 공장 감가상각비, 보안관리비, 전산실 인건비 등

첫째, 일반적으로는 원가요소에 따라 '재료비'로 분류된다. 둘째, 엔진은 차 한 대를 생산할 때마다 하나씩 꼭 투입되는 것이므로 '변동원가'로도 분류된다. 셋째, 구입은 공동으로 했다가 원가를 집계할 때는 각 차량의 생산량을 기준으로 배분할 수 있으므로 '간접원가(제조간접원가)'로 분류된다.

● **감가상각비**
영업활동을 위해 건물이나 기계 등을 사용하다 보면 그 가치가 점차 감소되는데, 그 감소되는 만큼의 가치를 감가상각비라는 비용으로 인식한다.

엔진 외의 다른 원가는 어떨까? 제3공장을 담당하는 공장장의 월급은 어느 한 차종만 위한 것이 아니므로 '간접원가'면서 동시에 '노무비'이다. 또 공장건물의 감가상각비● 역시 한 차종만을 위한 것이 아니므로 '간접원가'인 동시에 '경비'로 분류할 수 있으면서, 생산량의 변화와 상관없이 일정하게 발생하는 '고정원가'다.

이처럼 하나의 계정과목이라도 다양하게 분류될 수 있는데, 이렇게 원가를 다양하게 분류하는 이유는 여러 가지 목적에 맞게 활용하기 위해서다.

제조원가를 집계해서 재무제표를 작성하려면 일반적으로 재료비, 노무비, 경비의 요소별 분류체계를 따른다. 한편 정확한 원가계산을 통해 차량의 시장가격을 결정하려면 가격결정대상인 신제품을 원가집계대상(일명 원가대상)으로 삼아 추적가능성을 따져서 직접원가, 간접원가로 분류해야 할 것이다. 또 손익분기점을 뽑아보려면 생산량 변화와의 관련성에 초점을 맞춰 변동원가, 고정원가라는 분류를 활용해야 할 것이다.

결국 경영자들은 의사결정과 경영관리라는 목적을 위해 같은 원가라도 다양한 측면에서 바라본다. 이처럼 목적에 적합한 분류체계를 이용할 때에만 비로소 유용한 정보로 활용할 수 있는 것이다. 즉 '상이한 목적에는 상이한 원가정보 Different Costs for Different Purposes'를 활용해야 한다는 점을 반드시 기억해야 한다.

숫자와 친숙해진다는 것

신문 하루치는 아무리 두꺼워도 1cm 정도밖에 되지 않는다. 하지만 그것도 10번, 20번 접으면 그 두께는 상상을 초월할 정도로 커진다. 막연하게 높을 것이라고 생각하는 대신에 중학교 때 배운 수학공식으로 표현하면 $1cm \times 2^{20}$로 표현할 수 있다. 실제로 계산해보면 그 두께는 10km를 넘는다. 물론 그만큼 여러 번 접을 수 있다는 가정하에 말이다.

계산기를 이용하지 않아도 대략의 수치를 구할 수는 있다. 2^{20}은 쪼개면 $2^{10} \times 2^{10}$이고, 2^{10}은 다시 $2^5 \times 2^5$이다. 2^5이 32라는 것은 암산으로 가능하므로, 32를 제곱하면 대략 1,000이 되고 1,000을 다시 제곱하면 100만이라는 것을 알 수 있다. 그리고 이것을 km로 환산해보면 10km 정도라는 것을 알 수 있다.

2^{20}이 대략 100만이라는 것을 기억하면 여러모로 도움이 된다. '용의 수염'이라는 별명을 가진 중국의 수타국수 달인이 한국 TV에 출연해 바늘구멍을 통과할 만큼 가늘고 긴 국수를 뽑아낸 적이 있다. 그는 총 20회의 가닥 내기를 했는데, 흥미로웠던 것은 그가 사회자에게 "이 면발의 길이가 얼마인지 아느냐?"고 물었던 것이다. 사회자는 쉽게 답하지 못했지만, 팔을 쭉 펴서 한 번 늘린 반죽의 길이가 140cm 정도이므로 이를 토대로 유추해보면 그가 뽑아낸 면발의 길이는 140cm×100만이다. 즉 1,400km가 넘는다.

수타국수 달인이 국수길이를 정확히 아는 것은 면발 뽑는 데 직접적인 도움이 되지는 않을 수도 있다. 하지만 달인은 "중국 광주에서 다른 도시까지 고속도로로 몇 번을 왕복할 수 있는 길이"라고 말하며 직업적 자부심을 당당하게 드러냈다. 이렇게 조직 구성원들이 측정을 기초로 한 지적 호기심을 일상업무 수행 과정에서 늘 갖는다면 개인은 물론 조직의 이익창출 역량이 한 차원 높아질 것이다.

계산기를 활용하면 될 것을 굳이 직접 계산해보라고 하는 것은 계산이야말로 수치로 표현하는 것으로 정의되는 '측정'의 대표적 예이기 때문이다. 정확한 계산능력까지는 필요 없지만, 대략적인 숫자에 대한 감각을 키우는 것은 회계 고수가 되는 지름길이다.

수치에 익숙해진다는 것은 곧 수학의 논리적 사고가 회계와 접목된다는 것을 의미한다. 수치를 토대로 비즈니스의 본질을 이해한다면 조직 내에 살아있는 회계가 가동되게 하는 것도 가능하다.

03
원가는 어떻게 계산되는가

유명 커피전문점의 인테리어 담당자인 친구와 그가 직접 디자인한 매장에서 커피를 마실 때의 일이다. 친구는 커피를 들고 이런 이야기를 했다.

"이 커피 한 잔의 원가가 얼마인지 알아? 겨우 300원이래. 난 직원이라서 15% 할인되지만, 제 돈 주고 5,000원에 마시면 억울할 것 같아. 얼마 전에도 보니까 아메리카노 커피 한 잔 평균원가가 123원이라는 기사도 나오더라. 너는 회계를 공부해서 알겠지만, 이건 정말 심하게 폭리를 취하는 것 같지 않아?"

아마 비슷한 이야기를 독자 여러분들도 한 번쯤 들어보셨을 것이다. 그러나 결론부터 이야기하자면, 사실 친구가 알고 있는 커피 한 잔의 원가는 잘못 계산한 것이다.

커피 한 잔 원가는 정말 123원일까?

'커피 한 잔 원가는 123원'이라는 충격적인 신문 보도는 커피전문점에서 가장 많이 쓰이는 미국산 원두 10g의 수입원가로, 관세청이 관세를 부과하기 위해 만든 자료를 근거로 한 것이다.

하지만 커피전문점에서 판매하는 커피 한 잔에는 원두만 들어가지는 않는다. 카페라테에는 우유가 들어가고, 마키아토에는 크림을 올리기도 한다. 테이크아

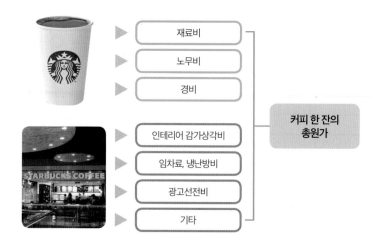

커피 한 잔의 총원가 구성

- 재료비
- 노무비
- 경비
- 인테리어 감가상각비
- 임차료, 냉난방비
- 광고선전비
- 기타

→ 커피 한 잔의 총원가

웃 종이컵도 재료이고, 시럽 또한 마찬가지다. 얼음이나 물의 가격도 비중이 높지는 않겠지만 어쨌든 재료비로 봐야 한다.

또 있다. 커피 한 잔 원가에는 흔히 인건비라고 부르는 노무비가 포함되는데, 커피를 직접 만드는 바리스타뿐만 아니라 매장을 총괄관리하는 점장과 주방보조 아르바이트생의 월급까지 모두 노무비로 배분되어 커피 한 잔 원가에 포함되어야 한다.

그 외에도 인테리어 비용이나 임차료, 전기료, 인터넷 통신비, 냉난방비 등 다른 비용들도 있다. 이러한 나머지 원가를 경비라 부르는데 경비 또한 커피 한 잔의 원가로 배분되어야 정확한 원가가 계산될 것이다.

고급 호텔에서 마시는 커피의 경우는 재료비가 비슷하더라도 멋진 웨이터가 서빙을 하는 만큼 커피 한 잔에 배분되는 노무비가 크고, 고급 인테리어와 라이브 음악 등 각종 경비가 더 많이 발생한다. 그래서 커피 가격도 더 비싸질 수밖에 없다. 반면에 테이크아웃 전용 커피 한 잔이 2천 원대에 불과한 이유는 노무비나 경비가 거의 들지 않기 때문이다.

다시 친구와의 대화 이야기로 돌아와보자. 비록 인테리어 담당이긴 하지만 소속된 회사의 제품원가도 모르는 직원이 있다는 사실을 그 기업 CEO가 알게 된다면 매우 안타까울 것이다. 회사 제품의 원가구성에 대한 이해도가 낮다는 것은 비즈니스의 기본기가 부족하다는 뜻이기 때문이다.

또한 그 회사의 직원이 스스로 자기네 회사에서 판매하는 제품원가가 사실은 매우 낮다고 이야기한다면, 구매자 입장에서는 가격책정 과정에 대한 의심이 들면서 제품을 구입하기도 꺼려질 것이다. 이래저래 CEO 입장에서는 불편할 것이 틀림없다.

정확한 원가계산을 가능케 하는 원가배분

커피 한 잔의 원가가 300원이라는 친구에게, 그것은 직접 투입되는 재료비만 고려한 것이고 실제로는 노무비와 경비가 포함되어야 한다고 설명했다. 아마도 커피 한 잔에는 노무비가 1,000원 정도 들어가고 경비는 가장 많은 1,500원 정도가 들어가서 총 2,800원 정도가 한 잔의 원가가 될 것 같다고 설명해주었다. 그러자 친구가 갑자기 질문을 했다.

"그런데 무슨 기준으로 노무비와 경비를 특정 커피 한 잔에 배분하는 거지?"

"그건… 직원 5명의 인건비, 매장에서 발생하는 임차료와 관리비 같은 원가를 점장에게 물어봐서, 하루에 팔리는 커피의 총판매량으로 나눠서 계산하는 거지. 그러니까 배분기준은 판매되는 잔 수인데."

그러자 친구가 다시 묻는다.

"이 매장에는 가격이 모두 다른 다양한 커피가 있고, 여러 직원들이 하루에 만들어서 파는 커피가 수백 잔인데? 그 말대로면 아메리카노의 원가, 카페라테의 원가, 이렇게 종류별로 정확하게 원가가 계산된 건 아니잖아. 너 회계 공부 더 해야겠다."

원가구성에 대한 이해도가 낮다고 생각했던 친구에게 한 방 먹은 셈이다. 구체적 용어는 몰랐겠지만, 그 친구는 정확한 원가계산을 가능하게 해주는 요소인 '원가배분'에 대한 문제를 제기한 것이다. 원가배분(또는 원가배부)이란 직접 추적이 안 되는 간접원가(공통원가)를 어떤 기준을 이용하여 원가대상에 대응시키는 것을 말한다.

원가를 배분하는 절차는 다음과 같다.

> **1단계** 제품이나 서비스, 고객, 사업부문 등 원가를 매길 원가대상에 대해 발생한 총원가를 집계한다.
>
> **2단계** 원가대상에 직접적인 연관이 있으면 직접원가로, 직접적인 연관이 없으면 간접원가로 구분한다.
>
> **3단계** 직접원가는 원가대상에 직접 부과한다.
>
> **4단계** 간접원가는 원가집합으로 집계를 한 후 합리적인 배분기준을 정하고, 그 기준에 따라 배분한다.
>
> **5단계** 배분된 원가를 원가대상별로 집계한다.

그런데 실제로는 원가배분을 어떻게 하느냐에 따라 각 제품마다 원가가 달라지고 부서의 성과도 달라지는 것을 흔히 볼 수 있다. 원가배분에서 가장 중요한 것은 '어떤 기준으로 배분하는가'이기 때문이다.

국내의 한 전자부품 회사를 방문한 적이 있는데, 담당자에게 회사의 원가배분 정책을 듣고 깜짝 놀랐다. 공장에서 생산되는 제품은 총 세 가지인데, 공통적으로 발생하는 각종 간접원가는 그냥 각 제품을 생산하는 생산라인 면적에 따라 나눈다는 것이다.

구체적인 인과관계 없이 단순한 배분기준을 사용하면 편하긴 하겠지만, 원가의 왜곡이 심하게 발생할 수도 있다고 말씀드렸다. 하지만 회사 담당자는 어쩔 수 없다며, 오히려 혹시 다른 직원들이 회사의 원가배분 정책에 대해 물어보면 지금 사용하는 기준이 제일 좋다고 이야기해달라는 것이었다. 이 담당자는 배분기준이 잘못 설정되면 여러 가지 문제가 발생할 수 있음을 간과하고 있다. 그 문제들은 다음과 같다.

- 손실이 발생하는 제품과 사업부를 파악하기 어려움

- 경영진 사이에 의견충돌이 발생함

- 시장가격이 불안정하게 됨

- 배분이 자의적인 것으로 인식됨

- 배분방법에 대한 합의가 어려움

배분기준은 어떻게 설정하는가

그렇다면 배분기준은 어떻게 설정해야 할까? 일반적으로 배분기준은 아래의 네 가지 기준에 따라 설정된다.

- **공정성과 공평성 기준**: 공정성과 공평성에 의하여 간접(공통)원가를 배분해야 한다는 원칙을 강조함. 포괄적인 기준.
- **부담능력 기준**: 원가배분대상의 원가부담능력에 비례하여 간접(공통)원가를 배분함. 즉, 더 많은 수익을 올리는 쪽이 간접(공통)원가를 더 많이 부담할 수 있다는 가정하에 배분하는 방법.
- **수혜 기준**: 원가배분대상이 간접(공통)원가로부터 제공받은 경제적 효익의 정도에 비례하여 원가를 배분함. 수익자 부담원칙에 입각한 기준.
- **인과관계 기준**: 원가배분대상에 제공된 서비스 또는 활동에 비례하여 간접(공통)원가를 배분함.

보다 쉽게 이해하기 위해 예를 들어보자. 팀장 한 명과 팀원 두 명이 호프집에 갔다. 생맥주를 주문하려다 보니 각자 500cc짜리 한 잔을 여러 번 주문하는 것보다는 3,000cc짜리 피처로 주문해 나눠 마시는 것이 더 저렴하므로 피처로 주문하였다. 이제 피처로 주문한 생맥주값은 간접(공통)원가라 할 수 있다. 이때 원가(생맥주 값)를 배분하는 방법은 여러 가지가 있을 것이다.

○ 공정성과 공평성 기준

가장 기본적인 배분방식은 n분의 1로 똑같이 나누는 것이다. 공정성과 공평성 기준이다. 하지만 이 방법은 왜곡이 일어날 가능성이 크다. 누구는 한 잔을 마셨고, 누구는 다섯 잔을 마셨는데 돈은 똑같이 나눠 내는 것이다. 만약 팀원 중 한 사람이 다이어트를 하는 중이라 생맥주를 거의 마시지 않았다면, 그 팀원은 똑같은 원가를 부담하는 게 억울하다는 생각이 들 것이다.

○ 부담능력 기준

다른 배분방식은 연봉도 많고 연장자인 팀장이 생맥주값을 내는 것이다. 부담능력 기준으로 배분하는 것이다. 실제로 기업들이 본사 차원에서 지출한 기부금을 배분할 때 매출액이 많은 사업부가 희생하는 식으로 이 방법을 많이 활용한다. 하지만 한두 번이라면 모를까, 매번 그렇다면 팀장도 억울한 생각이 들 것이다.

○ 수혜 기준

또 다른 방법은 맥주를 마시고 싶어서 먼저 주문하자고 말한 사람이 돈을 내는 방식이다. 이것은 수혜 기준인데, 수혜를 가장 많이 얻는 사람이 부담하자는 것이다. 예를 들어 기업의 이미지 향상을 위한 광고를 했다면 직접 수혜를 받은 사업부는 판매를 담당하는 영업본부일 것이다. 이 경우 생산본부보다는 영업본부에 더 많은 원가를 배분하는 방식이다.

○ 인과관계 기준

그런데 만약 내가 좋아서 생맥주를 주문하기는 했지만, 막상 시켜놓고 보니 '나는 별로 생각 없다'던 다른 팀원이 더 많이 마셨다면? 그러면 가장 많이 마신 사람에게 돈을 더 내라고 할 수도 있을 것이다. 이것은 인과관계 기준에 의한 배분방식이다. 물론 인과관계 기준을 적용하기 위해서는 누가 생맥주 피처에서 몇 잔을 따라 마셨는지 분석하는 측정 과정이 필요하므로 노력이 많이 필요하지만, 그래도 가장 납득할 만한 배분 기준이 될 수 있을 것이다.

활동기준으로 원가를 계산하는 ABC

가장 합리적인 배분방식인 인과관계 기준 방식은 간접원가를 발생시키는 '활동'에 초점을 맞춘 것이라 할 수 있다. 이를 강조한 원가배분 시스템을 활동기준원가계산, 즉 ABC^Activity-Based Costing라고 한다.

ABC의 핵심은 활동이 자원의 소비를 유발하여 궁극적으로 원가(특히 간접원가)를 발생시킨다는 것을 감안해서, 특정 원가대상(제품 또는 고객)이 그 활동을 얼마나 필요로 했는지에 초점을 맞추는 것이다. 앞 장에서 토종꿀이 비싼 이유가 토종벌이 서양벌에 비해 4배 이상 많은 활동을 해서 꿀을 모으기 때문이라고 한 것을 떠올리면 이해가 쉬울 것이다.

이번에는 좀 더 실무적인 예를 들어보자. 한 전자회사가 냉장고와 세탁기 두 제품을 생산하면서 발생한 간접원가가 총 200만 원이라고 하자. 이때 생산량이나 작업시간 등의 단일기준을 적용하는 것이 아니라 어떤 활동에서 간접원가가

ABC에 의한 원가배분 과정의 예

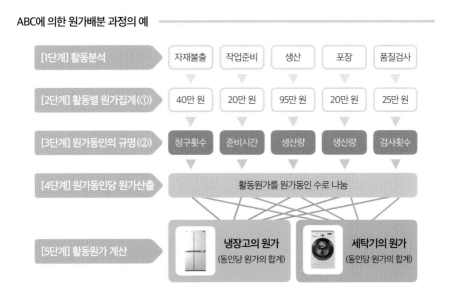

발생했는지를 분석하여 활동별 원가를 집계한 후, 각 활동별 원가를 발생시킨 원인(원가동인)을 찾아 원가를 배분하는 것이 바로 ABC이다.

오늘날 비즈니스에서는 전반적으로 간접원가가 점차 증가하고 있기 때문에, ABC는 이를 보다 효과적으로 관리하기 위해 만들어졌다. 이전에는 직접노동시간이나 기계가동시간 등의 수량을 중심으로 배분기준을 정했다면, ABC는 간접원가의 발생원인이라고 할 수 있는 활동을 기준으로 한다.

일부 학자는 ABC를 '기업의 중요한 활동에 관한 재무 및 운영성과 정보의 집합체'라고 정의한다. 그만큼 ABC를 통해 얻는 활동에 대한 정보가 다양한 활용성을 갖고 있음을 시사한다. 특히 새로운 방식의 제품이나 서비스 원가계

 동일디앤엠 **박인환** 사장

기업에 원가계산 시스템이 중요한 이유

Q **30년 이상 기업을 경영하면서 직접 원가관리도 하시고 주변의 회사 사정도 잘 아실 텐데요, 기업의 원가계산 시스템에 대하여 이야기해 주시겠습니까?**

기업이 처음부터 다양한 제품으로 시작하는 경우는 많지 않습니다. 회사가 지속되는 경우에도 한두 아이템에 의존하는 경향이 크지요. 원가배분도 경영자의 직관에 의존하는 경우가 많습니다. 그러다 보니 중소기업 마인드에서 체질적으로 벗어나지 못하는 경우가 많이 있습니다.

성장이 빠른 회사는 원가계산 시스템을 쉽게 구축할 것 같지만, 매출이 계속 늘어나면서 현금은 계속 들어오기 때문에 오히려 제품원가에는 상대적으로 관심을 적게 갖고, 영업이나 마케팅에만 신경을 씁니다. 그러다 수익성이 나빠진 뒤에야 제품원가를 들여다보는데, 그러면 이미 손을 쓰기 힘든 상태가 되어 있지요. 원가계산 시스템 구축이 하루아침에 되는 것은 아니기 때문입니다.

따라서 안정적으로 성장하는 동안에 미리 합리적인 원가계산 시스템을 잘 구축해야 대기업과의 납품단가도 합리적으로 산출하고, 현실적인 원가절감 목표액을 산출할 수 있습니다. 원가계산 시스템은 중소기업이 중견기업으로 도약하기 위한 필수 절차라고 할 수 있겠습니다.

산이라는 단순한 의미를 넘어, 경영 전반에 걸쳐서 전략수행에 유용한 정보를 창출하고 활용하는 경영관리 정보시스템으로 확대한 것을 ABM^{Activity-Based} ^{Management}이라 한다. 이는 포스코, KT, 오리온 등의 기업들은 물론 분당서울대 병원, 길병원 등에서도 도입하여 활용하고 있다.

ABC와 ABM은 어느 날 갑자기 등장한 개념이 아니라 기존의 원가시스템이 갖는 한계점을 보완하기 위해 도입된 것이다. 이제 원가는 스스로 발생하는 것이 아니라 무엇인가에 의해 야기된다는 당연한 사실을 깨닫기 시작했다. 따라서 왜 그런 결과가 발생했는지 설명하기 위해서는 이전에 비해 인과관계에 기초한 원가배분이 크게 중요해진 것이다.[3]

원가를 직접 배분해보자

기업 회계에서 원가배분이 필요한 경우는 크게 다음 네 가지로 볼 수 있다. ① 제품에 제조간접원가를 배분할 때, ② 각 사업부에 본사의 공통원가를 배분할 때, ③ 제품에 고정원가를 배분할 때, ④ 제품에 결합원가를 배분할 때 등이 그것이다. 이중에서 가장 많이 접하게 되는 제조간접원가와 본사공통원가의 배분에 대해 자세히 알아보자.

추적가능성에 따른 원가 재분류

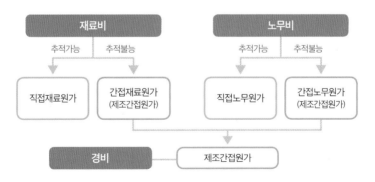

○ 제조간접원가 배분하기

우리는 앞에서 '재료비, 노무비, 경비'로 분류된 원가를 제품에의 추적이 가능한지에 따라 다시 '직접재료원가, 직접노무원가, 제조간접원가'로 분류할 수 있다고 배웠다. 같은 재료비라도 추적이 가능하면 직접재료원가로, 추적이 어려우면 간접 재료원가로 구분할 수 있고 노무비 역시 추적이 가능하면 직접노무원가로, 추적이 어려우면 간접노무원가로 구분된다. 이때 간접재료원가와 간접노무원가, 그리고 경비는 모두 제조간접원가에 속한다.

이렇게 재분류하는 이유는 생산하는 제품의 정확한 원가를 계산하기 위한 것이다. 만약 제품에 원가를 배분할 때 직접 생산을 담당하는 생산부서(제조부문)의 간접원가만 고려하면 실제보다 원가가 적게 배분될 수 있다. 왜냐하면 실제 생산현장에는 생산부서 말고도 설계부서, 수선부서, 공장관리부서 등 생산을 도와주는 보조부문이 존재하기 때문이다. 따라서 보조부문에서 발생하는 제조간접원가까지 제품원가에 배분되어야 한다.

보조부문의 원가 배분

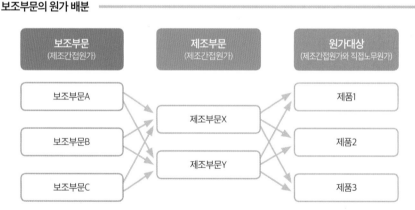

※ 각 항목을 구분할 때는 인과관계기준, 수혜기준, 부담능력기준 등을 사용하여 구분하고 적용편의성을 고려한다.

93쪽 표는 어느 회사에서 제조간접원가를 배분하는 실제 기준을 나열한 것이다. 그러나 이 기준이 완전히 보편타당하다는 것은 아니고, 어떤 항목을 어떻게 배분할 것인지는 회사마다 조금씩 달라질 수 있다.

간접원가	배분기준
건물감가상각비	각 부문의 점유면적 또는 건물의 가격
기계감가상각비	각 부문 기계장치의 가격
부동산임차료	각 부문의 점유면적
건물보험료	각 부문의 점유면적
건물재산세	각 부문의 점유면적
기계장치보험료	각 부문 기계장치의 가격
동력비	각 부문 기계장치의 마력 수 또는 '소요동력×운전시간'
전기, 가스, 수도료	각 부문의 소비량 또는 추정량
전화료	각 부문의 전화대수×대당 통화수
재료보관비	각 부문으로의 출고액, 보관면적
시험연구비	각 부문의 직접 작업시간, 부문별 연구원 수
종업원모집비	각 부문의 종업원 수 또는 직접 작업시간
복리후생비	각 부분의 종업원 수
간접재료비	각 부문의 직접재료비
간접노무비	각 부문의 직접 작업시간 또는 종업원 수

○ 본사공통원가 배분하기

2005년부터 2015년까지 잉글랜드 프리미어 리그^{EPL} 명문구단인 첼시를 후원

했던 삼성전자는 후원 초기 첼시 유니폼에 'SAMSUNG mobile'이라는 문구를 넣게 했다. mobile이 휴대폰을 의미하므로, 이때 후원금은 정보통신사업 부문에서 모두 부담했다고 한다.

하지만 2008~2009 시즌부터는 문구에서 mobile을 뺀 'SAMSUNG'으로 바뀌게 됐고 이때부터 반도체, LCD, 생활가전, 디지털미디어, 정보통신 등 5개 사업부문에서 골고루 후원액을 나눠 냈다. 다만 그 금액은 각 사업

첼시 유니폼에 '삼성'이 들어갔으면 그 비용은 삼성그룹 전체에 똑같이 배분되는 것일까? (© 첼시FC 홈페이지)

부문의 매출액에 따라, 즉 부담능력 기준에 따라 달랐다.

삼성전자가 첼시에 냈던 후원금은 본사 차원에서 계획되고 지출되는 본사공통원가이다. 이것은 배분받는 사업부문이나 계열회사 입장에서는 부담이 되므로 배분기준에 민감할 수밖에 없다. 따라서 배분기준은 인과관계를 감안해서 선정되어야 나중에 문제가 생기지 않는다.

경영자들이 본사 및 보조원가를 사업부나 부문에 배분하면서 내세우는 이유는 전 세계적으로 대개 비슷하다. 호주에서 CEO들을 대상으로 한 설문조사에 따르면 본사공통원가를 각 사업부로 배분하는 이유는 다음과 같다고 한다.

> 첫째, 사업부가 독립적이거나 본사에서 서비스를 제공하지 않았다면 각 사업부에
> 서 원가가 발생한다는 것을 주지시키기 위하여
> 둘째, 사업부 경영자에게 본사공통원가가 존재한다는 것을 인식시키기 위하여
> 셋째, 사업부 경영자에게 본사 경영자가 원가를 통제하는 방향으로 압력을 행사하
> 도록 자극하기 위하여
> 넷째, 사업부 경영자가 본사 서비스를 효율적으로 사용하도록 자극하기 위하여

그런데 정말 중요한 문제는 과연 이렇게 배분된 공통원가를 성과평가에 포함할 것인지이다. 성과평가 목적으로는 재무회계상 손익계산서(3장 참조)보다는 관리회계 관점의 공헌이익 손익계산서를 활용하는 것이 훨씬 유용하다.

회사별로 정책이 다르고 중요하게 여기는 것도 다르기 때문에 공헌이익 손익계산서에 특별히 정해진 양식이 있는 것은 아니다. 하지만 부문 담당자가 통제가능원가와 통제불능원가를 구분하고, 배분된 공통원가를 별도로 측정하고, 이익을 산출하여 성과평가를 하는 것은 동기부여의 측면에서도 바람직할 것이다.

95쪽의 첫 번째 표는 제조와 물류, 2개의 사업부문으로 이루어진 가상의 기업 ㈜지당의 물류부문 재무회계상 손익계산서이다. 이를 보면 영업손익은 -20억 원을 기록하고 있음을 알 수 있다(①).

일반적인 재무회계상의 손익계산서 예

㈜지당 물류부문

과　목	금액(억 원)
매출액	1,000
매출원가	(800)
매출총이익	200
판매비와관리비	(220)
영업이익(영업손실)(①)	(20)

※ 괄호 안 숫자는 마이너스(-)를 의미함

성과평가를 위한 공헌이익 손익계산서의 예

㈜지당 물류부문

과　목	금액(억 원)
매출액(②)	1,000
변동원가(③)	500
공헌이익(② - ③ = ④)	500
통제가능고정원가(⑤)	(250)
사업부경영자공헌이익(④ - ⑤ = ⑥)	250
통제불능고정원가(⑦)	200
사업부공헌이익(⑥ - ⑦ = ⑧)	50
배분된 공통원가(⑨)	(70)
영업이익(영업손실)(⑧ - ⑨ = ①)	(20)

※ 괄호 안 숫자는 마이너스(-)를 의미함

　물류부문이 20억 원의 영업손실을 기록한 것을 보고 ㈜지당의 회장이 물류부문 경영자에게 책임을 물으려 하고 있다. 하지만 이때 회장이 두 번째 표인 공헌이익 손익계산서까지 본다면 생각이 달라질 수도 있다.

　공헌이익 손익계산서를 보면 통제가능고정원가까지 제외한 사업부경영자공헌 이익은 250억 원으로 흑자를 기록한 상태였고(⑥), 사업부경영자가 직접 주도하지 않고 ㈜지당의 회장 주도로 이루어져 추진한 사업에서 발생한 통제불능고정원가는 200억 원이나 되었다(⑦). 또한 ㈜지당 본사 차원에서 발생한 공통원가를 배분한 원가 70억 원(⑨)도 역시 물류부문 담당경영자 입장에서는 통제할 수 없는 원가임에 틀림없다. 즉, 물류부문의 영업손실은 담당경영자가 선전했음에도 불구하고 어쩔 수 없이 떠맡은 공통원가 때문에 생겨난 것이다.

　이를 고려한다면 영업이익 -20억 원 수치만 보고 화를 낼 것이 아니라 통제가능 여부를 판단한 공헌이익 손익계산서를 보고 합리적인 판단을 내릴 필요가 있다.

가장 오래된 배분기준 '제비뽑기'

이해관계가 첨예할 때, 동서고금을 막론하고 인류가 오랫동안 사용해 온 배분기준이 있다. 바로 추첨이라고도 하는 '제비뽑기'다. 성경을 보면 기원전 1,400년경 이집트에서 탈출한 이스라엘 민족이 가나안 땅에 당도했을 때, 12지파로 이루어진 이스라엘 민족들은 땅을 배분해야 했다. 이때 성직자 역할을 맡은 레위 지파는 가나안 전역에서 생활해야 하므로 각 지파의 땅인 48개 성읍에 배치되었고, 나머지 지파는 제비뽑기로 땅을 배분했다. 회계적 관점에서 보면 레위 지파는 직접원가 추적, 나머지는 간접원가 배분을 한 것이다.

그뿐만 아니라 예수를 배반한 가룟 유다 대신 열두 제자에 포함된 맛디아도 제비뽑기에 의해 선출됐고, 고대 그리스 시대에는 집정관은 물론 원로원의원과 배심원들도 제비뽑기에 의해 선출되었다고 한다. 무슨 정치를 그런 식으로 하느냐고 할 수도 있지만, 누구에게나 기회가 주어진다는 점에서는 민주적 행위였다고 평가받고 있다.

우리나라 역사에도 제비뽑기에 대한 이야기가 많다. 《삼국유사》에는 신라 진성여왕 때 당나라에 사신으로 가다가 섬에 표류한 아찬, 양패 일행이 용의 부탁을 들어주기 위해 제비뽑기로 거타지를 남겨두고 떠났다는 얘기가 나온다. 또 고려의 마지막 왕인 공양왕도 제비뽑기로 왕위에 올랐다고 한다.

국내 언론에 소개된 일본의 IT기업 '카약'은 기본급은 정해져 있고 플러스알파(+α)의 급여는 주사위로 결정한다고 한다. 계산구조는 '기본급 + (기본급의 1%×주사위 숫자)'이다. 추가급여가 그렇게 많지는 않기 때문에 직원들은 마음 상하는 일 없이 재미있어하며 열광한다고 한다. 그래서 카약은 늘 웃는 회사로 유명하다.

앞서 설명한 **간접원가 배분**이라는 것은 인과관계를 정확히 알 수 없거나 추적해도 실익이 없는 원가 항목을 나누어서 할당하는 것이다. 제비뽑기는 분명 과학적인 방법은 아니다. 하지만 인과관계에 따라 배분기준을 고려하지 않고 편의상 생산량 등의 단순한 기준으로만 원가를 배분해버리는 것도 별로 과학적인 방법은 아니므로, 어쩌면 제비뽑기와 별로 다르지 않다는 생각이 든다.

04
이제 손익분기점을
뽑아보자

치열한 경영환경은 종종 전쟁터에 비유된다. 전쟁터에서 장수는 수많은 의사결정 상황에 직면한다. 진격할 것인가, 물러설 것인가? 누구를 선봉에 투입하고 군사를 얼마나 내줄 것인가? 장수가 판단이나 의사결정에 실수한다는 것은 곧 본인과 부하의 죽음을 의미하므로 올바른 결정은 목숨과도 같다. 이런 이유로 전투가 끝나면 공이 있는지 없는지 성과 역시 치열하게 따지는 것이다.

《삼국지》에 등장하는 유비를 CEO라고 생각한다면, 관우와 장비는 걸출한 장수이긴 하지만 관리회계 마인드가 부족한 인물들이었다. 실제로 셋이서만 있을 때는 세력을 키우지도 못했고 크게 빛을 보지도 못했다. 하지만 제갈량이라는 대단한 조언자를 만나면서 '관리'라는 것을 하게 된다. 필요한 정보를 구해 옳은 의사결정을 하고, 성과를 평가하면서 점점 비즈니스 규모를 키워간 것이다. 그렇게 유비는 나라의 황제가 됐다. 유비에게 제갈량은 오늘날 경영자들에게 일종의 조언자와도 같은 관리회계 시스템의 역할을 한 것이다. 마치 마블 영화에 나오는 아이언맨에게 아이언맨 슈트의 현재 성능과 상태를 계속 이야기해 주는 자비스가 있었듯이 말이다.

이 사업, 손해는 안 볼 수 있을까?

2011년 〈조선명탐정 : 각시투구꽃의 비밀〉이라는 영화가 개봉하기 전, 주연배우 김명민 씨의 한 측근은 신문 인터뷰에서 "시나리오가 좋아 김명민 씨가 기존의 영화보다 낮은 금액에 출연을 결심했을 정도로 애착이 큰 작품"이라고 했다. 실제로 알려진 바로도 김명민 씨는 제작사의 입장을 고려해서 원래 받기로 한 출연료에서 약 20%를 삭감하고 촬영에 임했다고 한다.

대신 그는 줄어든 출연료를 보전받기 위해 영화가 손익분기점인 '220만 관객'을 넘을 경우 관객 1명당 100원씩 추가수입을 받는 러닝 개런티 계약을 맺었다고 한다.

결론은 어떻게 됐을까? 〈조선명탐정〉은 480만 명을 동원하며 역대 한국영화 흥행순위 20위 안에 기록될 정도로 흥행에 성공했다. 덕분에 김명민 씨는 당초 예상보다 많은 총 6억 원가량의 출연료를 받게 됐다고 한다. 마치 영화의 흥행을 예상이라도 한 것처럼 기막힌 의사결정을 한 셈이다.

이것을 회계학적으로 이야기하면, 변동원가와 고정원가를 분석해 관객수를 예측하여 본인의 이익을 극대화한 것이라 할 수 있다. 관리회계에서는 이를 'CVP 분석'이라고 한다. 원가Cost와 조업도Volume가 이익Profit에 어떤 영향을 미치는지를 분석한다는 뜻이다.

왠지 말이 어렵지만, CVP 분석의 대표적인 사례가 바로 회의시간에 지긋지긋하게 듣는 그 손익분기점BEP 도출이다. 이제부터 변동원가는 뭐고 고정원가는 뭔지 차근차근 알아보도록 하자.

변동원가와 고정원가를 산출하자
○ 변동원가

〈조선명탐정〉의 관객은 평균 8,000원 정도를 지불하고 영화를 보지만, 제작사가 극장에 상영수수료로 지급해야 하는 금액과 문예진흥기금 등 세금, 배급사에 지급하는 비용 등을 합치면 관객 1인당 약 5,000원 정도 소요된다. 이때의 5,000원이 관객 한 사람이 영화를 볼 때마다 증가하는 원가, 즉 변동원가^{Variable Costs}다.

변동원가란 조업도의 변동에 비례하여 총원가도 따라서 변동하는 원가를 의미한다. 조업도란 단어가 생소할 수 있지만 쉽게 말하면 생산량이나 판매량이다. 영화에서는 관객 수, 병원에서는 환자 수라고 보면 된다.

변동원가와 조업도의 관계

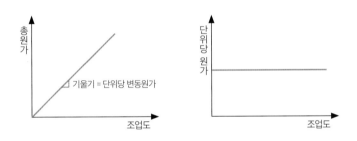

위 그래프를 보면 변동원가의 경우 조업도가 커질수록 총원가도 비례적으로 증가한다. 하지만 단위당 변동원가는 일정하다. 〈조선명탐정〉의 경우 관객이 1명이면 5,000원을 지급해야 하고 2명이면 1만 원, 3명이면 1만5,000원이라는 식으로 관객이 늘수록 지불해야 하는 총원가는 증가하지만, 관객 1인당 내는 돈(단위당 원가)은 항상 5,000원으로 일정한 것이다.

일반적으로 기업의 변동원가 중에서 가장 많은 부분을 차지하는 것은 재료비다. 또 판매가 많아질수록 많이 발생하는 운송비나 수수료도 변동원가의 하나로 볼 수 있다.

○ 고정원가

영화 〈조선명탐정〉의 총 제작비는 66억 원 정도라고 한다. 영화를 만드는 데 썼던 이 돈이 바로 관객 수와 무관한 고정원가^{Fixed Costs}다.

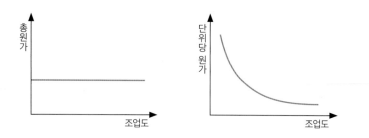

고정원가는 변동원가와 달리 조업도, 즉 관객 수와 관계없이 총원가가 일정하다. 관객이 몇 명 들든지 무조건 제작비는 66억 원인 것이다. 기업에서는 건물이나 기계장치에 대한 감가상각비, 보험료, 정기계약을 맺은 임차료 등이 고정원가로 분류된다.

그래프를 보면, 조업도와 상관없이 총고정원가는 일정하지만, 단위당 고정원가는 조업도의 증가에 반비례하는 모양을 보이고 있다. 관객 수와 상관없이 총제작비가 66억 원으로 이미 고정되어 있다고 했으므로 왼쪽 그래프처럼 나타나는 것은 당연하다.

핵심은 단위당 원가를 나타낸 오른쪽 그래프다. 관객 1인당 고정원가(단위당 원가)는 관객 수가 늘어날수록 줄어드는 것이다. 쉽게 말해, 제작비 66억 원을 100명으로 나누는 것보다 1만 명으로 나누면 더 작아진다고 생각하면 된다. 만약 영화가 흥행에 실패한다면 제작사는 고정원가의 부담을 고스란히 떠안아야 하므로, 제작사는 관객수를 늘리기 위해 사투를 벌여야 할 것이다.

일반 기업도 마찬가지인데, 기업 입장에서는 이미 투자된 생산설비나 직원 인건비 등의 고정원가를 조업도 향상, 즉 생산량과 판매량을 늘려서 감당해야 한다. 그렇지 못하면 도산할 수도 있는 것이다.

○ 공헌이익

관객이 영화를 볼 때 8,000원을 지불한다면, 여기서 변동원가 5,000원을 뺀

3,000원이 영화사에 이익으로 돌아온다. 이를 공헌이익Contribution Margin이라고
한다. 즉, 매출액에서 변동원가를 차감한 금액을 말하는데, 이 금액이 많아야
고정원가를 빨리 회수하고 더 나아가서는 이익을 벌어들일 수가 있는 것이다.
경우에 따라서는 한계이익이라 부르기도 한다.

공헌이익 = 매출액 - 변동원가

단위당 공헌이익 = 단위당 판매가격 - 단위당 변동원가

3,000원 = 영화값 8,000원 - 변동원가 5,000원

원가와 수익으로 손익분기점을 찾아보자

영화 〈조선명탐정〉의 제작비가 총 66억 원이라면 몇 명이 입장해야 손해를 보
지 않을까? 계산은 쉽다. 66억 원을 관객 1인당 벌어들이는 공헌이익 3,000원으
로 나누는 것이다. 즉, 관객 220만 명이 입장하면 제작비를 모두 회수하게 되는
것이다. 바로 이 220만 관객이 손익분기점이다. 이처럼 손익분기점BEP, Break-Even
Point이란 총수익과 총원가가 동일하여 이익도 손실도 기록되지 않는 조업도를
의미한다. 기업은 손익분기점보다 높은 조업도 수준을 달성할 때부터 이익을
내기 시작하는 것이다.

$$손익분기점 = \frac{고정원가}{단위당 공헌이익}$$

$$관객 220만 명 = \frac{제작비 66억 원}{1인당 3,000원 이익}$$

손익분기점은 사업계획을 세울 때 많이 활용된다. 먼저 예상 고정원가와 공
헌이익을 가지고 손익분기점을 산출한 후, 시장조사를 통해 우리 회사가 달성
할 수 있는 조업도 수준을 파악해서 손익분기점과 비교해보는 것이다. 달성 가

능한 조업도 수준이 손익분기점보다 낮으면 그 사업은 진행해봤자 손해를 보게
될 것이다.

요컨대 손익분기점은 수익과 원가가 교차하는 지점이다. 이를 그래프로 나타
내면 다음과 같다.

총수익과 총원가로 손익분기점 찾기

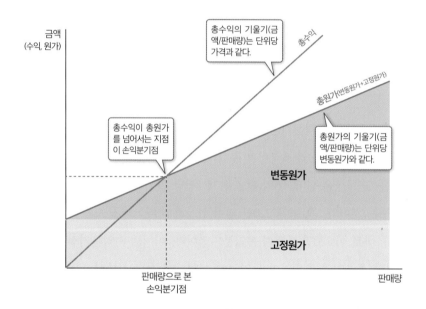

얼마를 남길 수 있을 것인가

영화〈조선명탐정〉의 누적관객수는 약 480만 명으로 1인당 8,000원의 관람가
격을 곱해보면 약 384억 원 정도의 매출(총수익)을 달성했다는 것을 알 수 있다.
손익분기점의 관객수가 220만 명이었고 이때의 손익분기점 매출액은 176억 원
이므로, 영화는 208억 원이라는 금액을 남긴 것이 된다. 이때 영화는 208억 원
의 안전한계Margin of Safety를 달성했다고 할 수 있다.

안전한계는 예상 또는 실제 매출액이 손익분기점에서 얼마나 벗어나 있는지
를 의미하는데, 기업의 이익구조 또는 안전성을 보여주는 지표가 된다. 시장상
황이 좋지 않더라도 예상되는 안전한계가 높다면 손해를 볼 가능성도 줄어든

다. 일종의 쿠션 역할을 하는 것이다. 그만큼 의사결정이 쉬워진다.

이번에는 제작사가 아니라 주인공 김명민 씨 입장에서 생각해보자. 앞의 손익분기점 분석에 사용된 핵심 자료를 정리하면 다음과 같다.

> 1 영화의 손익분기점: 관객 220만 명
>
> 2 실제 누적관객수: 480만 명
>
> 3 관객 일인당 공헌이익: 3,000원

또, 김명민 씨가 출연료와 관련하여 제안받은 옵션은 다음과 같다고 해보자.

> 제1안 고정출연료 3억 원에 손익분기점 초과 시 관객 1인당 100원(실제 계약사항)
>
> 제2안 손익분기점에 도달하기까지는 전혀 출연료를 받지 않는 대신, 손익분기점
>
> 초과 시 관객 1인당 300원을 받음 (제2안)
>
> 제3안 처음부터 무조건 관객 1인당 150원을 받음(제3안)

만약 김명민 씨가 이 세 가지 옵션 중 한 가지를 택할 수 있었다면 어느 대안이 가장 바람직했을까? 이에 대한 답은 '출연료 = 고정출연료 + (초과관객수×일인당 개런티)'라는 간단한 등식 비교로 구할 수 있다.

배우 김명민 씨는 손익분기점 관객수 220만 명을 초과하는 관객마다 100원의 러닝 개런티 계약을 맺었다. 그 결과 계산대로라면 고정 개런티 3억 원에 러닝 개런티 2억6,000만 원((480만 명−220만 명)×100원)을 추가하여 총 5억6,000만 원 정도를 받게 되었을 것이다. 김명민 씨가 철저한 CVP 분석을 통해 이러한 계약을 맺은 것인지는 모르겠지만, 만약 잘못된 분석에 의해 당초 계획대로 고정 개런티 3억 6,000만 원만 받기로 계약을 맺었다면 어땠을까? 아마 〈조선명탐정〉 2편의 출연을 기분 좋게 결정하지는 못하지 않았을까?

이러한 결과는 출연료와 관객수를 이용한 그래프를 활용해서도 쉽게 구할 수

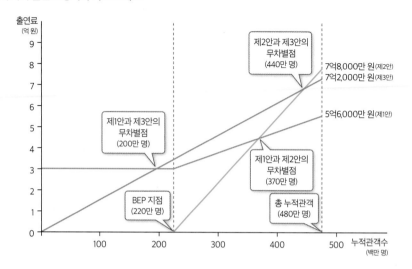

세 가지 출연료 방식의 비교 그래프

있다. 그래프를 보면 누적관객수가 480만 명일 경우 제2안을 택했을 때 가장 많은 출연료(7억 8,000만 원)를 받을 수 있음을 알 수 있다. 결국 예상관객수를 얼마나 정확하게 예측하느냐에 따라 배우의 희비가 달라지는 것이다.

이러한 분석을 확장해보자. 만약 제2안과 제3안의 출연료가 같아지려면 최종관객수는 얼마나 들어야 할까? '출연료 = 고정출연료 + (초과관객수×1인당 개런티)'의 수식으로 구할 수도 있고, 그래프에서 두 선이 만나는 지점을 찾아봄으로써 구할 수도 있다. 어쨌든 관객수 440만 명일 때가 된다. 이처럼 두 대안이 동일한 결과를 보이는 조업도 수준을 무차별점Indifference Point이라고 한다.

워런 버핏이 항공업에 투자하지 않는 이유

다른 사례도 살펴보자. 투자의 귀재인 워런 버핏도 실패한 경험이 있다. 바로 항공사 US에어에 대한 투자다. 버핏은 1996년 주주들에게 보낸 경영자 서한에서, 한 친구가 '자네는 그렇게 부자인데 왜 똑똑하지는 않은가?'라고 물은 적이 있다고 썼다.

그리고는 "US에어에 대한 저의 초라한 실적을 보시면 그 친구의 말이 일리가 있다는 결론을 얻으실 겁니다"라고 쓰고 있다. 버핏은 이후 항공업에 대한 투자를 꺼린다고 한다. 하지만 그 이후 델타항공에 투자했고, 2020년 코로나 상황에서 추가 매수를 하기도 했지만 항공업이 최악의 실적을 기록하자 손실을 보며 대규모 매도를 했다.

워런 버핏조차 투자에 실패한 항공업은 대체 어떤 산업일까? 결론부터 말하자면 항공업은 고정원가 비중이 매우 높다. 비행기가 한 번 뜨기 위해 들어가는 비용이 엄청나기 때문이다. 일단 연료가 엄청나게 들어가고, 조종사와 승무원들의 몸값도 비싸고, 정비에 들어가는 비용도 높으며, 공항에 내야 하는 돈도 있다. 반면 승객이 한 명 더 탄다고 해서 기름값이 엄청 더 들거나 승무원을 덜 태우는 경우는 없다. 항공산업의 조업도를 승객 수라고 한다면, 승객 한 명당 변동원가는 낮은 반면, 승객이 타든 안 타든 발생하는 고정원가는 극단적으로 높은 것이 항공산업이다.

이러한 산업은 고정원가 때문에 이익이 크게 오르락내리락 할 수 있는데, 이것이 지렛대Leverage처럼 움직인다고 해서 '레버리지 효과'라고 한다. 특히 생산설비 등 영업고정원가 때문에 발생하는 경우는 영업 레버리지 효과라고 한다.

예를 들어 ㈜지금과 ㈜당장이라는 두 회사가 있다고 하자. 매출액은 둘 다 100억 원, 영업이익도 둘 다 40억 원 규모다. 그러나 두 회사는 원가구조에서 차이점이 있다. ㈜지금은 변동원가보다는 고정원가 비중이 더 크고, ㈜당장은 고

영업 레버리지 효과 ━━━

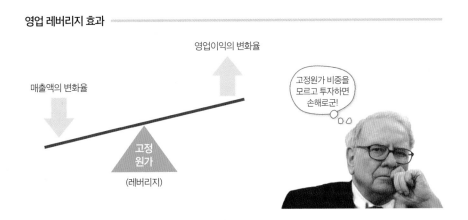

영업이익의 변화율

매출액의 변화율

고정원가 비중을 모르고 투자하면 손해로군!

고정원가

(레버리지)

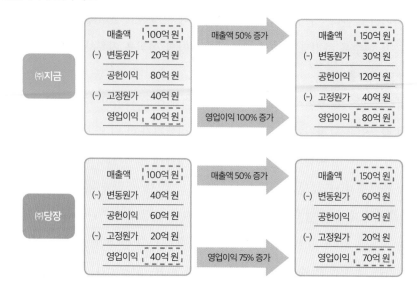

정원가보다 변동원가 비중이 더 크다. 둘 중에 호황에 강한 곳은 어디일까?

고정원가 비중이 크다는 것은 자체적으로 가지고 있는 고정설비가 많다는 것이므로, ㈜지금은 보유하고 있는 고정설비가 많은 반면 ㈜당장은 아웃소싱에 의존한다고 볼 수 있다. 이때 경기가 좋아져서 두 회사의 매출액이 똑같이 50% 증가되었다고 하면, 고정설비를 충분히 갖추고 있는 ㈜지금의 영업이익은 ㈜당장보다 더 많이 상승할 것이다. 아웃소싱에 의존하는 ㈜당장은 매출액이 증가한 만큼 아웃소싱 업체에 돈을 지불해야 하므로, 변동원가가 상대적으로 더 많이 상승하기 때문에 이익이 적은 것이다.

반면에 불황이 되어 매출이 50% 감소했다면, 이때는 오히려 변동원가 비중이 큰 ㈜당장의 영업이익이 더 크다. 그 이유는 매출이 감소하면 ㈜당장의 변동원가도 크게 감소하기 때문이다. 하지만 변동원가보다 고정원가 비중이 큰 ㈜지금은 매출이 감소해도 여전히 높은 고정원가가 발생하므로 손해가 크다.

요약하자면 고정원가가 높은 기업은 호황시에 이익이 크게 늘어나지만 불황시에는 이익이 크게 감소한다. 기업들이 불황이 되면 구조조정을 통해 고정원

불황기의 두 회사 비교

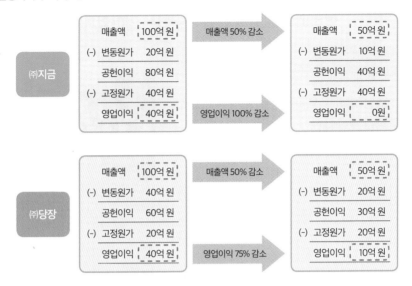

가 비중을 낮추는 이유도 바로 이 영업 레버리지 효과 때문이다.

회계 Insight

손해 보지 않는 장사의 중요성

손익분기점을 목표로 삼는다는 것은 결국 본전을 바라보고 사업을 한다는 뜻일까? 영화제작사 **명필름**의 심재명 대표가 언론 인터뷰에서 한 말을 들어보자.

"영화는 다른 사업과 달라서 참여한 사람이 손해를 보지 않는 게 무척 중요합니다. 한 번 손해를 내면 다음 영화를 만들기가 워낙 힘들기 때문이죠. 처참하게 실패한 감독에겐 연출을 맡기지 않고, 손해를 낸 제작사엔 투자사가 붙지 않습니다. 그렇기 때문에 제작자가 얼마를 남기겠다는 생각보다 손해를 내지 않겠다는 생각으로 **리스크 관리**하는 게 매우 중요해요." (조선일보 2012년 6월 2일자)

손해를 보지 않는다는 것은 큰 이익이 나지 않았어도 리스크 관리를 잘하는 것이라 볼 수 있다. 이를 인정받는다면 '다음 기회'를 잡을 수 있다는 것을 의미한다.

영화배우의 최적 러닝 개런티는 얼마일까?

본문에서 소개한 〈조선명탐정〉 못지않게 인기를 끈 영화 〈도둑들〉은 관객수 1,200만 명을 돌파하여 역대 영화 누적관객수 상위에 늘 랭크되어 있다.

이 영화는 김윤석, 김혜수, 전지현, 김수현 등 화려한 출연진 때문에 개봉 전부터 관심을 끌었다. 특이한 점은 그동안 공개석상에 모습을 잘 드러내지 않던 배우들이 자진해서 영화 홍보를 위해 TV나 무대에 나섰다는 것이다. 그 이유는 다름 아니라 영화의 흥행실적이 좋아질수록 출연료가 높아지는 러닝 개런티 방식의 계약을 했기 때문이다. 영화와 운명을 같이할 수밖에 없는 것이다. 실제로 전지현 씨는 언론에서 "우리 영화가 성공해야 돼요. 그래야 성과급을 받거든요. 부디 많이 봐주세요."라고 웃으며 말한 바 있다.

배우들은 한 명 한 명이 곧 기업과 같고, 이들이 출연하는 영화 한 편은 기업이 수행하는 대규모 프로젝트와 같다. 이들의 사례를 이용해 비용과 이익, 손익분기점을 어떻게 산출할 수 있는지 연습해보자. 참고로 여기에 등장하는 계약 내용과 금액은 모두 가상의 수치임을 미리 밝힌다.

☑ 첫 번째 과제

김혜수 씨와 전지현 씨가 서로 다른 **러닝 개런티** 옵션으로 계약했다고 하자. 옵션은 다음과 같다. 영화의 최종 누적관객수가 1,200만 명이라고 할 때 누가 더 많은 출연료를 벌었을까?

최종 누적관객수: 1,200만 명
고정원가(제작비, 마케팅비 등): 150억 원
변동원가(극장료, 기타 비용 등): 5,000원
관객 일인당 매출액(입장료): 8,000원

김혜수의 옵션계약: 고정출연료 2억 원
　　　　　　　　　손익분기점 초과 시 추가관객 1인당 150원
전지현의 옵션계약: 고정출연료 1억 원
　　　　　　　　　손익분기점 초과 시 추가관객 1인당 200원

Q1 이 영화의 관객 1인당 공헌이익은 얼마인가?　　　　　　　　　_____원

Q2 이 영화의 손익분기점은 관객 몇 명인가?　　　　　　　　　_____명

Q3 이 영화의 최종 누적관객수는 손익분기점을 몇 명이나 초과하는가?　　_____명

Q4 김혜수 씨가 최종적으로 받을 출연료는 얼마인가?　　　　　　_____원

Q5 전지현 씨가 최종적으로 받을 출연료는 얼마인가?　　　　　　_____원

Q6 김혜수 씨와 전지현 씨 중 누가 얼마나 더 많은 출연료를 받게 될까?

　　　　　　　　　　　　　　　　　　　_____씨가 _____원

☑ 두 번째 과제

모든 조건이 위와 동일하다고 했을 때, 실제 관객수가 얼마일 때 김혜수 씨와 전지현 씨
가 똑같은 출연료를 가져가게 될까?

Q1 관객수 500만 명일 때 두 배우는 각각 얼마의 출연료를 받게 될까?

Q2 두 배우의 출연료가 같아지는 시점은 관객 몇 명일 때일까?

도전! 실무회계

첫 번째 과제 정답

Q1 3,000원   Q2 500만 명   Q3 700만 명   Q4 12억 5,000만 원   Q5 15억 원   Q6 전지현, 2억 5,000만 원

해설

- 먼저 공헌이익은 매출액에서 변동원가를 차감한 금액임을 기억하자. 이 영화의 1인당 매출액은 8,000원이고 1인당 변동원가는 5,000원이므로, 1인당 공헌이익은 3,000원이다. (Q1의 정답)

- 손익분기점은 고정원가를 단위당 공헌이익으로 나눈 것이다. 따라서 이 영화의 손익분기점은 고정원가인 150억 원을 1인당 공헌이익 3,000원으로 나누면 되므로 500만 명이 된다. (Q2의 정답)

- 최종 누적관객수는 1,200만 명으로 손익분기점인 500만 명보다 700만 명을 초과했다. (Q3의 정답)

- 김혜수 씨는 500만 명을 넘어서는 관객 수인 700만 명에 대해 1인당 150원을 받기로 했다. 따라서 700만 명에 대한 러닝 개런티만 10억 5,000만 원을 받고, 여기에 고정출연료 2억 원을 더하면 총 12억 5,000만 원을 받게 된다. (Q4의 정답)

- 전지현 씨는 500만 명을 넘어서는 관객수인 700만 명에 대해 1인당 200원을 받기로 했다. 따라서 700만 명에 대한 러닝 개런티만 14억 원을 받고, 여기에 고정출연료 1억 원을 더해서 총 15억 원을 받게 된다. (Q5의 정답)

- 따라서 전지현 씨가 김혜수 씨보다 2억 5,000만 원을 더 받게 된다. (Q6의 정답)

두 번째 과제 정답

Q1 김혜수 2억 원, 전지현 1억 원   Q2 700만 명

해설

- 앞서 계산한 바에 따라 손익분기점은 500만 명이다. 따라서 500만 명까지는 두 배우 모두 고정출연료를 받게 되므로 김혜수 씨는 2억 원, 전지현 씨는 1억 원이 된다. (Q1의 정답)

- 그러나 500만 명을 넘어서는 순간부터 김혜수 씨의 출연료 상승폭보다 전지현 씨의 출연료 상승폭이 더 커지게 된다. 전지현 씨가 관객 1인당 50원의 출연료를 더 받기 때문이다. 이때 두 사람의 고정출연료 격차가 1억 원이므로, 이 1억 원의 격차를 메우려면 1인당 출연료 차이인 50원으로 나눠야 한다. 1억 원 나누기 50원은 200만 명이므로, 손익분기점에서 200만 명의 관객이 더 드는 700만 명에 이르면 두 사람의 출연료는 같아진다. (Q2의 정답)

- 실제로 관객이 700만 명일 때 두 사람은 모두 5억 원이라는 같은 금액을 받게 된다. 만약 관객이 700만 명 이하라면 김혜수 씨의 승리, 700만 명 이상이라면 전지현 씨의 승리가 된다.

결국 핵심은 최종 관객수가 얼마나 될 것인가를 예측하는 능력에 따라 승자가 달라진다는 점이다. 그런데 이는 제작사에게도 마찬가지다. 처음부터 관객이 이렇게 많이 들 줄 알았다면 제작사 역시 5억 원 정도를 더 주고 고정출연료로 계약해서 총 7억 원만 주는 것으로 계약했을지 모른다. 그랬다면 출연료를 더 많이 아낄 수 있었을 테니 말이다.

그러나 러닝 개런티 덕분에 영화와 운명을 함께 한다는 생각으로 배우들이 최선을 다해주었으므로, 제작자나 배우가 동시에 윈윈Win-Win하는 방식인 러닝 개런티는 미래에도 애용될 것 같다.

3장

재무제표로
경영의 큰 판을
읽자

"사랑하는 자녀의 미래를 위해
무엇을 가르쳐야 하나요?"
워런 버핏은 답했다.

"당연히 회계지.
회계는 비즈니스의 언어라고
할 수 있으니까."

오마하의 현인이라 불리는 전설적인 투자가 워런 버핏은 "스코어카드를 읽지 못하면 점수를 제대로 매길 수 없다. 점수를 매길 수 없다면 승자와 패자를 구분하는 것도 불가능하다"고 말했다. 이것은 기업의 스코어카드, 즉 **재무제표의 중요성**을 말한 것이다. 여기서 중요한 것은 스코어카드를 '만들라'고 하는 것이 아니라 '읽으라'고 했다는 것이다.

회계를 공부하기 전에 중요한 것은 내가 어디에 속하는지 파악하는 것이다. 나는 지금 재무제표를 작성하기 위해 공부하는 것인가? 아니면 재무제표를 보고 정보를 얻어 의사결정에 이용하기 위해서인가? 첫 번째에 해당된다면 이 책 대신 회계사, 세무사 자격시험 대비용 교재로 공부를 하기 바란다. 하지만 그 정도는 아니고 두 번째에 속한다면 과감하게 계산기를 내려놓고 편안한 마음으로 이 책을 공부하면 된다.

이 장에서는 숫자가 난무하는 재무제표 속에서 필요한 정보를 골라보는 법을 배울 것이다. 지레 겁을 먹지 말기 바란다. 조금만 훈련하면 워런 버핏 못지않게 재무제표를 꿰뚫어보는 혜안이 생길 것이다.

01
재무제표가
대체 뭐길래

회계에 대한 중요성이 점점 커지면서 최근 기업들은 신입사원 연수 및 직급별 승진자 연수 중에 회계교육을 한 파트로 구성하는 경우가 많아졌다. 필자의 경우에는 신입사원 연수뿐만 아니라 임원교육에서도 반드시 그 기업의 재무제표와 사례를 가지고 강의를 진행한다. 그 이유는 당연히 강의를 듣는 사람들이 소속된 회사의 재무상태와 실적에 관심이 있기 때문이고, 더불어 회사를 이해하는 데 그 회사의 재무제표만 한 것이 없기 때문이다.

관심 있는 정보에서 시작하자

모 대기업 강의에서 있었던 일이다. 평소 진행하던 신입사원 강의라 생각하고 이 기업의 재무제표를 이용해 강의를 진행했다. 그런데 수업을 듣는 직원들이 특별히 관심을 보이지 않아 의아했다.

한 시간이 지나 휴식시간에, 수업을 듣는 신입사원들이 이 기업에 소속된 정식 직원이긴 하지만, 사실은 모두 협력사의 오너 2세들이라는 이야기를 듣게 되었다. 일반 신입사원 강의에서 다루는 회계지식은 경영승계 수업을 받고 있는 이들에게 큰 흥미를 끌지 못한 것이다.

쉬는 시간이 끝나고 난 다음부터는 강의 방식을 바꾸었다. 금융감독원 전자

● 키코
KIKO(Knock-In Knock-Out). 환율 변동에 따른 위험을 피하기 위한 상품. 환율이 일정 범위 안에서만 변동하면 가입 기업들의 환위험이 줄어들지만, 범위를 벗어나면 손해를 보는 구조다.

● 넛지
Nudge. '팔꿈치로 슬쩍 찌르다'라는 영어 단어로 '상대방이 은연중에 선택하도록 유도하는 부드러운 힘'이라는 개념으로 쓰인다.

공시시스템DART에서 각자의 회사에 해당하는 재무제표를 찾아보고, 회계상 이슈를 공유하는 방식이었다. 당시 중소기업의 골칫거리였던 키코● 등 파생상품의 처리 문제와 가업 승계 시 일감 몰아주기 등 세무 문제 등을 다룬 것이다.

그러자 수업에 임하는 눈빛이 바뀌면서 적극적으로 참여하기 시작했다. 각자에게 필요한 회계 관심사가 따로 있다는 것을 다시 한번 경험했다. 또한 동학 개미 운동, 주린이라는 신조어가 나올 정도로 주식투자 열풍이 일며 회계공부에 관심이 많아졌는데 결국 회계공부에서도 자연스럽게 유도하는 넛지nudge●가 필요한 것이다.

일반적인 사례는 아니겠지만, 어쨌든 이렇게 일단 흥미 있는 재무제표를 손에 쥐고 관심 있게 보는 것은 분명 회계공부에 도움이 된다. 내가 다니고 있는 회사, 투자했거나 투자하고 싶은 회사, 제품이나 서비스를 자주 구매하는 회사 등 나와 관련 있는 기업의 재무제표를 옆에 두고 이 책과 함께 본다면 좀 더 이해가 빠르고 흥미가 높아질 것이다.

요즘은 많은 사람들이 스마트폰으로 다양한 소프트웨어 앱App을 활용한다. 그러나 카카오톡이나 배달의민족 같은 앱을 사용할 때 직접 복잡한 프로그램 언어를 가지고 만들어서 쓰지는 않는다. 이미 프로그램 개발자가 만들어서 제공하는 앱을 설치한 후 내 목적에 맞게 잘 이용하기만 하면 되는 것이다.

재무회계도 똑같다. 우리에게 필요한 것은 오직 하나, 재무제표를 읽고 분석하며 그 안에 담겨 있는 재무정보를 선별해서 우리의 의사결정에 도움이 되도록 활용하는 것뿐이다.

재무제표는 회사 사정을 담은 문서들

그렇다면 재무제표란 대체 무엇일까? 재무제표(財務諸表)를 말 그대로 풀어보면 '재무정보를 제공하는 여러 가지 표'란 뜻이다. 즉, 재무제표는 하나의 보고서나 장부가 아니라 기업이 일정 기간의 회계연도(보통은 1년)를 주기로 하여 작성하는 재무정보에 관한 각종 보고서다. 특정 시점의 재무상태에 관한 정보와 특정 회계 기간 동안의 경영성과에 관한 정보를 담고 있다.

회계정보는 사전에 정한 통일된 기준에 따라, 일정한 양식으로 전달된다. 회계는 이해관계자들에게 유용한 정보전달을 목적으로 하기 때문에, 모든 정보이용자가 편하게 이용할 수 있어야 하기 때문이다. 이러한 목적으로 사용되는 보고의 틀이 곧 재무제표다.

재무제표에는 각종 계정[●] 과목과 숫자가 가득 담겨 있지만, 이를 해석하기 위한 기본사항은 어렵지 않다. 따라서 전문적인 재무제표 작성 능력을 갖추지 않더라도 제대로 읽어낼 줄만 안다면, 기업의 정보를 파악해 정확한 의사결정이 가능하다.

● **계정(計定)**

Account. 자산, 부채, 자본, 수익, 비용에 속하는 여러 항목들을 각기 구분하여 기록하는 장소.

재무제표는 제공하는 정보의 종류에 따라 각각 재무상태표, (포괄)손익계산서, 현금흐름표, 자본변동표로 구분한다. 그리고 재무제표는 숫자로만 표시되

기원전 1900년경의 회계서판(루브르박물관 소장)과 오늘날의 재무제표

기 때문에 중요한 회계정책의 요약 및 상세내역에 대해서는 별도로 그 내용을 기술하고 있는데 이것을 주석이라고 한다. 주석 역시 재무제표의 중요한 부분 중 하나다.

대체 회사의 정보를 설명하는 데 무슨 문서가 이렇게 많이 필요한 것일까? 그 이유는 각 재무제표마다 제공하는 회계정보가 모두 다르기 때문이다. 마치 한 끼를 먹더라도 밥그릇 따로 국그릇 따로 반찬그릇 따로 있는 것처럼 각 문서는 정보이용자에게 제공할 다양한 회계정보를 담은 그릇과 같다. 정보이용자 입장 에서는 편식하지 말고 골고루 정보를 습득하는 것이 중요하다.

○ 재무상태표

어떤 한 시점의 재무상태를 나타내는 정태적 재무제표다. 기업이 소유하고 있 는 경제적 자원(자산), 그 경제적 자원에 대한 의무(부채) 및 소유주지분(자본)에 관한 정보를 제공한다.

과거에는 대차대조표Balance Sheet라고 불렀지만, 국제회계기준IFRS이 도입되 면서 재무상태표Statement of Financial Position로 명칭이 바뀌었다. 대차대조표라는 명칭은 공식적 사용이 금지되었지만 아직도 많은 공시자료와 보고자료에서 쓰 이고 있는 것이 현실이다. 회계를 공부했다면 재무제표의 속성을 더 잘 나타내 고 있는 재무상태표로 부르는 것이 바람직하다. 참고로 영문명 또한 Balance Sheet를 혼용해서 계속 사용하고 있는데, 약자로 B/S라고 실무적으로 사용하 고 있다. 여기에서의 Balance는 균형이라는 뜻보다는 잔액, 잔고라는 뜻으로 특정 시점의 각 계정별 잔액을 뜻하고 있다.

○ 손익계산서(또는 포괄손익계산서)

분기, 반기, 일년 등 일정 기간 동안 기업의 재무성과에 대한 정보를 보고하는 동태적 재무제표다. 이때 기업의 재무성과는 수익에서 비용을 빼서 산출된 이 익(또는 손실)의 크기를 통해 측정된다.

국제회계기준IFRS 도입으로 기존의 손익계산서에서, 아직 실현되지는 않았지만 평가상 손익까지 더 포괄적으로 나타내는 포괄손익계산서로 확대되었다.

하지만 IFRS를 적용하지 않은 비상장회사는 일반회계기준에 따라 기존 손익계산서를 그대로 사용하고, IFRS를 도입한 회사도 기존 손익계산서와 포괄손익계산서를 별도로 나타낼 수도 있다. 따라서 5장에서 포괄손익계산서를 자세히 배우기 전까지는 손익계산서와 포괄손익계산서는 기본적으로 같다고 생각하고 공부하길 바란다.

○ 자본변동표

일정 시점에서 기업이 보유한 자본의 크기와 일정 기간 동안 자본의 변동에 관한 정보를 함께 제공하는 재무제표다. 자본의 항목별로 기초잔액, 당기 변동 사항, 기말잔액을 나타낸다. 당기 변동 사항 중 가장 중요한 정보는 이익이 발생하여 잉여금으로 누적되고, 주주의 요구에 따른 배당을 통해 유출되는 변동 사항을 보여주는 것이다. 이와 더불어 증자(자본의 증가), 감자(자본의 감소)로 인한 자본 변동 내역도 보여준다.

○ 현금흐름표

일정 기간 동안 기업의 현금유입과 현금유출에 대한 정보를 제공하는 재무제표다. 현금흐름표에는 일정 기간 동안의 영업활동, 투자활동, 재무활동을 통한 현금흐름의 정보가 나타나 있다. 손익계산서는 실제 현금 유출입에 따라 작성되는 것이 아니라 수익과 비용의 각각의 인식(기록) 기준에 따라 작성되므로 현금흐름 정보와 같이 분석하는 것이 중요하다.

○ 주석

재무상태표, 손익계산서, 자본변동표 및 현금흐름표에 표시된 정보에 추가하여 제공되는 정보를 말한다. 재무제표에 표시된 항목을 구체적으로 설명하거나 세분화한 정보를 제공한다. 회사의 주주 정보를 비롯한 일반적인 현황 및 회계정책, 여러 특수관계자와의 상세 거래 내역 등의 정보도 제공한다.

또한, 국제회계기준^{IFRS}의 도입에 따라, 기존에는 기본 재무제표의 하나였던 이익잉여금처분계산서(또는 결손금처리계산서)가 기본 재무제표가 아니라 이익 잉여금과 연결된 주석에 들어가게 되었다. 이익잉여금처분계산서는 이익잉여금의 배당, 적립 등의 내역을 보여주는 것이다. 따라서 해당 정보를 얻고 싶다면 더 꼼꼼히 주석 정보를 챙겨야 한다.

○ 기본은 재무상태표와 손익계산서

재무제표 중 재무상태표와 손익계산서는 마치 식당의 세트메뉴처럼 함께 묶여서 다니는데, 이 두 가지만으로 '재무제표'라고 부르기도 한다. 그 이유는 재무상태표와 손익계산서가 기업의 경영활동(재무활동, 투자활동, 영업활동) 결과인 재무상태와 경영성과를 거울처럼 비춰주기 때문이다. 그만큼 이 둘은 중요한 보고서이기도 하다.

재무상태표와 손익계산서는 어떻게 경영활동을 보여주는가

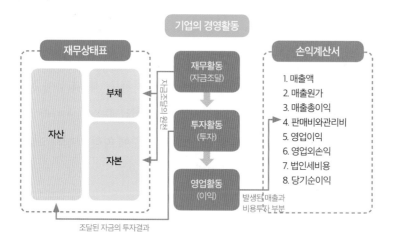

○ 재무제표 작성을 위한 중요한 가정

재무제표는 한 가지 중요한 가정을 하고 있다. 바로 계속기업Going Concern, 즉 기업이 예상가능한 기간 동안 영업을 계속할 것이며, 경영활동을 청산하거나 축소할 의도 또는 필요성이 없다는 것을 말한다.

계속기업의 가정이 없다면 어떻게 될까? 자산의 경우는 건물, 토지 할 것 없이 당장 내다 팔아서 얼마를 받을지가 중요해질 것이다. 기업의 성장가능성을 보고 투자한 자본들 역시 회사가 언제 문 닫을지 모른다고 생각한다면 당장 투자금을 회수할 가능성만 보게 될 것이다. 따라서 재무제표를 작성하는 의미도 애매해진다.

LG전자 감사보고서 제출 2021년 공시

감사보고서 제출

[지배회사 또는 지주회사의 연결재무제표 관련 감사의견 및 재무내용]

구분	당해 사업연도	직전 사업연도
1. 연결 감사의견 등		
- 감사의견	적정	적정
- 계속기업 존속불확실성 사유 해당여부	미해당	미해당
2. 연결 재무내용(원)		
- 자산총계	48,204,226,955,429	44,859,874,778,822
- 부채총계	30,662,101,941,812	28,434,736,802,613
- 자본총계	17,542,125,013,617	16,425,137,976,209
- 비지배지분 제외 자본총계	15,437,500,443,538	14,330,085,298,399
- 자본금	904,169,030,000	904,169,030,000
☀ 자본총계 * /자본금 비율(%) (* 비지배지분은 제외)	1,707.4	1,584.9
3. 연결 손익내용(원)		
- 매출액(재화의 판매 및 용역의 제공에 따른 수익액에 한함)	63,262,045,629,882	62,306,174,773,834
- 영업이익	3,194,986,748,957	2,436,138,805,277
- 법인세비용차감전계속사업이익	2,455,642,915,856	528,638,318,870
- 당기순이익	2,063,789,811,340	179,948,235,927
- 지배기업 소유주지분 순이익	1,968,331,549,485	31,285,140,015

LG전자의 감사보고서 제출에 따른 요약 자료 공시 사항 중 계속기업 존속불확실성 사유 해당 여부에 '미해당'에 해당되므로 재무제표 이용 시 문제가 없음을 보여주고 있다. (©DART)

재무정보는 생각보다 쉽게 얻어진다

재무정보는 기업 내부의 몇 명에게만 공개되어 있다고 생각하는 사람들이 많다. 그러나 주식시장에 상장되어 있는 공개회사, 다수의 투자자나 직원 등 이해관계자가 많은 비상장회사 등은 법적으로 회계정보를 일반에 공개하도록 하고 있다. 이렇게 제도적으로 회계나 경영 정보를 공개하는 것을 공시라고 한다.

따라서 어떤 기업의 정보를 얻고 싶다면 증권사 포털사이트나 기업 홈페이지 등 다양한 경로를 통해 기업의 재무제표를 입수하는 것이 가능하다.

○ 전자공시 사이트를 통한 검색

금융감독원 전자공시 시스템(DART)

2000년부터는 금융감독원의 전자공시제도가 마련되어 모든 외감법(주식회사등의 외부감사에관한법률) 적용대상 법인의 사업보고서 및 감사보고서, 상장 및 등록법인의 기타 공시사항을 금융감독원의 전자공시 시스템http://dart.fss.or.kr에서 구할 수 있게 되었다.

먼저 전자공시 시스템 홈페이지에 접속하고, 상단에 공시서류 검색 버튼을 누른 후 가운데 검색창에 원하는 회사의 이름을 입력하면 해당 회사에서 공시한 모든 재무제표, 사업보고서 그리고 기타 영업상 중요한 공시사항이 나타난다. 이중에서 보고 싶은 내용을 클릭하면 해당 내용을 볼 수 있게 된다.

전자공시 시스템에서는 재무제표를 담고 있는 감사보고서 이외에도 상장법인의 경우 사업보고서, 임원 및 대주주의 주식보유 현황, 주요계약 체결 내용, 풍문에 대한 답변 등을 확인할 수 있다. 그야말로 정보의 보고(寶庫)인 것이다. 회원 가입이나 수수료도 필요 없다. 이처럼 손쉽게 구할 수 있는 정보를 다양하게 이용하지 못한다면 그야말로 손해가 아닐 수 없다.

만약 애플이나 마이크로소프트 등 미국 기업의 재무정보가 궁금하다면 미국

증권거래위원회SEC의 공시정보 사이트인 EDGARwww.sec.gov/edgar.shtml를 방문하자. 왼쪽 메뉴 중의 'Company Filings'를 클릭하여 회사를 검색하면 일정요건을 충족하는 미국 기업의 재무제표를 볼 수 있다.

미국 전자공시 시스템(EDGAR)

◎ 회사 홈페이지의 IR 자료 검색

각 기업의 홈페이지에서도 재무제표를 찾아볼 수 있다. 대부분 홈페이지의 '회사소개' 또는 '기업정보' 카테고리에 재무제표가 포함된 연차보고서 등 IRInvestor Relations 자료를 따로 올려두고 있다. 대개 별도의 로그인이나 인증절차 없이 자유롭게 열람할 수 있으므로 이를 적극적으로 활용하

KT 홈페이지의 IR 자료

는 것도 방법이다. 또한 IR 자료는 재무정보를 각종 인포그래픽으로 정리해서 보여주고 있어서 더욱 이해하기 쉬우므로 재무제표와 함께 보면 더욱 도움이 된다.

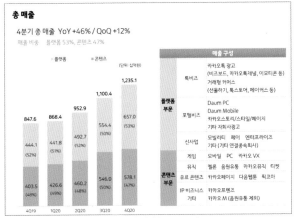

카카오의 IR 자료 중 2020년 4분기 및 연간 실적발표(2021.2.9)

현장의 목소리　　KT 이인원 기획홍보팀장

기업홍보 책임자는 회계를 어떻게 사용할까?

Q **최근의 기업홍보는 단순히 보도자료 배포 수준을 넘어서 회사의 성과정보를 실시간으로 제공하고 있는데요. 홍보 책임자로 일하며 회계에 대한 필요성을 얼마나 느끼고 계신가요?**

기업의 홍보를 담당하고 있는 저에게 회계는 필수입니다. 비록 회계팀은 아니지만, 기업홍보라는 것이 투자자 등 이해관계자들과 좋은 관계를 맺고 관리를 하기 위한 것인 만큼 회사의 실적과 향후 전망에 대해 회계정보를 제공해야 하죠.

최근 대부분의 상장기업들은 연차보고서 안에 과거 수년간의 재무제표를 담고 있어서 기업의 재무상태나 경영성과의 추세를 파악할 수 있게 해줍니다. 그뿐만 아니라, 미래의 수익성이나 안정성에 관한 경영자의 전망까지 담아 제공하기 때문에 더욱 재무제표와 회계용어에 대한 정확한 이해가 필수라고 할 수 있습니다.

급성장하는 신규 사업의 경우, 단순한 회계정보를 넘어서 각종 업무를 수행함에 따른 각종 데이터까지도 제공함으로써 이해관계자들이 서비스의 본질을 더 알 수 있게 노력하고 있습니다.

02

내 재산을 보여주는
재무상태표

재무상태표는 일정 시점에서 기업 재무상태를 나타내는 보고서다. 여기서 재무상태란 현금, 투자자산, 토지, 건물, 기계장치 등 기업이 소유하고 있는 재산인 자산과 이 자산을 구입한 자금출처(소유권)를 기록하는데, 자금출처는 다시 채무자인 타인에게서 조달한 부채, 그리고 기업의 실질적 소유자인 주주로부터 나온 자본으로 나눠진다. 즉, 재무상태표는 기업의 일정 시점의 재무상태를 자산, 부채, 자본으로 구별하여 나타내는 보고서다.

자산은 자본과 부채로 이뤄진다

재무상태표에서 가장 중요하게 알아둘 것은 '재무상태표 등식' 또는 줄여서 '회계 등식'이라는 것이다. 공식은 다음과 같다.

자산 = 부채 + 자본

모든 기업의 재무상태표에서 부채와 자본의 합은 늘 자산과 같아야 한다. 흔히 자산을 왼쪽에, 부채와 자본을 오른쪽에 놓는데 이때 회계에서는 왼쪽을 차변(借邊), 오른쪽을 대변(貸邊)이라고 부른다. 과거에 재무상태표를 '대차대조표'

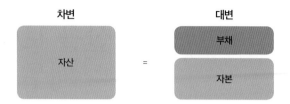

라고 부른 것은 바로 이 차변과 대변을 대조하는 표이기 때문이었다.

차변(자산)의 합계와 대변(부채+자본)의 합계가 일치할 수밖에 없는 이유는 자산이 부채와 자본을 활용해서 나온 결과이기 때문이다. 다시 말해 조달한 자본의 금액과 이를 활용한 결과인 자산의 합계는 동일할 수밖에 없다.

사업을 운영하면서 발생하는 수익과 비용의 결과인 손익 또한 자산의 변동과 함께 자본의 변동을 함께 가져오므로 자산의 합계와 부채와 자본의 합계는 결과적으로 같아진다. 이를 대차평균의 원리Principle of equilibrium라고 부른다.

결국 재무상태표의 왼쪽(차변)은 기업이 어떤 자산을 보유하고 있는지를, 오른쪽(대변)은 기업이 어떻게 그 자금을 조달했고 누가 소유하는지를 보여준다.

만약 여러분이 3억 원짜리 집을 한 채 구입했는데, 실제 내가 쓴 돈은 2억 원이고 나머지 1억 원은 은행에서 대출을 받았다 치자. 이 경우 3억 원짜리 집은 분명 내 자산이다. 하지만 자산을 소유하기 위해 빌려서 앞으로 상환해야 할 부채 1억 원과 실제로 내 몫인 2억 원 또한 같이 놓고 보아야 한다. 이때의 재무상태표는 다음과 같이 만들어진다.

물론 실제 재무상태표는 항목도 많고 숫자도 많아서 이보다 더 복잡하고, 심지어 왼쪽과 오른쪽으로 나뉘어 있지도 않고 일렬로 되어 있는 경우가 많다. 하지만 '자산=부채+자본'이라는 공식만 기억하면 이해하기가 훨씬 쉬워진다.

아래의 표는 지당㈜라는 가상 회사의 재무상태표다. 여러 가지 세부항목이 있지만 다 빼고 자산, 부채, 자본의 큰 그림만 살펴보도록 하자.

이 회사의 당기(제18기) 자산총계(①)는 약 534억 원이고 부채총계(②)는 약 123억 원이며, 자본총계(③)는 약 411억 원이다. 이때 부채및자본총계(④)는 약 534억 원으로 자산총계(①)와 일치한다. 이는 전기(제17기)도 마찬가지다. 자산은 부채와 자본의 합이라는 것을 확인할 수 있을 것이다.

재무상태표

제18기: 2022년 12월 31일 현재
제17기: 2021년 12월 31일 현재

> 재무상태표에는 표의 명칭, 작성시점, 상호, 측정단위를 표시하여야 한다.

지당㈜ (단위: 백만 원)

과목	제18(당)기		제17(전)기	
자산				
Ⅰ. 유동자산	38,337		41,951	
Ⅱ. 비유동자산	15,040		15,945	
자산총계 (①)	**53,377**		**57,896**	
부채				
Ⅰ. 유동부채	9,174		12,579	
Ⅱ. 비유동부채	3,147		4,048	
부채총계 (②)	**12,321**		**16,627**	
자본				
Ⅰ. 자본금(주석1, 14)	1,213		1,213	
Ⅱ. 자본잉여금	506		506	
Ⅲ. 기타포괄손익누계액	264		788	
Ⅳ. 이익잉여금(주석15)	39,073		38,762	
자본총계 (③)	**41,056**		**41,269**	
부채및자본총계 (④)	**53,377**		**57,896**	

> 자산총계는 부채와 자본의 총계와 같다.

재무상태표는 기업이 처한 현실을 담은 것

그렇다면 기업의 재무상태를 보여줄 때 자산과 함께 그 자금의 출처까지 함께 보여주는 이유는 무엇일까? 다음의 예를 통해 재무상태표가 어떻게 활용되는지 이해해보자.

> 신중해 씨는 은행에서 기업에 돈을 빌려주는 위치에 있다. 어느 날 A회사와 B회사가 대출을 신청해왔다. 재무상태표를 보니 두 회사는 똑같이 10억 원의 자산을 보유하고 있었고, 둘 다 건설업을 하고 있었으며, 기계장치와 설비도 거의 비슷했다. 대출해줄 수 있는 자금이 한정되어 있었으므로 신중해 씨는 두 회사 중 하나에만 대출을 해줄 수 있다.
>
> 신중해 씨가 재무상태표를 확인해보니, 두 회사는 부채와 자본의 비율에서 차이가 있었다. A기업은 부채 2억 원, 자본 8억 원을 가진 회사였고 B기업은 부채 8억 원, 자본 2억 원을 가진 회사였다. 은행 입장에서는 어느 회사에 대출해 주는 것이 더 안전할까?

똑같이 자산이 10억 원이지만, A기업은 그중에 부채가 2억 원이고 B기업은 부채가 8억 원이다. 부채의 비율이 더 높은 B기업의 경우는 A기업에 비해서 다른 곳에서 빌려온 돈이 많기 때문에 앞으로 갚아야 할 돈, 즉 상환의무가 훨씬 높은 상황이다. 따라서 상대적으로 부채가 적은 A기업에 대출해 주는 것이 은

A기업과 B기업의 재무적 안정성 비교

행으로서는 좀 더 안전할 것이다.

이와 같이 한 기업의 재무상태를 보고할 경우 단순히 자산의 내역뿐만 아니라 이들 자산의 자금조달 원천까지 함께 보고해야 이해관계자의 의사결정에 보다 유용한 정보가 될 수 있다.

볼리비아에서 재무상태표 등식을 만나다

필자가 우리나라에서 지구 반대편에 있는 볼리비아의 광산에 대한 재무타당성 분석을 위해 출장을 갔을 때의 일이다. 직항편이 없어 비행기를 네 번이나 환승하여 겨우 도착해서 매우 피곤한 상태였다. 그런데 하필 도착한 날 볼리비아의 정국이 어수선한 상황이어서 처음 입국하는 외국인들에 대한 입국 절차가 매우 까다로웠다.

보안담당 직원이 입국 목적에 대해서 이것저것 묻기에 직업이 회계사라고 했더니, 갑자기 종이에 무엇인가를 쓰고는 답을 하면 바로 보내주겠다고 했다. 그가 쓴 질문은 이것이었다.

$$Asset = ? + ?$$

답을 'Asset(자산) = Liability(부채) + Equity(자본)'라고 쓰고 나니, 보안담당 직원은 흐뭇한 미소로 출입허가 도장을 찍어주었다. 아마도 그가 기본 회계상식을 좀 배웠는데, 그것으로 내 직업을 검증했다는 사실을 즐거워했던 것 같다. 이처럼 비즈니스의 세계적 공용어인 회계는 지구 반대편 볼리비아에서도 통한다. 어쩌면 여러분도 이 질문에 답할 수 있어야 볼리비아에 출입할 수 있을지도 모를 일이다.

참고로, (자기)자본의 정확한 영어표현은 Owner's Equity 또는 Shareholders' Equity라는 점도 알아두자.

03
얼마를 남겼는지 보여주는 손익계산서

손익계산서는 일정 기간 동안에 발생한 모든 수익과 비용을 표시함으로써 기업의 경영성과를 명확히 보고하기 위한 표다. 이 '일정 기간'을 회계기간Accounting Period 또는 회계연도Fiscal Year라 한다. 기업 실적 발표 시 등장하는 FY라는 약자가 바로 이 회계연도를 의미하는 것이다. 보통 1년을 단위로 작성하지만 경우에 따라서는 6개월(반기) 또는 3개월(분기) 단위로 작성할 수도 있다. 따라서 손익계산서를 분석할 때는 반드시 상단에 있는 '기간'을 확인해야 한다.

이익이란 수익에서 비용을 뺀 것

손익계산서는 가장 많이 활용되는 재무제표로 일정 기간 동안 기업이 달성한 경영성과를 나타내는 보고서다. 여기에서 경영성과란 일정 기간 동안 벌어들인 '수익'에서 지출한 '비용'을 차감하여 계산된 '이익(또는 손실)'을 의미한다.

이익(또는 손실) = 수익 - 비용

이익은 기업의 이해관계자들의 의사결정에 매우 유용한 정보다. 같은 업종의 비슷한 규모인 두 기업을 비교할 때, 수익이 똑같더라도 이익이 높은 기업은 주

손익계산서

제18기: 2022년 1월 1일부터 2022년 12월 31일까지
제17기: 2021년 1월 1일부터 2021년 12월 31일까지

지당㈜

> 손익계산서에는 표의 명칭, 작성기간, 상호, 측정 단위를 표시하여야 한다.

(단위: 백만 원)

과목	제18(당)기	제17(전)기
Ⅰ. 매출액(주석17) (①)	35,784	47,470
Ⅱ. 매출원가 (②)	21,118	26,602
Ⅲ. 매출총이익 (① - ② = ③)	14,666	20,868
Ⅳ. 판매비와관리비(주석18) (④)	12,707	14,733
Ⅴ. 영업이익 (③ - ④ = ⑤)	1,959	6,135
Ⅵ. 영업외수익 (⑥)	1,278	2,744
Ⅶ. 영업외비용 (⑦)	2,539	3,806
Ⅷ. 법인세비용차감전순이익 (⑤ + ⑥ - ⑦ = ⑧)	698	5,073
Ⅸ. 법인세비용(주석16) (⑨)	145	729
Ⅹ. 당기순이익 (⑧ - ⑨ = ⑩)	553	4,344

> 궁극적으로 회사가 남긴 금액

가가 높게 형성된다. 미래에도 이러한 수익률이 지속될 것이라는 기대감 때문에 기업에 대한 평가가 좋아지기 때문이다. 만약 반대의 경우라면 파격적인 수익증가나 비용감소의 기대 없이는 높은 평가를 받기 어려울 것이다.

앞에서 살펴봤던 가상기업 지당㈜의 손익계산서를 한 번 보도록 하자. 위 표는 손익계산서의 예시다.

앞에서 분명히 손익계산서는 '수익-비용=이익'이라고 했는데, 실제 손익계산서 양식을 보면 복잡해 보이는 항목이 많이 나열되어 있다. 하지만 걱정하지 말자. '수익-비용=이익'이라는 구조에서는 벗어나지 않는다.

먼저 가장 중요한 수익인 매출액(①)에서 출발하여 매출을 올리기 위해 필요했던 원가, 즉 매출원가(②)라는 비용을 바로 뒤에서 빼주고 있다. 그러면 자연스럽게 매출총이익(③)이 산출되고, 여기에서 판매비와관리비(비용)(④)를 차감하면 회사의 주영업활동으로 인해 발생한 이익인 영업이익(⑤)을 알 수 있다. 이어서 회사의 주영업활동이 아닌 기타활동에서 발생한 영업외수익(⑥)과 영업

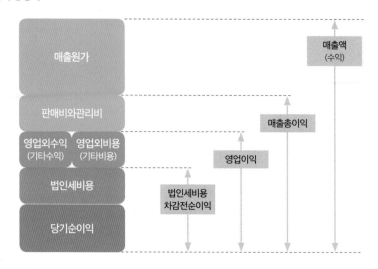

외비용(가령, 제조업에서의 이자수익과 이자비용)(⑦)을 가감하면 법인세비용차감전
순이익(⑧)을 알 수 있다. 여기에 법인세비용(⑨)을 빼고 나면 비로소 당기순이
익(⑩)이 도출된다.

● **포괄손익**
당기순이익뿐만 아니라 기업이 평가한 미실현손익까지 포함한 포괄적인 경영성과.

국제회계기준IFRS의 도입으로 인해 당기순이익보다 범위가
넓은 포괄손익●의 정보까지 제공하는 포괄손익계산서도 등장
했는데, 이 포괄손익계산서의 구조와 의미는 5장에서 자세히
알아보도록 하자.

재무상태표와 손익계산서의 스캔들

앞서 소개한 재무상태표와 손익계산서는 핵심 재무제표다. 이 두 보고서의 특
징을 이해하는 것이 재무회계 공부의 출발점이라 할 수 있다.

두 재무제표는 서로 성격도 다르고 기록방식과 생긴 모양 또한 다르지만, 눈
치가 빠른 독자라면 이 두 재무제표가 서로 사랑하는 사이라는 사실을 눈치챌
수 있을 것이다. 그 이유는 서로 손을 내밀어 잡지 않으면 두 재무제표는 존재
의 의미가 없기 때문이다.

재무상태표와 손익계산서의 관계

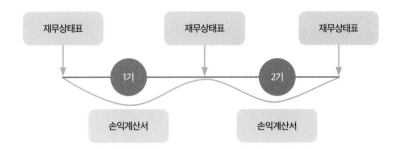

재무상태표는 '일정 시점'의 재무상태를 보고하는 것이고 손익계산서는 '일정 기간' 동안의 경영성과를 보고하는 것이다. 여기에서 일정 시점이란 특정한 기준일을 의미하고 일정 기간이란 기초(期初)와 기말(期末) 사이, 즉 어떤 시점과 다른 시점 사이를 나타내는 것이다. 가령 연초라는 시점과 연말이라는 시점 사이는 1년이라는 기간이 된다.

'시점'과 '기간'이라는 두 재무제표의 특징 때문에, 이 둘은 항상 붙어 다닐 수밖에 없다. 기초 시점의 재무상태가 기말 시점의 재무상태로 변화하는데, 그 과정을 알려주는 것이 바로 손익계산서인 것이다.

흔히 재무상태표는 스냅사진으로, 그리고 손익계산서는 동영상 화면으로 비유한다. 스포츠 중계에서 최종 스코어를 요약해주는 표가 재무상태표라면, 손익계산서는 하이라이트 영상이라고 할 수 있다.[2]

두 가지를 함께 보는 요령
다음 예를 통해 구체적으로 살펴보도록 하자.

2023년 1월 1일 부채 1억 원과 자본 2억 원의 자금을 조달하여 총 3억 원의 자산을 가지고 창업한 ㈜대박커뮤니케이션즈. 창업 첫해인 2023년 1월 1일부터 12월 31일까지 ㈜대박커뮤니케이션즈에서는 수익 5억 원과 비용 3억 원이 발생하였다.

회계연도 마지막 날인 2023년 12월 31일 ㈜대박커뮤니케이션즈의 재무상태는 다음과 같았다고 가정하자. 이 경우 2023년 ㈜대박커뮤니케이션즈의 손익계산서는 어떤 역할을 할까?

창업 당시 (2023년 1월 1일)		1년 후 (2023년 12월 31일)		
자산	3억 원		자산	5억 원
부채	1억 원		부채	1억 원
자본	2억 원	자본	자본금	2억 원
			순이익	2억 원

㈜대박커뮤니케이션즈의 창업 당시와 1년 후 자산 및 부채의 변화 내역을 살펴보면, 자산은 2억 원이 증가하였으며 부채는 상환기일이 도래하지 않아 변화가 없다. 즉, 자산만 2억 원 순증가한 것을 알 수 있다.

그 이유는 기말(12월 31일)의 재무상태표에 순이익으로 기록된 2억 원에서 찾을 수 있다. 회사가 2억 원의 순이익을 올리면서 자산이 늘어난 것이다.

그런데 재무상태표에 나타난 순이익 2억 원은 구체적으로 어디서 어떻게 벌어들인 것일까? 이러한 궁금증을 해소시키기 위한 표가 바로 손익계산서다.

재무상태표와 손익계산서로 본 ㈜대박커뮤니케이션즈의 변화

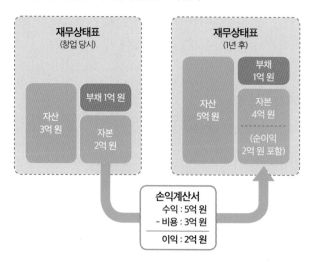

1년 동안 순이익에 영향을 미치는 수익과 비용의 상세내역을 보여주는 표가 바로 손익계산서인 것이다.

㈜대박커뮤니케이션의 손익계산서를 살펴보면 수익 5억 원이 났다는 것과 비용 3억 원이 나갔다는 사실이 항목별로 기록되어 있을 것이다. 손익계산서를 항목별로 보는 구체적 방법은 5장에서 자세히 배워보기로 하자.

손익계산서를 볼 때 경계해야 하는 사항 중 하나는 손익계산서만 보는 것이다. 매출액(수익) 정보를 손익계산서에서 보고 이익 정보 위주로만 본다면, 누적된 상황(재무상태)은 보지 않은 것이다. 예를 들어, 매출이 아무리 커도 자금이 회수가 되지 않았거나(매출채권의 증가), 과도한 재고가 쌓인 경우(재고자산의 증가), 설비투자(유형자산)가 얼마나 매출로 연결되었는지 등은 재무상태표와 손익계산서를 함께 볼 때 알 수 있다. 재무상태표와 손익계산서를 외롭게 혼자 두지 말자.

04
실제 살림살이를
보여주는 현금흐름표

세트메뉴처럼 같이 붙어 다니는 재무상태표와 손익계산서 커플의 관계를 알아 챘다면, 이쯤에서 손익계산서의 성격에 대한 한 가지 중요한 사실을 공개하는 것이 좋겠다.

> 손익계산서가 보여주는 수익과 비용은 사실 현금이 들어오고 나가는 것과 상관없이 기록된다.

이건 또 무슨 소리인가? 보통의 생각으로는 돈이 들어오면 수익이고, 돈이 나가면 비용 아닌가? 하지만 실제로 손익계산서에서는 현금이 들어왔다고 무조건 수익으로 기록하지 않고, 현금이 나갔다고 무조건 비용으로 기록하지 않는다. 이 이야기를 들으면 갑자기 회계가 다시 해괴하게 보이고, 왠지 손익계산서에 대한 배신감도 느끼게 될지 모른다. 이제부터 그 이론적 근거가 무엇인지 알아보자.

언제 기록하느냐에 따라 성과가 달라진다

그 해답은 발생기준Accrual Basis(또는 발생주의)에 있다. 회계를 지탱하는 이론적

배경의 하나인 발생기준이라는 용어는 처음에는 낯설어 보여도 논리적으로 생각하면 누구나 이해할 수 있는 개념이다.

발생기준이란 수익과 비용을 기록할 때 현금이 들어오거나 나가는 시점이 아니라, 그 거래나 사건이 '발생'한 시점을 기준으로 하는 것을 말한다. 이는 현금이 들어오거나 나가는 시점을 기준으로 하는 현금기준Cash Basis(또는 현금주의)과 대립되는 개념이다.

온라인 스트리밍 서비스를 하는 넷플릭스Netflix의 경우 영화나 드라마를 자체 콘텐츠로 제작하게 되면 많은 현금을 투자하게 되는데, 제작 후 장기간에 걸쳐서 가입자들에게 영상을 볼 수 있게 제공한다. 따라서 콘텐츠를 제작하는 기간에 지출한

넷플릭스의 홈페이지 IR 정보에서 재무제표(Financial Statements)를 확인할 수 있다. 자체 콘텐츠 이미지를 보여주는 것이 인상적이다.

현금을 바로 손익계산서에 '비용'으로 기록하는 것이 아니라, 재무상태표에 '자산'으로 우선 기록 후 서비스하는 기간 동안 손익계산서에 나눠서 '비용'으로 기록한다. 결국 현금흐름의 시기와 손익을 기록(인식) 하는 시기가 불일치하게 되는 것이다.

더 쉬운 예로 대표 수익 항목인 매출을 살펴보자. LG전자나 삼성전자 같은 제조업체가 제품을 만들어서 영업을 통해 판매하면 매출이 생긴다. 그런데 판매를 하더라도 현금을 바로 받는 것이 아니다. 대부분은 대가를 나중에 지급받기로 하는 신용거래(카드나 어음 등)를 하기 때문이다. 그러면 매출을 손익계산서에 기록할 때 언제를 기준으로 해야 하는지가 고민된다. 이때 거래라는 결정적 사건이 발생하는 '제품을 납품할 때'를 기준으로 하면 발생기준이 되는 것이고, '현금을 회수하는 때'를 기준으로 하면 현금기준이 되는 것이다.

이러한 시점을 고민하는 이유는 경영성과를 어느 시점에 기록하느냐에 따라 그해의 성과가 달라지기 때문이다. 경영성과는 회계연도, 즉 기간별로 파악해야 되는데 대금이 회수되지 않았다고 수익을 기록하지 않으면 성과인식 시점에

변동성이 생길 수 있다.

예를 들어, 패션업을 하는 회사가 옷 제조공장에서 옷을 만들어서 백화점에 12월에 납품했는데 대금은 한 달 후인 1월에 받기로 했다고 하자. 패션회사 입장에서 봤을 때 12월에 물건을 납품했으니 올해 성과로 보는 게 맞을까, 아니면 돈이 내년에 들어오니 내년 성과로 보는 게 맞을까?

이처럼 기준에 따라 어느 회계연도의 성과인지가 달라지는 것이다. 이런 혼란을 막기 위해 발생 기준에서는 '(사건 또는 행위가) 발생한 시점'을 기준으로 수익과 비용을 기록하고, 현금이 회수되는 것은 별도의 채권®(돈을 받을 수 있는 권리)을 행사하는 거래로 간주해서 따로 기록한다.

● 채권
재산권의 하나로, 특정인이 다른 특정인에게 어떤 행위를 청구할 수 있는 권리이다.

갈수록 중요해지는 현금흐름 정보

그렇다면 '현금기준'은 회계에서 천대를 받아야 하는 것일까? 절대 그렇지 않다. 오히려 현금기준은 직관적으로 이해하기가 쉽고, 최근 들어 중요성이 부각되고 있다. 급변하는 경영환경 속에서 '위기경영'을 실천하기 위해서는 현금흐름 정보를 중요하게 봐야 하기 때문이다.

손익계산서와 재무상태표만 가까이하고 현금흐름표를 무시한다면 언젠가 후회할 날이 올 것이다.
(©theaspiringphotographer)

그래서 우리는 손익계산서와 더불어 현금흐름표를 옆에 두고 필요한 정보를 얻어야 한다. 손익계산서가 기간별 성과를 발생기준으로 기록하는 데 반해, 현금흐름표는 현금기준으로 기록하기 때문이다. 게다가 현금흐름표는 친절하게도 우리가 앞에서 배운 경영활동별로 구분이 되어 있다. 즉 영업활동, 투자활동, 재무활동별로 정보가 제공되는 것이다. 따라서 현금흐름표는 그 기업이 어떻게 경영되고 있는지를 가장 구체적으로 보여주는 자료라고 할 수 있다.

다음 사례를 통해서 현금흐름표가 어떤 정보를 줄 수 있는지 알아보자.

3장

138

㈜허당건설에 자재를 납품하는 강 사장은 요즘 속이 부글부글 끓고 있다. 실적부진을 이유로 ㈜허당건설이 대금지급을 하지 않고 차일피일 미루고 있지만, 강 사장은 거래관계를 생각해서 참고 있었다. 그런데 이번에 발표된 ㈜허당건설의 손익계산서를 보니, 전기보다도 오히려 매출과 영업이익 실적이 증가한 것이다.

강 사장이 본 손익계산서는 141쪽 첫 번째 표와 같다. 전기와 비교해보면 당기의 매출총이익이 전기보다 300억 원 정도 늘었고(①), 영업이익도 200억 원 정도 늘어난 것(②)을 알 수 있다. 법인세비용차감전순이익도 100억 원 가까이 늘어났다(③).

강 사장은 ㈜허당건설이 돈을 벌어놓고도 줘야 할 돈을 안 주고 있다고 생각했다. 화가 난 강 사장은 더 냉정하게 ㈜허당건설의 사정을 파악하기 위해 현금흐름표까지 분석하기로 했다. ㈜허당건설의 현금흐름표는 141쪽 두 번째 표와 같다.

㈜허당건설의 현금흐름표를 보면 제7기에 당기순이익(①)이 365억 원으로 기록되어 있지만, 현금기준으로 기록되는 '영업활동으로 인한 현금흐름(②)'을 보면 633억 원의 현금감소가 이뤄진 것을 알 수 있다. 즉, 이익은 늘어났는데 가지고 있는 현금은 크게 줄어든 것이다.

그 원인은 대체 무엇일까? 어디에선가 아직 회수되어야 할 현금이 회수되지 않은 것이다. 자세히 살펴보면 우선 공사매출채권(③)이 늘어난 것을 볼 수 있다(원래 감소하는 항목이지만 마이너스(-)로 표시되어 있으므로, 이 경우에는 증가했다고 봐야 한다). 채권이 늘어났다는 것은 받아야 하는데 못 받은 돈이 많아졌다는 뜻이다. 발생기준에 의해 건설용역을 제공했으므로 매출(수익)로 기록되었지만, 아직 현금회수는 되지 않은 매출채권이 증가한 것이다.

또한 공사선수금(공사 진행 전 발주처에게 미리 받은 대금)(④)도 감소한 것을 볼 수 있다. 건설업은 특성상 공사선수금을 받는데, 이것이 많이 감소해서 현금유입이 줄어든 것이다. 그 결과 매입채무(⑤)는 급격히 증가했다. 매입채무는 원재료를 매입하거나 외주용역을 진행했지만, 아직 대금결제를 하지 않은 부채를 의미한다. 강 사장이 못 받은 대금 또한 ㈜허당건설의 장부에는 매입채무에 기록되어 있을 것이다.

결국 ㈜허당건설은 매출이 늘긴 했지만, 그 돈의 상당 부분은 아직 받지 못한 상태이므로 돈이 없기는 없는 것이다. 게다가 강 사장 말고도 ㈜허당건설에서 돈을 받지 못한 곳이 꽤 된다는 것도 알았다. 현금흐름표까지 보고 난 후 강 사장은 아마 '이 회사와 계속 거래를 해야 하나?'라는 고민이 들었을 것이다. 현금흐름표에 대한 것은 5장에서 더욱 자세히 배워보기로 하자.

손익계산서

㈜허당건설 (단위: 억 원)

과목	제7(당)기	제6(전)기
Ⅰ. 매출액	24,564	19,173
Ⅱ. 매출원가	21,691	16,627
Ⅲ. 매출총이익 (①)	**2,872**	**2,546**
Ⅳ. 판매비와 관리비	1,258	1,156
Ⅴ. 영업이익 (②)	**1,614**	**1,390**
Ⅵ. 영업외수익	3,582	1,225
Ⅶ. 영업외비용	4,360	1,866
Ⅷ. 법인세비용차감전순이익 (③)	**836**	**749**
Ⅸ. 법인세비용	471	349
Ⅹ. 당기순이익	365	400

현금흐름표

> 간접법에 의한 현금흐름표 양식. 괄호 안의 숫자는 마이너스(-)를 의미함.

㈜허당건설 (단위: 억 원)

과목	제7(당)기		제6(전)기	
Ⅰ. 영업활동으로 인한 현금흐름 (②)		**(633)**		**(698)**
1. 당기순이익 (①)	**365**		**400**	
2. 현금의 유출이 없는 비용 등의 가산	3,276		1,093	
3. 현금의 유입이 없는 수익 등의 차감	(3,319)		(1,073)	
4. 영업활동으로 인한 자산부채의 변동	(955)		(1,119)	
일반매출채권의 감소(증가)	(275)		(35)	
공사매출채권의 감소(증가) (③)	**(1,899)**		**(2,929)**	
미수금의 감소(증가)	(487)		(88)	
…	…	…	…	…
재고자산의 감소(증가)	(11)		15	
…	…	…	…	…
매입채무의 증가(감소) (⑤)	**2,261**		**826**	
미지급금의 증가(감소)	57		317	
공사선수금의 증가(감소) (④)	**(345)**		**1,219**	
…	…	…	…	…

05
풍부한 재무정보를
알려주는 주석

한 대기업에서 엔지니어 출신의 비재무직군들을 대상으로 회계강의를 할 때의 일이다. 대부분 회계를 처음 접하지만 열의를 갖고 수강신청을 해서 수업을 듣는 분들이었다. 그런데 한 분이 걱정스러운 표정으로 이런 질문을 했다.

"우리 회사 재무상태표의 부채내역을 보니 '사채'가 있는데, 혹시 이 사채가 명동 같은 곳에서 큰손한테 빌리는 그 사채(私債)인가요?"

너무 진지하게 물어보셔서 바로 대답을 해드렸다.

"우리말 용어가 같아서 혼동이 될 수 있는데요, 재무상태표에 있는 사채는 회사가 여러 투자자로부터 자금을 조달하기 위해 발행한 회사채권, 줄여서 사채(社債)를 말하는 겁니다."

그렇게 사채에 대해 좀 더 설명해드린 후 상세내역은 '재무제표에 대한 주석'을 참조하시라고 조언했다.

숫자로 나타내지 못하는 정보가 필요할 때

주석은 재무제표를 이해하는 데 필요한 추가적인 정보를 상세하게 기술한 것으로서 재무제표의 본문과 별도로 작성된다. 추가 설명이 필요하거나 동일한 내용으로 둘 이상의 계정과목에 대하여 설명해야 하는 경우에 사용된다.

재무상태표

(단위: 백만 원)

과목		제18(당)기		제17(전)기	
…	…	…	…	…	
Ⅰ. 자본금(주석1, 14)		1,213		1,213	
Ⅱ. 자본잉여금		506		506	
Ⅲ. 기타포괄손익누계액		264		788	
Ⅳ. 이익잉여금(주석15)		39,073		38,762	
…	…	…	…	…	

재무제표에 대한 주석

제18기: 2021년 1월 1일부터 2021년 12월 31일까지
제17기: 2020년 1월 1일부터 2020년 12월 31일까지

(중략)

14. 자본금:
  가. 당기말 현재 회사의 자본금 내역은 다음과 같습니다.
    (2) 발행할 주식의 총수: 50,000,000주
    (2) 1주의 금액: 1,000원
    (3) 발행한 주식의 총수: 1,213,600주

15. 이익잉여금:
  가. 당기 및 전기의 이익잉여금 처분내역은 다음과 같습니다(단위 : 천 원).
    당기 및 전기의 이익잉여금 처분확정일은 각각 2022년 3월 27일 및 2021년 3월 14일입니다. (이하 생략)

주석이 필요한 경우에는 해당 재무제표상 관련과목이나 금액 옆에 '주석○번'으로 표시하여 주석 정보와 연결한다. 눈치 빠른 독자들은 이미 앞에서 살펴본 지딩㈜의 재무상태표와 손익계산서에도 주석이 표시되어 있었다는 걸 알아챘을 것이다.

그렇다면 우리도 실제 주석을 살펴보며 좀 더 공부해보자. 144쪽의 표는 삼성전자의 실제 감사보고서에 등장하는 주석의 일부다. 앞서 등장하신 분이 걱정스럽게 물어보셨던 그 '사채'에 대한 설명이다.

삼성전자 2021년 감사보고서 주석13번 '사채' 부분

13. 사채:

가. 보고기간종료일 현재 회사의 사채의 내역은 다음과 같습니다(단위: 백만 원).

구분	발행일	만기상환일	연이자율(%)	금액	
			당기말	당기말	전기말
US$ denominated Straight Bonds(*)	1997.10.2 (②)	2027.10.1	7.7 (①)	38,080 (US$ 35,000천)	46,312 (US$ 40,000천) (③)
사채할인발행차금				(853)	(1,146)
계				37,227	45,166
차감: 유동성사채				(5,318)	(5,646)
비유동성사채				31,909	39,520

(*) 10년 거치 20년 분할상환되며 이자는 6개월마다 후급됩니다(④).

주석 내역을 보면 사채발행의 상세 내막을 알 수 있다. 여기서 알 수 있는 정보는 무엇이 있을까? 일단 눈에 띄는 것은 자금을 조달하기 위해 지급하는 연이자율이 7.7%라는 것이다(①).

이렇게 높다니! 삼성전자처럼 재무적 안정성이 뛰어나다고 알려진 회사, 즉 신용등급이 높은 회사는 최근 1% 미만에서 형성되는 기준금리에서 가산되는 이자율이 그리 높지 않다. 하지만 발행일(②)을 보면 그 이유를 알 수 있다. 발행일이 1997년 10월, 즉 IMF 구제금융을 신청할 당시에 조달한 자금이다. 지금은 일부 상환했지만 최초에는 약 1억 달러를 조달했고(③), 그 당시 우리나라의 경제 리스크가 높았으므로 기준금리도 높았고 따라서 자금을 조달하기 위한 이자율도 높았음을 짐작할 수 있다. 또한 설명을 통해 이 자금은 2008년부터 분할해서 상환된다는 사실도 알 수 있다(④).

주석은 놓치면 안 될 재무제표의 한 부분이다

이렇듯 주석을 활용하면 풍부한 회계정보를 얻을 수 있다. 주석에서 찾을 수 있는 정보는 다음과 같이 매우 다양하다.

주요 주석 공시사항

- 회사의 일반적 사항(연혁, 주요주주, 본사, 업종 등)

- 회사에 적용한 중요한 회계처리 방침

- 재무상태표, 포괄손익계산서, 자본변동표, 현금흐름표 관련 보충 정보

- 우발부채 및 약정사항

- 비재무적 공시항목

- 추정의 불확실성에 대한 주요 원천

- 자본에 대한 사항

- 특수관계자와의 거래

- (사업) 부분별 보고

그러나 안타깝게도 회계정보 이용자들 상당수가 재무제표의 숫자에만 관심을 보이고 상세설명인 주석을 지나치는 경우가 많다. 독자 여러분은 주석도 재무제표의 일종이라는 것을 반드시 기억하기 바란다. 재무제표 이용자에게 유용하고 의미 있는 정보를 담고 있으므로, 주석은 필수불가결한 정보인 것이다.

그래서 회계감독기관에서도 계속 주석공시를 강화하는 방향으로 가고 있다. 재무제표 본문 밑에 '별첨 주석은 본 재무제표의 일부입니다'라는 문구가 있는 것도 그만큼 주석정보의 활용에 대한 필요성을 강조하는 것이다.

특히 국제회계기준IFRS이 도입되면서 주석의 중요성은 더욱 커졌다. 재무제표 본문은 간략해지는 반면 이를 보충 설명하는 주석의 양은 크게 늘어나고 있는 추세이므로 계정과목과 주석을 연계하여 면밀히 분석할 필요가 있다.

또한 주석은 회계기준의 변화나 회계정책의 변화도 자세히 다루고 있

삼성전자 손익계산서 하단에 표시된 주석 활용의 강조 문구(ⓒDART)

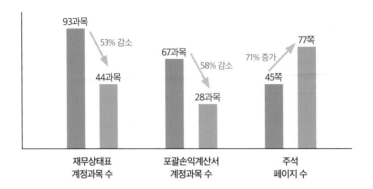

으므로, 주석정보를 지속적으로 확인하는 습관을 들이는 것이 회계공부에도 좋다. 더 자세한 회계정보를 얻기 위해 멀리 돌아갈 필요 없다. 눈앞에 있는 주석정보만 잘 활용해도 의사결정에 큰 도움이 된다.

자료 vs 정보

흔히 '자료'라는 말과 '정보'라는 말은 섞여서 사용되곤 하지만, 두 가지는 엄연히 다른 개념이다. **자료**Data는 측정대상의 본질을 수치로 나타낸 것이다. 키, 몸무게와 같은 신체자료나 혈압, 혈당수치 등 건강 상태에 관한 자료도 그렇고 야구에서 일일이 기록하는 안타수, 득점, 실책 등도 모두 자료다. 물론 기업의 매출이나 원가와 같은 것들도 당연히 자료다. 이러한 자료들을 가공하면 바로 **정보**Information가 된다.

똑같은 '자료'를 가지고도 누구는 훌륭한 '정보'를 발견해내는가 하면, 누구는 그렇지 못하다. 자료를 어떻게 활용하느냐에 따라 정보활용 능력이 달라지는 것이다. 최근 빅데이터Big Data 활용이 중요한 경쟁력이라는 것을 누구나 알고 있는데, 이는 다양하고 방대한 '자료'를 잘 활용하면 판단이나 의사결정에 유용한 '정보'를 얻게 되고, 경영성과가 높아질 수 있다는 점에서 시사하는 바가 크다.

갈수록 치열해지는 기업 간 경쟁, 훨씬 깐깐해지고 복잡해지는 소비자들, 한 번의 잘못된 의사결정이 기업의 운명을 가르는 불확실한 시장환경 등에 맞닥뜨리면서 구글, 아마존, 애플, 페이스북, 네이버, 카카오 등 빅데이터의 중요성을 인지한 글로벌 기업들은 이미 이 분야를 선점하고 그 가치를 높이기 위해 각축을 벌이는 중이다. 플랫폼화를 통해 핵심 서비스를 무료로 제공하면서 그 대가로 천문학적인 양의 '자료'를 축적하고 이를 '정보'로 활용하는 것이다.

06

어떤 방법으로
기록할 것인가

서울시장 선거에서 때아닌 '부기 논쟁'이 벌어진 적이 있다. 서울시장 선거에 출마한 당시 두 후보가 TV 토론에 출연해서 서울시 부채 규모를 놓고 서로 다른 수치를 제시하며 설전을 벌인 것이다.

이 둘은 각각 단식부기와 복식부기에 의한 회계처리 기준을 제시하며 치열하게 대립했기 때문에, 일부 언론에서는 이를 '부기 혈전'이라고 명명하기도 했다. 부기(簿記)란 '회계장부를 기록하는 방식'을 말한다.

당시 토론에서 먼저 발언권을 얻은 후보가 "서울시 부채가 25조 원에 이른다"며 "전시성·낭비성 예산의 결과"라고 포문을 열었다. 그러자 다른 후보는 "25조 원은 복식부기에 의한 것이고, 단식부기에 따르면 19조 원가량 된다"고 맞섰다. 그러면서 "정부 회계기준은 단식부기이며, 서울시는 단식부기로 쓰는 것이 맞다"고 주장했다. 그러자 먼저 문제를 제기한 후보가 곧바로 "중앙정부나 지방정부는 단식부기를 쓰는 곳이 없고, 기업처럼 복식부기를 쓴 지 오래"라고 반박했다.

두 후보의 논쟁 결과가 궁금하지만 잠시 후에 알아보기로 하고, 복식부기와 단식부기가 무엇인지부터 이야기해 보도록 하자. 대체 어떤 차이가 있기에 같은 부채 규모를 놓고 6조 원이나 차이가 나는 걸까?

쉽지만 단순한 단식부기

단식부기는 현금의 유입과 유출을 중심으로 장부에 기록하는 방식으로, 비교적 단순한 정보만 알수 있다. 부모님에게 용돈으로 10만 원을 받아 용돈기입장에 '10만 원 현금유입'으로 기록하고, 전에 가지고 있던 돈 5만 원과 더한 후, 현재 15만 원의 현금이 수중에 있다고 잔액을 기록하면 이게바로 단식부기의 전형이다.

가계부는 단식부기의 일종이다.

　이는 학생들의 용돈기입장이나 가계부에만 해당되는 것은 아니다. 매년 예산을 받아 집행하는 정부부처, 공공기관, 비영리단체 등은 최근까지 단식부기에 의한 회계방식을 사용했고, 일부 기관에서는 아직도 사용 중이다.

　이러한 기록방법은 쉽고 간단하다는 장점이 있지만, 기록상의 오류가 있어도처음부터 모조리 덧셈 뺄셈을 해보지 않는 이상 스스로 검증할 수 없거나 재산의 상태나 변화 과정에 대한 상세한 정보를 보여주지 못한다는 단점이 있다.

　또 어떤 거래든지 자산, 부채, 자본에 변화를 초래하는 원인과 그로 인한 결과라는 두 가지 속성이 존재하기 마련인데, 단식부기에서는 이러한 속성이 드러나지 않아서 거래를 이해하는 데 한계가 생긴다.

　예를 들어 어머니가 주신 용돈 10만 원은 나에게 다음과 같은 이중성을 가지고 있다.

　　1 현금 10만 원이 증가하였다. (자산 증가)
　　2 자본(나의 몫) 10만 원이 증가하였다. (자본 증가)

　만약 어머니가 나의 자립심을 키워주겠다며 10만 원을 그냥 주시지 않고 다음 달까지 아르바이트를 해서 갚으라고 하셨다면, 이 거래는 다음과 같은 성격을 가지게 된다.

1 현금 10만 원이 증가하였다. (자산 증가)

2 부채(갚아야 할 빚) 10만 원이 증가하였다. (부채 증가)

그런데 단식부기에서는 단지 '10만 원 현금유입'만 기록되므로 이 돈을 갚지 않아도 되는지(자본인지), 아니면 갚아야 되는지(부채인지)가 기록되지 않는다. 게다가 자산의 교환, 자산가치 평가, 퇴직금 관련 부채기록처럼 현금의 유출입이 없는데도 자산과 부채를 평가해야 할 때는 아예 기록도 할 수 없다. 단식부기의 이러한 단점은 조직이 커지고 거래가 복잡해질수록 더욱 문제가 된다.

이중으로 기록하는 복식부기

독일의 사회학자인 막스 베버는 "근대 자본주의 출현에 결정적 영향을 끼친 여섯 가지 사회·경제적 요인 중에 복식부기의 발전을 꼽을 수 있다"라며 복식부기를 찬양한 바 있다. 그만큼 복식부기는 기업의 재무상태와 경영성과를 일목요연하게 파악하고 분석해, 경영을 혁신하고 합리적 의사결정을 내리는 데 큰 도움을 주기 때문이다.

회계의 아버지로 불리는 파치올리.

배드민턴 경기에서 '복식'이라 하면 두 명이 한 코트 안에서 팀을 이루는 경기를 말한다. 복식부기 역시 한 전표 안에 거래의 내재된 원인과 그 결과라는 두 요소를 기록하는 것을 의미한다. 앞서 배웠던 재무상태표의 구성요소인 '자산, 부채, 자본'과 손익계산서의 구성요소인 '수익, 비용'의 변화내역을 동시에 기록하는 것이다. 이러한 기록들을 요약하면 결국 재무제표가 완성된다.

공식적인 기록에 따르면 복식부기는 '회계의 아버지'라 불리는 루카 파치올리가 1494년 《산술, 기하, 비율 및 비례 총람Samma de Arithmetica, Geometrica, Proportioni et Proportionalita》이라는 책을 출판함으로써 비로소 그 원리가 세상에 널리 선보이게 되었다. 사실 우리나라의 경우는 그보다 2세기가 앞선 13세기 고려시대에 송상(松商)이라 불린 개성상인을 중심으로 사개송도치부법(四介松都置簿法)이라는 독특한 복식부기를 고안하여 사용하기도 했다.

복식부기는 모든 거래를 원인과 결과의 인과관계를 파악하여 장부에 이중으로 기록하기 때문에 그 거래의 성격(비품을 구입했다면 현금구입인지 외상구입인지 등)을 알 수 있다. 또 장부기입상 기록에 오류가 발생해도 쉽게 발견될 수 있도록 하는 자기검증 기능을 갖고 있다.

은행 강도들이 나오는 영화를 보면 꼭 싸움, 배신, 분열은 '돈을 성공적으로 훔친 뒤'에 일어난다. 회계에서는 이를 이자나 배당 등 '이윤의 분배'를 둘러싼 문제라고 한다. 과거 베네치아 상인들은 한 번 항해를 할 때마다 결산을 했다. 반면에 한곳에 정착해서 지속적으로 상거래를 해나가는 피렌체의 상인들은 불규칙하게 결산을 했다. 그럼 피렌체 상인들은 언제 결산을 했을까? 그들은 동료 중 누군가가 "난 이제 고향으로 돌아가겠어. 내 몫을 줘"라고 이야기할 때 결산을 했다. 송별회를 열면서 '필요한 경우'에만 결산을 하다 보니 불분명하게 결산이 되거나 못 받는 상황도 나오게 되었다. 결국 상인들은 루카 파치올리의 "매년 정확하게 결산을 하는 편이 좋다"라는 조언에 따라 결산을 했고, 그것이 우정을 오랫동안 지속시키는 비결이라는 것도 깨달았다.

복식부기를 배우고 정확하게 장부에 기록하면 대외적인 '증거'로 쓸 수 있어 분쟁을 줄일 수 있고, '얼마큼 돈을 벌었는지'를 분명하게 보여줘서 '이윤의 분배'를 둘러싸고 생기는 분쟁을 감소시켜준 것이다.

● 복식부기의 기록원리

기록하는 것만으로 어떻게 스스로 오류를 검증할 수 있는 것일까? 그것은 복식부기의 거래기록 원리를 보면 알 수 있다. 이 원리는 우리가 앞서 배운 재무상태표와 손익계산서의 관계와 매우 비슷하다.

먼저 재무상태표에서 왼쪽은 차변이고, 오른쪽은 대변이다. 그런데 앞서 배웠던 재무상태표의 구조에서 보면 자산은 왼쪽에, 부채와 자본은 오른쪽에 기록한다. 손익계산서는 어땠을까? 자본을 감소시키는 요인인 비용은 자본과 반대쪽인 왼쪽에, 자본을 증가시키는 요인인 수익은 자본과 같은 쪽인 오른쪽에 기록한다.

이 사실만 잘 기억하면 기입 규칙을 쉽게 이해할 수 있다. 즉, 왼쪽(차변)에 위치한 것은 '자산, 비용'이고, 오른쪽(대변)에 위치한 것은 '부채, 자본, 수익'이다.

학창 시절에 배운 수학의 이항(移項) 개념을 생각해보자. 원래는 플러스(+)였던 숫자가 반대쪽으로 넘어가면 마이너스(−)가 된다. 부기에서도 마찬가지다. '원래 있던 위치에서는 증가(+), 그 반대 위치에서는 감소(−)'라는 식으로 기억하면 쉽다.

원래 왼쪽에 있었던 자산이 차변(왼쪽)으로 가면 증가, 대변(오른쪽)으로 가면 감소로 표시한다. 반대로 원래 오른쪽에 있었던 부채는 차변(왼쪽)으로 가면 감소, 대변(오른쪽)으로 가면 증가로 표시하는 것이다. 이를 표로 만들면 아래 그림과 같다.

복식부기의 기록 요령

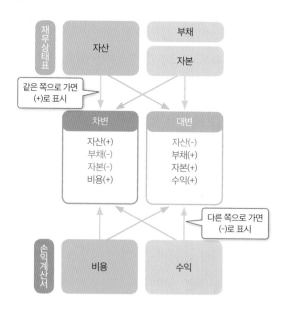

그런데 사실 초보자에게는 이게 왜 이렇게 되는지 이해하는 것도 쉽지 않다. 이럴 때는 중세 베네치아 상인들이 오래전부터 사용했던 방법대로 따라가 보자. 먼저 재무제표의 구성항목인 자산, 부채, 자본을 나열해 보자. 아마 베네치아 상인들도 처음에는 장부에 증가(+)를 먼저, 감소(-)를 나중에 기록했을 것이다.

자산		부채		자본	
증가	감소	증가	감소	증가	감소
(+)	(-)	(+)	(-)	(+)	(-)

그런데 거래가 증가하면서 기록의 편의성을 추구하다 보니, 베네치아 상인들은 놀라운 발견을 하게 됐다. 부채가 늘어나면 자산이 늘어난다. 또, 자본이 늘어나도 자산은 늘어난다. 하지만 부채와 자본의 총량은 항상 자산과 같다. 즉, 우리가 앞에서 배웠던 회계의 기본 공식을 발견한 것이다. 기록할 때는 기본적으로 플러스를 사용했을 것이므로 공식은 다음과 같다.

$$자산(+) = 부채(+) + 자본(+)$$

그런데 여기에서도 이항 개념, 즉 플러스(+)를 반대쪽으로 옮기면 마이너스(-)가 된다는 사실을 떠올려보자. 양쪽의 위치를 바꾸면 다음과 같이 나올 수 있다.

$$부채(-) + 자본(-) = 자산(-)$$

장부를 기록할 때 '자산' 장부와 '부채 및 자본' 장부를 따로 기록하는 경우는 드물 것이고, 대부분은 자산과 부채와 자본을 하나의 장부에 함께 기록하게 된다. 그렇다면 위의 두 공식을 합쳐서 하나로 만들면 어떻게 될까?

$$자산(+) = 부채(+) + 자본(+)$$
$$부채(-) + 자본(-) = 자산(-)$$
$$\overline{자산(+) + 부채(-) + 자본(-) = 부채(+) + 자본(+) + 자산(-)}$$

이제 답이 나온다. 왼쪽에 있는 것들이 차변, 오른쪽에 있는 것들이 대변을 이루게 되는 것이다. 이러한 공식에 의해 차변과 대변의 크기는 항상 같아지며 균형을 이룬다.

그렇다면 비용과 수익은 어떻게 생각할 수 있을까? 수익이 발생하면 내 몫, 즉 자본이 늘어난다. 또 비용이 발생하면 내 몫, 즉 자본이 줄어든다. 이런 점에서 수익과 비용은 항상 상충하는 것으로 묶어서 생각할 수 있다. 이것을 다음과 같이 표현할 수 있다.

$$수익의 증가(+) = 자본의 증가(+)$$
$$비용의 증가(+) = 자본의 감소(-)$$

그렇다면 장부를 기록할 때 수익은 자본과 같은 쪽에, 비용은 자본과 반대쪽에 기록하는 게 맞을 것이다. 각각의 자리에 맞게 찾아 넣어보면 드디어 다음과 같은 균형이 만들어지게 된다.

차변		대변
자산의 증가(+)		자산의 감소(-)
부채의 감소(-)	=	부채의 증가(+)
자본의 감소(-)		자본의 증가(+)
비용의 증가(+)		수익의 증가(+)

당시는 아직 수학이 발달하지 않아 '이항'이라는 개념이 전파되기도 전이었

다. 그러니 이러한 기록 방식을 성직자이자 수학자였던 루카 파치올리가 보고 얼마나 놀랐을까? 당시에는 몇몇 앞서가는 수학자들만 알고 있었던 이항의 개념을 실무에서 자연스럽게 사용하고 있었으니 말이다.

◦ 좌우균형으로 스스로를 검증한다

그러면 배운 것을 점검하는 차원에서 간단한 문제를 한번 내보겠다. 회사가 현금 1억 원으로 토지를 구입했을 경우 차변과 대변에는 각각 어떻게 기록될까?

회사는 1억 원 상당의 토지를 얻었으므로 자산이 증가했다. 이것은 '자산(+)'이므로 왼쪽, 즉 차변에 기록한다. 반면 토지를 구입하면서 지불한 1억 원의 현금은 '자산(−)'이다. 즉 대변에 기록한다. 이처럼 복식부기는 항상 두 번씩 기록함으로써 좌우균형을 맞추게 된다.

차변	대변
토지 1억 원 → 자산의 증가(+)	현금 1억 원 → 자산의 감소(−)

그렇다면 이 회사가 1억 원의 토지를 현금이 아닌 외상으로 구입했다면? 이경우 1억 원 상당의 토지를 얻었으므로 '자산(+)'가 되는 것은 같고, 이것은 차변에 기록한다. 그런데 외상 1억 원은 미지급금, 즉 '부채(+)'에 해당한다. 신기하게도 '부채(+)' 역시 대변에 기록된다. 결국 다시 좌우가 균형을 이루는 것이다.

차변	대변
토지 1억 원 → 자산의 증가(+)	미지급금 1억 원 → 부채의 증가(+)

이처럼 복식부기는 규칙만 잘 지키면 자연스럽게 균형을 유지하는 시스템을 갖추고 있기 때문에 좌우가 맞지 않으면 뭔가 이상이 생긴 것이다. 이것이 바로 복식부기의 자기검증 기능이다.

○ 분개장이 모이면 재무제표가 된다

복식부기에 의해 거래를 기록하는 활동을 회계에서는 분개Journalizing(分介)라 한다. 한자로 풀이하면 '나누어 격리시킨다'는 뜻이고, 영어 표현 Journalizing에서 Journal은 원래 항해사들이 매일매일 기록하는 항해일지를 말하는 것이니 (우리가 주로 잡지로 알고 있는 '저널'이라는 단어는 항해를 마치고 돌아온 배의 항해일지에서 많은 뉴스를 얻었던 것에서 유래되었다), 분개장은 '기업일지'로 번역해도 무방했을 것이다.

복식부기에 의해 작성된 전표(또는 분개장)는 각 계정별 원장으로 옮겨지고 잔액 또는 누적액이 재무상태표와 손익계산서로 이동된다. 이러한 과정을 거쳐 재무제표가 만들어지는 것이다(오른쪽 그림 참고).

분개장 대신 사용되기도 하는 전표(예)

대 체 전 표
20XX년 10월 21일

부장		과장		계	

No. 35

계정과목	차 변							계정과목	대 변						
매입				2	4	0	0	0	0	매입채무			2	4	0	0	0	0
합계		₩	2	4	0	0	0	0	합계		₩	2	4	0	0	0	0
적요 삼성문구에서 토너 8개 @₩30,000															

○ 항상 '발생기준'을 기억하라

이제 다시 서울시장 후보들의 부기 논쟁으로 되돌아가보자. 단식부기를 주장한 후보는 서울시가 직접 차입한 '차입금', 즉 조달공채를 발행하여 자금을 조달한 '현금유입이 있는 부채' 등을 근거로 19조 원으로 계산했다.

반면 복식부기를 주장한 또 다른 후보는 이러한 부채 외에 '현금유입은 없지만 부채로 분류되는 금액'인 충당부채까지 고려하여 25조 원으로 계산한 것이다. 충당부채란 퇴직금처럼 나중에 직원이 퇴직할 때 지급되지만 언젠가는 지

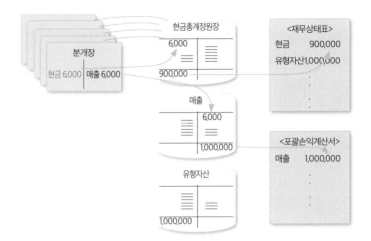

급해야 하므로, 근무 기간 동안에 조금씩 비용으로 기록해놓음으로써 생겨나는 부채다. 즉, 돈 나갈 걱정을 미리 쌓아두는 것이다. 건설회사가 준공 이후에 하자 보수를 대비해서 미리 부채로 기록하는 '하자보수충당부채' 또한 이 경우에 해당한다. 이는 앞서 살펴본 '발생기준'의 대표적 사례이기도 하다. 따라서 부기의 방식보다는 과연 시장후보들이 발생기준이라는 개념을 알고 있었는지가 더욱 중요한 문제일 수 있다.

하지만 논쟁의 진짜 원인은 따로 있었다. 2008년 12월 31일 개정된 국가회계법 제11조와 2008년 2월 29일 개정된 지방재정법 제53조에는 국가의 재정활동, 지방자치단체의 재정상태 및 운용결과는 '발생주의와 복식부기 회계원리를 기초로 하여 행정안전부장관이 정하는 회계기준에 따라' 작성해야 한다고 명시돼 있다. 즉, 법적으로는 복식부기를 써야 하는 것이 맞다. 하지만 몇 년이 지나도록 제도 개선이 완료되지 않다 보니 논쟁의 빌미가 된 것이다.

지방재정공시에 따라 매년 1회씩 발간되는 재무보고서는 복식부기로 기록해야 한다. 그러나 실제로는 부채(채무) 관리는 단식부기로, 보고서 발간은 복식부기로 이뤄지는 게 현실이다. 따라서 두 후보 중 누구의 주장이 옳고 다른 사람이 틀렸다고 말하기에는 무리가 있는 것이다.

어쨌든 확실한 것은 기업의 CEO뿐 아니라 시장이 되기 위해서도, 즉 어떤 조직의 리더가 되고자 한다면 회계공부는 꼭 필요하다는 사실이다. 특히 앞서 살펴본 회계의 대표적 원리인 '발생기준'의 의미를 잘 곱씹어보면, 임기 때 결정한 프로젝트는 그 사업비가 임기 후에 지출되더라도 그 결정을 내린 현재 시점에서 비용을 고려해야 한다는 점을 시사한다. 내가 내린 결정에 대해 책임지는 마음가짐이야말로 리더의 가장 큰 덕목이 아닐까?

부기에 대한 세 가지 오해

○ 첫 번째: 부기를 잘하면 회계지능이 높은 것이다?

부기는 거래가 발생하면 그것을 장부에 정리해서 기록하는 일이다. 따라서 부기가 회계의 가장 기본에 속하는 것은 맞다. 앞에서 부기의 원리를 자세히 다룬 이유도 그래서이다.

그런데 비전공자들이 회계 공부를 해봐야겠다는 생각에 전문가용 수험서나 회계 교과서를 열심히 공부하다 보면 불행하게도 부기를 다룬 파트에서 더 이상 진도를 나가지 못하는 경우가 많다. 대부분 그러다가 다시 시작하겠다고 마음먹고 앞부분만 또 열심히 공부하다가 포기하기를 반복한다. 그러면 마치 '부기가 곧 회계'라는 오해를 하기도 한다. 계속 강조하고 있지만 회계는 의사결정자에게 유용한 정보를 제공하는 것이 목적이다. 단순한 장부기록이 회계의 전부라는 오해를 하면 안 되는 것이다.

물론 거래를 인식하고 기록하는 부기는 가장 원초적인 데이터를 산출하는 과정이므로, 아무리 회계 시스템이 전산화됐다고 해도 그 중요성을 간과해서는 안 된다. 하지만 부기라는 작은 테두리 안에 회계를 집어넣으려는 생각은 마치 생텍쥐페리의 소설 《어린 왕자》에 등장하는 코끼리를 집어삼킨 보아뱀과 같다. 코끼리가 조금만 몸을 움직여도 보아뱀의 옆

"보아뱀은 먹이를 씹지 않고 통째로 삼킨다. 그런 다음 몸을 움직일 수 없어 여섯 달 동안 잠을 잔다." (생텍쥐페리의 《어린 왕자》 중에서)

구리는 터져버릴 것이다. 더 큰 의미인 회계를 부기 안에 한정짓다 보면 그렇게 실수를 저지를 수도 있는 것이다.

○ 두 번째: 이 세상 모든 거래는 장부에 기록된다?

회계에서 말하는 거래는 일반적으로 우리가 생각하는 거래와 차이가 있다. 상품을 매입하고 판매하는 일, 자금을 빌리고 상환하는 일, 건물이나 비품을 사들이거나 처분하는 일 등은 회계에서도 모두 거래라고 부른다.

여기까지는 일반적인 상식에서 벗어나지 않는다. 그런데 회사 건물이 불에 타서 없어졌다면 이것은 '거래'라고 부를 수 있을까? 당연히 거래가 아니라고 답하는 사람이 많겠지만, 회계에서는 이것도 '거래'라고 부른다. 왜 그럴까?

회계에서는 자산, 부채, 자본, 수익, 비용에 변화를 가져오는 것이면서 동시에 그 변화의 크기를 금액으로 측정할 수 있는 사건을 거래라고 정의한다. 따라서 화재로 인해 건물이 소실된 것도 역시 건물이라는 자산의 감소가 일어났고, 화재손실이라는 비용으로 기록할 수 있으므로 회계상의 거래가 된다.

그렇다면 '계약체결'이나 '주문접수'는? 회계에서는 그 자체만으로는 거래로 취급하지 않는다. 약속만 이뤄졌을 뿐 아직까지 자산, 부채, 자본 등에 변화를 가져오지 않았기 때문이다. 계약을 체결하거나 주문을 접수한 결과 계약금을 받거나 상품을 납품함으로써 자산이나 부채에 변동이 생겼을 때 비로소 회계거래로 인식하는 것이다.

요컨대 '회계거래로 인식한다'는 말의 의미는 금액으로 표시하여 장부상에 반영함으로써 재무상태표와 손익계산서에 그 영향이 나타나도록 한다는 것으로 이해하면 된다.

○ 세 번째: '차변'과 '대변'이라는 용어를 정확히 알아야 한다?

대우조선해양의 남상태 전임 사장의 인터뷰가 언론에 실린 적이 있다. 비즈니스 매너에 밝기로 소문난 그는 대우조선해양 선박수주에 매너가 큰 기여를 한

어느 것이 내 물잔인가? 비즈니스 세계에서는 규칙을 모르면 낭패를 당한다.

다고 말하고 있다. 글로벌 비즈니스에서는 매너에 어긋나는 행동 탓에 계약을 놓치는 경우가 흔하다는데, 예를 들어 광고에도 등장했던 레스토랑의 '좌빵우물(빵은 왼쪽 것, 물은 오른쪽 것이 내 몫)' 원칙이 헷갈려서 옆 사람 몫의 빵이나 물을 먹는 것은 대단한 무례인 것이다.

그가 강조한 '좌빵우물' 원칙처럼, 회계계정 역시 중앙의 선을 기준으로 하여 왼쪽과 오른쪽으로 나눠서 왼쪽을 차변, 오른쪽을 대변이라고 한다. 차변과 대변으로 나누어 분개를 하는 것 또한 전 세계 비즈니스에서 통용되는 약속이나 마찬가지다.

그런데 학생들이나 회계에 관심 있는 지인이 '차변과 대변에 대한 뜻을 풀이해 달라'고 요청해올 때는 선뜻 답변하기가 어렵다. 왜냐하면 사실 차변, 대변이라는 용어는 상식에서 벗어난 단어이기 때문이다. 차(借)라는 말은 '빌린다'는 의미이고, 대(貸)라는 말은 '빌려준다'는 의미를 가지고 있다. 그런데 실제로는 오히려 회사에서 돈을 빌려오면 부채에 속하는 '차입금'이므로 대변(오른쪽)에 기록하고, 회사자금을 외부에 빌려주면 자산에 속하는 '대여금'이므로 차변(왼쪽)에 기록을 한다. 회계에서는 실제와 반대로 표시하고 있는 셈이다.

차변, 대변을 거꾸로 표시하게 된 배경은 관점의 차이에서 비롯되었다. 과거에 처음 회계장부의 체계를 잡은 사람들이 회사의 입장보다는 외부 이해관계자의 입장에서 먼저 생각했기 때문이다. 즉, 회사가 돈을 빌려오는 경우는 상대방 입장에서 살펴보면 자금을 빌려준 것(貸)이어서 재무상태표의 대변에 기록하고, 회사가 돈을 외부에 빌려주면 상대방 입장에서 자금을 회사로부터 빌려오는 것(借)이므로 회사가 이를 감안하여 재무상태표에 차변으로 표시한다.

따라서 차변과 대변을 너무 심각하게 생각할 필요가 없다. 회계의 발전 초기 단계에서는 그 용어가 의미를 가졌을지 모르지만, 오늘날에는 전혀 의미를 갖지 못하고 단지 왼쪽이나 오른쪽을 가리키는 말로 사용될 뿐이다.

구체적인 과정을 모르더라도 요즘은
컴퓨터에서 기본사항을 체크하거나 정해
진 코드에 따라 금액만 입력하면 자동으
로 분개가 되는 시대이므로 걱정할 필요
가 없다. 이것은 공공부문의 정부회계도
마찬가지다.

차변과 대변이 복잡해 보여도 요즘은 대부분 자동으로 데이터를 가져오
고 미리 정해진 코드에 입력되는 프로그램을 사용하므로 걱정하지 말자.

그러니 용어 하나하나의 의미를 알기
위해 애쓰기보다는 복식부기를 위해 만들어진 약속(매너)이라고 생각하고, 그
원리에 집중하는 것이 바람직하다.

07

결산 뒤에 숨은
고도의 경영전략

일본 프로야구 라쿠텐의 노무라 가쓰야 명예감독은 우승팀의 10대 조건을 꼽으면서 '절대적인 마무리 투수의 존재'를 가장 처음으로 거론했다. 한국의 이광환 감독도 LG트윈스 시절 우승팀의 5가지 조건 가운데 하나로 '뛰어난 마무리'를 언급한 바 있다. 현대 야구에서는 그만큼 마무리 역량이 팀 성적에 큰 영향을 끼친다는 얘기다.

MLB 역사상 최고의 마무리 투수 마리아노 리베라. 뛰어난 마무리야말로 최고의 기술이다. (ⓒ조선일보)

실제로 우승팀에는 늘 리그 최정상급의 마무리 투수가 버티고 있었다. 미국 메이저리그 최다 우승 팀인 뉴욕 양키스New York Yankees에도 역시 '특급 마무리'라 불리는 마리아노 리베라 선수가 있었다.

야구에서 경기를 끝내는 마무리 투수를 영어로 클로저Closer라고 부른다. 재무회계에서도 마무리 투수 역할과 같은 절차가 있는데, 이것을 결산 Closing(決算)이라고 부른다. 한자로는 말 그대로 '셈을 마무리한다'라는 의미다.

결산은 재무회계의 '끝판왕'

결산이란 회계기간 전체에 걸쳐 계속적으로 발생한 자산, 부채, 자본의 변동내

용 및 그로 인한 결과를 종합해서, 재무상태표나 손익계산서 같은 단 몇 페이지의 재무제표로 일목요연하게 정리하는 것을 말한다. 결산절차는 회계에서 매우 중요한 과정이다. 왜냐하면 결산절차를 통해야만 비로소 의미 있는 회계보고서가 만들어지기 때문이다.

결산절차를 더 넓게 해석해서 '결산흐름' 관점에서 보면 외부감사는 물론 회계의 궁극적 목적인 정보전달 과정, 즉 정보공시까지 이어진다.

그 과정이나 기간은 기업마다 다르다. 조기결산 시스템을 갖추고 있는 포스코의 경우는 월간결산은 1일, 연간결산은 3일이면 완료된다. 3일이 걸리는 이유도 일부 조정항목 때문에 기말환율이 확정되기까지 기다리기 때문이다. 포스코의 재무책임자는 이렇게 결산이 빠르게 진행되는 덕분에 지난 실적을 평가하고 향후 전략을 빠르게 세우는 '스피드 경영'이 가능한 것이라고 말한다.

이렇게 빠른 결산을 강조하는 포스코 같은 기업도 있지만, 반면에 적지 않은 기업들이 정기주주총회를 앞두고 상법에서 정한 이사회 제출기한까지 결산을 마무리하지 않기도 한다. 대개는 실무부서가 이미 결산절차를 마무리해 놓고도 경영진에서 막혀 있는 경우가 많다. 회사의 이익규모를 얼마로 할 것인지를 결정하는, 이른바 전략적인 '결산대책' 수립에 골몰하고 있는 것이다.

재무제표에 숨겨진 경영진의 의도를 파악하라

원칙대로 처리하면 되지 결산하는 데 무슨 대책이 있느냐고 생각할지도 모른다. 물론 회계는 '일반적으로 인정된 회계원칙GAAP'에 의해 재무제표를 작성한다. 그러나 그 회계원칙에 여러 가지 처리안이 있기 때문에 그중에서 어떤 방법을 택하느냐에 따라 이익을 늘리거나 줄일 수 있는 합법적인 방안이 존재한다.

● 대손충당금
장래에 대금을 회수하지 못
할 경우를 대비해서 장부에
미리 잡아두는 회수불능 추
산액.

예를 들어, 이익을 늘리고자 하는 회사라면 회수될 가능성
이 낮은 매출채권이라도 느슨한 평가기준을 적용해서 대손충
당금®을 설정하지 않거나, 올해 발생할 비용을 되도록 다음해
로 넘기려고 한다. 반대로 이익을 줄이고자 하는 회사라면 자
산으로 기록하여 여러 해 동안 나눠서 비용으로 처리할 수 있는 '개발비'라는 무
형자산을 한 번에 올해의 비용으로 처리하는 정책을 택하는 경우가 있다.

그런데 왜 회사의 경영진은 이익수준을 조정하려고 하는 것일까? 이익은 무
조건 많이 나면 좋은 게 아닌가? 여기에는 다양한 이유가 있지만, 일단 이익을
매년 고르게 가져가고 싶어하는 경영자의 욕구를 무시할 수 없다.

올해 회사의 이익이 갑자기 늘어났다면, 당장 내년에는 실적에 대한 부담이
생긴다. 올해 실적이 좋았으니 주주들이 내년에도 좋은 실적을 기대할 것이기
때문이다. 또 늘어난 이익만큼 법인세도 많이 나가고, 주주들도 이익이 났으니
어서 배당을 하라고 압력을 넣을 가능성이 있다.

반면에 이익이 갑자기 줄어들면 경영자의 능력에 대한 부정적 평가가 나타날
것이고, 은행과 거래를 할 때도 불이익을 받을 소지가 있다. 그래서 경영자들은
회사의 이익수준을 너무 급격하게 키우지 않고 완만한 속도로 늘려가고자 하는
경향이 있다.

메모리 반도체 제조 및 판매를 하는 SK하이닉스의 경우 반도체 수요, 공급 업
황에 따라 매년 매출과 이익의 변동성이 큰 회사다. 결산 시 외부 거시 경제 환
경에 영향을 많이 받는다고 할 수 있다.

또한 SK하이닉스의 지분 20.07%(2021년 기준)을 가지고 있는 SK텔레콤의 경

SK하이닉스의 매출액과 영업이익 추이 (단위: 억 원)

	2016/12 (IFRS연결)	2017/12 (IFRS연결)	2018/12 (IFRS연결)	2019/12 (IFRS연결)	2020/12 (IFRS연결)
매출액	171,980	301,094	404,451	269,907	319,004
영업이익	32,767	137,213	208,438	27,192	50,126

우 관계기업인 SK하이닉스의 실적이 영업외수익에 연결되고 있어서, SK하이닉스의 이익 변동성에 따라 SK텔레콤의 자체 결산과 상관없이 당기순이익도 영향을 받는다. 따라서 가능성은 낮지만 SK(지주회사)까지 실적이 연동되는 상황에서는 경우에 따라 SK텔레콤이 SK하이닉스의 지분을 20% 미만으로 조정하거나 별도의 중간 지주회사를 설립하여 결산 시 변동성 영향을 줄이는 의사결정을 할 수도 있다.

결국 결산이란 회계실무자의 손에서 시스템에 의해 자동으로 이뤄지는 것이 아니라, 회사 차원에서 최고경영자CEO와 재무책임자CFO의 전략이 반영된 고도의 의사결정으로 보아야 한다. 따라서 재무회계를 공부하여 회계지능을 높인다는 것의 진짜 의미는 재무제표를 볼 때 경영자의 의도를 염두에 두고 숫자 뒤에 숨은 회사의 결산정책을 분석하는 안목을 키우는 것임을 알아두기 바란다.

매출 기록하는 방식, 회사마다 달라요?

스타벅스커피코리아의 2020년 매출액은 1조9,284억 원, 이디야는 2,239억 원이다. 하지만 매장수는 스타벅스가 1,340개, 이디야는 3,000개 정도다. 매장은 이디야가 더 많은데 매출액은 왜 스타벅스가 월등할까?

가장 큰 차이는 바로 회사의 구조 차이다. 스타벅스는 모두 직영 매장으로, 모든 식음료와 제품이 매출로 집계된다. 반면에 이디야는 프랜차이즈인 가맹사업 중심으로 별도 사업자인 가맹점에 공급하는 원두 등과 기타 소모품의 판매 매출과 일부 로열티 매출이 집계가 된다. 결국 이디야 매장 내 매출은 가맹점주 개별 사업자의 매출인 것이다.

비슷한 사업구조를 가진 것으로 보이는 쿠팡과 티몬도 규모 대비 매출액이 크게 차이 난다. 쿠팡의 경우 '로켓배송' 전략으로 빠른 배송을 위해 직접 매입하여 재고를 가지고 관리하는 비중이 크기 때문이다. 직매입은 판매한 상품 가격 총액이 매출액으로 기록되고, 재고의 관리 책임과 위험을 쿠팡이 지기 때문에 해당 원가(매출원가)도 쿠팡의 재무제표에서 확인할 수 있다. 반면 티몬은 여러 판매업자들의 '대리인' 역할인 위탁판매 역할을 한다. 즉, 재고의 관리책임과 위험도 지지 않기 때문에 위탁판매 수수료만 매출로 기록할 수 있다.

참고로, 2020년 쿠팡의 매출은 13조9,236억 원을 기록했고 매출원가도 11조5,830억 원을 기록했다. 반면 티몬은 매출액 1,512억 원(티몬은 상품 판매가 아니라 '대리인' 역할로 판매업자와의 계약에서 생기는 수익이 대부분이므로 매출액이 아닌 영업수익으로 공시함)을 기록했다.

또 회계 정보를 볼 때 주의해야 하는 경우가 있는데, 사업 수주액과 매출액이 다른 이유를 알아야 한다는 것이다. ㈜안랩(구 안철수컴퓨터바이러스연구소)의 경우 외부에 공개되는 수주액과 실제 손익계산서상 매출액이 다르다.

그 이유에 대해 관계자는 "V3 제품군은 사업을 수주할 때 매출액을 일시에 계상하지 않고 연간으로 분산해 계상하기 때문에 수주액과 매출액에 차이가 난다"며 "수시로 엔진 업데이트 등의 유지 보수가 지속되는 제품이므로 그 특성을 반영한 회계처리 방식"이라고 설명했다.

발생 기준이라는 관점에서 봤을 때 이 거래의 '중요한 사건'은 실제 현금 유출입이 아니라 용역(서비스)의 제공이라고 할 수 있다. 조선업이나 건설업 등 장기간에 걸쳐 용역을 제공하는 업종들도 이러한 방식(진행 기준)을 적용한다.

08
회계환경이
변하고 있다

1990년대까지만 해도 주판을 이용해 셈하는 방법을 배우는 주산학원이 인기였다. 하지만 스마트폰이나 태블릿 PC, 각종 회계 프로그램을 쉽게 접할 수 있는 오늘날, 주판은 추억의 물건이 되어버렸다. 이렇게 시대가 변해 한글맞춤법도 변하고 계산도구도 바뀌듯이 회계용어와 회계환경도 시대에 따라 달라지는 것이 당연하다.

1960년대 경기여고 학생들의 주산수업 시간. (© e영상역사관)

"혹시 한 장으로는 안 될까요? Isn't One Enough?"

필자가 LG그룹 교육기관인 인화원에서 강의를 마치고 인화원 내 식당에서 식사를 했을 때 식기반납구 앞에 비치된 냅킨통에 붙어 있던 문구다. 별다른 거부감 없이도 냅킨을 아껴 써야겠다는 생각이 드는 문장이다. 반면에 마포의 어느 헬스클럽 사우나에는 '수건을 한 장만 씁시다!'라는 문구가 새겨져 있다. 이것을 보면 왠지 불쾌한 생각이 든다. 당연히 그래야겠다는 생각이 들기는커녕 볼 때마다 헛웃음이 날 뿐이다.

요컨대 같은 내용이라도 어떻게 표현하느냐에 따라 전달되는 메시지는 달라질 수 있다는 것이다. 비즈니스의 언어인 회계 역시 어떤 어휘를 사용하느냐에 따라 정보이용자들에게 다른 메시지로 다가갈 수 있다는 점을 유념해야 한다.

IFRS로 회계의 기준이 바뀌었다

여러분은 상법, 세법에 대해서는 들어보셨을 것이다. 그런데 혹시 '회계법'이라는 것은 들어보셨는지?

회계에는 별도로 '법'이라고 부르는 제도가 없다. 하지만 재무회계의 경우에는 여러 이해관계자들에게 정형화된 양식인 재무제표를 통해 정보를 제공하니까 당연히 기준은 필요하다. 이를 '기업회계기준'이라고 한다.

보통 이러한 기준을 '일반적으로 인정된 회계원칙GAAP: Generally Accepted Accounting Principle'이라고 부르고 있는데, 이 단어의 속뜻을 가만히 생각해 보면 회계기준의 본질을 파악할 수 있다.

> **첫째,** 일반적으로 인정되었다는 것은 실무에서 이해관계자들의 필요에 의해 만들어지고 합의된 사항이라는 것을 의미한다.
>
> **둘째,** 여러 환경이 변화한다면 이 합의가 변경 가능함을 암시한다.

회계기준의 전문과 질의회신 등의 내용이 보고 싶다면 한국회계기준원 홈페이지(http://www.kasb.or.kr)를 방문해 보자.

우리나라에서 적용하고 있는 GAAP은 상장법인과 비상장법인 간에 차이가 있다. 상장법인과 주요 금융기관 등은 한국채택국제회계기준K-IFRS을 2011년도부터 의무적으로 적용하도록 했고, 비상장법인은 중요성과 현실적인 어려움을 고려해 중소기업회계처리규칙을 적용하는 등 좀 더 완화된 기준인 '일반기업회계기준K-GAAP'을 적용하도록 했다.

우리는 1장에서 회계를 비즈니스 언어라고 했다. 언어의 관점에서 회계를 바라볼 때 나라마다 모두 다른 언어를 사용하는 것보다 통일된 하나의 언어를 사용하면 편하지 않을까? 세계적인 공통어라면 대표적으로 영어가 있는 것처럼, 회계의 경우 국제회계기준IFRS: International Financial Reporting Standards이 전 세계의 공통 언어로 자리잡아 가고 있다.

○ IFRS는 왜 도입됐을까?

완화된 기준이라고 하는 일반기업회계기준과 IFRS의 차이를 알기 위해서 질문을 한 가지 해보자. 회계기준이 국제적으로 통일되려면 각 나라의 특성을 고려한 특화된 기준은 어떻게 해야 할까? 답은 '특화된 기준을 제거해야 통일이 된다'이다.

하지만 기존에 있던 우리나라의 기준을 바로 제거하기에는 비상장기업의 부담이 크고, 시스템을 다 바꾸는 것 또한 실익이 없을 수도 있다. 그래서 현재 한국에는 두 회계기준이 공존하고 있다. 물론 비상장기업도 필요하다면 IFRS 도입은 얼마든지 가능하다. 참고로 매년 2월 14일(IFRS 도입 당시는 4월 30일)까지 체결해야 하는 외부감사계약(12월 결산법인 기준)을 근거로 한 조사에 따르면 상장기업의 의무 도입 시기에 비상장기업들이 자발적으로 IFRS를 도입한 비율은 2011년에는 6.7%, 2012년에는 7.9%에 달했다.

그렇다면 우리나라가 IFRS를 도입한 이유는 무엇일까? IFRS처럼 통일된 회계기준에 대한 수요가 상대적으로 높은 곳은 바로 유럽연합EU이었다. 독일, 프랑스, 이탈리아 같은 국가들이 경제공동체로 통합하며 화폐(유로화), 비즈니스 등을 한 국가처럼 운영하기 위해서는 단일화된 회계기준이 필요했던 것이다.

그런데 통일된 회계기준의 필요성은 비단 EU에만 국한되는 것은 아니다. 2021년 쿠팡의 뉴욕증권거래소NYSE 상장으로 인해 많은 우리나라의 기업들이 미국 뉴욕증권거래소 또는 나스닥에 상장을 추진한다는 소식이 들려왔다. 만약 IFRS가 없다면, 해외에 상장된 한국의 기업들은 한국의 주주를 위해 대한민국 기준의 재무제표를 작성·공시하면서, 동시에 미국 주주들을 위해서 미국 기준에 따른 재무제표도 작성·공시해야 한다. 기업 입장에서는 시간과 비용이 낭비되고, 투자자 입장에서도 어떤 기준에 의한 재무제표가 회사의 진정한 실적인지 의문이 들 수도 있다. 이 경우 회계기준을 통일해서 사용한다면 문제가 사라지게 된다.

실제로 1990년대, 이미 다임러 벤츠Daimler-Benz AG는 전 세계의 고객이 선호하고 구매하는 자동차 브랜드였다. 독일증권거래소에 상장해 있던 다임러 벤츠는 미국에서도 자금을 조달하기 위해 뉴욕증권거래소에 상장하는 계획을 세웠다.

그런데 다임러 벤츠가 뉴욕에 상장할 때 경제계에 큰 충격을 주는 사건이 발생했다. 독일의 회계기준에는 흑자였던 다임러 벤츠가 미국의 회계기준으로 전환해보니 적자가 된 것이다. 당시 미국의 회계기준US-GAAP은 가장 우수한 회계기준으로 정평이 나 있었으므로 시장의 충격은 더 컸고 회계기준 통일의 필요성은 더욱 대두되었다.

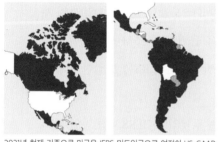

▨▨▨ IFRS 도입을 허용한 구역
■■■ IFRS 도입을 요구하는 구역

2021년 현재 기준으로 미국은 IFRS 미도입국으로 여전히 US-GAAP을 고수하고 있다. (©The IFRS Foundation)

참고로 미국의 경우 미국 회계기준US-GAAP을 고수하며 유럽 주도의 IFRS를 도입하지 않고 있지만, 이미 계속된 IFRS 도입 시도 과정에서 자국 입맛에 맞게 여러 항목이 수정된 상황이다. 따라서 IFRS 도입 의지를 크게 보이고 있지는 않다. 또한 미국 증권거래소는 2007년 12월 외국기업 중 IFRS를 적용하는 기업에 대해 미국 회계기준US-GAAP과 차이조정을 면제하는 규정을 공표했기 때문에 기업의 부담도 크지 않은 상황이다.

국제적으로 통일된 회계기준을 사용할 경우의 장점

- 국가 간 재무제표 비교가능성의 향상
- 국외 진출 기업들의 이중 회계처리 비용의 절감
- 각국의 회계기준 제정비용의 절감

- 회계 이슈에 대한 각국 정부의 간섭 최소화

- 국제적인 자금조달 비용의 감소

- 국제증권시장에 접근성 향상

- 회계 투명성 개선

○ IFRS의 세 가지 특징

IFRS는 세 가지 주요 특징을 가지고 있다. 첫째는 연결재무제표가 주재무제표가 된다는 점이다. 이것은 IFRS가 '경제적 실질'을 강조하기 때문이다. 예를 들어 법적으로는 별개의 회사지만 실질적으로는 하나의 회사인 경우가 있다. 연결재무제표는 이렇게 경제적으로 하나의 회사로 보는 것이 의미 있는 경우 지배기업(모회사)의 재무제표에 종속기업(자회사)의 재무제표를 합산해 표시하는 것이다. 연결재무제표에 대한 내용은 잠시 후에 자세히 배우기로 하자.

둘째는 공정가액(또는 공정가치) 평가를 강조한다는 점이다. 기존의 재무상태표에서는 자산, 부채의 표시금액을 취득가액으로 표시하는 것을 원칙으로 해왔다. 10년 전에 10억 원을 주고 취득한 공장부지를 10년이 지나도 그대로 '토지 10억 원'으로 기록하는 것이다. 이것은 해당 계정에 대한 '신뢰성'을 강조하기 위한 방식이었다. 비록 시가는 변하겠지만 정확한 시가를 산출하는 것이 만만치 않고, 산출하더라도 지금 당장 공장부지를 판매할 생각이 없으므로 그대로 신뢰성 있는 수치인 10억 원으로 기록하는 것이다. 그러나 정보이용자 입장에서는 '저 공장은 주변에 도로도 생기고 개발이 많이 진행되어서 땅값이 많이 올랐을 텐데?'라며 궁금해 할 수 있다. IFRS는 이러한 의견을 반영하여 공정가치 평가를 확대했다. 공정가치 평가에 대한 공부는 다음 장에서 유형자산을 공부할 때 만나게 될 것이다.

셋째는 원칙중심의 기준을 사용한다는 점이다. 앞에서 설명했지만 다양한 국가에 동시에 적용되는 회계기준과 실무지침 등을 모두 규정하기란 현실적으로 어렵다. 따라서 어떠한 사안에 대해 상세한 회계처리 방법이나 적용범위를 일

일이 제시하기보다는 기본 원칙만 제시하는 원칙중심의 회계처리기준을 채택하고 있다. 그러니 원칙을 따르고 적용하는 근거를 주석 등에 보충해서 설명해야 하므로 정보를 활용할 때 이를 유심히 분석해야 한다.

2018년 삼성바이오로직스의 '종속기업투자이익'이라는 회계처리가 분식회계인지에 대한 이슈가 되었을 때 금융당국과 삼성바이오로직스는 물론이고 정치권과 학자, 회계사들의 갑론을박이 이어지면서 논란이 확산되었는데, 논의의핵심은 국제회계기준의 원칙에 따른 재량권의 범위에 대한 것이었다.

국제회계기준(IFRS)의 특징

① 연결재무제표 중심
주재무제표가 연결재무제표이므로 사업보고서 등 모든 공시서류가 연결재무제표 기준으로 작성됨

② 공정가액 평가
기업 보유 자산에 대한 공정가액 평가 강조

③ 원칙중심 기준체계
상세하고 구체적인 회계처리 방법 제시보다는 회계처리의 기본 원칙과 방법론을 제시하는 데주력함

○ 이제는 연결재무제표에 주목하라

앞서 언급했듯이 한국채택국제회계기준K-IFRS에서는 기본적으로 연결재무제표가 주재무제표다. IFRS가 도입되기 전에는 일부 대기업처럼 작성대상에 속하는 경우에만 연결재무제표를 추가적으로 작성했던 것과 대조적이다.

그렇다면 왜 연결재무제표가 주재무제표가 되었을까? 그 대답은 IFRS의 핵심이 공정가치와 더불어 '경제적 실질'에 관한 정보제공이기 때문이다.

오늘날 기업은 영업활동을 수행하면서 원자재를 안정적으로 공급받거나 심화되는 경쟁에 대처하기 위해, 원자재 공급업체나 판매업체를 자기의 영향권

아래에 두고 싶어 한다. 이때 흔히 사용하는 방법이 타사의 의결권 있는 주식(보통주)을 일정 지분 이상 취득하는 방법이다. 이렇게 하면 장기적으로 그 회사의 재무, 투자, 영업활동에 관한 주요 의사결정에 영향력을 행사할 수 있다.

이렇게 영향력을 행사할 수 있는 기업을 지배기업이라고 하고, 영향력 아래에 있는 기업을 종속기업이라고 한다. 그리고 지배기업과 종속기업을 묶어 하나의 기업단위로 간주하고 작성한 재무제표를 '연결재무제표'라고 한다.[2]

연결재무제표 주석 중 일부(2020년 동원그룹 지주회사 동원엔터프라이즈의 감사보고서)

(3) 연결대상 종속기업 개요

당기말과 전기말 현재 연결대상의 종속기업 개요는 다음과 같습니다.

종속기업	소재지	보통주 소유지분율		비고
		당기말(%)	전기말(%)	
동원산업㈜	한국	62.72	62.72	원양어업 및 수산업
㈜동원에프앤비	한국	74.38	71.25	식품제조 및 판매업
동원시스템즈㈜	한국	80.39	80.39	포장재·알미늄 제조 및 판매업
동원씨앤에스㈜	한국	100.00	100.00	인력도급업
㈜동원와인플러스	한국	-	100.00	주류수입 도매업
어석합자회사	한국	89.88	89.88	도매업 곡물 및 종자
StarKist Co.	미국	100.00	100.00	미국내 참치제품 가공 및 유통
StarKist Samoa Co.	미국	100.00	100.00	참치제품 가공
Marine Trading Pacific Inc.	미국	100.00	100.00	원어구매대행
Galapesca S.A.	에콰도르	100.00	100.00	참지제품 가공
Sealand Trading Service Corporation	파나마	100.00	100.00	운반선 운영
Societe de Conserverie en Afrique S.A.	세네갈	60.00	60.00	참치제품 가공 및 유통
Bounty Seafood Ltd.	파푸아뉴기니	100.00	100.00	참치제품 가공 및 유통
㈜동원홈푸드	한국	100.00	100.00	단체급식 식당업 및 조미식품 제조 및 판매업

연결재무제표는 각 연결실체의 별도재무제표를 단순합산하는 것이 아니고, 서로의 내부거래 등을 상계한 것이다. 예를 들어 모회사의 부채가 100억 원이고, 그 모회사가 100% 지분을 가지고 있는 자회사도 부채가 50억 원 있다고 하자. 그러면 연결재무상태표의 부채총계는 150억 원이 될까?

정답은 될 수도 있고 안 될 수도 있다는 것이다. 그 이유는 모회사와 자회사를 한 회사로 보기 때문에, 서로 채권이나 채무가 있는 경우에는 상계해서 연결하기 때문이다. 자기 자신에게 돈을 빌려주거나 갚지는 않는 것처럼 말이다.

결국, 연결재무제표의 핵심은 내부거래의 상계를 통한 거품 꺼뜨리기다.

투명한 회계환경을 만들기 위한 노력

겉으로 보기에는 모두 명품 같지만, 이 중에 가짜가 있을 수 있다.

명품 가방이 나열된 백화점 진열장에서 명품과 똑같이 만든 일명 '짝퉁' 가방을 찾아내는 일은 쉽지 않다. 버젓이 명품상표를 붙이고 똑같은 디자인을 하고 있기 때문에 그렇다. 하지만 짝퉁은 어디 한 군데라도 티가 나기 마련이다. 그걸 찾아내지 못하면 소비자는 엄청난 손해를 보게 될 것이다.

기업도 자산이나 이익을 실제보다 부풀려 재무제표 상의 수치를 일부러 왜곡시키는 경우가 있다. 말하자면 겉으로만 그럴듯한 '짝퉁 정보'인 것이다. 이를 분식회계라고 한다.

○ 사라져야 할 경영범죄 '분식회계'

분식회계의 한자 뜻은 '가루 분(粉)'에 '꾸밀 식(飾)', 즉 예쁘게 분칠한다는 뜻으로, 재무제표를 예쁘게 화장을 시켜서 정보이용자를 현혹시키는 것이다. 분식회계를 뜻하는 영어단어도 재미있다. 영어로는 'Window Dressing Settlement', 즉 백화점 진열대를 꾸미는 것이란 뜻이다. 마찬가지로 그럴듯하게 꾸며서 상대를 현혹시킨다는 의미를 담고 있다.

세종대왕, 회계로 '열린 국가'를 만들다

《조선왕조실록》중〈세종실록〉2권에는 세종이 '중기(重記)'라는 제도를 도입했다고 나온다. 중기란 같은 내용을 두 번 적게 했던 제도로, 요즘으로 치면 복식부기의 일종이다. 자기검증 기능이 있는 중기 제도 덕분에 각종 부정부패 행위가 적발됐다. 1421년 제용감(왕실 물자를 관리하는 관청)에서 회계부정이 적발된 사건, 1423년 수원부사가 미곡의 중기를 없애버리고 나라 곡식을 빼돌리다 적발된 사건 등이 그 예다. 이처럼 세종은 조선시대 회계제도를 구체화한 인물이다.

세종 시대에는 또 회계용어가 하나로 통일되어 정립되었다. 당시 우리의 회계용어는 대부분 한자의 음과 훈을 빌려 우리말을 적던 이두문자로 기록되었는데, 장부와 어긋나는 부정행위를 지칭하는 말인 '번질'을 '反作(번작)'으로 표기하는 식이다. 이 말은 오늘날에도 감쪽같이 속이는 부정행위를 의미하는 말로 쓰이기도 한다. 또 재고조사를 뜻하는 '反庫(번고)', 돈이나 물건을 빌려갈 때 쓰는 '改色(색갈이 또는 색걸이)' 등의 말도 있다. 한자로 색깔을 뜻하는 '色(색)'은 '빚'이라는 의미로 썼다.

그런데 회계용어의 정립이 담고 있는 중요한 뜻이 있다. 이는 회계의 목적이 혼자 몰래 보는 것이 아니라, **서로 소통하고 공개하는 데** 있다는 것이다. 누구나 똑같은 의미로 알아볼 수 있도록 같은 용어를 쓴다면 모든 의사소통이 분명해지고 투명하게 보고될 것이기 때문이다. 이것은 서구에서 회계감사를 청취한다는 뜻의 Audit라고 하는 것과 비슷한 맥락이다.

(전성호, '세종의 리더십' /〈중앙일보〉 2005년 10월 5일자 수정 인용)

분식회계는 없는 재고를 있다고 부풀리거나, 판매가 있지도 않았는데 있다고 해서 매출을 늘리고 동시에 매출채권을 기록하는 등의 방법으로 이익을 교묘하게 부풀린다. 그러면 외부에는 좋은 실적을 낸 것처럼 보일 수 있다. 반대로 실제보다 이익을 적게 기록하는 경우도 있는데, 이를 역분식회계라고 부르기도 한다. 주로 세금을 피하고 싶거나 비자금을 마련하기 위해 동원되는 수법이다.

어떤 기업이 경영 악화 등 특이 상황에 직면하면 분식회계의 유혹을 겪게 된다. 그러나 분식회계는 정보이용자들의 판단을 왜곡시키고 손해를 끼치는 것은 물론 탈세와도 관련이 있기 때문에 상법과 세법 등 관련법규에서 당연히 금지하는 일이다.

분식회계 또는 역분식회계의 목적

실적을 부풀리는 이유	실적을 줄이려는 이유
- 신주발행 등을 활용한 과도한 투자 유치	- 조세회피
- 대외신용도 유지	- 회사 재산의 개인적 유용
- 차입조건 개선	- 비자금 조성
- 유리한 상거래	- 제품가격 인상 여건 조성
- 유리한 조건의 M&A	- 이익배당 요구 억제
- 주가조작 (기업가치 상승 압박)	- 종업원 임금인상 요구 억제
- 인허가 조건 충족	- 독점이익에 대한 사회적 비난 예방
- 경영실패 은폐	- 법정관리 기간 연장
- 성과급상승 및 임기연장	- 사회기부 압력 회피

분식회계를 방지하기 위해 회사는 내부감사와 같은 내부통제제도를 실질적으로 갖추어야 한다. 또 외감법(주식회사등의외부감사에관한법률)상 요건에 해당되면 반드시 회계법인 같은 외부감사인에게 회계감사를 받아야 한다. 만약 분식회계로 만들어진 재무제표를 보고 투자했다가 손해를 보았다면, 투자자나 채권자는 손해배상 청구소송을 할 수 있다. 2007년 1월부터는 분식회계에 대한 집단소송제도가 도입되었다. 또한 분식회계를 제대로 적발하지 못한 회계법인 등 외부감사인에 대해서는 영업정지 또는 설립인가 취소의 처분을 내릴 수 있다.

여기서 한 가지 문제를 내겠다. 분식회계로 이익을 부풀린 회사가 적발이 되어서 분식회계 이전 상황으로 장부를 재작성할 경우, 부풀려진 이익 때문에 추가로 납부했던 세금을 돌려줘야 할까?

정답은 돌려주긴 돌려준다는 것이다. 하지만 곱게 돌려주진 않는다. 법인세법에 따르면 분식회계로 인하여 과다납부한 세액에 대하여 추후경정을 통하여 환급신청을 하는 경우에는 허위로 과다신고한 세액에 대하여 바로 환급해 주는 것이 아니라, 앞으로 납부할 세액에서 5년간 세액공제하고 5년이 되는 사업연도의 잔액에 대하여 환급해주고 있다.

동남아 국가들의 분식회계 실태

Q 태국, 인도네시아 등 동남아에서 오랫동안 업무를 하셨는데 동남아 기업들의 재무제표는 얼마나 신뢰성이 있나요?

동남아의 많은 기업들이 중국계 자본에 의하여 지배되고 있는데, 상장기업이 아닌 경우 세금을 적게 내기 위해서 분식회계를 많이 한다고 알려져 있어요. 싱가포르의 경우는 안전하지만, 그 외 국가들은 상장회사 오너들조차 차명계좌와 가장거래를 마련해 회사자금을 빼돌리는 경우도 있어요. 회사는 망해도 오너는 절대 망하지 않는 분식회계를 아주 잘합니다. 부동산의 경우도 옛날 가격으로 평가를 받아 놓고 재평가를 받으려고 하지 않아요.

이유는 어느 정도로 잘 살고 있다고 알려지면 해당 국가 민족들에게 표적이 되기 때문입니다. 인도네시아는 회교국가라고 봐야 하는데 IMF 위기 때 중국계 주인들이 회교 종업원들에게 재물을 털린 사례가 있었고 일부는 목숨을 잃었답니다. 그래서 최근에는 비상시 빨리 도망가기 위해 공항 근처에 중국계 마을을 만들어서 살기도 합니다. 이런 문화에서는 분식회계를 안 하는 게 비정상이라고 할 수도 있지요. 그래서 자산의 실체를 밝히기가 쉽지 않습니다.

Q 일부 기업들의 행태겠지만, 그런 비정상적 환경에서 수출입 업무를 하시려면 어려움이 많을 것 같습니다.

우리가 한국산 제품 수출을 할 때 여신거래를 하려면 무역공사에서 신용등급을 받아야 하는데 정상적인 회계자료라고 할 수 없기에 신용등급이 아주 나쁘게 나와요. 신용평가 기관에서도 골머리를 앓고 있어요. 무역공사나 신용보증기관에서도 제대로 평가할 수 없는 구조란 걸 알기 때문에 도와주려고는 하지만, 심사기준에 맞는 자료를 입력해야 적정한 등급이 나오는 시스템이다 보니 서로 마음고생이 많습니다.

외국기업이 합작투자를 할 때 지분구조를 최대한 확보하고, 재무 쪽에 사람을 파견해서 투자국(예를 들어 한국이나 일본)에 불리하지 않도록 신경을 씁니다. 이런 지분구조를 확보하기 위해 지금도 불철주야 노력하고 있지요.

회계감사는 왜 필요한가

공인회계사인 강 CPA가 회계법인에 입사하고 회계감사 업무를 맡아 정신없이 업무를 수행하고 있을 때의 일이다. 오랜만에 뵌 할머니께서 강 CPA에게 회사에서 무슨 일을 하냐고 물어 보았다. 강 CPA는 이렇게 대답했다.

"회계감사해요."

그러자 교회에 열심히 다니시는 할머니는 이렇게 말씀하셨다.

"그래. 회개하고 감사는 매일 해야 한단다."

"회개가 그렇게 쉬운 일이었으면, 벌써 앱(App)으로 나왔겠지." 이것은 회개가 아니라 '회계감사'도 마찬가지다. (© HonestJonPubishing)

회계(會計)와 회개(悔改), 감사(監査)와 감사(感謝)를 혼동하신 할머니와의 썰렁한 일화지만, 재무정보를 제공하는 경영자와 이를 감사하는 외부감사인이 본연의 업무수행을 잘못하게 되면 아무리 회개해도 용서가 안 되는 일이 발생하기도 한다.

경영자가 재무제표를 작성하여 정보이용자에게 공시하게 되면 이 재무제표를 이용하는 정보이용자들은 과연 재무제표를 기업회계기준에 따라 적정하게 작성했는지 의문이 들 수도 있다.

회계감사란 정보이용자들의 이러한 의문을 해결해 주기 위해 독립된 외부감사인이 기업의 재무제표가 기업회계기준GAAP과 일치하는지를 확인하기 위하여, 이들 주장에 관한 증거를 수집하고 평가하여 감사의견을 표명함으로써 그 결과를 이해관계자에게 전달하는 체계적인 과정을 말한다.

이러한 검증을 통해 그 회사의 재무제표에 대한 신뢰성이 높아질 수 있다. 감사를 영어로는 'Audit'이라고 하는데 이것은 라틴어로 '듣다'라는 의미의 'Audir'에서 파생한 말이다. 경영자는 재무제표를 통해 주주 등 이해관계자에게 결과를 '설명'하고, 감사인은 감사를 통해 그것을 '듣는' 관계인 것이다.

'외감법(주식회사등의외부감사에관한법률)'에서는 상장사나 상장을 준비하는 회사, 또는 직전 사업연도 매출액이나 자산 규모가 500억 원이 넘는 경우는 반드

글로벌 회계법인의 역사

영국의 '그레이트 웨스턴 철도'의 재무제표에는 감사인의 서명과 함께 'W.W.딜로이트 회계사'라는 서명이 있다. 이 사인을 한 윌리엄 딜로이트William welch Deloitte는 1845년 27세 때 런던에 회계사무소를 설립한 젊은 회계사다. 딜로이트 외에도 조지 투쉬George Touche, 윌리엄 피트William Barclay Peat, 머윅 미첼Marwick Mitchell, 새뮤얼 프라이스Samuel Lowell Price, 에드윈 워터하우스Edwin Waterhouse 등 여러 전문가들이 영국에서 회계사무소를 설립했다. 당시 런던에는 200개가 넘는 회계사무소가 있었다고 한다.

이런 젊은 회계사들은 그레이트 웨스턴 철도 같은 산업혁명 당시 유명한 회사의 감사를 맡으면서 관록이 붙었고, 점차 하는 일이 다양해졌다. 망한 회사의 파산 처리뿐 아니라 철도회사나 다른 회사의 감사도 도맡아 하게 되었다.

이렇게 회계사무소는 파산 처리에서 감사로 업무를 확대시켰다. 때마침 당시 영국에서 미국 투자 붐이 일어났으며 그것이 그들에게 엄청난 호재로 작용했다. 영국의 투자금이 미국을 향하자 투자 대상인 미국 회사들의 경영을 점검할 필요가 생겼다. 미국에 출장을 가는 일이 잦아진 그들은 결국 미국에 거점을 두게 된다.

19세기 말, 영국의 주요 회계사무소는 경쟁하듯 보스턴이나, 뉴욕에 사무소를 개설했다. 그 후 서로 규모를 키워가며 합병을 해서 훗날 딜로이트 투쉬 토마츠Deloitte Touche Tohmatsu Limited, DTTL, 프라이스워터하우스쿠퍼스Pricewaterhouse Coopers, KPMG 등 대형 기업이 된 그들은 영국의 작은 회계사무소에서 시작해 미국 진출을 거쳐 대규모로 성장한 후 한국을 포함한 전 세계로 진출하게 된 것이다.

시 외부감사의 대상이 되고, 다음의 조건 중 2개 이상 충족 시에도 외부감사를 받고 감사보고서를 공개적으로 보여줘야 한다.

1 직전 사업연도 말의 자산총액이 120억 원 이상인 주식회사

2 자산과 부채가 동시에 70억 원 이상인 주식회사

3 직전 연도 기준 매출액이 100억 원 이상인 주식회사

4 직전 사업 연도 말 기준 종업원 수가 100명 이상인 주식회사

5 유한회사의 경우 사원 수 50명 이상 포함 3가지 충족 시 대상

2021년 기준으로 3만3,250개 기업(12월 결산법인)이 외부감사 대상이다.

최근 외부감사대상 회사 추이

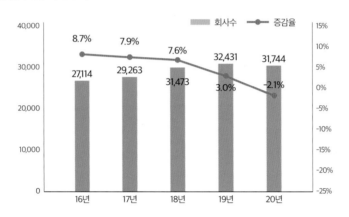

금융감독원 전자공시 시스템에서 외부감사를 받은 회사의 감사보고서를 볼수 있는데, 감사보고서에 표명되는 감사의견은 재무제표가 회계기준GAAP에 부합하게 작성되었으면 '적정의견', 그렇지 않다면 '부적정의견', 회사의 재무제표에 대한 증거가 부족해 감사의견조차 제시하지 못할 정도라면 '의견거절'이라고 제시한다. 또 '한정의견'은 부적정 사유와 의견거절 사유가 일부 있는 경우에 제시되는 의견이다.

감사의견의 종류

- 적정의견Unqualified: 적합하게 작성되었음

- 한정의견Qualified: 일부 부적정 또는 일부 감사범위 제한

- 부적정의견Adverse: 경영자와 의견 불일치

- 의견거절Disclaimer: 감사범위 제한

- 특기사항: 감사의견에는 영향이 없지만 정보이용자에게 도움이 되는 정보

감사보고서 속 의견문단과 강조(특기)사항의 예

2021. 3. 4 LG전자 감사 보고서

감사의견

우리는 LG전자 주식회사(이하 "회사")의 재무제표를 감사하였습니다. 해당 재무제표는 2020년 12월 31일과 2019년 12월 31일 현재의 재무상태표, 동일로 종료되는 양 보고기간의 손익계산서, 포괄손익계산서, 자본변동표, 현금흐름표 그리고 유의적인 회계정책의 요약을 포함한 재무제표의 주석으로 구성되어 있습니다.

우리의 의견으로는 별첨된 회사의 재무제표는 회사의 2020년 12월 31일과 2019년 12월 31일 현재의 재무상태와 동일하게 종료되는 양 보고기간의 재무성과 및 현금흐름을 한국채택국제회계기준에 따라, 중요성의 관점에서 공정하게 표시하고 있습니다.

우리는 또한 대한민국의 회계감사기준에 따라, 「내부회계관리제도 설계 및 운영 개념체계」에 근거한 회사의 2020년 12월 31일 현재의 내부회계관리제도를 감사하였으며, 2021년 3월 4일자 감사보고서에서 적정의견을 표명하였습니다.

강조사항 - 영업환경의 중요한 불확실성

감사의견에는 영향을 미치지 않는 사항으로서 이용자는 재무제표에 대한 주석3에 주의를 기울여야 할 필요가 있습니다. 재무제표에 대한 주석3은 경영진이 COVID-19(코로나바이러스감염증-19)의 확산이 기업의 생산 능력과 고객에 대한 주문 이행 능력에 미칠 수 있는 영향과 관련한 불확실성을 설명합니다.

적정의견은 영어로 Unqualified이고, 한정의견은 영어로 Qualified여서 서로 바뀐 것 아니냐는 질문을 많이 받는다. Qualified를 영어사전에서 찾아보면 '자격이 있는'이란 의미 말고도 '제한적인'이라는 뜻이 있다. 감사의견에서는 바로 이 의미로 쓰인 것이다. 반대로 적정의견인 Unqualified는 감사의견 표명상 '제한이 없는, 특별히 지적할 사항이 없는'이라는 뜻으로 쓰이고 있으니 오해하면 안 되겠다.

상장사가 의견거절, 부적정의견, 감사범위 제한의 한정의견을 받은 경우에는 상장폐지 가능성이 높다. 2021년 4월 한국거래소 발표 기준으로 코스피(유가증권) 및 코스닥 상장사 2,208개사(유가증권 767개사·코스닥 1,441개사) 중 49개사가 감사의견 사유로 상장폐지가 예고되었다.

이러한 사실을 감안하여 정보이용자는 감사의견과 재무제표를 더욱 신경 써서 확인하는 습관을 길러야 한다.

여기서 많은 사람들이 쉽게 착각하는 질문을 또 하나 해보자. 적정의견을 받은 회사는 좋은 회사일까?

이에 대한 답변은 '좋은 회사일 수도 있고, 아닐 수도 있다'이다. 정보이용자가 주의할 것은 감사의견과 회사의 투자유망성은 전혀 별개의 문제라는 것이다. 감사의견은 대체적으로 재무제표 내용을 신뢰할 수 있는지의 여부에 대한 의견표명일 뿐이다. 따라서 해당기업의 재무적 건전성이나 투자유망성 등은 정보이용자가 해당 기업의 비즈니스 모델을 이해하고, 이것을 토대로 직접 재무제표를 분석하여 판단해야 한다.

또한 재무정보는 과거 정보이므로 감사보고서 입수시점 현재의 기업의 상태를 나타내는 것이 아니라는 점을 기억하기 바란다. 감사의견을 표명하는 시점에서 보면 이미 그 기업의 과거 시점의 재무상태를 나타낸다는 뜻이다.

적정의견이 제시된 회사의 경우에도 감사보고서에 '특기사항'이라는 '강조사항'이 포함되는 경우가 있다. 특기사항으로는 중요한 회계변경, 특수관계자와의 중요한 거래, 영업환경 및 지배구조의 변경, 중대한 불확실성 존재 등이 꼽힌다. 이는 중대한 유의점이므로 정보이용자가 꼭 체크해야 할 사항이다.

강조사항 등 유의사항을 보면 상폐종목을 피할 수 있다

감사보고서의 강조사항은 투자자가 상장폐지 종목을 어느 정도 피할 수 있게 도와준다. 다음 기사를 보자.

> 금융감독원 회계관리국이 발표한 <2019회계연도 상장법인 감사보고서 분석>에 따르면 감사인이 적정의견을 표명했음에도, 강조사항에 '계속기업 가정의 불확실성'을 기재한 경우 실제로 1~2년 내에 상장폐지 등에 직면할 가능성이 높은 것으로 집계됐다. 2019년 기준 적정의견 상장기업(2,236사) 중 계속기업 불확실성이 기재된 기업은 총 84사(3.8%)로 전기인 2018년(85사, 3.9%)과 비슷한 수준이었다.
> 중요한 것은 2018 회계연도에 적정의견을 받았으나 계속기업 불확실성이 기재된 기업의 1년 이내 상장폐지 또는 비적정의견을 받은 비율(23.5%)은 계속기업 불확실성이 기재되지 않은 기업(2.2%)보다 약 11배 높은 수준으로 분석된 것이다.

강조(특기)사항에 '계속기업 가정의 불확실성'을 기재한다는 것은 이 회사가 계속되기 어렵다는 것, 즉 곧 망할 수도 있다는 것을 나타내는 것이다. 감사인은 감사보고서를 작성할 때 이 회사의 재무상태와 경영성과에 중요한 영향을 미칠 수 있는 '계속기업 가정'을 주의 깊게 살핀다. 물론 100%는 아니지만, 강조사항과 핵심 감사사항 기재 내역만 잘 들여다봐도 어느 날 내 주식이 휴지조각이 되는 것을 어느 정도는 막을 수 있다는 뜻이다.

기업의 진정한 매출액과 이익 구하기

전자제품을 제조·판매하는 지당그룹은 개별적으로 설립된 지당전자㈜와 지당판매㈜의 두 법인으로 이루어져 있다. 별도의 지주회사 없이 지당전자㈜는 지당판매㈜의 지분을 100% 소유하고 있다.

지당전자㈜에서 생산된 전자제품은 전부 지당판매㈜로 판매되고, 지당판매㈜는 지당전자㈜에게 매입한 상품을 전자제품 전문 딜러인 하이랜드에게 판매한다. 하이랜드는 지당판매㈜로부터 매입한 상품을 개별 소비자에게 판매한다. 판매 과정을 요약하면 아래 그림과 같다.

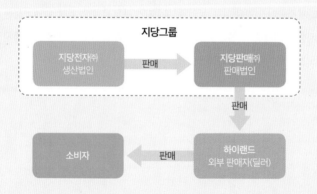

세 회사의 개별(별도)손익계산서는 다음과 같다. 단, 이때 지당판매㈜의 재고는 현재 전부 하이랜드에 판매되어 남은 게 없다고 하자.

지당전자㈜ 손익계산서		지당판매㈜ 손익계산서		하이랜드 손익계산서	
1. 매출액	150	1. 매출액	200	1. 매출액	230
2. 매출원가	100	2. 매출원가	150	2. 매출원가	200
3. 매출총이익	50	3. 매출총이익	50	3. 매출총이익	30
4. 판매비와관리비	30	4. 판매비와관리비	30	4. 판매비와관리비	20
급여	10	급여	15	급여	10
연구개발비	15	마케팅비	10	광고비	5
운송비	5	운송비	5	매장운영비	5
5. 영업이익	20	5. 영업이익	20	5. 영업이익	10

　　지당전자㈜와 지당판매㈜를 총괄하고 있는 지당그룹의 신 회장은 지당그룹의 진정한 매출액과 이익이 궁금했다. 그래서 재무담당이사인 당신에게 연결손익계산서를 통해 매출액과 이익을 보고하라는 지시를 내렸다.

☑ 첫 번째 과제

지당전자㈜, 지당판매㈜, 하이랜드 중에서 연결재무제표를 작성해야 할 회사는 어디일까?

☑ 두 번째 과제

위 회사의 담당자가 되어 아래의 연결손익계산서를 완성해 보자.

_____ 연결손익계산서	
1. 매출액	
2. 매출원가	
3. 매출총이익	
4. 판매비와관리비	
급여	
연구개발비	
운송비	
마케팅비	
5. 영업이익	

첫 번째 과제 정답

지당전자㈜

해설

연결재무제표는 최상위 지배회사인 지당전자㈜가 작성하게 되어 지당판매㈜의 손익계산서와 연결해야 한다. 이 때 간접적인 거래관계는 있지만 지분을 소유하는 것이 아니므로, 실질지배와 상관없는 하이랜드는 연결의 고려 대상이 아니다.

두 번째 과제 정답

아래와 같이 작성하는 것이 맞다.

지당전자㈜ 연결손익계산서

1. 매출액 (①)	200
2. 매출원가 (②)	100
3. 매출총이익 (③)	100
4. 판매비와관리비 (④)	60
급여	25
연구개발비	15
운송비	10
마케팅비	10
5. 영업이익 (⑤)	40

해설

연결손익계산서가 어떻게 작성되는지 살펴보자.

• 첫째, 연결매출액은 두 법인을 합친 350억 원이 아니라 지당판매㈜의 매출액인 200억 원만을 포함한다.(①) 그 이유는 지당전자㈜의 매출 150억 원은 모두 지당판매㈜에 판매된 것이므로, 연결 관점에서는 매출이 아니라 단지 창고만 옮긴 것(내부대체)과 같기 때문이다. 즉, 지당판매㈜의 200억 원 안에 지당전자㈜의 150억 원이 이미 포함되어 있는 것이다.

• 둘째, 연결매출원가 역시 두 법인을 합친 250억 원이 아니라, 지당전자㈜의 매출원가인 100억 원만 포함한다.(②) 실질적인 생산은 지당전자㈜가 했기 때문이다. 이때 지당판매㈜의 매출원가 150억 원은 지당전자㈜로 부터 매입한 금액일 뿐이다. 연결 관점에서는 이것 역시 창고만 옮긴 것(내부대체)으로 본다. 한편 매출총이익 은 매출액에서 매출원가를 뺀 금액이므로 100억 원이 된다.(③)

- 셋째, 연결판매비와관리비는 지당전자㈜와 지당판매㈜, 두 회사의 비용을 모두 포함해야 하므로 두 가지를 합친 60억 원이 된다.(④) 판매비와관리비는 두 법인에서 실제 발생한 비용이고 내부거래가 일어난 것이 아니기 때문에 따로 생각해야 하는 것이다. 따라서 두 법인에서 발생한 판매비와관리비 항목을 모두 합치는 것이 맞다.

- 연결영업이익은 매출총이익에서 판매비와관리비를 뺀 것이므로 40억 원이 된다.(⑤)

4장

재무상태표
자세히
들여다보기

"투자에 성공하고 싶다면,

당신은 재무상태표에서

숫자 그 이상을 읽을 줄 알아야 한다."

하이브(구, 빅히트)의 소속 보이그룹 BTS의 곡이 전 세계적인 히트를 기록하면서 신문에서는 연일 BTS와 소속사의 경제적 가치를 분석하는 기사가 쏟아져 나온 적이 있다.

BTS의 음원수입, 광고수입 등은 소속사의 매출로 봐야 한다. 소속사의 경우 수익이 발생하고 현금이 회수되었다면 배분비율에 따라 정산을 해야 하는데 거래가 있을 때마다 매번 정산이 이뤄지지는 않는다. 따라서 결산 시까지 미지급금(부채)으로 기록될 것이다. 소속 아티스트 입장에서는 소속사의 재무상태표를 자세히 들여다보면서 저 '미지급금'이 하루빨리 없어지길 바랐을지도 모르겠다.

하이브의 방시혁 대표는 기분이 두 배로 좋았을 것이다. BTS의 해외진출로 인지도 상승과 함께 해외 마케팅 노하우와 함께 콘텐츠를 활용하는 플랫폼 등 보이지 않는 무형자산이 생겼기 때문이다. 게다가 주식 상장 시 엄청난 관심을 받고, 대규모 유상증자로 계획하는 여러 사업에 투자하고, 새로운 레이블 등을 인수하는 등 생태계 확장에 따라 자본의 시장가치가 크게 증가했다. 방시혁 대표 또한 재무상태표의 자본 증가 내역을 자세히 들여다보면서 적절한 배당 시점을 고민하게 될 것이다.

재무상태표에서 중요한 것은 자산과 부채와 자본의 본질적인 요소를 기업의 비즈니스 모델과 연결하며 핵심적인 가치 창출 요인까지 파악해야 한다는 것이다. 그렇지 않다면 재무상태표는 재산 잔고를 기록한 표에 불과하기 때문이다.

여러분이 하이브의 주주라면 하이브가 빅히트 뮤직 같은 레이블 영역과 솔루션 영역 그리고 엄청난 무형적 가치를 지닌 팬 커뮤니티 플랫폼 영역(위버스)까지 사업을 확대하고 있기 때문에 사업영역 확대에 따른 자금 운영과 투자, 향후 배분까지 신경써서 재무상태표를 보는 눈을 갖길 바란다.

01

숫자 속에서
무엇을 볼 것인가

몇 년 전 많은 회원수를 자랑하던 모 상조회사의 대표가 수백억 원 대의 횡령사건을 일으켜 법정에 서게 된 적이 있다. 꼬박꼬박 돈을 냈는데 막상 회원들이 도움을 필요로 할 때는 연락도 안 되고, 납입한 돈도 돌려받지도 못하는 경우가 많아 사회적으로 물의를 빚고 있다는 뉴스도 심심찮게 들렸다.

상조업은 매달 일정금액을 내고 집안에 상을 당하는 사건이 발생했을 때 도움을 받는다는 점에서는 보험회사와 같다. 하지만 금융회사가 아니기 때문에 재무적으로 많은 불안요소가 있었다. 최근에는 공정거래위원회가 감시를 강화하고 납부금보전제도를 도입하는 등 많은 개선이 이루어졌으나, 가입자 입장에서는 아무래도 불안할 수밖에 없다.

그렇다면 이 상조회사가 탄탄한 곳인지를 알기 위해서는 어떻게 해야 하나? 여러 가지 방법이 있겠지만, 직접 재무제표를 꼼꼼히 살피는 것도 좋은 방법이다. 다음 쪽의 표는 문제가 되었던 모 상조회사의 회원이 제일 많이 늘어날 당시의 손익계산서를 요약한 것이다.

이 회사는 호감을 느끼게 하는 광고로 가입자가 많이 늘었다. 하지만 같은 기간에 공시된 재무제표를 보면 그다지 가입할 마음이 드는 회사는 아니다. 일단 모집 수당이 과도하게 지급되고 있고, 이로 인해 대규모 손실이 발생해 원래 가

손익계산서

○○상조㈜ (단위: 억 원)

과목	제15(당)기		제14(전)기	
Ⅰ. 매출액		24		10
1. 알선수익	24		10	
Ⅱ. 매출원가		-		-
Ⅲ. 매출총이익		24		10
Ⅳ. 판매비와 관리비(주석18)		270		121
1. 급여	21		11	
2. 모집수당	165		80	
3. 퇴직급여	1		1	
…	…	…	…	…

지고 있던 자본까지 줄어드는 현상, 즉 자본잠식이 일어나고 있는 것이다. 더 구체적으로 보기 위해서는 재무상태표까지 봐야 한다.

오른쪽에 있는 재무상태표를 보면 회원에게 받는 돈은 '부금예수금'이라는 부채로 기록이 되어있다. 아직은 고객이 상을 당하지 않아서 서비스를 하지 않아 부채로 기록한 것이다. 일종의 선수금 성격이다. 이렇게 들어온 현금을 여러 관련 없는 비용으로 사용하다 보니 결손이 많아졌고, 누적된 결손금은 376억 원으로 자본금 3억 원을 완전히 잠식한 '완전자본잠식' 상태임을 알 수 있다. 이런 상태인 회사에 광고만 보고 돈을 맡길 수는 없는 노릇이다.

이렇게 재무제표를 읽는 것으로 끝내지 않고, 그 속에 담긴 의미를 파악하는 것이 중요한 것이다.

자산·부채·자본의 관계를 항상 기억하라

우리는 앞 장에서 재무상태표를 통해 회사의 일정 시점의 재무상태를 알 수 있다는 것을 배웠다. 그렇다면 재무상태표가 어떻게 작성되어 있으며, 그 숫자 중에서 대체 무엇이 기업의 재무상태를 알려주고 있는 것일까?

재무상태표

OO상조㈜

(단위: 억 원)

과목		제15(당)기		제14(전)기	
...		...	...	...	...
자 산 총 계			221		99
...		...	...	...	...
부채					
Ⅰ. 유동부채			588		255
...		...	...	...	...
5. 부금예수금		545		226	
...		...	...	...	...
부 채 총 계			594		260
자본					
Ⅰ. 자본금			3		0.5
1. 보통주자본금		3		0.5	
...		...	...	...	...
Ⅳ. 결손금			376		161
1. 미처리결손금		(376)		(161)	
자 본 총 계			(373)		(161)
부 채 및 자 본 총 계			221		99

　　재무상태표는 크게 자산, 부채, 자본으로 구성된다. 이 자산, 부채, 자본 항목은 다시 각각의 세부항목으로 구분된다. 각 항목이 의미하는 바를 다시 한번 짚어보자.

자산 - 기업에 유용한 것

과거 사건의 결과로, 기업이 통제하고 있고 미래 경제적 효익이 기업에 유입될 것이라고 기대되는 자원

부채 - 갚아야 할 빚(의무)

과거 사건에 의하여 발생하였으며, 내재적 자원이 기업으로부터 유출됨으로써 경제적 효익이 이행될 것으로 기대되는 현재의 의무

자본 - 나의 몫(순자산)

기업의 자산에서 모든 부채를 차감한 잔여지분을 의미하며, 자산과 부채를 각각 측정해서 차액을 계산한 것과 같은 결과

앞서 설명했듯이 자산은 부채와 자본의 합과 같다. 자산은 크게 유동자산과 비유동자산으로 나눠지고, 이는 다시 여러 세부항목으로 나눠진다. 그리고 부채에는 유동부채와 비유동부채가 있으며, 자본은 납입자본과 이익잉여금과 기타자본요소로 이뤄진다. 이러한 관계를 그림으로 나타내면 아래와 같다. 이 구조는 절대 잊지 말기를 바란다.

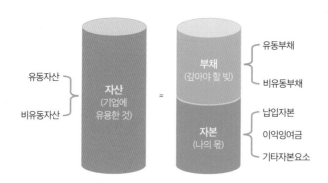

자산의 의미를 읽는 두 가지 키워드

자산은 과거의 거래나 사건의 결과로서, 현재 '기업에 의해 지배'되고 미래에 '경제적 효익'을 창출할 것으로 기대되는 자원이다. 그러나 자산의 정의를 암기하는 것이 중요한 게 아니라 자산의 속성을 나타내는 두 가지 키워드를 아는 것이 더 중요하다.

스타벅스커피코리아의 2015년 재무제표 중 일부

9. 유형자산
당기와 전기 중 유형자산의 변동내역은 다음과 같습니다.

(당기말) (단위: 천 원)

구분	인테리어	공기구비품	구축물	기타의 유형 자산	건설중인 자산	합계
취득원가	251,085,697	103,892,922	13,268,565	529,269	9,063,358	377,839,811
감가상각누계액	(134,707,748)	(50,900,554)	(7,198,443)	(500,952)	-	(193,307,697)
장부금액	116,377,949	52,992,368	6,070,122	28,317	9,063,358	184,532,114

○ 기업에 의한 지배(통제가능성)

사람들에게 '회사의 자산'이라 할 때 제일 먼저 떠오르는 단어가 뭐냐고 질문하면, 직장인들부터 대학생들까지 모두 토지와 건물을 제일 먼저 꼽는다. 실제로 대부분의 회사 자산 내역에는 토지와 건물이라는 항목이 등장한다. 하지만 반드시 그런 것은 아니다.

예를 들어 위 표의 스타벅스커피코리아 2015년 재무제표 중 '주석 9번 유형자산'을 보면 자산항목 중에 토지와 건물이 없다. 대신 일반제조업 회사에서는 볼수 없는 '인테리어' 항목이 눈에 띈다. 스타벅스커피코리아는 영업을 하기 위한 건물과 부속토지를 모두 임차해서 사용하므로 그 안에 만들어진 인테리어를 제외하고는 토지와 건물을 지배하지 못하는 것이다. 따라서 자산의 정의를 만족하지 못하므로 재무상태표의 자산으로는 기록할 수 없다.

이때 오해하면 안 되는 것은 바로 지배(통제)가 법적인 지배를 의미하는 것이 아니라, 실질적(경제적)인 지배라는 사실이다. 다음 쪽에 나오는 아시아나항공 2020년 재무제표 '주석 10번 유형자산' 중에서 '리스항공기' 항목을 살펴보자.

여기에는 항공기 이외에 리스(대여) 항공기가 자산에 포함되어 있음을 알 수 있다. 아시아나항공은 2020년 말 기준으로 여객기 73대, 화물기 12대로 총 85대의 항공기를 보유하고 있는데, 회사에 법적소유권이 없는 리스 항공기가 자산

10. 유형자산

(1) 당기말 현재 유형자산 장부금액의 구성내역은 다음과 같습니다.

(당기말)　　　　　　　　　　　　　　　　　　　　　　　　　　　　　　　(단위: 천 원)

구분	취득원가	감가상각누계액	장부금액
토지	62,695,158	–	62,695,158
건물	286,091,853	(86,647,178)	199,444,675
구축물	8,747,423	(3,247,683)	5,499,770
항공기	2,473,461,936	(1,344,324,994)	1,129,136,942
리스항공기	2,687,225,246	(662,098,504)	1,995,126,742
항공기재	409,581,218	(169,647,263)	239,933,955
리스항공기재	76,318,120	(9,543,495)	66,774,625
기계장치	79,155,164	(44,864,772)	34,290,392
차량운반구	18,815,763	(17,435,188)	1,380,575
공구와기구	356,738,266	(223,319,177)	133,419,089
비품	83,412,361	(62,759,083)	20,653,278
리스사용권자산	4,710,166,002	(636,839,965)	4,073,326,037
기타의유형자산	1,004,600,071	(663,493,426)	341,106,645
건설중인자산	60,039,010	–	60,039,010
합계	12,287,047,591	(3,924,220,698)	8,362,826,893

으로 기록된 이유는 항공기 사용연수의 대부분, 즉 항공기가 낡아서 폐기될 때까지 실질적으로 아시아나항공이 사용하는 것으로 계약되어 있기 때문이다. 따라서 해당 항공기는 아시아나항공이 실질적으로 지배(통제)하고 있다고 간주하는 것이다. 참고로 이를 금융리스라 부른다. 최근에는 리스회계기준이 도입되어, 리스자산(사용권자산)과 함께 앞으로 지불할 리스료를 부채로 인식하도록 하고 있어서 더욱 경제적 실질을 중요시하고 있다.

○ 미래의 경제적 효익

또 다른 키워드는 (미래의) 경제적 효익이 있어야 자산이라는 것이다. 경제적인 통제는 가능하지만 그 자산을 이용해도 아무런 가치(경제적 효익)를 얻을 수 없으면 자산이라 할 수 없다는 말이다. 쉽게 이야기하면 자산을 활용해 얻을 게 있어야 한다는 것이다. 다음 예를 보자.

> 시티공업의 영업사원 박 대리는 최근 어렵게 영업계약을 체결하고 제품납품까지 무사히 마쳤다. 하지만 거래처가 1개월 후에 주기로 했던 대금결제 약속을 지키지 않았고, 심지어 그 거래처는 경영악화로 파산신청을 해서 대금을 받기가 거의 불가능해졌다. 이 금액은 전체 매출채권 1,000만 원 중 30%에 해당하는 300만 원이나 되었다.

이 경우 회수가 불가능하다고 판단되는 300만 원의 매출채권은 경제적 효익이 없으므로 자산으로 볼 수 없다. 나머지 700만 원의 매출채권에 대해서만 경제적 효익을 기대할 수 있으므로 자산금액은 300만 원을 차감한 700만 원으로 조정된다. 이렇게 차감하는 경우를 자산이 '손상'되었다고 표현한다.

	매출채권	1,000만 원
-	대손충당금	300만 원
	매출채권장부가액	700만 원

이번엔 미래의 경제적 효익에 대한 다른 예를 보자.

> 시티공업은 최근 자사 제품의 유행이 지나가서 고민이다. 재고자산평가 결과, 현행 제품은 평균 80만 원의 가격으로 할인판매되고 있었는데, 이는 원가인 100만 원에도 못 미치는 것으로 나타났다.

이 경우 판매를 하더라도 현재 할인된 판매가인 80만 원까지만 경제적 효익을 기대할 수 있다. 따라서 원가 기준으로 기록한 100만 원인 제품가액(재고자산)에서 20만 원을 차감한 80만 원으로 조정된다.

	제품(재고자산)	100만 원
-	재고자산평가손실	20만 원
	재고자산장부가액	80만 원

부채는 돌려줘야 할 몫

역시 키워드 관점에서 보면, 부채의 키워드는 현재 시점에서의 '의무'다. 부채를 단순히 은행에서 빌려온 빚(차입금)으로만 생각하면 안 된다. 개인이나 기업 모두 무엇인가 부담이 되는 의무가 있다면 곧 부채가 된다고 생각하면 된다.

물론 추정을 필요로 해서 구체적인 수치로 표현이 어렵거나, 채무의 보증 또는 아직 판결 여부를 알 수 없는 소송(피소) 등과 같이 변동가능성이 큰 경우에는 재무상태표에 직접적인 부채로 기록할 수는 없다. 그래도 우발부채 항목으로 주석과 사업보고서에 기록하고 공시를 해야 한다.

부채는 사실 말만 들어도 부담이 느껴지는 단어다. 기업 입장에서는 회사의 긍정적인 모습만 보여주기 위해 자본은 앞세우고 부채를 숨기려고 할 것이다. 이를 감안하여 회계기준GAAP은 부채에 대한 측정과 기록을 더욱 엄격하게 요구하는 방향으로 바뀌어 가고 있다.

> 전국에 직영 매장을 여러 군데 가지고 있는 피터팬제과 본점에서 근무하고 있는
> 박친절 씨는 한 손님에게 빵을 판매하고 포인트적립 서비스까지 한 후 인사를 하
> 려고 했다. 그런데 그 손님이 고향에 계신 부모님께도 피터팬제과의 빵을 사드리
> 고 싶다면서, 빵을 사서 택배로 보내면 안 되느냐는 질문을 하였다.
> 박친절 씨는 빵이 상할 위험이 있으니 '피터팬 빵 상품권'을 선물로 보내드리면 마

침 손님의 고향에도 자사 매장이 얼마 전에 오픈해서 직접 신선한 빵을 사 드실 수 있다고 설명한 후, 모바일 상품권 구매까지 도와드렸다. 그리고 손님과 회사 모두에게 좋은 일을 했다고 생각하며 흐뭇해했다.

회사 입장에서 상품권 판매액은 아직 미래의 서비스 제공 의무가 남아 있으므로, 현금을 수령했다 할지라도 매출로 기록할 수 없고 부채(선수금)로 기록해야 한다. 또한 적립포인트도 미래에 고객이 포인트에 대한 서비스를 요구한다면 제공할 의무가 있기 때문에 부채(포인트충당부채)로 기록한다.

포인트와 퇴직금으로 인한 충당부채 사례(2019년 파리크라상(주) 재무상태표 일부)

(단위: 원)

부채		
유동부채		560,922,576,549
매입채무	98,317,531,256	
미지급금	–	
예수금	24,192,212,412	
선수금	10,431,755,211	
상품권할인액	(492,207,980)	
미지급비용	53,175,694,201	
미지급법인세	13,089,662,685	
단기차입금(주석11)	210,000,000,000	
유동성장기차입금(주석11)	152,109,186,000	
파생상품부채(주석12)	98,742,764	
비유동부채		311,168,595,656
장기차입금(주석11)	188,243,210,400	
예수보증금	65,331,291,132	
퇴직급여충당부채(주석13)	18,123,182,218	
지분법부채	4,903,055,669	
비유동파생상품부채(주석12)	1,823,939,477	
비유동성이연법인세부채(주석14)	32,743,916,760	
부채총계		872,091,172,205

뿐만 아니라 직원의 경우에도 박친절 씨가 하루하루 회사에서 근무하는 기간이 늘어날수록 퇴직금을 지급할 의무가 생기므로 이 또한 부채(퇴직급여충당부채)로 기록된다.

포인트와 퇴직금은 지급시기와 금액이 확정된 부채는 아니지만, 추정을 통해 그 의무를 부채로 기록하는 것이다. '충당'이라는 단어가 들어가면 추정을 수반하는 계정이라고 보면 된다. 예를 들어, 건설회사의 재무상태표에 하자보수충당부채라는 것은 건물이 완공되었지만 일정 기간 하자보수를 해줄 예상 의무를 추정해서 부채로 기록한 것이다.

199쪽의 표는 파리바게트 등이 속해 있는 파리크라상㈜의 2019년 말 재무상태표상 부채 항목이다. 상품권 판매액이 판매 시 할인액과 함께 '선수금'으로 기록되어 있고, 퇴직금 관련 충당부채가 기록되어 있음을 확인할 수 있다. 참고로 2014년까지 기록된 포인트 충당부채는 파리크라상이 소속된 SPC그룹의 에스피씨클라우드에 양도되어 통합 관리됨을 주석에서 확인할 수 있다.

2014년 파리크라상㈜ 재무상태표 일부

14. 포인트충당부채

(단위: 천 원)

구분	당기	전기
기초금액	20,887,637	20,970,188
증가	–	49,434,680
감소	(20,887,637)	(49,517,231)
기말금액	–	20,887,637

회사는 당기 중 ㈜에스피씨클라우드에 포인트충당부채를 양도하였습니다.

자본은 나의 몫

자본이라는 용어는 일상생활에서 흔히 사용되므로 그리 어렵게 느껴지지는 않을 것이다. 독자들에게 미리 말씀드린 대로 '나의 몫' 정도면 충분하다.

굳이 정의를 해야 한다면, 자본은 기업의 자산총액에서 부채총액을 차감하고 남은 잔여분 또는 순자산^{net asset}이다. 즉, 자산총액에서 채권자 몫(일명 지분)을 우선청구권이 있는 순서대로 차감하고 난 이후의 잔여지분이 곧 자본과 같다. 이를 식으로 나타내면 다음과 같은데, 이것을 자본등식이라 부른다.

자산 − 부채 = 자본

자본등식에는 어떤 의미가 숨어 있는지 한번 살펴보자. 일단 자산은 경제적 가치를 갖고 있는 것이기 때문에 금액을 측정할 수 있는 대상이 분명하게 존재한다. 형체가 있는 물건은 물론 형체가 없는 권리라 하더라도 '누군가로부터 얼마를 받을 권리가 있다'는 식의 측정 대상이 존재하는 것이다. 부채 역시 남에게 갚아주어야 할 의무라면 '누구에게 얼마를 지불할 것이 있다'는 식으로 측정 대상이 분명하게 존재한다.

반면에 자본은 측정 대상이 모호하다. 물론 주주들이 주머니에서 꺼내놓았던 최초 출자액은 '누가 얼마를 냈고, 그래서 총 얼마'라는 식으로 명쾌하게 측정할 수 있다. 문제는 그 이후다. 기업의 여러 가지 활동을 통해 순이익이 발생하면 자본이 증가하게 되는데, 여기에는 다른 사람 몫인 부채가 섞여 있기 때문에 딱 봐서는 그중에 얼마가 내 몫으로 남는지 측정되지 않는 것이다. 그래서 자본은 자산평가액에서 부채평가액을 차감한 잔액으로 계산하는 것이다. 자본을 잔여지분(殘餘持分)이라고 부르는 것도 그런 이유다.[2]

쉬운 예를 하나 들어보자. 하루 빨리 조건 좋은 결혼할 상대자를 찾고 싶은 사람이 맞선을 본다. 상대방이 마음에 꼭 들지는 않지만, 좋은 차와 자기 소유의 집이 있다고 하는 걸로 봐서 경제적 조건이 좋은 것 같아 일단 사귀기로 했

Bank

부채 9억5천만 원

자산 10억 원

자본 5천만 원

다. 집과 차의 자산가치를 돈으로 따지면 약 10억 원 정도였다.

그런데 결혼을 준비하면서 알고 보니, 총 자산 10억 원 중에서 집을 구입하기 위해 받은 대출금이 9억 원이었고, 고급 자가용도 할부 36개월로 구입한 것인데 아직 5천만 원이 부채로 남아 있다는 것이다.

그 사람이 가지고 있는 자산은 10억 원이지만, 부채는 대출금과 자동차 할부금을 합쳐 9억5천만 원이다. 그렇다면 가지고 있는 고유의 몫, 즉 자본은 얼마일까? 겨우 5천만 원인 것이다. 이처럼 표면적인 숫자에 혹하지 않으려면 숫자 사이의 관계에 집중해야 한다.

회계 Insight

축구선수들은 얼마짜리 자산일까?

잉글랜드 프리미어 리그(EPL)에서 활약하는 손흥민 선수의 몸값이 얼마라는 기사는 정기적으로 나오는 단골 메뉴다.

축구 선수 모두 전속계약을 통해 입단했으므로, 각 구단 입장에서는 통제가능한 자산이라고 할 수 있다. 재무상태표상 실제로 EPL구단들은 선수들의 전속계약금을 무형자산으로 기록하고 있다. 또한 언론에 몸값

leung-Min Son
토트넘 홈페이지의 손흥민 선수 프로필

이 발표되는 기준은 이 선수가 이적할 경우 챙길 수 있는 이적가 여기에 해당된다. 미래에 구단에 이적료만큼의 경제적 효익을 줄 것이므로 타당한 지표다. 그렇다면 주전 멤버로 뛰지 못하면 자산이 아닌 것인가? 경제적 효익 측면에서 보면, 부상 때문에 잠시 출전하지 못하거나 유망주 선수는 언젠가 활약을 보여줄 수 있다면 자산으로 인식할 수 있다.

하지만 쟁쟁한 경쟁자들 속에서 벤치로 밀려난 선수들은 안타깝게도 자산으로 인식되지 못하는 듯하다. 전 소속구단에 추가 이적료를 지불해야 하는 상황까지 가면 부채로까지 생각되는 느낌이다.

당장 경기에 못 나왔더라도 어떤 선수는 자산이라고 말할 수 있는 반면에 다른 어떤 선수는 그렇지 못한 이유는 경제적 효익이라는 것이 '미래의 경제적 효익'을 뜻하기 때문이다.

02
유동자산은
기업의 안전판

만약에 여러분의 모든 자산이 부동산에 대부분 투자가 되어 있어, 장기간 돈이 묶여 있는 상황이라면 어떨까? 실제로 우리 주변에서도 찾아볼 수 있는 하우스 푸어가 이런 상황인데, 남들은 좋은 아파트, 건물을 소유하고 있다고 부러워할 수 있지만, 정작 쓸 돈이 없다고 하소연하는 경우가 있다. 대출을 통해 부동산을 매입했다면 더욱 그렇다.

유동성은 윤활유와 같다. 아무리 성능 좋은 고급 자동차라 하더라도 윤활유가 없다면, 엔진에 무리가 오고 결국 사용할 수 없다. 기업도 마찬가지다. 유동성 위기가 온다면, 아무리 자산이 많더라도 급하게 처분하기 힘든 경우가 있다.

그렇다면, 반대의 경우는 어떨까? 모든 자산이 유동성 있는 현금으로만 구성되어 있다면, 이 경우는 과연 바람직한 것일까? 아니다. 미래에 대한 투자가 없는 상황이므로 결코 바람직하지 않다. 결국 유동성이라는 것은 선순환이라는 흐름에 따라 투자와 회수라는 강줄기로 흘러가는 것이 중요하다.

재무상태표상 유동자산은 전통적으로 당좌자산과 재고자산으로 구분된다. 한국채택국제회계기준K-IFRS에서는 당좌자산을 명시하고 있지는 않지만, 일반적으로 재고자산과 기타유동자산을 제외한 유동자산의 상위 계정들을 당좌자산이라고 분류하고 있다.

유동자산으로 분류될 수 있는 자산들은 다음과 같은 것들이 있다.

1 기업의 정상영업주기 내에 실현될 것으로 예상되거나, 정상영업주기 내에 판매 또는 소비될 의도가 있는 자산

2 주로 단기(1년 이내) 매매 목적으로 보유하고 있는 자산

3 보고기간 후 12개월 이내에 실현될 것으로 예상되는 자산

4 현금이나 현금성자산으로서, 교환이나 부채상환 목적으로 사용할 경우 제한기간이 보고기간 후 12개월 이내인 자산

다시 설명하지만 유동자산은 크게 당좌자산과 재고자산으로 나뉜다.

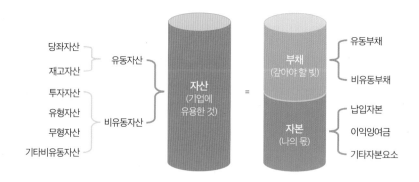

당좌자산은 영어 이름이 더욱 이해하기 쉽다. 영어로는 Quick Assets이라고 부른다. 퀵 서비스 배달처럼 다른 자산보다 빠르게 현금화가 된다는 뜻에서 붙여진 명칭이다. 재무상태표에서도 일반적으로 유동자산 항목에 제일 먼저 나오는 것이 당좌자산의 최상위 항목인 현금및현금성자산Cash and cash equivalents이다.

또 다른 유동자산의 하나인 재고자산은 제조와 판매 과정을 거쳐야 현금화가 가능하므로, 당좌자산보다 유동성, 즉 현금화되는 속도가 떨어지는 것은 당연하다고 볼 수 있다.

재무상태표에 표시된 유동자산의 예(2020년 삼성전자)

재무상태표

제52기: 2020년 12월 31일 현재
제51기: 2019년 12월 31일 현재

삼성전자㈜ (단위: 백만 원)

과목	제52기	제51기
자산		
유동자산	73,798,549	72,659,080
현금및현금성자산	989,045	2,081,917
단기금융상품	29,101,284	26,501,392
매출채권	24,736,740	26,255,438
미수금	1,898,583	2,406,795
선급비용	890,680	813,651
재고자산	13,831,372	12,201,712
기타유동자산	2,350,845	2,398,175

유동성·비유동성 구분법, 유동성 순서 배열법, 혼합법에 따라 재무상태표를 구분 표시 가능하나, 유동성·비유동성 구분법으로 작성하는 것을 가정하여 재무상태표의 구성 내역을 보여준 것임.

현금이 많으면 좋은 걸까?

회계에서의 현금이란 지폐나 동전 등의 통화는 물론 타인발행수표*와 통화 대신 사용할 수 있는 증권(통화대용증권)까지 포함한다.

● **타인발행수표**
은행이 발행한 자기앞수표나 거래처가 발행한 당좌수표를 말한다.

현금은 보관 중에 분실 가능성이 높다는 것과, 그 자체로는 전혀 이익을 창출하지 못한다는 단점이 있다. 그래서 기업들은 당장 쓸 일이 없는 여유 현금을 다른 곳에 맡기는데, 이자수익에 대한 큰 기대가 없으면 안전하게 보통예금이나 당좌예금으로 은행에 예금하거나, 만기일이 곧 도래할(보통 3개월 이내의) 금융상품에 투자함으로써 수익을 얻고 있다. 이처럼 예금이나 사채처럼 비록 현금 형태를 취하고 있지는 않지만 현금과 거의 다름없는 자산들이 존재하는데 이것을 현금성자산이라고 한다.

따라서 재무상태표에서 현금이라 부르는 계정의 정확한 명칭은 '현금및현금성자산Cash and Cash Equivalents'이다. 이것은 또 다른 재무제표인 현금흐름표로 가면 '기말현금' 계정과 일치한다.

회사에 현금이 부족하다는 것은 여러모로 좋지 않다. 특히 수익성 악화로 영업활동현금흐름이 감소한 것이라면 빚을 갚지 못하는 채무불이행이 발생할 수 있고 신규 투자가 제약되어 현금이 더욱 부족해지는 악순환에 빠질 수 있다.

영구아트무비의 2010년 재무상태표 일부

재무상태표
제12기 2010년 12월 31일 현재
제11기 2009년 12월 31일 현재

㈜영구아트 (단위: 원)

과목	제12(당)기	
자산		
Ⅰ. 유동자산		15,056,594,283
(1) 당좌자산		8,307,255,454
1. 현금및현금성자산	6,900,854	
2. 매출채권	143,325,175	
…	…	…
부채		
Ⅰ. 유동부채		15,458,149,026
1. 매입채무	3,401,596	
2. 미지급금	613,427,577	
3. 예수금	22,272,040	
4. 선수금	1,657,862	
5. 단기차입금(주석3, 6, 8)	14,652,198,837	
6. 미지급비용	60,692,770	
7. 부가세예수금	104,498,344	
Ⅱ. 비유동부채		2,579,420,088
1. 영화제작선수금(주석3, 6, 7, 13, 19)	2,033,433,628	
2. 퇴직급여충당부채(주석8)	545,986,460	
…	…	…

예를 들어보자. 왼쪽 표는 〈디워〉, 〈라스트 갓파더〉 등의 영화로 유명한 영구아트무비의 실제 2010년 재무상태표 중 일부다. 이 중 현금및현금성자산이 약 690만 원에 불과하다는 것을 알 수 있다. 반면에 1년 이내에 갚아야 하는 단기차입금은 146억 원이 넘는다. 이 돈을 무사히 갚으려면 다음 영화가 꼭 성공하길 바라는 수밖에 없다. 실제로 다음 해인 2011년 영구아트무비는 건물이 압류당하고 경매에 부쳐지는 등 사실상 폐업 수순을 밟게 됐다.

그렇다면 반대로 현금이 많으면 긍정적이라고 할 수 있을까? 반드시 그렇지는 않다. 상장사 중에서는 현금이 많고 유동성이 풍부한 회사지만 주가가 높지 않은 경우도 많다. 시장에서 기존 사업의 성장이 정체된 상황에서 신사업 전략이 만들어지지 않아 현금이 쌓인 것일 수도 있다는 부정적인 신호로 받아들일 수도 있기 때문이다.

또한 시장 불확실성이 커서 어쩔 수 없이 현금을 들고 있는 경우도 있다. 다음 표를 보면, 실제로 코로나19 팬데믹 상황에서 불확실성이 확대되자 2020년에 많은 기업의 현금 보유량이 늘어난 것을 볼 수 있다.

현금및현금성자산 보유액 상위 10개사(2020년 기준)　　　　　　　(단위: 억 원)

순위	회사명	2020년 말	2019년 말
1	삼성전자	293,825	268,859
2	기아차	101,606	42,687
3	현대차	98,621	86,819
4	LG전자	58,963	47,773
5	포스코	47,546	35,148
6	LG디스플레이	42,180	33,360
7	현대모비스	42,024	33,419
8	한국조선해양	37,034	22,251
9	LG화학	32,742	18,886
10	SK하이닉스	29,759	23,060

출처: 비즈니스워치

요컨대 기업 입장에서는 현금및현금성자산을 적정하게 유지하는 것이 중요하다. 또 투자자를 비롯한 정보이용자들은 해당 기업의 재무제표를 읽을 때 현금및현금성자산의 급격한 증가나 감소를 예의 주시하여 그 원인까지 파악하려는 자세가 필요하다.

1,800억 횡령 D건설 前 자금부장 항소심도 징역22년

서울고법 형사4부는 1,800억 원대 회삿돈을 빼돌린 혐의로 기소된 전직 D건설 자금부장 박 모 씨의 항소심에서 1심과 마찬가지로 징역 22년 6월과 벌금 100억 원을 선고했다고 12일 밝혔다. 박씨가 선고받은 형은 누범(累犯)이 아닌 피고인에게 선고할 수 있는 유기징역 최고 형량이다. (중략)

박씨는 2004년 9월부터 출금청구서 등을 위조해 회사운영자금과 은행예치금 등 1,898억 원을 횡령한 혐의로 기소돼 지난 4월 1심에서 징역 22년 6월과 벌금 100억 원을 선고받았다. 《아시아경제》 2010년 7월 기사 수정 인용)

이 기사처럼, 가끔 기업 내부자가 운영자금을 빼돌렸다는 기사가 등장한다. 이때 빼돌려지는 자산은 대부분 현금이나 현금성자산이다. 사실 현금은 영업활동 중에 유입, 유출이 빈번해서 도난이나 부당유용의 위험이 높다. 따라서 현금의 유용과 횡령, 부정이나 오류발생을 방지하기 위해 업무 분장(업무를 나누어서 하는 것), 안전한 보관, 수입과 지출에 관한 정확한 회계기록 유지, 적정한 현금수준을 유지하기 위한 수단 등 내부통제 제도를 확실하게 구축하는 것이 중요하다.

회사의 모든 현금이 금고에 들어있다는 생각은 오해다. 내부통제가 잘되는 회사는 일정한 소액의 현금만 가지고 있다.

단기금융상품(또는 단기투자자산)은 만기 3개월을 초과하여 1년 이내로 자금을 운용하는 경우로 기업 입장에서는 당장 사용하지 않을 현금을 단기 운용 수익을 얻기 위해 활용한다. 운용 금융상품으로는 양도성예금증서CD, 환매조건부채권RP, 어음관리계좌CMA, 신종기업어음CP, 금전신탁, 정기예금, 정기적금, 초단기수익증권MMF, 수시입출금식예금MMDA 등이 이에 해당된다. 따라서 어느 기업의 현금 유동성을 파악할 때는 현금및현금성자산이 전에 비해 감소했다고 해서 유동성 위기라고 분석하면 안 된다. 단기금융상품 등과

회계 Insight

비트코인의 회계가치는 어떻게 될까?

테슬라의 최고경영자CEO 일론 머스크는 2021년 2월 8일, 암호화폐 비트코인에 15억 달러를 투자했다는 폭탄 선언으로 시장을 뒤흔들어놨다. 여기에 더해 앞으로 테슬라 전기차를 비트코인으로 살 수 있도록 허용할 것이라고 밝혔다.

©ITNetwork

미국에서 더 많은 기업들이 암호화폐를 결제수단으로 허용한다면, 당장 올해 말이라도 비트코인은 10만 달러까지 치솟을 수 있다는 전망도 나왔다.

하지만 머스크의 폭탄선언으로 기업들은 회계장부상 비트코인을 어떻게 처리할지 더욱 고심하게 됐다고 〈로이터〉는 지적했다. 〈로이터〉는 '머스크의 다음 파열음은 암호화폐의 회계처리'라는 제목의 칼럼에서 "비트코인 가격이 아무리 올라도 기업 재무상 가치 상승을 인정받을 수 없다"고 전했다.

미국의 회계기준US-GAAP에 따르면 비트코인은 이른바 '비한정 내용연수 무형자산'indefinite-lived intangible asset으로 분류된다. 시너지 효과를 의미하는 영업권처럼 실물이 없지만 무한 사용이 가능한 무형 자산으로 가치가 없는 상황이 되면 감손만 회계처리 된다는 것이다. 따라서 회계상 자산가치 상승은 없이 비트코인으로 회계상 이익을 내려면 처분이익, 즉 팔아서 매수 금액 이상 매도 금액을 받아 현금화하는 수밖에 없다.

현재 회계기준으로 비트코인과 같은 암호화폐는 현금으로 분류되지 않는다. 어떠한 전통적 금융자산 정의에도 맞아떨어지지 않는다. 재고라는 개념에서 손으로 만질 수 있는 유형자산도 아니다.

하지만 현실세계에서 비트코인은 가상 현금처럼 이용되는 측면이 있다. 변동성이 크고 현금화하기 힘들며 수학 알고리즘을 풀어서 채굴한다는 점에서 특이하다. 투기적 금융상품 같은 측면도 있다. 인플레이션을 해지(회피)하려는 이들은 비트코인을 디지털 금처럼 여긴다.

지금 미 회계기준은 이러한 비트코인과는 일치하지 않는다. 테슬라에 이어 비트코인에 투자하는 기업들이 늘어나면 비트코인에 적용하는 회계기준에도 상당한 변화가 요구될 것이라고 〈로이터〉는 예상했다.

(2021.2.9. 〈뉴스1〉 기사 수정 인용)

같은 금융자산 내지 단기투자자산 여부도 같이 파악해야 한다. 그리고 이러한 유동자금이 투자 등 어떤 사용목적으로 흘러가 기업의 가치를 올리는 데 기여하는지를 파악하는 것이 더 중요한 체크포인트다.

매출채권 관리에 기업의 생사가 달렸다

기업에게 외상은 최대한 피하는 게 상책이다. (사진출처: 유머게시판)

매출채권account receivable은 상품 및 제품을 구매자에게 판매하거나 서비스를 제공했으니 매출로 기록된다. 하지만 대금은 미래에 받기로 합의한 것을 말한다. 구두 약속에 의한 경우는 '외상매출금'으로, 어음을 받은 경우는 '받을 어음'으로 처리한다. 매출채권은 매우 중요한 계정인데 그 이유는 다음과 같다.

첫째, 투자활동이나 재무활동처럼 주변적 활동이 아니라 기업 본연의 핵심활동, 즉 매출을 발생시키는 영업활동에서 나타나는 채권이다. 주된 영업활동이 아닌 거래, 가령 본사 건물이나 토지, 보유 중인 주식 등을 처분할 때 발생한 채권은 미수금이라는 별도의 계정을 사용한다.

둘째, 매출채권은 가까운 미래에 유입될 현금의 크기를 말해준다. 기업의 미래 현금흐름에 관심을 갖는 정보이용자들에게는 중심 활동인 매출활동을 통해 벌어들이는 현금흐름의 크기가 얼마나 될지가 매우 중요한 회계정보다.[2]

현금흐름을 중요시한다면, 비현실적이긴 하지만 모든 매출거래 시 현금만 받는 것이 가장 이상적이다. 하지만 신용거래가 보편화된 현대사회에서는 쉽지 않은 이야기다. 따라서 현금의 중요성을 잘 기억해두되 현실적으로는 매출채권을 적정하게 관리하는 것이 중요하다.

만약 전년도에 비해 매출액은 증가하지 않았는데 매출채권만 증가했다면, 이는 위험신호다. 종전에는 현금유입으로 이어졌던 매출 중 일부가 지금은 그러지 못하고 있다는 것을 시사하기 때문이다.

재무상태표에 표시된 매출채권의 예(2020년 두원공조)

재무상태표

제32기: 2020년 12월 31일 현재
제31기: 2019년 12월 31일 현재

㈜두원공조 (단위: 원)

과목	제32기	제31기
자산		
유동자산	**171,678,464,075**	**142,225,690,044**
당좌자산	156,327,254,646	133,474,745,244
현금및현금성자산(주석18)	19,981,715,894	12,127,149,306
단기투자자산(주석3, 18)	20,260,000,000	8,450,000,000
매출채권(주석10, 16, 17)	105,043,429,305	101,353,031,847
대손충당금	(2,170,465,251)	(2,665,747,513)
미수금	11,556,508,867	14,238,912,523
…	…	…

매출채권의 적정성을 판단하는 메커니즘

　　매출채권에 대한 재무제표분석은 곧 현금흐름의 유입과 밀접한 관계가 있으므로 매출채권회전율을 통해 위험신호를 파악해야 한다. 매출채권회전율이란 매출액을 평균매출채권 금액으로 나눈 것인데, 회전율이 높을수록 좋다고 볼 수 있다. 공식으로 나타내면 다음과 같다.

$$\text{매출채권회전율} = \frac{\text{매출액}}{\text{(평균)매출채권}}$$

회전율이 높아지려면 분자에 있는 매출액이 커지거나 분모에 있는 (평균)매출채권이 작아져야 한다. 이 공식이 복잡해 보인다면 '회전율은 빨라야 좋다'고 생각하면 이해하기 쉽다. 회전율이 빠르다는 것은 매출채권이 빨리빨리 현금으로 바뀌어 들어온다는 뜻이기 때문이다.

이를 더 직관적으로 알 수 있는 지표는 365일을 회전율로 나눈 매출채권회수기간이다. 회전율이 높을수록 회수기간이 짧아져, 회사 유동성이 좋아진다.

$$\text{매출채권회수기간} = \frac{365일}{\text{매출채권회전율}}$$

재무상태표상의 매출채권 잔액은 기업이 회수할 수 있는 금액이지만 현실적으로는 이 중 일부만 회수되고 일부는 회수되지 못하는 경우가 많다. 쉽게 말해 떼이는 돈이 있기 때문이다. 이처럼 매출채권 가운데 거래처의 부도나 파산으로 인하여 회수불능이 되어버린 것을 대손$^{\text{Bad Debt}}$(貸損)이라고 하고, 이로 인한

현장의 목소리 두원공조 회계팀 허진 과장

기업의 매출채권 관리 노하우

Q **중견기업인 두원공조는 제조업으로서 많은 거래처와 채권·채무 관계가 있을 텐데, 특별히 신경써서 관리하는 부분이 있나요?**

저희는 자동차 에어컨 등 공조시스템을 제조하는 기업입니다. 주로 현대자동차 등 대기업과 거래가 이루어지므로 재무상태표의 매출채권은 대부분 정상적으로 회수되리라 기대하고 있습니다. 당연히 매출채권 대비 대손충당금 비율도 낮은 편입니다.

그렇지만 실무담당자 입장에서는 회사의 현금흐름상 가장 중요한 채권관리에 신경이 많이 쓰입니다. 그래서 특히 대손충당금 설정률을 보수적으로 관리하고 있고, 신규거래업체의 경우 거래를 몇 년간 지속하기 전까지는 엄격한 채권관리 정책을 적용합니다. 특히 대손가능성을 예의주시하고 있습니다.

손실을 대손상각비라고 한다. 재무상태표에서는 이를 미리 추산한 금액이 '대손(또는 손상)충당금'으로, 손익계산서에서는 '대손상각비'로 표시된다.

재무상태표		손익계산서	
매출채권	300억 원	대손상각비	10억 원
대손충당금	(10억 원)		

대손이 발생하면 어떻게 해야 하나? 그때마다 흥신업체를 찾아가 "떼인 돈 좀 받아주세요."라고 할 것인가? 그보다는 차라리 회계공부 후 거래처 재무제표를 잘 분석해서 불안한 곳과는 아예 거래를 하지 않는 것이 더 현명한 방법이다.

재고자산 관리가 경쟁력이다

삼성전자는 2008년 4분기, 리먼브라더스 사태[•] 이후 글로벌 경기침체가 심각했던 상황에서 2조 원에 가까운 마케팅 비용을 지출했다. 이는 전년 동기에 두 배가 넘는 금액으로, 그 때문에 (분기)영업손실이 약 1조 원이나 발생했다. 불황이더라도

> **● 리먼브라더스 사태**
> 미국 투자은행 리먼브라더스가 2008년 9월 15일 파산 보호를 신청하면서 글로벌 금융위기의 시발점이 된 사건.

제조원가는 쉽게 줄일 수 없다. 따라서 경영자는 흔히 재량으로 감소할 수 있는 비용을 먼저 줄이는데 광고를 비롯한 마케팅 비용도 이에 해당된다. 하지만 삼성전자는 불황에 더 많은 마케팅 비용을 지출했다(215쪽 도표 참고). 마케팅 비용을 많이 쓰면 영업손실도 늘어난다는 걸 모를 리 없을 텐데, 왜 그랬을까?

그 이유는 불황일 때는 소비가 더욱 위축되어 재고가 많이 쌓일 위험이 있기 때문이다. 소비자 트렌드에 민감한 IT제품은 출시된 지 몇 개월만 지나도 제값을 받지 못하는 경향이 있다. 결국 마케팅 비용이 크게 늘어난 것은 경기침체로 인해 판매가 부진해질 수도 있는 제품에 대해 브랜드 인지도 확대와 유통망 강화로 소비를 촉진하려는 것이다. 실제로 오른쪽 도표를 보면 쌓여가던 재고량이 마케팅 비용을 확대한 시기부터 줄어들었음을 확인할 수 있다.

재고자산이란 회사의 일반적 상거래 또는 주된 영업활동 과정에서 '판매를

'어음깡'은 회계언어가 아닙니다

기업은 자금사정이 좋지 않을 때, 매출채권(주로 받을어음)의 만기일까지 기다리지 않고, 먼저 현금으로 바꿔 쓸 수도 있다. 받을 어음을 금융기관에 양도하거나 담보로 제공하고 만기가액에서 이자비용(할인료)을 차감한 금액을 받는 것이다. 회계에서는 이를 **매출채권 할인**이라고 한다.

그런데 강의 중에 이에 대한 질문을 하면 꼭 '어음깡'이라고 답하시는 분이 한두 분씩 계시다. 하지만 '어음깡'은 정식 회계용어가 아니라 은어일 뿐이다.

은어뿐만 아니라, 고정자산, 고정부채, 특별손실, 감가상각충당금 등 재무제표 항목의 변경으로 더 이상 사용하지 않는 용어를 사용한다면 시대에 뒤떨어질뿐더러 신뢰성에도 의문이 든다. 회계언어는 정확히 쓸 때 혼란을 막을 뿐 아니라, 더 품위가 있다는 것을 잊지 말자.

목적으로 보유하고 있는 실물자산'을 의미한다. 따라서 재고자산의 종류는 업종에 따라 달라진다. 이마트나 롯데마트 등 상품매매업의 경우 구매처에서 상품을 구매해 마진을 붙여 판매하는 것이 주목적이므로, 창고나 매장에 쌓여 있는 '상품'이 재고자산에 해당된다.

LG전자나 현대자동차처럼 직접 물건을 제조해서 판매하는 것이 주목적인 기업은 완성된 제품뿐만 아니라 그 물건을 제조하기 위한 자산인 원재료, 그리고 현재 공장에서 만들어지고 있는 미완성품인 재공품과 반제품까지도 재고자산에 포함된다. 건설업의 경우에는 주택을 짓기 위한 분양용지나 미분양주택 등이 재고자산에 해당한다. 지금 여러분이 읽고 있는 이 책의 경우를 생각해보면 출판사가 만들어서 창고에 보관 중인 책과 그 책을 찍기 위해 구입해둔 종이가 출판사의 재고자산인 것이다.

재고자산을 분류하면 다음과 같다.

- **상품**: 기업이 정상적인 영업과정에서 판매를 목적으로 구입한 것을 말한다. 부동
산매매업에서는 판매를 목적으로 소유하는 토지, 건물, 기타 이와 유사한 부동산

2008년 금융위기 당시 삼성전자의 성과

과목	2008년 4분기	2007년 4분기	전년동기 대비
	금액(억 원)	금액(억 원)	증감률(%)
Ⅰ. 매출액	184,504	174,765	5.6
국내	29,637	30,065	-1.4
수출	154,867	144,700	7.0
Ⅱ. 매출원가	149,651	126,156	18.6
Ⅲ. 매출총이익	34,853	48,609	-28.3
Ⅳ. 판매비와관리비	44,225	30,779	43.7
인건비 및 지급수수료	5,488	4,544	20.8
마케팅 비용	19,481	9,407	107.1
R&D 비용 및 기술사용료	12,135	10,436	16.3
…	…	…	…
Ⅴ. 영업이익	-9,372	17,830	-152.6

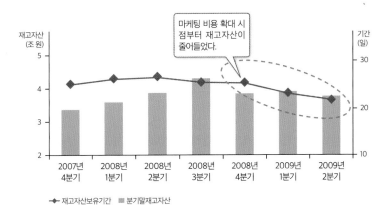

마케팅 비용 확대 시 점부터 재고자산이 줄어들었다.

재고자산 (조 원)

기간 (일)

➡ 재고자산보유기간 ▪ 분기말재고자산

도 상품에 포함된다.

· 제품: 기업 내부에서 판매를 목적으로 제조한 생산품을 말한다.

· 반제품: 자가제조한 중간제품과 부분품 등을 말한다.

· 재공품: 제품의 제조를 위하여 제조과정에 있는 제품을 말한다.

· 원재료: 완제품을 제조·가공할 목적으로 구입한 원료나 재료 등을 말한다.

· 저장품(소모품): 내용연수가 1년 미만인 예비부품과 수선용구를 말한다.

8. 재고자산:
보고기간종료일 현재 재고자산의 내역은 다음과 같습니다.

(단위: 백만 원)

구분	당기말			전기말		
	평가전금액	평가충당금	장부금액	평가전금액	평가충당금	장부금액
제품 및 상품	2,535,410	(118,007)	2,417,403	2,621,083	(148,012)	2,473,071
반제품 및 재공품	8,904,968	(65,773)	8,839,195	7,956,962	(275,685)	7,681,277
원재료 및 저장품	2,544,706	(379,326)	2,165,380	2,014,689	(358,132)	1,656,557
미착품	409,394	-	409,394	390,807	-	390,807
계	14,394,478	(563,106)	13,831,372	12,983,541	(781,829)	12,201,712

재고자산의 자세한 내역은 주석에서 확인할 수 있다. 재고자산은 결산일에 예상 판매가격이 재고자산의 원가보다도 낮아진다면 이를 평가손실로 인식하고, 평가충당금을 쌓아 장부금액을 산출한다.

재고자산은 회계상 매우 중요하게 다루어지는데, 그 이유는 다음과 같다. 첫째, 재고자산은 판매를 위해 보유하고 있는 자산이므로 이익을 창출하는 데 결정적인 역할을 하기 때문이다. 둘째, 재고자산의 원가는 일정 기간의 손익을 결정하기 위하여 판매분(매출원가)과 미판매분(기말재고)으로 나눠지는데, 그 방법에 따라 자산의 평가액과 기간손익이 달라지기 때문이다. 전기에 이월된 재고와 당기에 매입하거나 제조한 재고를 합하면 '판매가능재고자산'이 도출되는데, 여기에서 아직 팔리지 않은 재고자산(기말재고)을 빼면 팔린 재고자산의 원가, 즉, '매출원가Cost of goods Sold(COGS)'가 산출된다. 만약 기말재고가 과다측정된다면 매출원가는 그만큼 줄어들고, 이는 비용이 줄어든 것이므로 이익에도 영향을 미치게 된다. 이런 이유로 재고자산을 부풀려 이익을 의도적으로 늘리는 분식회계 뉴스를 종종 듣기도 한다.

재고자산은 즉시 현금화가 가능한 당좌자산과 달리 생산이나 판매과정을 거쳐야만 현금화가 가능하므로, 매출채권과 마찬가지로 적정한 수준을 유지하는 것이 중요하다.

일반적으로 매출이 증가하면 매출채권과 재고자산도 비슷한 비율로 증가하

기초재고자산 + 당기매입(또는 당기제조) = 매출원가 + 기말재고자산

기초재고자산 + 당기매입(또는 당기제조) - 기말재고자산 = 매출원가

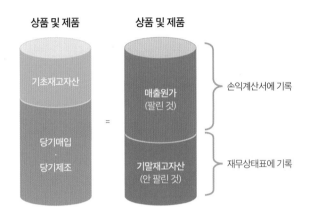

고, 매출이 감소하면 같이 감소하는 경향을 보인다. 따라서 예상매출액과 업종별 관행 등을 고려해서 적정재고량을 결정해야 한다.[2] 다음 사례를 보자.

미국 델컴퓨터의 강점은 주문제작 방식이라 재고가 매우 적다는 점이다. 또한 인터넷으로 직접판매를 하기 때문에 매장에 완제품 재고가 있을 필요도 없고, 부품 역시 공급자에게 책임을 묻는 방식이라 극도로 재고를 줄일 수 있다.

필요한 시기에 필요한 물량을 생산해서 출고할 수만 있다면 재고가 적을수록 현금흐름이 좋아진다. 부품을 미리 살 필요도 없고, 재고저장에 필요한 비용도 들일 필요가 없다. 이런 델컴퓨터의 재고자산 보유기간은 2021년 현재 평균 16일이다. 재고가 만들어지고 평균 16일이 지나면 어디든 팔려서 매출로 인식된다는 것이다. 참고로 HP는 44일이고, 애플은 불과 6일이다.

재고자산 보유기간을 줄이기 위한 핵심역량은 구매팀 혹은 마케팅팀의 시장수요 예측능력과 공장의 정확한 생산일정 수립 능력이며 이 역시 애플의 SCM 전문가인 CEO 팀 쿡의 성과라 하겠다.

이 글을 보면 재고는 창고에 쌓여있는 것보다 빨리 판매되어서 현금으로 바뀌어 돌아오는 것이 좋은 것임을 알 수 있다. 이처럼 재고자산이 얼마나 빨리 판매되느냐를 측정하는 것이 '재고자산회전율'이다. 재고자산회전율은 매출원가를 (평균) 재고자산으로 나눈 것이다. 이때 재고자산은 판매가격이 아닌 원가로 기록하므로 분자에 매출액이 아닌 매출원가가 온다는 것에 주의해야 한다.

$$재고자산회전율 = \frac{매출원가}{(평균)재고자산}$$

재고자산회전율은 위험신호를 파악하기 위해서라도 예의주시해야 한다. 재고자산회전율은 빠른 것이 좋은데, 회전율이 빨라지면 재고자산을 보유하고 있는 기간이 짧다는 것이고 그만큼 판매가 활발히 이뤄졌다는 뜻이기 때문이다. 반대로 재고자산회전율이 지나치게 낮다면 판매가 이뤄지지 않고 물건이 창고에 계속 쌓여만 가고 있다는 뜻이다.

재고자산보유기간을 구하는 공식도 있다. 365일은 재고자산회전율로 나눈 재고자산보유기간은 짧을수록 영업활동이 원활하게 운영된다고 할 수 있다.

$$재고자산보유기간 = \frac{365일}{재고자산회전율}$$

현금성자산 항목 활용하여 주식투자하기

필자 주변에는 주식투자를 잘하는 투자자들이 여러 명 있다. 정보의 양과 질 그리고 분석할 수 있는 종목에 한계가 있는데도, 이들은 꾸준히 주식투자로 성공을 거두고 있다. 한번은 투자자문사에 펀드 매니저로 있는 지인에게 투자회사를 선정하는 노하우가 담긴 파일을 어렵게 얻을 수 있었는데, 다음은 그중 하나다.

그는 2003년 9월부터 2004년 3월까지 평균단가 6,400원으로 꾸준히 한 회사의 주식을 매입했으며, 2005년 3월부터 2005년 9월까지 평균 12,100원으로 매도하였다. 주식 보유기간 중 누적배당금은 주당 1,900원이었으므로 투자기간 중 투자자는 무려 118.75%의 이익률을 기록한 것이다.

그의 투자포인트는 생각보다 간단했다. 재무제표를 보고 장단기 금융상품까지 포함한 **현금성자산**에서 부채총액을 뺀 금액이 대략 200억 원에 달했으나, 시가총액은 그에 훨씬 못 미치므로 앞으로 주가가 오를 수밖에 없다고 생각하고 매수했던 것이다. 그의 투자전략 대부분은 이처럼 재무제표를 여러 가지 방법으로 분석하여 투자처를 선정하는 것이었다. 이렇게 재무제표를 배우다 보면, 어느새 우리도 워런 버핏처럼 재무제표를 읽는 눈이 생길 것이다.

	2002년	2003년	2004년
최고주가	11,400원	7,960원	8,650원
최저주가	7,600원	5,520원	5,850원
주당배당금	300원	900원	1,000원
발행주식수	220만 주	220만 주	220만 주
최고배당수익률	3.95%	16.30%	17.09%
최저배당수익률	2.63%	11.31%	11.56%
현금및현금성자산	38억 원	45억 원	31억 원
단기금융상품	151억 원	169억 원	221억 원
장기금융상품	26억 원	61억 원	14억 원
현금성자산(계)	215억 원	275억 원	266억 원
부채	79억 원	72억 원	62억 원
현금성자산 - 부채	136억 원	203억 원	204억 원
최고시가총액	251억 원	175억 원	190억 원
최저시가총액	167억 원	121억 원	129억 원

03
비유동자산은
경영의 힘

비유동자산이란 말 그대로 유동자산에 해당하지 않는 자산항목으로, 결산일로 부터 1년을 초과해 보유하게 될 자산이다. 보통 영업활동에 장기간 사용할 자 산이나 영업활동 이외의 투자목적으로 보유하는 자산 등이 포함된다.

비유동자산은 투자목적 및 형태 등에 따라 투자자산, 유형자산, 무형자산 및 기타비유동자산으로 구분한다. 비유동자산의 종류를 나눠보면 다음과 같다.

투자자산	투자수익의 목적으로 보유하며, 주된 영업과 직접 관련이 없는 자산. 장기금융상품, 장기투자증권, 투자부동산 등이 여기에 속한다.
유형자산	주된 영업수익 창출과 관련하여 보유하는 것 중에서 구체적 형태가 있는 자산. 토지, 건물, 기계장치, 비품 등이 여기에 속한다.
무형자산	주된 영업수익 창출과 관련하여 보유하는 것 중에서 구체적 형태가 없는 자산. 영업권, 산업재산권, 개발비 등이 여기에 속한다.
기타비유동자산	비유동자산 중 투자자산, 유형자산, 무형자산에 속하지 않는 나머지 자산. 이연법인세자산, 장기성매출채권 등이 여기에 속한다.

재무상태표에 표시된 비유동자산의 예(2020년 삼성전자)

재무상태표

제52기: 2020년 12월 31일 현재
제51기: 2019년 12월 31일 현재

삼성전자(주)   (단위: 백만 원)

과목	제52기	제51기
자산		
...	...	...
비유동자산	155,865,878	143,521,840
기타포괄손익-공정가치금융자산	1,539,659	1,206,080
당기손익-공정가치금융자산	3,107	3,181
종속기업, 관계기업 및 공동기업 투자	56,587,548	56,571,252
유형자산	86,166,924	74,090,275
무형자산	7,002,648	8,008,653
순확정급여자산	1,162,456	486,855
이연법인세자산	992,385	547,176
기타유동자산	2,411,151	2,608,368
자산총계	229,664,427	216,180,920

유동성·비유동성 구분법, 유동성 순서 배열법, 혼합법에 따라 재무상태표를 구분표시 가능하나, 유동성·비유동성 구분법으로 작성하는 것을 가정하여 재무상태표의 구성내역을 보여준 것임.

유형자산은 경영의 도구다

'네 시작은 미약하였으나 나중은 창대하리라' 라는 성경 구절처럼 지금은 큰 기업으로 발전한 회사도 처음에는 기본적인 유형자산만 가지고 사업을 시작했다. 한국의 내로라하는 재벌들도 그랬고, 시가총액 세계 1위를 기록한 애플 역시 처음에는 스티브 잡스의 집 차고 한 구석에서 시작되었다.

한화그룹의 모태인 한국화약 인천공장의 1955년 당시 모습.

　유형자산은 영업활동을 하기 위해 반드시 필요한 토지, 건물, 기계 등의 자산을 말한다. 지금도 눈만 돌리면 어디서나 볼 수 있는 건물들. 그 안에서 여러 가

삼성그룹의 모태인 삼성상회의 옛 건물

지 경영활동이 이뤄진다는 것을 쉽게 상상할 수 있다. 이처럼 기업의 기본적인 형태는 바로 유형자산에서 출발한다고 할 수 있다.

이론적으로 유형자산은 기업의 영업활동에 장기간 사용할 목적으로 취득한 구체적인 형태를 가지고 있는 자산이다. 엄밀히 말하면 유형자산이란 물리적 형태가 있는 자산을 지칭하기 때문에 장기 및 단기의 '형체 있는 자산'이 포함된다. 사무실에서 쓰는 A4 용지나 공사현장에서 쓰는 못, 나사 등 소모품도 형태가 있는 기업의 자산이긴 하다. 하지만 이는 '유동자산'으로 분류되고, 일반적으로 유형자산이라 하면 1년 이상 사용하는 장기유형자산만을 지칭한다.

소비자가 원하는 제품을 생산하고 판매하려면 제품 생산을 위한 공장이나 생산설비를 보유할 필요가 있다. 또 판매나 관리를 위해 판매설비를 갖추거나 사옥을 짓기도 한다. 이처럼 경영목적상 이유로 보유하게 되는 유형의 자산이 바로 유형자산이다.

○ 유형자산의 종류 알아보기

유형자산은 일반적으로 기업이 보유하는 자산 중에서 매우 큰 비중을 차지한다. 유형자산의 종류는 다양한데 토지, 건물, 구축물, 기계장치, 차량운반구, 선박, 항공기, 집기, 사무용비품, 건설중인자산 등이 모두 포함된다.

이 중 토지와 건물 등은 쉽게 이해가 될 테니 '건설중인자산' 항목부터 살펴보자. 건설중인자산은 현재 만들고 있는 생산라인(기계장치)이나 본사건물, 공장건물 등을 이야기한다. 따라서 어떤 회사의 유형자산 항목 중 건설중인자산이 증가되었다면 이 회사가 투자를 확대하는 중이라고 할 수 있다. 기업의 투자활동을 미리 파악할 수 있는 항목인 것이다.

일반 사무직 회사원도 기업의 자산으로 기록한다면, 신입사원이 입사한 후 바로 업무에 배치되지 않고 교육을 받는 경우, 건설중인자산이라고 할 수 있다. 연수가 끝나고 업무현장에 배치되는 순간부터 다른 자산으로 바뀌는 것이다.

대우조선해양의 중공업사관학교는 고등학생들을 선발하여 입학과 입사를 동시에 하는 시스템을 가지고 있었다. 이들은 오랜 기간 체계적인 계획 아래 육성되어 현업에 바로 투입되는 기업의 소중한 자산이다. 물론 이들의 교육을 위해 투자되는 자금은 실

대우조선해양 중공업사관학교의 1기 입학식 모습.

제로는 교육훈련비와 인건비(급여)로 처리가 되지만, 자산성 측면에서 보면 건설중인자산의 성격을 가지고 있다고 볼 수 있다.

유형자산과 재고자산을 나누는 메커니즘

재무제표에 표시된 유형자산(2020년 LG전자 재무제표 주석11번)

11. 유형자산
(1) 유형자산의 상세내역

(단위: 백만 원)

구분	2020.12.31								
	토지	건물	구축물	기계장치	공구와 기구	비품	기타의 유형자산	건설중인 유형자산	합계
취득원가	2,284,109	4,648,218	227,768	2,641,135	1,897,600	389,353	1,073,401	236,782	13,398,366
감가상각 누계액	(19)	(1,377,784)	(127,030)	(1,859,862)	(1,665,924)	(309,635)	(434,185)	-	(5,774,439)
손상차손 누계액	-	(138,516)	(3,078)	(139,077)	(13,869)	(6,063)	(4,767)	-	(305,370)
순장부금액	2,284,090	3,131,918	97,660	642,196	217,807	73,655	634,449	236,782	7,318,557

토지가 유형자산이 아닐 수도 있다고?

기업이 보유한 토지는 어떤 자산에 속할까? '유형자산'이라고 자신 있게 대답한 독자들께는 죄송하지만, 정답은 '알 수 없다'이다. 토지가 일반적으로 유형자산에 속하는 건 맞지만, 이때는 영업활동에 사용된다는 전제조건이 있어야 한다. 만약 영업활동에 사용하지는 않고 시세차익을 위한 투자목적으로 가지고 있는 토지라면 투자부동산이라는 계정에 속하는 투자자산으로 봐야 한다.

(3) 당기말 및 전기말 현재 투자부동산의 공정가치는 다음과 같습니다.

(단위:백만원)

구 분	당기말		전기말	
	장부금액	공정가치(*)	장부금액	공정가치(*)
토 지	290,846	401,742	350,855	465,296
건 물	20,913	30,403	21,491	28,357
구축물	1,010	1,119	5,656	5,656
합 계	312,769	433,264	378,002	499,309

(*) 투자부동산의 공정가치는 가치평가기법에 사용된 투입변수에 기초하여 수준 3(자산이나 부채에 대한 관측가능하지 않은 투입변수)으로 분류하고 있습니다.

2020년 현대건설 재무제표 주석11번 투자부동산 내용 중 일부(©DART)

단, 부동산매매업을 주업으로 하는 회사나 건설회사의 경우에는 토지가 팔아야 할 물건이므로 재고자산으로 분류되기도 한다. 결국 자산은 사용목적에 따라 분류하는 것이지, 자산 그 자체에 따라 분류하는 것은 아니다.

자산의 감가상각과 재평가

앞서 LG전자의 유형자산 내역에서 볼 수 있듯이 취득원가와 순장부금액 사이에 감가상각누계액이란 계정이 있다. 취득원가를 조정하기 위한 감가상각누계액은 감가상각비라는 비용계정의 누적합계금액이다.

감가상각비라는 말은 많이 사용되므로 한두 번쯤 들어봤을 수도 있고, 대략의 의미를 알고 있는 사람도 많을 것이다. 쉬운 예를 하나 들어보자. 영업활동에 사용할 목적으로 원가 300억 원의 건물을 취득했다고 하자. 이 건물의 수명을 30년으로 예상하고, 30년 뒤에는 건물이 낡아서 처분해도 가치가 없을 것이라고 추정하자. 이 경우 기업이 부담하는 건물 사용비용은 당장 올해에만 쓰는 비용이 아니라 30년이라는 전체 사용기간 동안의 비용으로 보아야 한다.

따라서 이 금액을 올해 회계에만 적용하지 않고, 30년 동안의 회계기간별로 배분하는 회계처리방법이 필요하다. 이것이 감가상각이다. 그래야만 회계기간별 수익·비용의 대응이 적절히 이루어지기 때문이다. 이론적으로는 유형자산의 취득원가에서 잔존가액을 차감한 감가상각 대상금액을 매 기간별로 배분함으로써 적절한 수익·비용의 대응을 이루고자 하는 회계처리다.

감가상각에도 몇 가지 방법이 있는데, 정액법(매년 일정한 감가상각비를 상각하는 방법)의 경우로 계산해보자. 건물 취득가격(300억 원)에서 30년 후의 잔존가치(0원)를 뺀 후 이를 기간(30년)으로 나누면 매년 감가상각비는 10억 원이 된다.

$$감가상각비\ 10억\ 원 = \frac{300억\ 원(취득원가) - 0(잔존가치)}{30년(내용연수)}$$

회계에서는 감가를 세 가지 용어로 표현한다. 건물이나 기계와 같은 유형자산에 대해서는 **감가상각**Depreciation, 유전이나 광산과 같은 소모성자산에 대해서는 **감모상각**Depletion, 무형자산에 대해서는 **상각**Amortization으로 표현한다.

단, 토지는 감가상각을 하지 않는다. 토지를 낡아서 쓸모없어졌다고 판단하

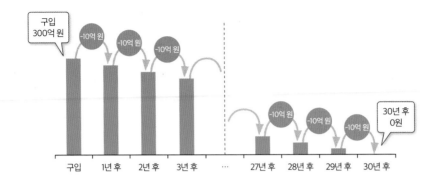

는 것이 어렵기 때문이다. 예를 들어 서울 강남의 한 아파트는 오래되어 수리나 재건축이 필요할 정도지만, 바로 그 재건축 때문에 호가가 20억 원을 웃돌고 있다. 건물은 감가상각이 이뤄져 거의 0이지만, 토지 자체는 가치가 있는 것이다. 역시 믿을 건 땅밖에 없다는 얘기가 그래서 나오는 것일지도 모르겠다. 같은 논리로 조경에 들어가는 수목 또한 감가상각을 하지는 않는다.

삼성전자 감사보고서(2020년) 주석2번 주요 회계정책 - 유형자산

회사의 유형자산은 취득원가에서 회사가 추정한 추정내용연수에 따라 정액법에 의하여 상각됩니다. 토지는 상각되지 않으며, 자본화차입금이자를 포함한 장기건설자산의 취득에 사용된 원가는 관련 자산의 추정내용연수 동안 상각됩니다.

자산별로 회사가 사용하고 있는 대표추정내용연수는 다음과 같습니다.

구분	대표추정내용연수
건물 및 구축물	15, 30년
기계장치	5년
기타	5년

회사는 매 회계연도 말에 유형자산의 감가상각방법, 잔존가치와 경제적 내용연수를 검토하고 필요한 경우 조정을 하고 있습니다. 자산의 장부금액이 추정 회수가능액을 초과하는 경우 자산의 장부금액을 회수가능액으로 즉시 감소시키고 있습니다. 자산의 처분손익은 처분대가와 자산의 장부금액의 차이로 결정되며, 손익계산서에 '기타수익' 또는 '기타비용'으로 표시하고 있습니다.

　　유형자산별 내용연수 정책을 보여주고 있다. 내용연수는 자산의 성격에 따라 각 회사가 추정하여 감가상각을 한다.

○ '대박이냐 쪽박이냐' 유형자산 재평가하기

한 유명 호텔의 관리직원을 대상으로 회계강의를 했을 때의 일이다. 특이하게도 호텔의 일식 주방장이 수업에 참여하고 계셨다. 쉬는 시간이 되자마자 그분은 기다렸다는 듯이 찾아와 질문을 했다.

"제가 주방의 책임자여서 주방살림을 하는데, 유형자산 대장을 보다 보니 이상한 것이 많이 있어서요. 회사의 장부를 의심하는 것 같아 내부직원에게는 못 물어보겠고, 마침 회계강의를 한다고 해서 수강하게 되었습니다."

"무엇이 그렇게 이상하시던가요?"

"제가 주로 쓰는 칼만 해도, 비록 10년째 쓰고 있지만 일본의 장인이 만든 칼이라 지금 내다 팔아도 몇백만 원은 받을 겁니다. 그런데 장부에는 단돈 1,000원으로 기록이 되어있단 말입니다. 이것 말고도 많아요!"

직업적 자부심에서 비롯된 문제제기일 테지만, 일반인들도 아마 비슷한 부분에서 많이 헷갈릴 것이다. 이 경우는 장부가치와 공정가치를 혼동한 경우다. 주방장의 칼은 이미 오래 썼기 때문에, 회계상으로는 감가상각이 다 끝난 상태다. 이때 1,000원으로 기록한 것은 엄연히 존재하는 비품을 0원으로 기록하면 장부에서 아예 사라져버려 관리가 되지 않으니 그렇게 한 것이다(비망계정●). 그 칼의 실제 가치가 더 크다고 해도, 장부상 가치는 어쨌든 1,000원인 것이다.

● **비망계정**
memorandum account.
회계상 어떤 경제활동을 잊지 않기 위하여 기록하는 계정.

반면 주방장의 말대로 '지금 바로 팔아도 몇백만 원'이라는 것은 일반적으로 시장가치, 줄여서 시가라고 부르는 공정가치다. 이렇게 설명해드리자 주방장은 다시 질문했다.

"아니, 그럼 공정가치가 더 의미가 있는 거 아닙니까? 자산을 다 공정가치로 표현하면 되잖아요?"

"물론 정보이용자 입장에서는 충분히 공정가치를 궁금해할 수 있습니다. 하지만 그 칼이 정확히 지금 얼마인지 구하는 게 쉽지는 않아요. 게다가 이걸 악

투자자에게 많은 피해를 준 저축은행의 고급 자동차가 처분되기 위해 전시되어 있다. 이것은 과연 저축은행의 영업활동에 사용된 유형자산이라고 할 수 있을까?

용해서 자산을 부풀리는 회사도 생길 수 있고요. 장부만 보고 이 칼이 정말 100만 원의 가치를 하는지, 실제로는 1,000원짜리 싸구려 칼인데 그렇게 써놓은 건지 검증할 방법이 없으니까요. 신뢰성에 문제가 생긴다는 거지요. 또 공정가치는 계속 변하기 때문에 매번 측정하는 데에 비용이 많이 들어갈 수 있습니다."

이렇게 설명을 드리자 그제야 주방장은 고개를 끄덕이며 자리로 돌아갔다. 물론 처음에 유형자산을 취득한 이후에 공정가치를 신뢰성 있게 측정할 수만 있다면 이를 재무상태표에 재평가 금액으로 표시할 수도 있다. 한국채택국제회계기준K-IFRS에서는 유형자산의 분류에 따라 '원가모형'이나 '재평가모형' 중 하나의 회계정책을 선택하여 적용하도록 하고 있다.

©Construction Executive

이처럼 기업의 자산 중에서 큰 비중을 차지하는 유형자산을 어떻게 평가하여 재무제표에 표시하느냐는 회계상으로 매우 중요하다. 왜냐하면 유형자산은 기업의 영업활동을 위한 인프라로서 장기간 투자되어 있지만, 경제적 환경에 따라 가치가 변동되는 경우가 많기 때문이다. 이를 그대로 놔두면 아무리 금융자산 같은 다른 항목을 잘 적더라도 기업의 재무상태를 제대로 보여줄 수가 없다. 따라서 기업 외부의 누군가와 거래가 발생하지 않았다고 해도 기업 스스로 자산을 올바르게 재평가함으로써 재무상태를 적절하게 보여주어야 한다.

유형자산을 평가했을 때 이른바 '대박'에 해당하면 재평가, '쪽박'에 해당하면 손상이다. 재평가와 손상은 모두 유형자산의 장부금액에 직접 영향을 미친다는 점에서는 동일하지만 재미있는 차이점이 있다. 보수적인 회계의 속성상 쪽박인 경우에는 반드시 재무제표에 반영해야 하지만, 대박인 경우에는 시치미를 떼고

조용히 있어도 된다. 즉, 자산재평가는 기업이 선택할 수 있는 사항이다. 하지만 한번 선택했다면 일관성 있게 계속 평가된 자산가액을 공시하여야 한다. [2]

○ 리스자산도 회사의 자산인가요?

2019년 새롭게 도입된 리스회계기준의 핵심은 기업이 체결한 리스 계약의 가치를 재무상태표의 '자산'과 '부채'에 반영하는 것이다. 리스란 이용자가 리스료를 내고 기계 설비나 차량, 항공기, 선박 등 자산의 사용권을 리스회사에서 빌려 쓰는 것이다. 그럼에도 불구하고 경제적 실질을 따졌을 때는 형식상 요건에도 불구하고 '자산'이라는 것이다. 그리고 복식부기가 적용되어, 앞으로 지급할 리스료 등은 지급할 의무가 있으므로 그 현재가치는 '부채'로 기록한다.

이전에는 미래의 소유권 이전 약정 등이 없는 단순 임대차 계약(운용리스)의 경우 매년 지급하는 리스료만 리스 이용 기업의 비용으로 반영했다. 하지만 새 기준은 리스 이용자가 리스 계약에 따라 향후 부담해야 하는 모든 리스료를 회사의 부채와 사용권 자산으로 반영하게 하는 것으로 오히려 기준을 명확히 하면서(금융리스와 운용리스의 방식 일치화) 보수적으로 보겠다는 것이다.

리스 회계 적용 시 이슈 중 하나는 과거에는 제조와 직접 관련되면 매출원가(제조원가), 영업이나 관리용 리스자산의 경우 판매비와관리비 등 영업비용으로 회계 처리했던 리스료를 이제는 '사용권 자산'의 감가상각비(영업비용)와 리스 부채 이자비용(영업외비용)으로 나눠서 손익계산서에 반영하도록 규정을 바꿨다. 리스 이용 기업이 사실상 금융회사에서 대출을 받아 자산을 사들인 것과 같다고 보고 숨은 리스 부채를 재무제표에 반영하다 보니 '이자비용'이 등장하는 것이다.

주의해야 하는 것은 리스회계가 적용되더라도 이는 회계기준 변경에 따른 재무제표상의 변화일 뿐 기업의 실질적인 재무상태나 경영 성과가 변한 것이 아니라는 점이다.

다음 표를 보면 스타벅스커피코리아는 매장 건물을 직접 소유하지 않고 임차

11. 리스

(1) 일반사항

당사는 영업에 사용되는 건물, 차량운반구 등 다양한 항목의 리스 계약을 체결하고 있습니다. 건물의 리스기간은 일반적으로 5년에서 15년이며, 반면에 차량운반구와 기타장비의 리스기간은 일반적으로 1년에서 3년입니다. 리스계약에 따른 당사의 의무는 리스자산에 대한 리스제공자의 권리에 의해 보장됩니다. 연장 및 종료선택권을 포함하는 몇 가지 리스 계약과 변동리스료에 대해서는 아래에서 논의합니다.

당사는 또한 리스기간이 12개월 이하인 특정 건물의 리스와 소액의 사무용품 리스를 가지고 있습니다. 당사는 이 리스에 '단기리스' 및 '소액 기초자산 리스'의 의식 면제 규정을 적용합니다.

(2) 사용권자산

당기와 전기의 사용권자산의 장부금액과 변동내역은 다음과 같습니다.

<당기> (단위: 천 원)

구분	건물 등	차량운반구	합계
취득가액			
당기초	452,034,481	215,180	452,249,661
기중 취득	118,795,691	–	118,795,691
기중 처분	(24,777,241)	(97,212)	(24,874,453)
당기말	546,052,931	117,968	546,170,899
감가상각누계액 및 손상차손누계액			
당기초	(90,004,825)	(55,584)	(90,060,409)
기중 처분	24,134,585	69,779	24,204,364
감가상각비	(96,276,899)	(75,753)	(96,352,652)
…	…	…	…

를 하는데 역시 리스회계가 적용되어, 사용권 자산과 계약기간이 반영된 앞으로 지급할 임차료는 리스부채로 기록되어 회계처리 된다.

보이지 않는 힘, 무형자산

무형자산은 기업이 보유하고 있는 보이지 않는 권리를 자산으로 기록한 것이다. 영업권, 특허권 등이 대표적이다.

인적자원도 엄밀히 따지면 기업의 중요한 자산에 속하지만, 일반적으로 회사의 임직원이 자산으로 기록되지는 않는다. 왜냐하면 그 가치를 객관적인 수치로 측정하기가 쉽지 않기 때문이다. 하지만 연예기획사 같은 경우는 소속 연예인과 전속계약을 맺고 계약금을 지불하므로 해당 권리를 무형자산인 '전속계약권'으로 기록하기도 한다. 뿐만 아니라 전속계약 기간 동안 그 연예인의 가치를 줄여 나가기도 한다. 즉, 상각을 하는 것이다.

연예기획사 스타엠㈜의 2007년 재무상태표 중 일부

(단위: 원)

과목	제32(당)기	
…	…	…
감가상각누계액	-	70,935,875
7. 비품	322,570,045	
감가상각누계액	(165,025,900)	
(3) 무형자산(주석8)		666,000,000
1. 공연제작	-	
2. 전속계약권	666,000,000	
3. 기타의무형자산	-	

> 전속계약권에는 당시 소속배우인 장동건, 현빈 등이 포함되어 있다.

잉글랜드 프리미어 리그의 축구단들도 선수를 무형자산으로 기록하곤 한다. 232쪽 표는 맨체스터 유나이티드의 2005년 재무상태표 중 무형자산 주석 부분을 발췌한 것이다. 이 표를 잘 살펴보면 각 선수들의 계약권이 무형자산 Intangibles으로 기록되어 있는 것을 알 수 있다. 2004년에 에버턴에서 영입된 루니는 약 2,148만 파운드로 기록되어 있는 반면 맨유의 유소년팀에서 올라온 스콜스는 0으로 기록되어 있다. 스콜스는 외부에 대가를 지급하지 않고 유소년팀에서 육성된 내부창출 무형자산이기 때문이다.

무형자산의 회계처리 방식은 유형자산과 거의 유사하지만, 제대로 회계를 공부하지 않으면 이후 설명할 두 가지 의외의 사실을 이해하지 못할 수도 있다.

Manchester United, 2005 Intangibles Footnote(cont'd)

(b) Individual player contract status and asstet values

Player	Date first contract commenced	Current contract expiry date	Cost 30.06.05 (£'000)	Charge in 2004/5 (£'000)	NBV 30.06.05 (£'000)
Acquired Players(외부에서 영입된 선수들)					
Bellion	Jul-03	Jun-07	2,809	662	1,444
Ferdinand	Jul-02	Jun-09	31,120	5,940	12,959
Smith	May-04	Jun-09	6,875	1,235	5,390
Soiskjaer	Jul-06	Jun-06	1,500	–	–
Roony	Sep-04	Jun-10	25,066	3,581	21,485
Others(Cost < £m)			5,661	1,262	2,107
Home Grown Players(유소년팀에서 자체 육성된 선수들)					
Giggs		Jun-08	–	–	–
Neville		Jun-09	–	–	–
Scholes		Jun-09	–	–	–

○ 브랜드는 무형자산이 아니다?

무형자산 하면 가장 먼저 떠오르는 것은 바로 브랜드 가치일 것이다. 특별히 무언가를 만들어내지는 않지만, 브랜드는 그 자체로 소비자의 눈길을 사로잡는 등 분명히 부가가치를 창출하기 때문이다.

브랜드 컨설팅 기업 인터브랜드Interbrand가 발표한 〈2020년 100대 글로벌 브랜드〉 가치평가 보고서(233쪽)에 따르면 애플은 연속해서 1위를 차지하는 기록을 세웠다. 뒤를 이어 아마존, 마이크로소프트, 구글이 보이고 뒤를 이어 삼성이 전년보다 한 단계 높아진 5위, 현대차는 2019년과 같은 순위인 36위에 올라 있다.

이처럼 중요한 역할을 하는 브랜드 가치가 해당 기업 재무상태표의 무형자산 항목에 전부 반영되어 있을까? 정답은 '아니다'이다. 정확히 말하면 '아직은 아니다'가 맞을 것이다.

비록 브랜드가 기업의 보이지 않는 가치를 형성하고 있지만 재무상태표상 자산으로는 기록되지 않는다. 그 이유는 신뢰성 있는 측정이 어렵기 때문이다. 실제로 평가기관별로 브랜드 가치는 전혀 다른 순위와 평가액을 나타내고 있다. 이처럼 주관적인 평가수치는 오히려 정보이용자에게 혼란을 일으킬 가능성이 있다.

산업재산권 범주에 속하는 상표권이 무형자산에 기록되어 있는 경우에도, 대부분 상표등록 수수료 또는 거래를 통해 취득한 상표 등 직접 측정가능한 범위 내에서만 자산으로

2020 글로벌 100대 브랜드(일부)

순위	브랜드명	가치(억 달러)
1	애플	3,230
2	아마존	2,006
3	마이크로소프트(MS)	1,660
4	구글	1,654
5	삼성	622
6	코카콜라	568
7	도요타	516
8	벤츠	492
9	맥도날드	428
10	디즈니	407
…	…	…
36	현대차	143
86	기아차	58

출처: 인터브랜드 보고서

기록한다. 이러한 논리는 특허권에도 마찬가지로 적용된다. 즉, 특허를 통해 앞으로 기대할 수 있는 추가 현금유입액이 아니라 특허등록 수수료 또는 취득한 특허권만을 자산으로 기록하는 것이다.

그렇다면 브랜드 가치가 아무리 높아도 소용이 없는 것인가? 그렇지는 않다. 무형의 브랜드 가치 등이 재무상태표 장부상에는 신뢰성 측면에서 기록은 안되지만, 기업의 가치에는 반영이 되어, 투자 유치 또는 상장 회사의 경우 시장가치로 인정을 받는다. 회계기준 기관도 이를 고려하여 무형자산의 특성을 고려한 회계기준 제정을 위한 고민을 계속하고 있다.

○ 영업권은 영업과 관련이 없다?

비재무직군을 대상으로 한 회계강의에서 '회사 재무상태표에 나와 있는 영업권이란 무엇일까요?'라고 질문하면 대부분 '회사의 뛰어난 영업실력에 대한 가치입니다, 영업비밀에 대한 권리입니다'라는 식으로 당연히 영업과 관련한 답변

을 한다. 하지만 대표적인 무형자산인 영업권은 일상에서 흔히 말하는 영업과는 직접 관련이 없다.

영업권을 쉽게 이해하기 위해서는 '권리금'을 먼저 떠올리면 좋다. 장사가 잘되는 위치에 단골손님도 많은 식당을 인수하려면 보증금에 웃돈 성격인 권리금을 내야 한다. 이처럼 영업권Goodwill은 어떤 기업이 다른 기업을 합병하거나 일부 사업을 인수할 때 실제 가치를 초과해 얹어주는 '웃돈'을 말한다.

예를 들어 A라는 회사가 약 1조 원으로 평가된 B사를 1조2,000억 원에 인수하였다. 치열한 인수경쟁도 한몫했지만, A사 입장에서는 2,000억 원의 웃돈을 주고서라도 인수할 만큼 B사가 장차 경제적 이익에 공헌하리라 기대한 것이다. 이때의 2,000억 원이 바로 영업권에 해당한다.

소주 '처음처럼'의 주인은 처음과 같지 않다. 2009년 3월 두산주류를 롯데주류가 5,030억 원에 인수하였기 때문이다. 다음 표는 인수 당시 ㈜롯데주류BG의 재무상태표 중 일부다. 자세히 살펴보면 두산주류를 인수하면서 얹어준 가치초과분이 무형자산 부분에 영업권으로 기록되어 있다.

㈜롯데주류BG의 2011년 재무상태표 무형자산 내역

단위: 억 원

(3) 무형자산(주석11, 19, 22)		3,277
1. 영업권	3,248	
2. 산업재산권	3	
3. 기타의무형자산	26	

이러한 영업권은 거래 상대방이 장밋빛 전망을 꿈꾸며 자발적으로 대가를 지불한 것이기 때문에, 그 사랑이 계속 지속될지에 따라 자산으로서의 가치를 판단해야 한다. 그래서 매번 결산일마다 감가상각을 하는 것이 아니라 영업권 손상여부를 판단하도록 요구하고 있다. 한번 정이 떨어지면 다시 회복하기가 쉽지 않은 법이다.

이 때문에 인수한 회사가 부실해지면, 영업권이 '손실폭탄'으로 돌아온다.

옐로모바일은 영업권 손상(손실)이 2015년 2,345억 원, 2016년 1,720억 원으로 계속해서 발생했다. 이 회사는 각자는 성공 가능성이 상대적으로 낮은 스타트업을 대거 인수해 '벤처연합군'을 만들어 시너지 효과를 극대화하겠다는 구상을 하였으나 확률대로 대부분 성공 못하다 보니 손상이 커졌다. 결국 2018년 회계연도 재무제표에 대한 감사의견거절을 받았고, 2021년에는 감사범위제한의 사유로 재무제표조차 공시하지 못할 상황이 발생했다.

한 가지 더 이야기하면 앞의 A사 사례와는 다르게 뛰어난 인재나 특별한 기술 및 지식, 고도의 경영능력, 독점적 지위, 양질의 고객관계, 유리한 입지조건을 아무리 많이 가지고 있다 해도 이는 영업권으로 기록할 수 없다. 그 이유는 브랜드 가치와 마찬가지로 측정이 쉽지 않고 주관적이기 때문이다.

물론 다음 기사 사례처럼 룰루레몬에 매각된 미러Mirror처럼 매각이 된다면 그 가치를 비로소 객관적으로 인정받을 수 있다.

요가복의 대명사로 불리는 룰루레몬Lululemon Athletica Inc이 홈 피트니스 플랫폼 기업 미러Mirror를 5억 달러, 원화 약 5,988억 원에 사들여 화제다. 지난해 매출 39억 8,000만 달러에 비하면 어느 정도 위험을 감수해야 하는 모험 투자가 아닐 수 없다.

룰루레몬을 입고 미러로 운동하는 사람(©Mirror 홈페이지)

미러는 쉽게 말해 요가 운동을 원하는 사람이 요가 수업을 가지 않고도 가정에서 스크린을 통해 쌍방향 라이브 스트림으로 즐길 수 있는 홈 피트니스 플랫폼이다. 작동을 안 할 때는 평범한 거울처럼 보이지만 요가뿐 아니라 체온, 혈압 측정부터 명상, 필라테스, 발레, 체형 교정, 킥복싱, 근육 단련 등 20여 가지 프로그램을 인터랙티브 체험으로 즐길 수 있는 도구로, 태어난 지 2년에 불과한 새내기 스타트업 기업의 제품이다. 개인 기업이지만 시가총액이 3억 달러에 이른다는 평가를 받아왔다. 룰루레몬은 지난해 미러에 100만 달러를 투자, 사업 전망을 점검해온 끝에 시가총액보다 2억 달러를 더 얹어 영업권을 발생하며 인수하기에 이른 것이다.

〈어패럴뉴스〉 기사 수정 인용 2020.08.05)

자산을 재평가하는 회사의 주식을 사야 할까?

가끔 자산재평가로 대박이 나는 회사들에 투자자들이 몰리는 경우를 보게 된다. 하지만 자산재평가가 주가에 큰 영향을 미칠 이유는 별로 없다. 자산재평가를 통해 부채비율이 낮아진다고 해도 이것은 회계서류상 변화일 뿐 펀더멘털이 근본적으로 개선된다거나 현금이 유입돼 재무구조가 개선되는 것은 아니기 때문이다. 회사 가치에 중대한 변화가 생기는 게 아니라는 의미이다. 따라서 그저 단발성 호재 정도로만 인식해도 무방하다.

2021년 4월 6일 쌍용차는 평택 본사 외 165개 토지 필지에 대한 자산재평가 결과 2조788억 원의 재평가 차익이 발생했다고 공시했다. 이는 2019년 말 연결 기준 자산 총액(2조192억 원)의 13.81%에 해당하는 규모다. 이렇게 자산재평가를 한 목적은 상장 폐지 절차를 앞두고, 이의 제기의 근거로 활용하기 위한 목적으로 자산재평가를 재무구조 개선으로 주장하기 위함이다. 결국 자산재평가는 목적성을 가지고 하는 경우가 많다.

국제회계기준이 전면 도입되기 1년 전인 2010년에 가장 많은 자산재평가가 이뤄졌지만 결과적으로는 주가에도 크게 영향을 주지는 못했다.

2010년 하반기 자산재평가 결과 자산총액 대비 평가차액 상위 10개 기업

순위	기업명	재평가차액	자산총액 대비 비중	공시 당일 주가등락률	공시일자
1	웨스테이트	862억4,693만 원	120.9%	+14.94 (이후 6일 연속 상한가)	7월 13일
2	영흥철강	936억8,632만 원	102.58%	+12.73	9월 1일
3	삼보판지	1,087억1,375만 원	77.7%	-0.42	10월 12일
4	동일방직	2,577억6,201만 원	67.7%	-1.21	9월 17일
5	진양폴리우레탄	94억8,699만 원	63.47%	-1.4	9월 6일
6	옵토매직	493억990만 원	60.1%	-8.36	11월 1일
7	진양화학	137억9,391만 원	57.69%	-1.42	9월 6일
8	진양AMC (진양홀딩스)	135억9,391만 원	54.4%	-0.59	9월 6일
9	보락	163억2,970만 원	51.69%	+2.9	10월 29일
10	아남전자	360억2,146만 원	48.61%	-0.75	11월 1일

출처: 전자공시 시스템(《매일경제신문》 기사 재인용)

04
부채는 기업의 힘을 늘려주는 지렛대

시골에 오두막집을 짓고 농사를 지으며 살던 모험왕 씨는 어느 날 우연히 보물지
도를 손에 넣게 됐다. 그런데 보물을 찾으러 가려면 태평양과 대서양을 건너 아프
리카의 외딴 마을까지 가야 하므로 많은 장비와 이동경비가 필요하다. 수중에 돈
이 한 푼도 없는 모 씨는 자금조달 방법으로 두 가지를 생각해냈다.

첫째는 친구에게 사정을 이야기하고 동업하는 것이다. 친구와 보물을 5 대 5로 나
눠 갖는 대신 필요한 자금 1억 원 전액을 친구가 출자하는 것이다.

다른 방법은 유일한 재산인 오두막집을 담보로 은행에서 1억 원의 돈을 빌리는 것
이다. 여러분이라면 과연 어떤 결정을 내리겠는가?

위 사례는 비단 동화에서뿐만 아니라, 일반 기업에서도 흔히 직면하는 상황이
다. 보물찾기 프로젝트를 벌이듯 기업이 불확실성이 높은 신규사업을 추진하는
경우 말이다. 이때 친구와 동업하는 것은 프로젝트에 다른 투자자를 끌어들여
자금(자본)을 조달한 것이고, 은행에서 차입하는 것은 부채가 발생하는 일이다.

모험왕 씨가 친구와 동업하기로 한 후 실제로 보물을 발견했다면 처음에는
매우 기쁘겠지만, 곧 친구에게 주어야 할 50%의 지분이 아까운 마음이 들 수도
있다. 보물을 찾기 위해 필요해서 출자받은 돈은 1억 원이지만 보물의 총 가치

가 10억 원이라면, 결국 5억 원씩 친구와 분배해야 한다. 하지만 은행에서 차입하는 것을 선택했을 경우 원금 1억 원과 일부 이자만 상환하면 나머지 모두는 내 것이므로 기쁨은 두 배가 될 수 있다.

반면, 보물찾기가 실패했을 경우는 어떨까? 많은 시간과 노력이 헛수고로 돌아가긴 했지만, 내가 쓴 돈은 모두 친구에게 출자받은 것이기 때문에 비록 친구는 한 명 잃게 될지언정 금전적 손해는 면하게 된다. 하지만 은행에서 차입한 경우 담보로 설정한 오두막집도 날리고 나머지 원금과 이자를 갚기 위해 얼마나 중노동에 시달려야 할지 모른다.

즉, 부채는 원금과 이자는 어느 정도 확정(고정)된 상태이기 때문에 이익이 생긴다고 늘어나거나 손실이 발생했다고 줄어들지 않는다. 그래서 부채조달 후 이자보다 많은 수익을 벌었는가에 따라 상황이 바뀔 수 있다. 이것은 마치 고정판은 변함이 없고 지렛대만 위아래로 움직이는 것 같아서 재무 레버리지Financial Leverage 효과라고 한다(나의 힘(자본)은 적게 투자하고 남의 힘(차입한 돈)을 활용한다는 의미도 있다).

결국 부채는 잘 관리하면 조달한 자금을 이용해 더 큰 효과를 볼 수 있지만, 그렇지 않으면 오히려 기업에 큰 부담으로 작용한다. 변동성이 크므로 위험하다고 할 수 있다. 따라서 회계정보를 통해 경영을 분석할 때 부채와 관련된 정보는 더욱 주의 깊게 다루어야 한다.

부채는 언젠가 갚아야 할 의무다

부채 역시 갚아야 할 시점이 언제 도래하느냐에 따라 유동부채와 비유동부채로 분류된다. 유동부채는 1년 이내에 갚아야 하는 부채, 비유동부채는 1년 이후에 결제될 것으로 예상되는 부채를 말한다.

재무상태표상 부채는 우선 상환 또는 의무를 이행해야 할 순서로 기록된다.

부채는 다시 금융부채와 비금융부채로 분류할 수도 있다. 금융부채는 현금으로 결제되는 매입채무, 미지급금, 차입금, 사채 등을 의미한다. 비금융부채는 현금이 아닌 재화나 서비스를 제공해주어야 할 의무를 의미하는 것으로 선수금, 선수수익 등을 예로 들 수 있다.

그리고 확정부채와 충당부채로 분류할 수도 있다. 부채의 존재가 확실하며 지급할 금액도 확정되어 있는 부채는 확정부채로 분류하는데 매입채무, 미지급금, 차입금, 사채, 예수금 등 대부분의 금융부채가 확정부채에 속한다. 이에 반해 결산일 현재 부채의 존재가 불확실하거나 지출될 시기 또는 금액이 불확실

재무상태표에 표시된 부채의 종류(2020년 삼성전자)

재무상태표

제52기: 2020년 12월 31일 현재
제51기: 2019년 12월 31일 현재

삼성전자㈜   (단위: 백만 원)

과목	제52기	제51기
부채		
유동부채	**44,412,904**	**36,237,164**
매입채무	6,599,025	7,547,273
단기차입급	12,520,367	10,228,216
미지급금	9,829,541	9,142,890
선수금	424,368	355,562
예수금	432,714	383,450
미지급비용	7,927,017	5,359,291
당기법인세부채	3,556,146	788,846
유동성장기부채	87,571	153,942
충당부채	2,932,468	2,042,039
기타유동부채	103,687	235,655
비유동부채	**1,934,799**	**2,073,509**
사채	31,909	39,520
장기차입금	150,379	174,651
장기미지급금	1,247,752	1,574,535
장기충당부채	503,035	283,508
기타비유동부채	1,706	1,295
부채총계	**46,347,703**	**38,310,673**

한 부채를 충당부채라고 한다. 제품판매보증충당부채, 하자보수충당부채, 포인트충당부채, 복구충당부채, 마일리지충당부채 등이 여기에 속한다.

부채가 꼭 나쁜 것은 아니다

부채는 부정적인 이미지가 강해서, 부채가 많은 회사는 안 좋은 평가를 받는 경우가 대부분이다. 물론 부채는 갚아야 할 의무이므로 부담이 되는 것은 사실이다. 하지만 영화 속에서 범죄조직에 몸담고 있는 주인공이 정의로운 인물일 수 있듯이, 부채라는 범죄조직(?) 안에 있다고 무조건 나쁘다고 보면 안 된다.

○ 선수금

선수금은 부채 중에서 가장 선(善)하다고 할 수 있다. 선수금(先手金)이라는 말을 풀이하면 '미리 받은 돈'이다. 선수금은 향후에 제품이나 상품 또는 서비스를 제공할 때 상계하는 것으로, 쉬운 예로는 계약금이나 백화점의 상품권 등이 있다.

재무상태표에 표시된 선수금(2020년 신세계)

재무상태표

제64기: 2020년 12월 31일 현재
제63기: 2019년 12월 31일 현재

㈜신세계   (단위: 억 원)

과목	제64기	제63기
부채		
유동부채	19,770	14,338
매입채무및기타채무	5,896	6,484
상품권	5,192	4,540
단기차입금	719	1,199
당기법인세부채	17	326
리스부채	416	643
기타금융부채	349	525
기타유동부채	698	617
…	…	…

재무상태표에 표시된 선수금(2011년 대우조선해양)

(단위: 억 원)

과목		
부채		
Ⅰ. 유동부채		**81,244**
1. 매입채무(주석7, 17)	10,245	
2. 단기차입금(주석7, 12, 14, 17)	10,370	
3. 미지급금(주석7, 17)	4,181	
4. 미지급비용(주석7, 17)	1,461	
5. 미지급제세(주석24)	1,292	
6. 선수금(주석12, 20, 28)	42,726	
7. 선수수익(주석11)	10	
8. 예수금(주석11, 17)	751	
…	…	…

선수금 계정이 중요한 업종은 건설업, 조선업 등과 같은 수주산업인데 건설기간이 장기간 소요되므로 계약할 때 여러 차례에 걸쳐 대금을 받기 때문이다. 당연히 공사 초기에 대금을 더 많이 받을수록 유리한 계약이라고 할 수 있다. 이때 미리 받은 대금은 우선 부채에 해당하는 선수금 계정으로 기록했다가, 향후 공사가 실제로 진행될 때 매출(수익)로 전환된다. 따라서 선수금 또는 성격이 비슷한 초과청구공사 계정의 증감추이를 보면 미래의 매출을 추정할 수 있다.

부채 항목에서 선수금이 차지하는 비중이 크더라도 향후 매출로 전환될 수 있으므로 무조건 부정적으로 보아서는 안 된다.

○ 매입채무와 미지급금

매입채무account payable와 미지급금은 쉽게 말해 '외상으로 사온 것'의 항목으로, 상품이나 원재료 등을 외상으로 매입하면 매입채무, 상품이나 원재료 이외의 자산들(비품, 건물, 토지)을 외상으로 구입하면 미지급금이다.

성격이 비슷한 두 항목을 구분하는 이유는 영업활동에 관련된 것과 그렇지 않은 것을 나눠서 보여주기 위한 것이다. 일반적인 회사에서는 영업활동을 위해 상품이나 원재료를 정기적으로 구입하므로 매입채무는 정기적으로 발생하지만, 건물이나 토지를 매번 구입하지는 않으므로 미지급금은 어쩌다 한 번씩 발생한다고 할 수 있다. 따라서 두 가지를 합쳐서 기록해버리면 정보이용자 입장에서는 들쑥날쑥한 정보를 받게 되므로 혼란스러울 것이다.

이 두 항목 또한 부채에 속하긴 하지만 회사에 긍정적인 역할을 한다. 적정한 수준으로 관리한다면 회사의 현금흐름을 좋게 하기 때문이다. 대금을 즉석에서 치르지 않고 잠시 늦출 경우, 일시적이지만 그만큼의 현금이 회사 내에 남아 있게 되는 것이다. 물론 무조건 '받을 돈은 빨리, 줄 돈은 천천히'라는 구호를 외치는 것은 좋지 않지만, 다른 부정적 효과가 없는 경우라면 현금이 회사에 오래 머무르게 하는 것은 현금흐름 경영의 기본이라고 할 수 있다.

2021년 초 미국뉴욕증권거래소^{NYSE}에 상장된 쿠팡의 경우에도 유동시장을 장악한 독점적인 힘을 활용해 매입채무 지급기간을 유리하게 가져가면서 영업현금흐름을 개선한 점이 높은 공모가를 기록하는 데 큰 공을 세웠다. 물론 이에 대한 부정적인 시각이 있는것도 사실이지만, 비즈니스 세계는 늘 냉정하다.

쿠팡의 최근 3년 영업현금흐름

출처: 미 증권거래위원회(SEC) (단위: 달러)

○ 차입금과 사채

롯데그룹의 고 신격호 회장은 '사업이 실패해도 누구에게도 피해가 가지 않는 범위 내에서 돈을 빌린다'는 지론이 있다고 한다. 그래서 수많은 기업이 도산했던 IMF 외환위기 때에도 자본금 대비 부채비율이 80%를 밑돌게 관리함으로써 오히려 발전의 기회로 삼을 수 있었다.

과도한 차입금과 회사채권 발행이 기업의 부담으로 작용할 수 있다는 것은 누구나 알 수 있다. 그러나 앞서 설명한 재무 레버리지 효과를 생각한다면 차입금과 사채가 이러한 부정적 시선에 억울해하는 이유를 알 수 있을 것이다.

회계지능이 높은 사람들은 단순히 재무상태표 부채 항목에 차입금 비중이 높다고 해서 '이 회사가 힘들겠구나' 하고 생각하지 않는다. 재무상태표만 보지 않고 반드시 주석의 정보를 활용해서 자금의 조달처, 조달금리, 상환계획까지 분석하기 때문이다.

고려아연㈜의 2020년 재무제표 주석22번 장·단기차입금

22. 장·단기차입금

(1) 당기말과 전기말 현재 단기차입금의 내역은 다음과 같습니다.

(단위: 천 원)

차입처	내역	당기말 이자율(%)	당기말	전기말
하나은행 등	매출채권 할인	0.68~1.27	13,532,437	9,673,433

(2) 당기말과 전기말 현재 장기차입금의 내역은 다음과 같습니다.

(단위: 천 원)

차입처	내역	만기일	당기말 이자율(%)	당기말	전기말
하나은행	에너지합리화자금			–	483,250
한국에너지공단(원화)	해외자원개발	2027.12.15	0.75	3,286,440	3,775,400
한국에너지공단(외화)	해외자원개발	2026.06.15	0.75	2,349,319	2,954,590
소계				5,635,759	7,213,240
차감: 유동성장기차입금				(916,109)	(1,244,062)
합계				4,719,650	5,969,178

왼쪽의 고려아연㈜ 재무제표를 살펴보자. 차입금의 조달금리가 대부분 0.68~1.27%대에 머물러 있을 뿐 아니라 장기차입금의 경우 만기가 5년 이상인 것이 대부분이다. 즉, 싼 이자로 오랫동안 충분히 돈을 빌리고 있고, 그만큼 안정적으로 운영되고 있다는 뜻이다. 단기차입금의 경우 내역을 보니 매출채권 할인으로 현금 유동성을 활용하는 일반적인 팩토링(매출채권을 회수기간까지 기다리지 않고 조기 회수하는 것, 금융기관을 활용함)으로 단기 운영자금의 부족과는 상관없음을 알 수 있다.

이처럼 재무상태표의 차입금 절대금액만 봤다면 부담스럽게 느껴질 수 있지만, 주석의 조달금리와 만기 등을 확인하면 생각이 달라질 것이다. 주석을 확인하는 것이 무엇보다 중요하다.

○ 충당부채와 우발부채

재무상태표의 부채는 갚을 대상자, 상환시기, 금액 등이 확정된 부채 이외에도 추가로 인식해야 할 부채 항목이 있기 때문에 우리가 알고 있는 '빚'보다 그 범위가 넓다. 즉, 상환시기나 금액이 미확정된 상태라고 해도 일정요건을 충족시키면 충당부채에 포함된다.

예를 들어 외식 브랜드를 많이 가지고 있는 기업은 이용고객들에게 구입액의 일정 부분을 포인트로 적립해준다. 나중에 이 포인트를 어떤 고객이 언제 얼마만큼 사용할지 정확히 알 수는 없지만, 어쨌든 기업은 그에 상응하는 서비스를 제공할 의무가 있으므로 포인트충당부채로 재무상태표에 기록하게 된다.

고객이 적립하는 포인트는 기업 입장에서 언젠가는 제공해야 할 의무인 충당부채다.

지멘스^{Siemens}의 경우 장기간의 설비 제작 등 장기간의 용역이 제공되는 수주 업무를 진행하므로 당초 계획 원가보다 매출을 넘어가는 원가의 경우 완료 전이라도 공사손실을 충당부채로 인식한다. 또한 완료가 되면 하자보수 책임이 있으므로 하자보수충당부채 또한 인식한다. 복구충당부채의 경우 건물 등을 임

15. 충당부채

(1) 당기 및 전기 중 충당부채의 변동내역은 다음과 같습니다.

(단위: 천 원)

구분	기초	사업결합으로 인한 취득	설정(환입)	지급	기말
하자보수충당부채	3,167,885	–	1,754,388	(1,692,944)	3,229,279
공사손실충당부채	57,364	–	(7,860)	–	49,504
손실계약충당부채	32,977	–	(32,977)	–	–
복구충당부채	1,496,793	589,967	(701,000)	288,899	1,674,659
기타충당부채	542,344	–	1,541,702	(1,390,898)	693,148
합계	5,297,363	589,967	2,554,253	(2,794,993)	5,646,590

차해서 인테리어를 한 경우 계약 종료 시 복구 의무가 있으므로 이를 대비해서 역시 충당부채로 인식한 것이다.

충당부채는 경험적으로 매출 대비 몇 퍼센트 정도의 서비스 요구가 있을 것이라고 신뢰성 있게 추정해서 반영한다. 하지만 신뢰성 있는 추정을 하지 못하거나 서비스를 제공할 가능성이 높지 않은 경우에는 재무상태표상 부채로 기록하지 않고 주석에만 공시하기도 한다. 만약 가능성이 거의 없다면 주석에도 기록하지 않는다.

이는 가능성은 적지만 갑자기 튀어나올 수 있는 부채라서 우발부채라고 한다. 손해배상 소송에 피소를 당했는데 아직 소송이 진행 중이고, 손해배상 금액이 확정이 안 되고, 패소 여부도 확실하지 않다면 주석에만 공시하는 것이다. 따라서 여러 번 강조했듯이 회계정보 이용자라면 주석을 잘 살펴서 우발부채 정보 또한 파악할 필요가 있다.

두산건설 매각 걸림돌 'PF 우발부채'

두산그룹의 대대적인 구조조정안에 계열사 두산건설 매각이 포함됐지만 정작 시장의 반응은 냉담하다. 두산건설에 잠재된 우발부채를 해소하지 않는 한, 매각가능성은 낮다는 분석이 지배적이다. 특히 부동산 프로젝트파이낸싱PF 관련 보증과 사회간접자본SOC 관련 보증이 두산건설의 발목을 잡을 수 있다는 지적이 나온다. 전문가들은 겉으로 드러난 실적보다 우발부채에 주목해야 한다고 지적한다. 현재는 수면 아래 가라앉아 있지만 언제든지 대규모 손실로 이어질 수 있기 때문이다.

(〈팍스넷뉴스〉 2020.04.29 수정 인용)

두산건설, PF 관련 보증액

(단위: 억 원)

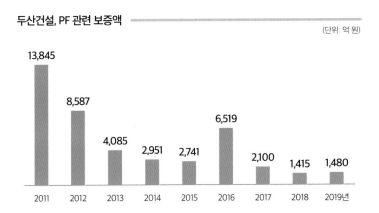

나는 우리 집의 자산인가, 부채인가

오래전 네이버 지식인에 올라온 질문 중에 흥미로운 것이 있다. 질문 내용은 이것이다.
이 질문을 한 여대생이 채택한 답변은 다음과 같다.

 아이디 you**** | 2003. **. **

회계학과 2학년인 여대생입니다.
회계자료처리론이란 강의를 듣는데 교수님이 '본인이 가정에서 '자산'인지 '부채'인지 작성하
시오'란 숙제를 내셨습니다. 도무지 무슨 뜻인지 알 수가 없어서 구조요청합니다.
리플 많이 달아주세요.

《부자 아빠 가난한 아빠》에선 수입이 없는 지출을 만드는 모든 것을 부채로 보던데… 지금 현재 대
학생이시라면 등록금이 나가는 상태일 것이고, 물론 용돈도 받아서 쓰시겠죠? 현재는 부채에 가까울
것 같네요. ^^ 하지만 부모 입장에서 혹은 가족의 일원으로서의 재화나 소유권 등을 보면 **자산**입니
다. 만약 정부의 실수나 사고로 다치거나(특히 죽었을 때가 예로 좋죠) 한다면 정부에선 가족에게 피
해보상을 합니다.
그러나 가장 중요한 것…(답으로 내셔도 됩니다) 사람은 화폐가치로 평가하기 힘듭니다. 직접적 경
제적 자원이 아니니까… 경제적 원칙이 아닌 걸로 사람을 평가한다면 가족에게 있어서 님은 아주 값
진 구성원일 겁니다. 한마디로 **자산**입니다. 우기세요. 아무도 정의할 수 없습니다. (아이디 cre***)"

채택되지 않은 답변 중에는 이런 것도 있다.
"집안에 얼마나 도움이 되는지를 알아오라고 하셨구려. 지금까지 집에서 당신에게 투자한 만큼의 기
대치가 앞으로 있다면 그것은 자산일 테고, 암울한 미래만 기다린다면 당신은 심각한 부채입니다.
(아이디 hmh****)"

**사람을 자산이나 부채로 구분한다는 것이 냉정한 일일 수 있지만, 한번쯤 생각해볼 만한 주제가 아
닌가 싶다. 나는 가정에서 또는 회사에서 자산일까, 부채일까?**

05
자본은 기업의
종잣돈이다

허생은 글읽기만 좋아하고, 그의 처가 바 느질 품을 팔아서 입에 풀칠을 했다. 처 는 계속 허생에게 돈을 벌어오라고 구박 을 했고, 이에 못 이겨 허생은 한양 제일

부자 변 씨를 찾아가서 은 1만 냥을 조달했다. 돈을 내놓는 것을 보고 하인들이 왜 저런 거렁뱅이에게 돈을 빌려주느냐고 하자 변 씨가 말했다.

"남에게 무엇을 빌리러 오는 사람은 으레 자기 뜻을 대단히 선전하고, 신용을 자랑 하면서도 비굴한 빛이 얼굴에 나타나고, 말을 중언부언하게 마련이다. 그런데 저 객은 행색은 허술하지만 말이 간단하고, 눈을 오만하게 뜨며, 얼굴에 부끄러운 기 색이 없는 것으로 보아, 재물이 없이도 스스로 만족할 수 있는 사람이다. 그 사람 이 해보겠다는 일이 작은 일이 아닐 것이매, 나 또한 그를 시험해보려는 것이다. 안 주면 모르되 이왕 주는 바에 성명은 물어 무엇을 하겠느냐?"

허생은 입수한 1만 냥으로 과일과 말총 등을 매점매석하여 이익을 내고, 무인도를 사서 2,000명의 사람들과 농사를 지어 일본에 수출을 해 100만 냥을 번 후, 50만 냥은 바다에 버리고 나머지로 나라 안을 두루 돌아다니며 가난하고 힘없는 사람 들을 구제했다. 그러고도 10만 냥이 남았다.

허생이 변 씨에게 가서 "나를 알아보시겠소?" 하고 묻자 변 씨는 놀라 말했다.

"그대의 안색이 조금도 나아지지 않았으니, 혹시 1만 냥을 실패 보지 않았소?"

허생이 웃으며 10만 냥을 내놓았다. 변 씨가 놀라 일어나 절하여 사양하고, 10분의 1만 이자로 받겠노라 하자, 허생이 역정을 내며 말했다.

"당신은 나를 장사치로 보는가?"

연암 박지원의 소설 《허생전》의 내용이다. 허생이 변 씨에게서 조달한 돈 1만 냥은 부채일까 자본일까?

내용을 보면 변 씨는 '10분의 1의 이자를 받는' 부채로 생각했고, 허생은 '수익금을 주주에게 돌려주는' 자본으로 생각한 것을 볼 수 있다. 오늘날의 시각으로 본다면 변 씨는 허생에게 투자를 할 때 담보나 신용을 보고 투자하지 않고, 허생이라는 인물과 앞으로 진행할 프로젝트만 보고 투자를 했으므로 일명 PF라고 하는 프로젝트 파이낸싱Project Financing이 이루어진 셈이다.

납입자본과 이익잉여금

허생은 독점시장을 형성해서 이익을 창출하고 추가자산 투자(섬의 구입과 토지개간)를 통해 생산을 확대한 후 일본 등에 수출함으로써 이익을 늘려 나갔다. 50만 냥을 바다에 버린 이유는 나라에 현금이 넘쳐나면 물가가 상승하는 인플레이션이 일어날까 걱정했기 때문이다.

나머지 돈 중 40만 냥은 워런 버핏이나 빌 게이츠처럼 자선활동을 통해 사회 환원을 했다. 그리고 나머지 10만 냥은 주주인 변 씨에게 배당하면서 잔여이익 처분을 해주고 회사를 청산한 후 다시 글을 읽는 생활로 돌아간 것이다.

아무리 능력 있는 허생이라도 사업을 하려면 우선 투자자금이 필요하다. 기본적으로는 투자자로부터 자본을 투자받는데, 주주인 변 씨 입장에서는 이것을 출자한다고 하고, 투자받는 허생 입장에서는 납입자본이라는 용어로 부를 수 있다. 허생이 사업을 통해 벌어들인 이익은 계속 쌓여갔는데 이는 이익잉여금

재무상태표상 자본의 구성항목

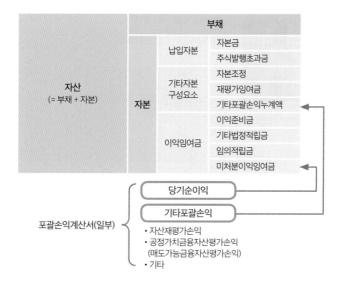

자산 (= 부채 + 자본)	부채		
	자본	납입자본	자본금
			주식발행초과금
		기타자본 구성요소	자본조정
			재평가잉여금
			기타포괄손익누계액
		이익잉여금	이익준비금
			기타법정적립금
			임의적립금
			미처분이익잉여금

포괄손익계산서(일부)
- 당기순이익
- 기타포괄손익
  - 자산재평가손익
  - 공정가치금융자산평가손익 (매도가능금융자산평가손익)
  - 기타

retained earnings이라 한다.

납입자본은 쉽게 말해 씨앗이고, 이 씨앗으로 키워낸 곡물이 이익잉여금이라고 보면 된다. 배가 고프다고 씨앗을 먹게 되면 다음 해 농사를 지을 수 없듯이, 주주에게 배당을 할 때에도 납입자본은 건드리지 말고 이익잉여금 범위 내에서만 해야 한다. 그래야 납입자본이 충실하게 유지되는 것이다.

자본금은 씨앗이다. 배고프다고 씨앗까지 먹어버리면 다음 해 농사를 지을 수 없게 된다. (ⓒneoorthodoxy)

납입자본은 다시 자본금과 주식발행초과금으로 나뉜다. 주식의 발행가액 중에 액면가액 부분은 자본금으로, 액면가액을 초과하여 주주들이 납입한 금액은 주식발행초과금으로 구분한다. 주식발행초과금은 주주와의 거래로 인한 잉여금이라 해서 자본잉여금이라고도 한다.

예를 들어 인기그룹 BTS 소속사로 유명한 빅히트엔터테인먼트(현재, 하이브)의 경우를 보자. 2020년 10월 빅히트엔터테인먼트 주식의 액면가액은 500원이었다. 이때 투자자(주주)들에게 주당 13만5,000원에 713만 주를 투자하게 함으

빅히트엔터테인먼트 소속 그룹 방탄소년단(BTS)이
MTV어워즈에 참석한 모습. (ⓒ빅히트엔터테인먼트)

로써 유상증자를 실시하였고 약 1,117 대 1의 높은 경쟁률로 주식신청이 이루어졌다. 이 경우 주당 액면가액 500원은 자본금이고, 액면가를 초과한 발행가액 13만4,500원(13만5,000원 - 500원)은 주식발행초과금(자본잉여금)으로 기록되는 것이다.

하지만 모든 회사가 잉여금을 가지고 있는 것은 아니다. 다음 사례도 살펴보자.

국내 특정 지역에 전기와 열을 공급하는 OO에너지의 2011년 말 자본총계는 -1,134억 원이다. 에너지 사용량을 과다추정해서 실제보다 과도한 규모의 에너지 시설을 건립하는 바람에 지난 수년간 적자가 계속되었고, 이익잉여금이 아닌 결손금으로 1,662억 원이 누적되어 있다. 납입자본은 528억 원이므로 완전자본잠식 상태인 것이다. OO에너지가 언제쯤 물 밖으로 나올 수 있을지 궁금하다.[2]

재무상태표

OO에너지㈜ (단위: 억 원)

과목	2011년	2010년
자산		
Ⅰ. 유동자산	182	170
Ⅱ. 비유동자산	661	1,488
자산총계	843	1,658
부채		
Ⅰ. 유동부채	1,174	952
Ⅱ. 비유동부채	803	951
부채총계	1,977	1,902
자본		
Ⅰ. 납입자본	528	528
Ⅱ. 결손금	(1,662)	772
자본총계	(1,134)	244
부채와 자본총계	843	1,658

한편, 회사가 보유하고 있는 주식이나 토지 등 유형자산의 시가상승을 반영한 '평가이익'은 포괄적으로 보아서는 손익이지만, 아직 미실현 상태이기 때문에 이익잉여금을 구성할 수 없다. 미실현 이익이 생겼다고 해도 회사에 현금이 들어온 것은 아니고, 나중에 시가가 떨어질 가능성도 있으므로 섣불리 주주에게 배당할 수는 없는 노릇이기 때문이다. 따라서 기타자본구성요소 항목인 기타포괄손익누계액Accumulated other Comprehensive income(loss)에 기록한다.

이익잉여금은 어떻게 처분하나?

직장인이라면 누구나 좋아하는 단어가 바로 보너스일 것이다. 기업들은 다양한 동기부여와 성과보상을 위해 보너스를 지급한다. 보너스의 지급 기준은 회사마다 다르지만, 삼성그룹을 비롯해 국내 일부 기업들은 보너스의 항목 중 PSProfit Sharing라는 것이 있다. 직원들과 이익을 나눈다는 의미로 초과이익분배금의 성격을 가지고 있는 것인데, 목표한 이익을 초과달성할 경우 그 이익을 보상으로 지급하는 성과급이다.

그런데 제도 자체는 좋지만, 주주 입장에서 PS란 단어를 들으면 기분이 나쁠 수도 있다. 왜냐하면 이익Profit은 주주의 몫이기 때문에 이익을 나눈다는 것 자체가 회계기준이나 상법 규정에 어긋나는 것이기 때문이다. 그래서일까? PS라는 이름은 초과이익분배금이라는 개념은 같지만 영문 표현은 공식적으로 OPIOverall Performance Incentive로 변경이 되었다.

명칭이야 어떻든, 임직원에게 지급되는 대가는 급여라는 비용에 속한다. 채권자에게 지불해야 하는 이자는 이자비용, 정부에 지불하는 법인세의 경우에는 법인세비용으로 기록한다. 그렇다면 기업의 주인인 주주들이 출자한 자본에 대한 대가, 즉 배당금은 어떻게 회계처리 할까? 결론부터 말하면 손익계산서의 비용 항목을 아무리 들여다 봤자 배당금은 찾을 수 없을 것이다.

배당내역 등의 이익잉여금 처분내역은 이익잉여금처분계산서에 나오는데, 처분일을 보면 12월 말이 아니라 주주총회가 열리는 3월의 어느 날로 되어있음

이익잉여금 처분 내역을 기록한 이익잉여금처분계산서(2020년 현대그린푸드)

이익잉여금처분계산서

제53기: 2020.01.01부터 2020.12.31까지
제52기: 2019.01.01부터 2019.12.31까지

(단위: 천 원)

과목	제53(당)기 처분예정일: 2021년 3월 29일	제52(전)기 처분확정일: 2020년 3월 30일
미처분이익잉여금	846,021,654	829,293,012
전기이월미처분이익잉여금	809,125,112	777,085,356
기업회계기준서 제1116호 최초 적용에 따른 조정	–	(86,025)
당기순이익	37,705,777	61,645,526
확정급여부채의 재측정요소	(809,235)	(9,351,845)
이익잉여금처분액	20,167,900	20,167,900
이익준비금	1,833,445	1,833,445
배당금 주당현금배당금(률): - 당기 : 210원(42%) - 전기 : 210원(42%)	18,334,455	18,334,455
차기이월미처분이익잉여금	825,853,754	809,125,112

> 주주총회일

> 배당금은 비용이 아니므로 손익계산서에는 나오지 않는다.

을 알 수 있다. 즉, 1년 손익계산이 다 끝난 후에 배당결정과 지급이 이루어지는 것이다.

배당금은 기업의 이익을 주주들에게 돌려주는 것이므로 이익잉여금의 처분으로 본다. 비용이 아니라 주주가 자기 몫을 가져가는 것이다. 따라서 손익계산서의 비용 항목에서는 결코 배당금을 찾을 수 없는 것이다.

왜 돈을 들여서 자기 회사 주식을 사들일까?

2021년 3월 25일 현대백화점이 194억7천만 원을 들여 자사주 23만4천 주를 매입했다고 공시했다. 현대백화점의 자기주식 취득 결과 보고서에 따르면 이 회사는 지난 2월 5일부터 20회에 걸쳐 주식 23만4천 주를 매입했다. 1주당 평균 매입

가격은 8만3,213원이다. 이에 따라 현대백화점의 자기주식은 총 154만7,255주로, 전체 지분의 6.6%를 차지하게 됐다.

앞서 현대백화점은 지난달 4일 23만4천 주를 매입하겠다고 밝힌 바 있다. 이후 최근 주가상승의 영향으로 취득가액이 예상치(186억300만 원)보다 높아졌다.

현대백화점 관계자는 자사주 취득에 대해 "주가 안정을 통한 주주가치 제고를 위한 매입"이라고 설명했다.

〈〈한국경제〉 2021.3.25자 기사 수정 인용〉

이 뉴스처럼 자기주식 취득 또는 자기주식 소각은 거의 매일 경제신문의 한 편을 차지한다. 여기서 말하는 자기주식(자사주)이란 회사가 자기 재산으로 발행한 주식을 취득해 보유하고 있는 주식이다. 쉽게 말해 자기 돈으로 자기 회사 주식을 사두는 것이다. 이것을 자기주식 매입이라고 한다.

자기주식을 매입했는데 자산으로 기록할 수 없고, 오히려 자본만 차감이 된다. 게다가 주식시장에서 취득한 자기 주식은 자기가 자기를 소유할 수는 없는 노릇이므로, 의결권도 없고 배당금도 지급하지 않는다. 그런데도 왜 기업은 자기주식을 사들이는 것일까?

증시에 상장되어 있는 기업은 주가가 떨어지면 기업 평판도 나빠지면서 자금

재무상태표 주석에 나타난 자기주식 정보의 예(2020년 현대자동차)

21. 기타자본항목

기타자본항목은 전액 회사가 주가안정을 목적으로 보유한 자기주식이며, 당기말 및 전기말 현재 자기주식의 내역은 다음과 같습니다.

구분	당기말	전기말
보통주	13,091,418주	11,835,151주
1우선주	2,186,993주	2,046,959주
2우선주	1,353,570주	1,142,140주
3우선주	48,574주	34,545주

마련에 어려움을 겪게 된다. 그래서 기업들은 항상 주가를 적정수준으로 관리하고 싶어한다. 그래서 주가가 너무 떨어졌다 싶을 때는 주가를 떠받치기 위해 회삿돈을 투입해 자기 회사 주식을 대거 사들이는 것이다.

원칙적으로 상법에서는 자기주식 매입을 금지하고 있다. 주주들이 출자해서 발행한 주식을 되사들이는 것은 자본충실의 원칙을 훼손할 수 있고, 주식을 샀다 팔았다 하는 과정이 주가를 왜곡시킬 위험이 있기 때문이다.

그러나 특별법인 **자본시장과금융투자업에관한법률**(자본시장법)에서는 주가 안정이나 경영권 방어목적으로 자기주식을 매입하는 것이 가능하도록 하고 있다. 특별법은 일반법보다 우선시되기 때문에, 자본시장법의 적용을 받는 상장기업들은 주식을 사들여 증시에 유통되는 물량을 줄임으로써 주가를 안정시키거나, 상대방의 경영권 장악시도에 맞서 추가로 주식을 사들여 경영권을 방어할 수 있다는 얘기다. 특히 대주주 지분이 낮은 우리나라 대기업의 경우에는 경영권 안정을 위한 자기주식 매입이 많이 활용되고 있다.

다만 자기주식의 매입 또는 처분에 대해서는 그 내용을 일일이 공시하도록 하고 있다. 또한 자본시장법상 주가안정을 목적으로 취득한 자기주식은 매입 후 6개월 동안은 다시 매각할 수 없다.

주식을 소각하면 오히려 주식의 가치가 올라갈 수 있다.
(ⓒocregister.com)

따라서 자기주식을 매입해서 주가를 끌어올리겠다는 확실한 신호를 시장에 주려면 기업이 자기주식을 사들이는 데 그치지 않고 그 주식을 **소각**Share Cancellation해야 한다. 소각이란 사들인 주식을 없애버리는 것을 말한다. 자기주식을 소각하면 발행·유통되는 주식 수가 확실히 줄어들기 때문에, 회사의 가치를 발행주식 수로 나눈 주가는 오르게 되는 것이다. 똑같은 크기의 빵을 10조각으로 나누는 것보다 5조각으로 나누면 한 조각의 크기가 더 커지는 것과 같다.

최근 우리나라 기업들의 현금보유액이 급증하면서 삼성전자 등 우량기업을 중심으로 주주가치 제고를 위해 소각 목적의 자기주식 매입이 급증하였고, 또 이를 소각하는 과정도 있었다.

또, 경영권 안정화를 위해서는 취득한 자기주식을 우호세력에게 매각하는 방식도 활용된다. 2003년 SK㈜가 외국자본인 소버린 증권과 경영권을 놓고 다툼을 벌였을 때 신한은행, 하나은행, 산업은행 등의 채권은행들이 SK㈜의 자기주식을 사들여 경영권을 방어한 전례가 있다.

또한, 2015년 삼성이 미국계 엘리엇펀드의 삼성물산·제일모직의 합병반대 공세에 맞서 KCC를 '백기사'로 끌어들인 사례가 있다.

©Financial Times

당시 엘리엇펀드의 합병반대 공세에 시달리던 삼성이 강력한 반격카드를 내민 것이다. 삼성물산은 자기주식 매각 목적을 '회사 성장성 확보를 위한 합병가결 추진 및 재무구조 개선'이라고 밝혔다. 자기주식은 의결권이 부여되지 않지만 백기사에 매각하면 의결권이 살아난다. 당시 거래로 삼성물산의 우호지분은 기존 13.99%에다 KCC에 처분한 자사주 5.76%를 더해 도합 19.95%로 늘었고 결국 방어에 성공했다.

재무상태표의 주인을 찾아라!

런던 베이커가 허드슨 부인의 집에 세 들어 살고 있는 탐정 셜록 홈즈. 어느 날 셜록은 한 백화점 사장으로부터 회사 횡령사건의 범인을 밝혀 달라는 의뢰를 받는다. 그는 룸메이트인 왓슨에게 백화점의 재무상태표를 출력해 달라고 부탁했다. 왓슨은 출력하는 김에 평소 자신이 관심이 있던 자동차 회사와 은행, 그리고 셜록의 탐정사무소 재무상태표도 같이 출력해두었다.

그런데 셜록의 숙적 모리아티가 그를 방해하기 위해 재무상태표의 회사 이름을 모조리 지워놓고, 서류를 뒤섞어놓은 채 사라졌다. 이제 셜록은 어느 것이 어느 회사의 재무상태표인지 맞추지 않으면 안 된다. 그의 추리를 도와주자.

	(1)	(2)	(3)	(4)
현금및현금성자산	10%	20%	20%	5%
매출채권	-	20%	50%	15%
대여금	60%	-	-	-
상품	-	50%	-	-
제품	-	-	-	30%
원재료	-	-	-	10%
금융자산	20%	-	28%	10%
유형자산	10%	10%	2%	30%
자산 합계	**100%**	**100%**	**100%**	**100%**
매입채무	-	40%	-	30%
단기차입금	50%	10%	20%	20%
선수금	8%	20%	-	5%
장기차입금	30%	20%	10%	20%
자본	12%	10%	70%	25%
부채와자본 합계	**100%**	**100%**	**100%**	**100%**

※ - 표시는 무시할 수 있을 정도의 작은 비중을 나타낸다.

☑️ **과제**

왼쪽의 표는 네 회사의 재무상태표 항목들을 그 회사의 자산총액으로 나눈 것이다. 각 회사가 백화점, 은행, 자동차 회사, 탐정사무소 중 어디에 속하는지 맞춰보자.

정답

(1) 은행 (2) 백화점 (3) 탐정사무소 (4) 자동차 회사

해설

- (1)번 기업은 **대여금**(대출채권)의 비중이 상대적으로 높고 상품, 제품, 원재료 등의 재고자산 비율이 거의 없다. 또, 유형자산의 비중이 크지 않다는 것은 생산설비가 많지 않다는 뜻이다. 정리하면 기업이나 개인에게 빌려주는 대여금이 높고 상품을 생산하거나 판매하지 않는 기업, 즉 은행임을 알 수 있다. 참고로, 고객이 예금한 돈은 은행 입장에서 보면 돈을 빌린 것으로 볼 수 있기 때문에 차입금으로 기록된다. 그중에서도 단기차입금의 비중이 상당히 높은데, 일반적인 기업이라면 안 좋게 여겨질 수 있지만 은행은 수시입출금 때문에 단기차입금이 높을 수밖에 없다.

- (2)번 기업은 제품과 원재료의 비중은 낮은데 **상품**의 비중이 높다. 이는 직접 물건을 생산하는 게 아니라 매입해서 되파는 기업이란 의미이다. 즉, 이 기업이 바로 셜록이 찾고 있는 백화점이다. 참고로, 백화점과 같은 유통업은 판매할 상품을 다른 업체로부터 매입하기 때문에 매입채무의 비중이 높고, 판매는 되었지만 아직 사용되지는 않은 상품권 때문에 선수금 비중도 높다.

- (3)번 기업은 상품, 제품, 원재료 등의 재고자산도 없고 유형자산 비중도 낮다. 반면 **자본**의 비중은 크다. 이는 물건을 제조하거나 판매하는 기업이 아니고, 공장이나 매장이 크지도 않으며, 외부로부터 돈을 대출받아 이뤄지는 사업도 아니라는 뜻이다. 즉, 이 기업은 바로 셜록의 탐정사무소다. 사건을 의뢰한 고객의 대금지불이 외상으로 보통 이뤄지기 때문에 매출채권이 많다. 또, 자기 건물이 아니라 세를 들어 사무소를 운영하므로 유형자산 비중이 낮다.

- (4)번 기업은 제품, 원재료 등의 **재고자산** 비중이 높고, 설비나 공장 등 **유형자산**의 비중이 높다. 이는 제조업에서 흔히 볼 수 있는 형태로, 이 기업은 자동차 회사임을 알 수 있다.[2]

5장

손익계산서와
현금흐름표로
경영흐름 읽기

"거래가 일어나면 가장 궁금한 것은
과연 얼마에 팔았고,
이를 위해 얼마가 소요됐으며,
얼마나 남았느냐는 것이다."

지금까지는 재무상태표에 표시되는 자산, 부채, 자본항목의 구성과 각 항목별 회계적 의미에 대해서 주로 다루었다. 우리는 앞서 손익계산서가 벌어들이는 것을 의미하는 '수익'과 쓰는 것을 의미하는 '비용'의 구체적 내용을 기록하고, 이를 통해서 얼마를 남겼는지를 의미하는 '이익'을 나타내는 것이라고 배웠다.

본 챕터에서는 비즈니스의 가장 기본적인 의문인 '얼마를 벌고, 얼마를 썼나'에 대한 정보를 주는 수익 및 비용 항목들과 이를 해석하는 다양한 방법을 소개한다.

01
암호 같은 손익계산서
구조 파악하기

세상을 살다 보면 많은 추정과 가정에 마주하게 되는데, 이는 회계에서도 마찬가지다. 지금부터 공부할 손익계산서 활용법을 익히다 보면 많은 항목들이 추정과 가정으로 이루어져 있음을 알게 될 것이다.

주의할 것은 처음부터 명칭에 연연하지 말라는 것이다. 중요한 것은 학문으로서의 회계가 아니라 정보로서의 회계다. 지금부터 소개할 사례들은 이미 앞에서 나왔던 내용들이므로, 배운 내용을 정리한다고 생각하면 용어에 대한 거부감을 줄일 수 있을 것이다.

설록 홈즈가 암호문을 해독하는 방법은 여러 가지 추정 중에서 일관된 원칙을 찾아내는 것이다. 회계자료에도 원칙 속에 일관된 추정이 있다. (사진출처: 소설 <공포의 계곡> 삽화)

이익의 종류에도 여러 가지가 있다

손익계산서는 우리가 흔히 들어왔던 매출, 급여, 광고비 등의 용어로 이루어져 있기 때문에 얼핏 보면 재무상태표나 현금흐름표보다는 직관적으로 이해할 수 있을 것 같다. 그렇다고 해서 단순하게 접근한다면 손익계산서에서 얻을 수 있는 보물 같은 정보를 다 놓치고, 의사결정의 심각한 오류를 범할 수 있으므로 주의해야 한다. 그리고 손익계산서 정보만 보는 습관도 버려야 한다.

● EBITDA
영업이익(EBIT)에 감가상각비, 무형자산상각비 등 상각비를 더하여 산출하는 현금흐름 지표다. 상각비는 투자 당시에 현금이 이미 유출되고 그 뒤로는 현금유출 없이 비용만 인식하므로 이를 조정하려는 것이다.

그럼에도 매출총이익, 영업이익, 법인세차감전순이익, 당기순이익, 포괄이익 등 세부적인 항목이 매우 다양하다는 점은 읽는 사람을 헷갈리게 만든다. 여기에 공헌이익, 한계이익, 상각전영업이익EBITDA●, 경상이익 등 손익계산서를 가공한 이익지표까지 고려하면 이것은 마치 전문가들만이 알 수 있는 암호처럼 느껴지기도 한다.

다양한 이익정보의 사례(OCI㈜ 2020년 4분기 실적발표 자료)

(단위: 십억 원)

	Q4 '19	Q3 '20	Q4 '20	QoQ	YoY
매출액	638.7	468.0	564.2	21%	-12%
영업이익	-64.2	18.1	33.0	82%	흑자전환
이익율	-10%	4%	6%		
EBITDA	14.0	51.9	67.4	30%	383%
이익율	2%	11%	12%		
세전이익	-843.3	9.9	-225.9	적자전환	적자지속
당기순이익	-660.7	6.1	-161.1	적자전환	적자지속

※ 주석: K-IFRS 연결 기준, 외부감사인 감사 후
※ QoQ(Quarter on Quarter)는 전분기대비 증감비교수치를, YoY(Year on Year)는 전년대비 증감비교수치를 의미함

회의 시간에 앉아 있으면 더욱 머리가 아파온다. 담당임원이 영업이익률을 높이자고 목청 높여 이야기하고 있는데, 순이익은 어디선가 들어봤어도 영업이익은 정확히 무엇인지 모르겠다. 거래 상대방은 영업이익을 거론하며 이익이 발생하면 7 대 3으로 분배하자고 하는데, 나는 순이익으로 생각했다면 나중에 분쟁의 소지가 생긴다.

이익(또는 손실)의 다양한 용어들은 각각 다른 의미와 정보를 담고 있는데, 이익을 알기 위해서는 이익을 산출하기 위한 수익과 비용을 먼저 알아야 한다. 결국 수익과 비용을 공부하는 것이 이익을 공부하는 것이고 이는 곧 암호와 같은 손익계산서를 공부하는 것이다.

우리가 앞 장에서 알아본 손익계산서의 단순한 구조는 다음과 같았다.

수익 - 비용 = 이익(또는 손실)

이제는 이를 좀 더 확장해보자. 손익계산서의 기본 구조는 다음과 같다.

손익계산서
20XX. 1. 1 ~ 20XX.12.31

Ⅰ. 매출액 (수익) (①)	100
Ⅱ. 매출원가 (②)	(60)
Ⅲ. 매출총이익 (① - ② = ③)	40
Ⅳ. 판매비와관리비 (④)	(15)
Ⅴ. 영업이익 (③ - ④ = ⑤)	25
Ⅵ. 영업외수익(기타수익) (⑥)	10
Ⅶ. 영업외비용(기타비용) (⑦)	(5)
Ⅷ. 법인세비용차감전순이익 (⑤ + ⑥ - ⑦ = ⑧)	30
Ⅸ. 법인세비용 (⑨)	(6)
Ⅹ. 당기순이익 (⑧ - ⑨ = ⑩)	24

가장 핵심적인 수익인 매출액(①)에서 제조원가나 서비스원가 등 가장 핵심적인 비용인 매출원가(②)를 차감하여 매출총이익(③)을 구하고, 여기에서 영업비용인 판매비와관리비(④)를 차감해서 영업이익(⑤)을 도출한다.

그리고 영업 외적인 기타수익(⑥)과 기타비용(⑦)을 가감하면 법인세비용차감전순이익(⑧)이 나오고, 다시 여기에서 법인세비용(⑨)까지 차감하여 당기순이익(⑩)을 구하는 구조다.

이러한 구조를 파악했다면 앞서 목청껏 영업이익을 늘리자고 했던 담당임원의 이야기가 무슨 뜻인지 알 수 있을 것이다. 매출액에서 매출원가, 판매비와관리비를 뺀 이익을 늘리자는 뜻이다. 그러기 위해서는 매출액 자체를 늘릴 수도 있겠지만, 매출원가를 줄이거나 판매비와관리비를 절약할 수도 있는 것이다.

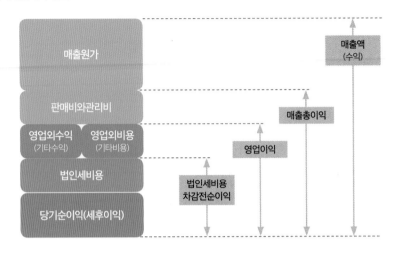

이때 영업활동과는 상관없는 거래, 가령 시가가 상승한 공장건물을 팔아서 발생한 이익(유형자산처분이익)이나 현금을 은행에 넣어 발생한 이자수익은 영업외수익으로 기록이 되므로 영업이익과는 상관없다는 것도 알 수 있다.

무엇을 기준으로 기록할 것인가

앞서 3장에서 공부했던 내용을 떠올리며 다음 질문에 답해보자.

[질문 1] 제품을 판매하고 대금은 한 달 후에 받기로 했는데 과연 수익(매출)은 언제 기록해야 할까?

[질문 2] 올해부터 근무한 직원에게 줄 퇴직금은 퇴직 시점으로 예상되는 10년 후 정도에 지급이 된다. 그렇다면 퇴직과 관련한 비용(퇴직급여)은 언제 기록해야 할까?

질문 1의 경우, 회사 입장에서 볼 때 수익으로 기록할 수 있는 결정적 사건은 제품을 판매하는 것 그 자체다. 나중에 이루어질 대금(현금) 회수는 '매출채권의 회수'라는 별도의 거래로 볼 수 있다. 따라서 판매시점에 '매출'이라는 수익을 기록한다.

또한 질문 2의 경우도 역시, 회사 입장에서 본다면 결정적 사건은 직원이 회사에서 근무를 함에 따른 보상이다. 그러므로 퇴직금은 현금으로 지급하는 시점이 아닌 직원이 근무한 시기에 '퇴직급여'라는 비용으로 기록한다.

두 가지 질문에 이런 답을 제시했다면, 여러분은 이미 발생주의 사고방식을 하고 있는 것이다. 회계에서는 현금의 유입이나 유출과 관계없이 '결정적 사건'이 언제 발생했는지에 따라 수익과 비용을 확정하고, 이에 따라 경영성과를 계산한다. 앞서 배운 대로, 이를 발생주의accrual basis라 한다.

회계를 공부한 사람과 회계를 공부하지 않은 사람의 차이는 발생주의 사고방식을 가지고 있는가 아니면 현금주의 사고방식을 가지고 있는가라고도 볼 수 있을 정도로 발생주의(또는 발생기준)는 회계의 핵심이론 중 하나다.

현금주의는 현금의 유입이 있으면 수익으로 보고, 현금의 유출이 있으면 비용으로 보아 경영성과를 계산하는 것이다. 현금의 유입이나 유출 여부는 누구나 쉽게 이해할 수 있기 때문에 현금기준을 따르면 회계보고서 작성이 매우 쉽다는 장점이 있다.

하지만 쉽다는 이유로 손익계산서를 현금주의로 작성하면, 개인 용돈기입장이나 가계부 작성에는 좋을지 몰라도 기업의 복잡한 거래를 제대로 표현할 수는 없다. 거래가 많고, 매출 후 현금 수령시점이 회계연도를 벗어나는 경우도 있으며, 감가상각비처럼 장기간에 걸쳐 발생하는 비용도 존재하기 때문이다. 또한 시장가격 변동에 따른 평가를 반영하기도 어렵다. 따라서 기업 경영에는 발생주의 손익계산서를 사용하는 것이 훨씬 합리적이다.

한번 배웠던 발생주의의 개념을 반복해서 설명하는 이유는 언제를 기준으로 수익과 비용을 기록하느냐가 손익계산서에서 중요하기 때문이다. 기본적으로는 사건이 발생했을 때 손익계산서에 기록하고, 나중에 실제로 현금 유출입이 일어날 때는 현금흐름표에 기록한다고 생각하면 이해가 쉬울 것이다.

비용을 언제 발생한 것으로 볼 것인가

발생주의라는 관점에서 비용을 생각해보면, 언제 어떤 것을 비용으로 인식할 것인가가 문제가 된다. 비용은 회사의 경영활동 전 과정을 통해서 발생되므로 자산을 사용하거나 자산이 감소할 때마다 이를 인식해야 한다.

그러나 이를 엄격히 적용하는 것은 현실적으로 쉽지 않다. 그래서 수익이 인식된 시점에 비용을 관련해서 인식하는데 이를 수익·비용 대응의 원칙이라고 한다. 즉, 발생주의에 따라 수익을 먼저 인식한 다음, 이 수익을 위해 희생된 원가를 비용으로 계상˙하는 것이다. 그 방법에는 몇 가지가 있다.

> ● 계상(計上)
> 계산하고 올린다는 뜻으로 회계상 거래를 측정하여 자산, 부채, 자본, 수익, 비용, 각 항목별로 보여주는 것을 의미한다.

○ 직접대응

비용을 인식하는 가장 이상적인 방법은 비용을 수익에 직접 대응시키는 것이다. 예를 들어 제품의 매출원가는 제품당 들어가는 비용이므로, 판매시점 매출액에 직접 대응된다. 즉, 재화를 생산하기 위해 소요되는 매출원가는 그 재화를 판매해서 얻는 수익(매출)이 인식될 때 함께 비용(매출원가)으로 인식된다.

○ 기간대응

교육훈련비, 광고선전비 등은 수익과 직접 대응시킬 수가 없다. 예를 들어 신입사원 교육에 1년 동안 총 1억 원의 교육훈련비를 지출하였다면, 이러한 투자 효과가 어느 기간에 발생하고 그 크기가 얼마인지 측정하기는 힘들다. 이렇게 직접대응으로 비용을 인식할 수 없을 때는 비용이 발생한 기간에 전액 인식한다. 즉, 올해 교육훈련비가 1억 원 발생했다면 올해 손익계산서에 1억 원 모두를 비용으로 기록한다는 것이다. 이러한 비용을 기간비용이라고 한다.

이때 꼭 주의할 점이 있다. 기업이 광고를 할 때는 단기적으로 매출을 반짝 끌어올리기보다는 기업이나 제품의 인지도를 향상시켜 장기적인 매출증가를 목적으로 하는 경우가 많다. 또 교육훈련 또한 당장 성과를 내기보다는 장기적인 결과를 목적으로 한다. 하지만 광고나 교육훈련은 효과의 측정이 불확실하고 그것이 매출에 미치는 영향을 직접 추적하기가 어렵다. 그래서 이러한 비용을 즉시 처리하게 되면 단기적으로 성과가 나빠질 수 있다.

바로 이러한 점 때문에 미래를 위해 과감히 투자하는 기업이 단기적으로 더 나쁜 평가를 받는 모순이 생길 수 있다. 따라서 기업의 손익계산서를 볼 때 이익에만 초점을 맞추기보다는 발생수익과 비용이 무엇에 대한 것인가를 눈여겨볼 필요가 있다.

○ 배분

유형자산, 무형자산 등 장기성 자산에 들어간 취득원가는 그 자산이 사용되는 사용기간에 걸쳐 체계적이고 합리적으로 배분하여 감가상각비나 무형자산상각비 등의 비용으로 인식한다.

건물의 경우 대부분의 기업들은 내용연수를 길어야 40년을 넘지 않게 잡는다. 50년까지 잡은 기업은 손에 꼽을 정도다. 이는 회계기준보다는 법인세법을 기준으로 삼은 결과이기도 하다. 하지만 한국채택회계기준K-IFRS에선 내용연수와 잔존가치, 감가상각방법에 실제 소비행태를 반영하게 했기 때문에 기계장

㈜삼성바이오로직스의 2020년 재무제표 주석 2번 중요한 회계정책 중 일부

2.11 유형자산

(…) 토지를 제외한 자산은 취득원가에서 잔존가치를 제외하고, 다음의 추정 경제적 내용 연수에 걸쳐 정액법으로 상각됩니다.

과목	추정 내용연수
건물 및 구축물	40년
기계장치	5~15년
차량운반구	4년
기타유형자산	4년

유형자산의 감가상각방법과 잔존가치 및 경제적 내용연수는 매 회계연도 말에 재검토되고 필요한 경우 추정의 변경으로 조정됩니다. (…)

63빌딩의 내용연수는 무려 120년이었지만,
2007년부터 60년으로 조정되었다.

치, 건물 등 유형자산의 감가상각비 변동이 더욱 심해질 수 있다.

내용연수기간이 길면 길수록 한 해에 비용으로 처리해야 할 감가상각비가 그만큼 적어지기 때문에 기업의 실적이 좋아지는 착시효과가 나올 수 있다. 참고로, 우리나라 건물 중에 가장 내용연수가 길어 배분을 오랫동안 하는 곳은 어디일까? 바로 여의도에 있는 63빌딩이다. 1985년 63빌딩을 준공했을 당시 내용연수, 즉 건물 수명을 120년으로 잡았다. 하지만 63빌딩을 소유한 한화생명은 이것이 아무래도 과대평가되었다고 보고 2007년부터는 60년으로 조정하였다.

배분이라는 용어 외에 배부Application라는 용어도 많이 사용된다. 배부는 원래 기차가 종착역에 도착해 선반에서 짐을 내리는 것을 의미하지만, 최종 원가대상인 제품의 원가를 산정할 때 간접원가overhead cost를 부과(또는 할당)하는 것을 의미하기도 한다.

이처럼 손익계산서를 구성하는 수익과 비용에 대해 회계에서 어떻게 가정하고 있는지를 제대로 이해했다면, 이러한 가정에 따라 이익이 얼마든지 달라질 수 있다는 사실을 알 수 있을 것이다. 이와 함께 손익계산서의 가장 마지막에 나타나는 순이익은 결코 기업이 마음대로 처분할 수 있는 돈(현금)이 아니라는 것도 알아야 한다. 발생주의와 현금주의 개념을 모른다면 이익이 곧 현금이라는 오류를 범할 수 있기 때문이다.

배분은 인류의 위대한 유산

앞서 우리가 배웠던 **배분**Allocation이란 용어는 공통원가 배분, 간접원가 배분, 결합원가 배분, 감가상각비 등에서 다뤘던 것처럼 '나누어 계산함'을 의미한다. 그런데 기업뿐 아니라 우리의 일상생활에서도 배분은 필연적이다. 가령 여럿이 함께 식사한 후에 식사비를 분담하는 것, 아파트 관리비를 산정할 때 엘리베이터 전기료나 유지보수

©조선일보

비를 배분하는 것처럼 말이다. 이를 빗대어 일본의 요시카와 교수는 회계상 배분을 '위대한 유산'이라고 한 바 있다. 즉, 인류가 함께 살아가는 한 배분에서 자유로울 수 없다는 것이다.

그러나 그 기준은 문화권마다 다르다. 예를 들어 서구와 한국에서 식사비 분담의 차이는 꽤 크다. 각자 먹은 만큼 내는 것이 일상화되어 있는 서구와 달리 한국에서는 한 사람이 다 부담하는 경우가 많기 때문이다.

02
얼마나 벌었는지
알려주는 '수익'

카카오톡에 어느 순간 생일인 친구 목록이 위에 올라오기 시작했다. 그리고 그 옆에는 자연스럽게 선물하기 버튼을 누를 수 있다. 처음 이 기능이 생겼을 때는 부정적인 의견이 많았다. 특히 직장 상사 등 불편한 관계인 사람의 생일이 올라오면 더욱 부담이 되기 때문이다. 하지만 카카오톡 서비스를 하는 카카오의 매출과 손익은 이러한 기능을 통해 의미 있게 증가하였음을 당시 재무제표에서 확인할 수 있다.

이윤을 추구하는 영리기업이라면 수익활동은 필연적이다. 하지만 각기 다른

CJ그룹의 지주회사인 CJ㈜의 손익계산서 일부

손익계산서
제68기: 2020.01.01부터 2020.12.31까지
제67기: 2019.01.01부터 2019.12.31까지

CJ 주식회사 (단위: 천 원)

과목	당기	전기
영업수익(주석23)	**165,163,104**	**181,742,606**
배당금수익	46,595,903	45,312,585
로열티수익	95,848,939	101,404,276
기타수익	22,718,262	35,025,745

사업 목적 아래에서 다른 수익활동을 하기 때문에 주된 수익을 의미하는 매출 또한 회사마다 다르다. 어떤 회사는 상품을 판매한 것이 매출이고, 어떤 회사는 이자나 임대료를 받은 것이 매출이 되는 것이다.

그래도 공통적인 것은 매출액을 손익계산서의 맨 윗줄에 기록한다는 것이다.

전통적인 제조업이나 상품매매업과는 다른 업종인 금융회사나 지주회사 등의 경우에는 '영업수익'이라고 표기하고 시작하기도 한다. 앞의 표는 CJ제일제당, CJ푸드빌, CJ E&M 등을 소유한 CJ그룹의 지주회사 CJ㈜의 손익계산서다. 이것을 보면 자회사의 실적에 따라 결정되는 배당금수익 등이 영업수익에 포함되는 것을 볼 수 있는데, 이는 지주회사의 주목적사업이 자회사 관리에 있기 때문이다.

CJ㈜의 정관 중 사업 목적 일부

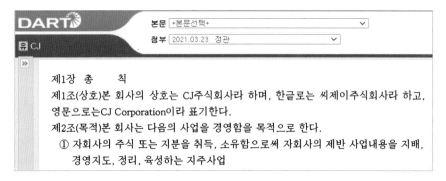

수익의 인식기준을 확인하자

손익계산서에서 매출액(또는 영업수익) 항목을 볼 때는 앞서 설명한 발생주의를 고려해서 기록되어 있는지를 살펴볼 필요가 있다. 매출인식은 회계에서 분식과 오류가 빈번하게 일어나는 영역이기 때문이다. 만약 작년 12월 30일에 인식했어야 할 수익을 올해 1월 2일의 수익으로 인식할 경우 날짜는 불과 3일 차이에 불과하지만, 작년 보고서와 올해 보고서 2개가 모두 왜곡되는 것이다.

수익 인식기준은 재무제표 주석에 공시하도록 되어 있다. 따라서 주석을 살

사업보고서에 공시된 목적사업의 예(아모레퍼시픽)

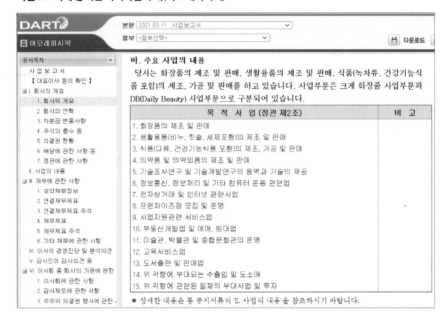

퍼보는 것도 한 방법이다. 또한 상장회사의 경우 공시된 사업보고서에서 '회사의 개요'와 '사업의 내용'을 참고한다면 보다 많은 정보를 얻을 수 있다.

손익계산서에는 이러한 수익이 주된 영업활동(목적사업)인지 여부와 금액의 중요성에 따라 매출액 또는 기타수익(영업외수익)으로 분류해서 보고한다.

· 매출액: 상품, 제품의 판매 또는 용역의 제공으로 실현된 금액

· 기타수익(영업외수익): 영업활동 이외의 보조적 또는 부수적인 활동에서 순환적

으로 발생하는 수익(이자 및 배당금수익, 임대료수익, 자산처분이익 등)

예를 들면 유통업에서는 상품매매가 주된 영업활동이고 금액 비중도 가장 크므로 상품 및 제품의 판매액을 매출액으로 보고하며, 설계사무소에서는 설계용역 제공이 주된 영업활동이므로 이를 매출액으로 보고한다.

만약 특허권, 상표권, 저작권, 소프트웨어와 같은 장기성 자산의 대여가 주된

영업활동이고 금액도 가장 중요하다면 로열티 수익을 매출액으로 보고하게 될 것이다. 하지만 그 외의 다른 영업활동이 더 중요하다면 로열티 수익은 영업활동 이 외의 부수적인 활동에서 순환적으로 발생하는 '기타수익' 중에 로열티 수익으로 보고하면 된다.

현대자동차㈜의 경우 판매용 자동차(재고자산)의 판매액은 매출액으로 기록하지만, 유형자산인 부품운반 자동차의 판매이익은 기타수익으로 기록한다. 당연히 기타수익은 영업외수익으로 영업이익에는 포함되지 않는다. 결국 중요한 것은 주된 영업활동인지 아닌지인 것이다.

영업이익, 꼼수 부리면 안 되지!

2012년 9월 개정 의결이 되기 전까지 한국채택국제회계기준K-IFRS을 도입한 상장사들은 영업이익 항목을 임의로 정할 수 있었다. 즉, 영업이익을 구할 때 금융수익과 금융비용을 제외한 기타수익, 기타비용을 포함할 수도 있고, 기존대로 포함하지 않을 수도 있었던 것이다. 포괄적 원칙중심의 국제회계기준을 도입하다 보니 기업 자율이 제약되어 이를 보장해준 것이다. 그런데 일부 기업들이 입맛에 맞게 이를 악용하는 문제가 발생했고, 기업 간 비교 가능성도 떨어졌다.

아래의 실제 삼성전자(2011년) 손익계산서 사례를 보면 이해하기 쉽다. 기타영업수익, 기타영업비용을 어디에 집어넣느냐에 따라 영업이익의 크기가 달라지는 것이다. 이러한 문제점을 해결하기 위해 영업이익만큼은 앞서 공부한 기존의 K-GAAP 손익계산서 양식으로 회귀하게 됐다.

과목	금액	과목	금액
Ⅰ. 매출액	120,815,977	Ⅰ. 매출액	120,815,977
Ⅱ. 매출원가	90,406,166	Ⅱ. 매출원가	90,406,166
Ⅲ. 매출총이익	30,409,811	Ⅲ. 매출총이익	30,409,811
연구개발비	9,352,350	연구개발비	9,352,350
판매비와관리비	11,377,686	판매비와관리비	11,377,686
기타영업수익	3,225,803	Ⅳ. 영업이익	9,679,775
기타영업비용	1,203,878	기타영업수익	3,225,803
Ⅳ. 영업이익	11,701,700	기타영업비용	1,203,878
금융수익	4,003,059	금융수익	4,003,059
금융비용	4,211,603	금융비용	4,211,603
Ⅴ. 법인세차감전순이익	11,493,156	Ⅴ. 법인세차감전순이익	11,493,156
법인세비용	1,464,004	법인세비용	1,464,004
Ⅵ. 당기순이익	10,029,152	Ⅵ. 당기순이익	10,029,152

03

얼마나 썼는지
알려주는 '비용'

비용을 모르는 사람은 없을 것이다. 하지만 비용을 단순히 장부에 나열하기만 한다면 정보로서의 기능은 별로 하지 못한다. 따라서 조금 더 세밀하게 구분해보자면 비용은 매출원가, 광고비, 연구개발비 등 주된 영업활동에서 발생한 비용Expenses과 화재손실, 도난손실 등 일시적이거나 우연적으로 발생한 차손 또는 손실Losses로 분류할 수 있다.

앞에서 설명한 수익의 경우는 언제 수익으로 봐야 하는가, 과연 수익으로 보고할 수 있는가, 수익이라면 영업활동에 관련된 매출인가 아니면 기타수익인가를 결정하는 것이 중요했다. 그러나 비용은 독자적으로 인식하기보다는 이렇게 엄격한 분류 과정을 거쳐 당당히 손익계산서에 자리를 잡은 수익이 있어야만 함께 기록된다.[2] 즉, 해당 수익을 창출하는 데 기여한 짝꿍이 되는 비용을 찾은 다음 수익의 아래에 보고한다. 그러면 둘의 만남의 결과인 이익(또는 손실)이 도출되는 것이다. 대표적인 비용항목은 다음과 같다.

매출액의 짝꿍 '매출원가'

매출액과 짝꿍이 되는 비용인 매출원가는 다른 비용 항목과 다르게 처음 봐서는 그 의미를 제대로 유추하기가 어렵다. 아무래도 용어가 직관적이지 않기 때

Gross Margin

Products and Services gross margin and gross margin percentage for 2020, 2019 and 2018 were as follows (dollars in millions):

	2020	2019	2018
Gross margin			
Products	$ 69,461	$ 68,887	$ 77,683
Services	$ 35,495	$ 29,505	$ 24,156
Total gross margin	$ 104,956	$ 98,392	$ 101,839
Gross margin percentage			
Products	31.5%	32.2%	34.4%
Services	66.0%	63.7%	60.8%
Total gross margin percentage	38.2%	37.8%	38.3%

> 보통 매출(Net sales)에서 매출원가(Cost of sales)를 차감해 매출총이익을 산출하고 있다.

문이다. 오히려 영어로 표현하면 이해하기가 쉬운데 영어로는 Cost of Goods Sold^{COGS} 또는 Cost of sales로 표현한다. 즉, 판매된 제품의 원가다. 회사가 서비스 업종이라면 Cost of Service가 될 것이다.

여기에서 방점은 바로 '판매된'에 찍어야 한다. 제품이나 상품을 제조하거나 매입한 원가가 모두 매출원가가 되는 것이 아니라, 매출이라는 수익에 기여한 원가만이 매출원가에 해당하는 것이다. 수익에 기여하지 못한 원가, 즉 판매되지 않은 제품원가는 흔히 '재고'라고 줄여서 말하는 재고자산으로 봐야 한다. 이것은 재무상태표에 자산으로 계상된다.

판매가 되었다는 것은 매출이라는 수익을 인식했다는 의미다. 즉, 매출원가를 다시 풀어 쓰면 '매출을 얻기 위해 필요한 원가'라고 이해하면 된다. 따라서 재고가 창고를 나갔다고 무조건 매출원가를 의미하지 않는다는 점에 주의하자. 가령 접대 목적으로 제품을 거래처에 선물로 줬다면 이는 매출원가가 아니라 접대비로 기록된다.

흔히 손익계산서에서 더 중요한 것은 매출액이라고 생각하기 쉽지만, 오히려 이익에 미치는 영향이 큰 것은 매출원가일 때가 많다. 매출액이 지난해보다 상

포괄손익계산서

제15기: 2020.01.01부터 2020.12.31까지
제14기: 2019.01.01부터 2019.12.31까지

㈜아모레퍼시픽 (단위: 억 원)

과목	제15(당)기	제14(전)기
매출액	30,169	39,138
매출원가	9,994	11,653
매출총이익	20,175	27,484
판매비와관리비	18,587	23,080
영업이익	1,587	4,404

승했다고 좋아해봤자 무의미할 수 있다는 것이다. 만약 매출원가가 더 큰 폭으로 상승했다면 이익은 감소한다. 특히 제조업의 경우는 원자재 가격 상승 때문에 매출원가 비율이 계속 상승하는 추세이므로, 측정을 통한 세심한 관리가 더욱 필요하다.

"We could sell the product for $14.95, but we're working to get it up to $49.99."

"그 물건은 14.95달러에 팔 수도 있지만, 49.99달러로 끌어올리려고 노력 중이라네."(ⓒDave Cappenter)

위 표를 보면 ㈜아모레퍼시픽은 특이하게도 매출원가보다 판매비와관리비가 더 큰 회사다. 즉, 제조원가 비중은 상대적으로 낮지만 광고와 유통 등 판매비가 크게 소요되는 업종으로 일반적인 제조업과는 큰 차이를 보인다.

영업활동에 꼭 필요한 '판매비와관리비'

질문을 하나 하겠다. 접대비와 기부금 중 '판매비와관리비'에 속하는 비용은 어느 것일까? 정답은 접대비다. 업무와의 연관성 때문인데, 접대비는 향후 거래확대 등의 대가를 바라면서 지출하는 비용이기 때문에 영업비용의 성격을 가지고 있는 것이다. 하지만 기부금은 그렇지 않다. 물론 대가(?)를 바랄 때도 있지만 말이다.

기업에서 일명 '판관비SG&A: Selling, general and administrative'로 불리는 **판매비와관리비**는 상품과 용역의 판매활동 또는 기업의 관리와 유지에서 발생하는 비용으로, 매출원가에 속하지 않는 모든 영업비용을 포함한다. 판매비는 매출액이 늘어나면 따라서 늘어나는 변동비의 성격이 강하고, 관리비는 매출액과 상관 없이 일정한 고정비의 성격이 강하므로 원래는 관리목적상 구분해서 처리하는 것이 바람직하다. 그러나 실무상 명확히 구분하기가 쉽지 않기 때문에 함께 판매비와관리비로 처리하는 경우가 많다.

판매비와관리비에는 급여, 퇴직급여, 복리후생비, 임차료, 접대비, 감가상각비, 세금과공과, 광고선전비, 연구개발비 등이 포함된다.

최근에는 연구개발비를 판매비와관리비와 별도의 영업비용으로 표시해서 보여주기도 한다. 그만큼 중요성이 높아지기 때문이다.

㈜삼성물산의 2020년 재무제표 주석 21번 판매비와관리비

21. 판매비와관리비

당기와 전기의 판매비와관리비의 내역은 다음과 같습니다.

(단위: 백만 원)

구분	당기(2020.12.31)	전기(2019.12.31)
급여 등	430,695	478,466
복리후생비	88,605	75,221
감가상각비	108,055	105,978
여비교통비	13,702	40,759
지급수수료	486,270	498,480
임차료	229,042	271,922
세금과공과	33,081	25,583
광고선전비	33,321	47,935
경성연구개발비	96,277	92,979
대손상각비	9,409	(5,168)
기타	230,048	420,786
합계	**1,758,505**	**2,052,941**

애플 손익계산서의 영업비용operating expensese **중 R&D 비용을 구분한 예** ════════

CONSOLIDATED STATEMENTS OF OPERATIONS - USD($) shares in Thousands, $ in Millions	12 Months Ended		
	Sep.26, 2020	Sep.28, 2019	Sep.29, 2018
Net sales	$ 274,515	$ 260,174	$ 265,595
Cost of sales	169,559	161,782	163,756
Gross margin	104,956	98,392	101,839
Operating expenses:			
Research and development	18,752	16,217	14,236
Selling, general and administrative	19,916	18,245	16,705
Total operating expenses	38,668	34,462	30,941
Operating income	66,288	63,930	70,898
Other income/(expense), net	803	1,807	2,005
Income before provision for income taxes	67,091	65,737	72,903
Provision for income taxes	9,680	10,481	13,372
Net income	$ 57,411	$ 55,256	$ 59,531

이상신호를 파악하는 '영업외비용(기타비용)'

영업외비용이란 매출(수익)을 얻기 위한 주된 영업활동 외에 보조적 또는 부수적인 활동에서 발생하는 비용을 말한다. 영업외비용에는 이자비용, 외화환산손실, 자산처분손실 등이 있다.

영업외비용은 가끔 발생하지만, 이것이 의미를 갖는 이유는 회사의 이상신호를 보여주기 때문이다. 어떤 회사가 위기에 봉착해 사업을 철수할 때 영업외비용이 크게 늘어날 수 있다. 또, 갑자기 이자비용 등 금융비용이 증가하거나 '유형자산폐기손실'이나 '재고자산감모손실' 등의 일시적인 비용이 발생했을 경우 기업의 위기를 알려주는 빨간 불일 수도 있으니 주의 깊게 보아야 한다.

대략적인 세금을 보여주는 '법인세비용'

회사가 이익을 얻으면 국가에 세금을 납부해야 하는데 이와 같이 회사의 이익에 대해 납부하는 세금을 법인세라 한다. 법인세비용은 영업활동의 결과로, 일정 기간에 벌어들인 소득에 대해 부과되는 세금이므로 영업활동이 보고되는 기간에 비용으로서 인식되어야 한다. 따라서 이익이 많으면 법인세비용도 많아지고, 이익이 적으면 법인세비용도 적어지는 인과관계를 갖는다.

이때 특이한 점은 올해 기록한 법인세비용이 국세청에 납부하는 법인세 납부금액과 일치하는 경우가 거의 없다는 점이다. 중간에 탈세를 해서 그런 것이 아니라, 기업이 기록하는 방식(회계기준)과 국세청이 기록하는 방식(세법)이 달라서 그런 것이다. 잊지 말아야 할 발생주의가 여기에서도 적용되는 것이다.

회계 Insight

법인세비용과 법인세납부액이 다른 이유는?

세법의 경우에는 현금주의와 비슷한 권리·의무 확정주의가 적용된다. 회계상 수익이 발생했어도 돈을 회수하지 못했는데 세금을 낼 수는 없는 노릇이고, 회계상 여러 평가방법에 따라 이익이 변동해 납부금액에 차이가 발생하면 조세저항이 생기기도 하기 때문이다.

이러한 차이로 손익계산서에 '법인세비용'으로 기록했으나 미래에 세금을 더 내야 하는 경우 **이연법인세부채**라는 항목으로 재무상태표에 기록되었다가, 실제 납부되고 나면 사라진다. 반대로 현재 법인세비용보다 세금을 더 많이 납부하여 미래에 세금을 덜 내는 경우 **이연법인세자산**으로 기록한다.

신세계 재무상태표에 기록된 '이연법인세부채'

DART	본문 2021.03.16 사업보고서			
신세계	첨부 -첨부선택-	다운로드 인쇄 검색결과로
비유동부채	1,951,767,379,361	2,060,833,946,884	1,500,299,131,269
장기매입채무 및 기타비유동채무			787,432,357
장기차입금	1,145,284,470,362	1,118,808,422,412	1,238,147,300,382
순확정급여부채	14,334,900,753	18,912,321,132	19,177,709,949
이연법인세부채	246,476,565,663	268,898,651,357	90,080,568,792
비유동리스부채	458,281,829,497	608,771,034,610	
비유동파생상품부채	49,864,785,675	9,863,000,000	
기타금융부채	25,889,436,684	25,242,730,976	142,066,219,383
기타비유동부채	11,635,610,727	10,337,786,397	10,039,900,406
부채총계	3,928,791,406,098	3,494,702,199,945	2,949,502,946,240

04
얼마나 남겼는지
알려주는 '이익'

경영자는 어떻게든 이익을 내려 하고 또 반드시 이익을 내야 하지만, 이익을 추구하는 데도 길이 있습니다. 나 혼자 많이 벌면 좋겠다는 자기애(自己愛)만으로 돈을 벌면 오래가지 못합니다. 거래처와 종업원을 포함해 모든 사람을 행복하게 해준다는 더 큰 사랑이 필요합니다. 그래야 오래갑니다.

또한 경영자는 철학이 있어야 합니다. 돈으로 사람을 움직이기보다는 마음 깊은 곳에서 불타오르는 동기를 부여해야 하는데, 그것을 위해서는 정말 인격밖에 없습니다. 결국 경영자 자신이 현장을 잘 알지 못하면 아무것도 안 됩니다. 아무튼 10%의 이익을 내려면 어떻게 해야 할 것인가를 생각하는 것, 이 한 가지에 집중해야 합니다.

이나모리 가즈오 교세라그룹 명예회장

이것은 일본의 3대 경영자 중 한 사람으로 꼽히는 이나모리 회장의 이야기다. 이나모리 회장이 강조하고 있는 이익이란 기업의 일시적인 호재를 통한 이익이 아닌 지속가능한 이익이다. 그렇다면 이익이 여러 개란 말인가?

회계는 다양한 정보이용자에게 의사결정에 사용할 정보를 제공하는 것이 목적이라고 했다. 이익에 대한 정보가 유용성을 지니려면 단 하나의 이익정보가 아닌 단계별 이익정보를 제공해야 한다. 그래야 정보이용자들이 당면한 투자나 영업, 자금조달 등의 의사결정에 가장 적합한 이익정보를 사용할 수 있는 것이다. 당연히 이익에도 다양한 종류가 있을 수밖에 없다.

매출액에서 매출원가를 뺀 '매출총이익'

이익의 근본은 매출액에서 매출원가를 뺀 나머지, 즉 매출총이익이다. 제품이나 상품의 판매로 인하여 고객으로부터 받는 수익(매출액)에서 제품이나 상품을 제조하거나 구입하는 데 사용된 비용(매출원가)을 뺀 이익을 매출총

©archiveros

이익Gross margin이라고 한다.

누군가 당신에게 "그럼 그거 하나 팔아서 얼마나 남겼는데?"라고 물었다고 하자. 가장 기본적인 대답을 한다면 "1,000원 주고 사와서 1,500원에 팔았으니까 500원 마진을 남겼지."라는 식으로 대답할 수 있을 것이다. 이때 물건을 판 가격인 1,500원은 매출액이고, 물건을 떼어오는 데 쓴 1,000원은 매출원가이다. 그래서 남긴 500원의 마진이 바로 매출총이익인 것이다.

그렇다면 왜 매출총이익이 중요한 것일까? 그것은 매출총이익을 통해 제품과 서비스의 수익성을 파악할 수 있기 때문이다. 사업에서 매출을 올리면 상품을 매입하거나 제품을 제조한 원가는 반드시 발생하기 마련이다.

같은 물건을 만들어 파는 A사와 B사가 있다고 하자. A사는 정가 1,500원인 제품을 1,000원에 제조하고, 경쟁사인 B사는 500원에 제조한다고 가정해보자. 이 경우 A사는 1개당 매출총이익이 500원인 반면, B사는 1개당 1,000원의 매출총이익을 실현한다. 즉 A사가 B사와 동일한 이익을 벌려면 제품 2개를 팔아야 하는 것이다. 당연히 수익성으로 보면 A사보다는 B사가 알짜배기 회사다.

증권사 자료에 따르면 농심은 컨센서스 대비 15% 상회한 것으로 나타났다.

"농심 4분기 실적은 연결기준 매출액 6,326억 원, 영업이익 260억 원을 기록하며 시장 예상치 영업이익 대비 15% 상회했다"면서 "일회성 비용 제거 시 영업이익은 56.6% 증가한 수치다"고 설명했다.

자료에는 "농심의 주요 원재료인 밀, 팜유 등의 국제 가격이 상승하며 원가 부담이 확대되고 있다"면서 "그러나 원재료를 소싱하는 제분 업체가 직접 가격 인상을 하지 않는 한 당장의 원가 부담 상승은 우려만큼 크지 않을 것으로 예상된다"고 분석했다.

다만 "물량 할인 축소에 따른 매출원가율 상승은 나타날 것이다"면서 "지난 4분기의 경우, 원재료 가격 상승에도 불구 핵심 제품 중심으로 판매가 증가함에 따라, 매출총이익률은 오히려 개선됐다"고 분석했다.

이어서 "원재료 부담 상승 추세가 장기화될 경우, 하반기에 라면 또는 스낵 부문의 가격이 인상될 것으로 예상한다"면서 "코로나19를 겪으면서 동사는 국내 시장에서 점유율이 공고해졌고 경쟁사는 반대로 점유율 상승이 장기간 정체되어 있기 때문에 경쟁사의 선제적 변화 없이도 가격 인상 진행이 가능할 것으로 보인다"고 전망했다. 〈《이데일리》 2021년 2월 5일자 기사 수정 인용〉

위 기사에서 매출총이익률이란 매출총이익을 매출액으로 나눈 비율을 말한다.

$$매출총이익률(\%) = \frac{매출총이익}{매출액} \times 100$$

이는 기업 수익성 분석의 출발점이 된다. 매출액총이익률이 높으면 이익을 많이 낸 회사, 낮으면 이익을 적게 낸 회사라고 판단할 수 있다. 매출액총이익률이 전년도와 비교해서 늘었는지 줄었는지 추세를 살펴보거나, 동일업종의 다른 기업 또는 동종산업 평균과 비교해 이 회사의 생산성이 어느 정도의 수준인지 검증해볼 필요가 있다.

본업의 성과를 보여주는 '영업이익'

"삼성테크윈, 1분기 영업이익 326억 원으로 흑자전환"

"기아, 지난해 영업이익 2조665억…전년比 2.8%↑"

"LG생활건강, 1Q 영업이익 15% 증가 전망"

"락앤락, 지난해 영업이익 289억…전년比 19% 증가"

위 문장들은 기업의 실적발표 시즌 때 언론매체들이 보도한 신문기사의 제목들이다. 대부분 매출액과 영업이익을 기준으로 공시를 하는 것을 볼 수 있다. 그만큼 영업이익에 대한 관심이 높다는 것을 의미한다.

영업이익은 영업을 통해 얻은 이익이다. 즉, 금융비용을 좌우하는 재무정책이나 회사가 어쩔 수 없는 정부과세정책에 따라 발생하는 법인세비용을 아직 고려하지 않은 금액이다. 영업이익은 손익계산서의 구조를 풀어 쓴 Earning Before Interest and Taxes의 이니셜을 따서 EBIT라고도 한다. 즉, 법인세비용과 이자비용 등의 영업외비용을 차감하기 전 단계의 이익인 것이다.

영업이익은 회사의 경영성과를 잘 반영하는 좋은 지표다. 때문에 기업에 관심이 있는 내·외부 이해관계자들은 손익계산서의 영업이익을 이용해 그 기업의 본업의 이익 정보를 얻는 것이다.

영업이익의 금액만 봐서는 이익의 수준이 적정한지 한눈에 파악하기가 쉽지 않다. 따라서 매출액 중에 영업이익이 차지하는 비율인 영업이익률을 산출해서 전년도 이익률 또는 동종업계 이익률과 비교하는 게 좋다. 그러면 이 회사가 어느 수준의 이익을 창출하고 있는지 분석할 수 있다.

$$영업이익률(\%) = \frac{영업이익}{매출액} \times 100$$

미국의 IT 기업 애플이 2011년 4분기(10월~12월)에 경이로운 영업이익을 기록했다. 17.3조 원으로, 삼성전자의 2011년 한 해 전체 영업이익 16.3조 원보다도 높다. 업계 관계자들은 애플의 엄청난 영업이익은 아이폰의 마진율이 높기 때문이라고 분석했다. 생산비는 적게 들이고 팔 때는 고가전략을 구사한다는 것이다. 특히 애플이 기록한 37.4%라는 엄청난 영업이익률은 '싸게 만들고, 비싸게 판다'는 장사의 기본원칙에서 나온 것이라는 설명이다.

그렇다면 애플은 어떻게 '싸게' 휴대전화를 만들 수 있는 것일까? 애플이 공개한 세계 153개 주요 협력사 영업현황에 따르면, 대만계 협력사 폭스콘의 영업이익률은 1%대에 머물렀다. 아이폰이 처음 나온 2007년에는 3.7%였지만 꾸준히 떨어져 2011년 2분기에는 0.9%까지 떨어졌다. 같은 기간 애플의 영업이익률은 18.7%에서 37.4%로 치솟았다. 상당히 대조적인 결과다.

애플의 경쟁자인 삼성전자는 영업이익률이 10% 내외이며, 협력업체들의 영업이익률은 6~7%대로 알려졌다. 하지만 애플 협력업체들의 영업이익률은 이보다 낮다. 결국 협력업체들의 영업이익률이 낮은 것은 애플의 입김으로 인한 단가하락이 크게 작용했을 것이라는 시각이 지배적이다.

〈조선일보〉 2012년 1월 27일 기사 수정 인용〉

이 기사는 라이벌 기업인 애플과 삼성의 당시 영업이익률을 분석하고 있다. 물론 기사에 드러나지 않은 부분도 있다. 예컨대 교섭력이 약한 협력업체로서는 비록 영업이익률이 낮더라도 전체 영업이익이 커질 경우 어쩔 수 없이 단가인하 제안을 수락할 것이다. 일종의 박리다매식 영업이다.

마지막에 남은 금액 '당기순이익'

당기순이익은 법인세비용까지 고려하고 난 후의 이익으로, 회사가 당해 회계기간 동안에 최종적으로 실현한 이익을 의미한다. 즉, 이것저것 다 빼고 마지막에 손에 쥐게 되는 이익인 것이다.

$$당기순이익 = 법인세비용차감전순이익 - 법인세비용$$

이러한 당기순이익은 세금을 내고 난 후의 이익이라는 의미에서 세후이익이라고 하고, 당기순이익 바로 앞 단계의 이익인 법인세비용차감전순이익은 줄여서 세전이익이라고도 한다.

삼성전자의 43기 정기주주총회의 재무보고 모습. 매출과 법인세차감전이익, 당기순이익 등을 요약해서 발표하고 있다. (출처: 삼성전자 홈페이지)

투자자여, 어닝 서프라이즈에 속지 마라

LG전자가 2021년 1분기 어닝 서프라이즈를 기록했다. 철수를 결정한 스마트폰 사업에서 2천억 원 이상의 적자가 발생했지만, 가전과 TV 사업이 흥행하며 분기 사상 최대 실적을 냈다.

LG전자는 연결기준 매출액 18조8,057억 원, 영업이익 1조5,178억 원의 1분기 잠정실적을 발표했다. 매출액과 영업이익은 각각 분기 사상 역대 최대이며, 전년 동기 대비 각각 27.7%, 39.2% 증가했다. 전분기 대비 매출과 영업이익은 각각 0.1%, 133.4% 늘었다. (〈더팩트〉 2021년 4월 7일 기사 수정 인용)

분기나 반기, 혹은 회계연도가 끝나고 상장사들의 실적발표가 이어지는 시기를 어닝 시즌Earning Season이라고 한다. 이 기간에는 투자자와 애널리스트의 눈이 온통 상장사들의 실적이 어떻게 나오는지에 쏠린다. 어닝 서프라이즈Earning Surprise는 말 그대로 '실적에 깜짝 놀란 것'으로, 회사의 매출액이나 영업이익이 기대 이상인 경우를 말한다. 반대로 기대보다 나쁘면 어닝 쇼크Earning Shock라고 한다. 이 둘을 구분하는 기준은 매출액이나 영업이익의 구체적인 숫자가 아니라, 시장의 기대(예상)를 뛰어넘는가 아닌가이다.

주식투자자들은 어닝 서프라이즈를 기대하며 조마조마하게 실적발표를 기다리기도 하고, 실적이 발표되기 전에 각종 수단을 이용해서 조금이라도 빠르고 정확한 정보를 얻으려고 한다. 하지만 힘들게 입수한 이른바 '고급 정보' 때문에 오히려 낭패를 보는 경우를 주변에서 심심치 않게 보게 되는 것이 현실이다. 입수한 고급정보가 근거가 없는 루머이거나 이미 시장에 공개되어 주가에 반영되어 있는 경우가 많기 때문이다. 그래서 투자자는 항상 이렇게 의심해야 한다. 나도 알 정도의 정보가 정말 '고급 정보'일까?

05
손익계산서의 변신과
숨은 정보들

라이벌 축구팀인 A팀과 B팀이 경기를 펼쳤는데, A팀이 2 대 1로 승리했다. 그런데 A팀의 득점 중 1골은 심판의 오심 때문에 인정된 예외적인 골이라고 하자. 그러면 A팀이 정말 B팀보다 잘하는 팀이라고 할 수 있을까?

지속적으로 A팀이나 B팀을 응원하는 팬이라면 팀의 정상적인 득점력이 어느 정도인지 판단하기 위해, 오심으로 인정된 한 골은 분석 대상에 넣지 않을 것이다. 그러나 만약 스포츠토토 복권을 구입한 경우라면, 과정이나 그 팀의 지속적 득점력보다는 최종결과에 더 관심을 갖게 될 것이다.

왜 포괄손익계산서인가

앞쪽 손익계산서에서 봤던 당기순이익은 축구 팬이 분석하는 것처럼, 비경상적이고 예외적인 골을 제외한 1골만을 그 팀의 성과(당기순이익)로 계산하여 표시한 것과 같다. 이에 반해 경기결과에 영향을 미친 모든 골을 반영하여 승패를 계산하는 스포츠토토 식의 계산법이 바로 포괄손익계산서다.

포괄손익계산서는 경상적이고 실현된 거래로 발생하는 당기순이익뿐만 아니라 비경상적이고 미실현된 거래로 발생하는 손익까지 포함해 최종 경영성과를 보여준다. 이를 총포괄손익이라고 부르는데, 당기순이익보다 확장된 개념이다.

포괄손익계산서

제52기: 2020.01.01부터 2020.12.31까지
제51기: 2019.01.01부터 2019.12.31까지

삼성전자㈜ (단위: 백만 원)

과목	제52(당)기	제51(전)기
당기순이익	**15,615,018**	**15,353,323**
기타포괄손익	(549,299)	(851,958)
후속적으로 당기손익으로 재분류되지 않은 포괄손익	(549,299)	(851,958)
1. 기타포괄손익-공정가치금융자산평가손익	93,251	73,199
2. 순확정급여부채(자산) 재측정요소	(642,550)	(925,157)
후속적으로 당기손익으로 재분류되는 포괄손익	–	–
총포괄손익	**15,065,719**	**14,501,365**

　기업의 미래현금흐름과 수익창출 능력을 예측하고 싶은 투자자나 채권자의 경우에는 '포괄손익계산서'를 통해 일정 기간 동안(어떤 과정을 거쳤는지는 상관하지 않고) 기업이 실현한 경영성과에 더 큰 관심을 가질 것이다. 포괄손익계산서는 이러한 가정하에 채택된 것이다.

　개별기업의 경영자에게도 어쩔 수 없는 외부요인이 생기면 이를 원래 순이익과 구분해서 보여줄 필요성이 생긴다. 예를 들어 환율이나 이자율의 변동, 또는 위의 삼성전자 포괄손익계산서에서와 같이 회사가 보유하고 있는 주식의 가격변동에 의해 미실현손익(공정가치금융자산평가손익 등)이 발생하면 경영성과가 달

단일 포괄손익계산서와 두 개의 보고서 형식의 차이

단일 포괄손익계산서	
수　　익	100
비　　용	(60)
당기순이익	40
기타포괄손익	10
총포괄손익	50

두 개의 보고서			
손익계산서		포괄손익계산서	
수　　익	100	당기순이익	40
비　　용	(60)	기타포괄손익	10
당기순이익	40	총포괄손익	50

라질 수 있는 것이다. 이럴 때 포괄손익계산서를 이용할 수 있다.

경상적이고 반복적으로 발생할 기업의 당기 경영성과는 음악에 비유하자면, 잡음이 섞이지 않은 깨끗한 음질의 음악과도 같다. 이것을 잘 감상하고 싶은 청취자에게 미실현손익 같은 것들은 일종의 잡음처럼 들릴 것이다.

하지만 음악을 듣다 보면 주변환경에 따라 어쩔 수 없이 잡음의 영향을 피할 수가 없다. 결국은 잡음도 함께 들을 수밖에 없는 것이다. 다만 이러한 잡음에 의한 경영성과와 잡음이 없는 원음 상태의 경영성과를 구분할 수는 있다. 이런 이유로 포괄손익이라는 개념을 사용하게 된 것이다. 한국채택국제회계기준 K-IFRS에서는 손익계산서를 앞쪽의 표와 같이 단일 포괄손익계산서와 두 개의 보고서(별개의 손익계산서, 포괄손익계산서) 중 한 가지 방법으로 표시하도록 하고 있다.[2]

제조원가명세서와 어떻게 다른가

제조업을 하는 K주식회사의 임직원들이 올해 결산이 끝난 재무제표(오른쪽)를 보고 회의를 하고 있다. 이때 오류로 보이는 항목이 발견되었는데 바로 급여 항목이었다.

손익계산서상 판매비와관리비에 나와 있는 급여를 보면 약 140억 원 정도가 지급된 것을 볼 수 있는데, 당시 K사의 생산직과 관리직을 합한 총 직원수는 약 1,000명이었다. 급여총액 140억 원을 총 직원수로 나누면 1인당 평균 약 1,400만 원 정도 지급된 것으로 계산이 된다.

하지만 실제 직원들의 연봉은 이보다 더 많다는 것을 회의에 참석한 모든 임직원들이 알고 있다. 회계지식이 많지 않았던 K사의 대표이사는 이상한 생각이 들어 손익계산서상 급여가 적게 기록된 이유가 무엇인지를 임직원들에게 질문하였다. 자, 당신이라면 어떻게 답하겠는가?

포괄손익계산서

제3기: 2023년 1월 1일부터 2023년 12월 31일까지

회사명: K주식회사 (단위: 억 원)

과 목		제3(당)기
Ⅰ. 매출액		21,245
1. 제품매출액	21,114	
2. 상품매출액	101	
3. 기타매출	30	
Ⅱ. 매출원가		18,124
Ⅲ. 매출총이익		3,121
Ⅳ. 판매비와관리비		1,514
1. 급여	140	
2. 퇴직급여	31	
3. 복리후생비	49	
4. 여비교통비	20	
5. 통신비	8	
6. 세금과공과	11	
7. 임차료	33	
8. 감가상각비	15	
…	…	…

대체 K사에서 무슨 일이 일어난 걸까? 상여금이 제외되었을까? 아니면 임원 급여가 제외된 것일까? 1년이 아닌 분기 손익계산서였나? 혹시 분식회계일까?

정답은 바로 손익계산서의 구조에 있다. 앞서 우리는 손익계산서의 구조를 단순하게 보면 수익에서 비용을 빼서 이익(또는 손실)을 구한다고 배웠고, 이때 중요한 수익과 비용이 위에 배치된다고 이야기한 바 있다. 제조업인 K사의 핵심비용은 크게 매출원가와 판매비와관리비, 영업외비용 등이다. 기능별 분류에 따른 경우 제조원가는 매출원가 항목에서 찾을 수 있다.

그리고 다시 기억을 더듬어보자. 제조원가는 크게 재료원가(재료비), 노무비, 제조경비로 분류된다. 눈치 빠른 독자라면 이제 문제가 무엇인지 알 수 있을 것이다. 생산에 직접 관여하는 생산직 사원의 급여는 노무비로서 제조원가로 분

제조원가명세서와 손익계산서의 관계

제조원가명세서		손익계산서(매출원가 산출 부분)	
과목	**금액**	**과목**	**금액**
Ⅰ.재 료 비	500	Ⅰ.기초제품재고액	200
Ⅱ.노 무 비	150	Ⅱ.당기제품제조원가	800
Ⅲ.경 비	250	Ⅲ.기말제품재고액	(100)
Ⅳ.당기총제조원가	900	Ⅳ.타계정조정액	-
Ⅴ.기초재공품재고액	100	Ⅴ.매출원가	900
Ⅵ.합 계	1,000		
Ⅶ.기말재공품재고액	(200)		
Ⅷ.당기제품제조원가	800		

류되어 매출원가 안에 포함되고, 손익계산서상 판매비와관리비의 급여에서는 제외된다. 따라서 판매비와관리비상의 급여는 K사의 전체 급여총액의 일부였던 것이다. 즉, 같은 급여라 할지라도 생산직 사원에게 지급된 급여는 제조원가로, 영업직 사원이나 관리직 사원의 급여는 판매비와관리비로 분류가 된다.

감가상각비도 같은 논리가 적용된다. 공장건물의 감가상각비는 제조원가에, 본사 건물의 감가상각비는 판매비와관리비에 속하는 것이다. 이러한 제조원가의 상세내역과 흐름을 정리한 장부가 바로 '제조원가명세서'다. 따라서 제조업의 경영성과를 제대로 파악하려면 제조원가명세서와 손익계산서를 같이 봐야한다.

그러나 아쉽게도 제조원가명세서는 강제가 아니라 자발적 공시대상이므로 다른 재무제표처럼 전자공시시스템이나 기업 IR 자료에 모두 나와 있지는 않다. 정보이용자들의 요구로 공시사항 항목들이 계속 늘어나고는 있지만, 기업의 가장 비밀스러운 항목인 제조원가까지는 공개할 수 없다는 게 기업들의 입장이다. 이것을 받아들여 제조원가명세서는 공개되지 않고 있는 것이다.

포스코의 감가상각비가 백화점보다 적은 이유는?

다음은 **포스코**와 **신세계**의 자료다. 그런데 포스코의 판매비와관리비(판관비) 중 감가상각비는 왜 신세계보다 적은 것일까? 언뜻 생각하면 포스코가 총자산과 총매출액도 더 크기 때문에 이에 따른 감가상각비도 더 커야 맞을 것 같은데 말이다.

(2020.12.31)

	포스코	신세계
총자산	79조869억 원	12조7,691억 원
총매출액	57조7,928억 원	4조7,693억 원
판관비 중 감가상각비	1,464억 원	6,191억 원

제조설비에 대한 감가상각비는 제품원가로 처리한 후, 제품이 판매되면 **매출원가**라는 계정으로 비용처리한다. 포스코의 유형자산 대부분은 제조설비이기 때문에 판관비 부분이 적은 것이다. 반면 신세계의 유형자산들은 대부분이 판매 및 물류 관련 설비들이기 때문에 포스코에 비해 **판매비와관리비**(판관비)에 속한 감가상각비가 크게 마련이다.[2]

손익계산서의 업종별 차이

지금까지는 손익계산서에 대한 설명을 제조업 위주로 했다. 그러나 사실 손익계산서는 업종별로 차이를 보이기 때문에 초점을 달리해 주의 깊게 살펴야 한다. 업종별로 손익계산서에 어떤 특징이 있는지 짚어보도록 하자.

○ 은행, 보험사, 증권사 등의 금융업

은행, 보험사, 증권사 등 금융업의 경우 주수익원은 대출을 해주고 받는 이자수익이다. 또한 주식거래 등 중계업무를 통한 수수료 수익도 상당하다. 따라서 비금융업이라면 이자수익, 수수료수익 등은 '영업외수익'에 들어가겠지만, 금융업의 경우 이것이 매출과 같은 '영업수익'인 것이다.

그렇다면 금융업에서 가장 유의해서 봐야 할 비용항목은 무엇일까? 흔히 이

포괄손익계산서

제187기: 2020.01.01부터 2020.12.31까지
제186기: 2019.01.01부터 2019.12.31까지

㈜우리은행   (단위: 백만 원)

과목	제187(당)기	제186(전)기
영업이익	1,765,336	2,471,553
순이자이익	4,822,462	4,860,336
이자수익	7,779,563	9,015,701
이자비용	2,957,101	4,155,365
순수수료이익	827,823	1,014,493
수수료수익	1,011,315	1,167,983
수수료비용	183,492	153,490
배당수익	122,757	100,708
당기손익 - 공정가치측정금융상품관련손익	472,266	26,733
기타포괄손익 - 공정가치측정금융자산관련손익	20,883	8,245
상각후원가측정금융자산관련손익	18,402	84,240
상각후원가측정대출채권및기타금융자산매매손익	18,402	84,240
신용손실에대한손상차손전입	(477,502)	(91,455)
일반관리비	(3,254,247)	(3,210,287)

자비용이라고 많이 대답하지만, 그보다는 대손상각비에 더 집중하는 게 좋다. 대출채권의 회수 가능성이 없기 때문에 발생하는 대손상각비가 바로 금융업 부실의 주범이기 때문이다. 위의 우리은행 손익계산서에서는 대손상각비를 신용손실에 대한 손상차손이라는 항목으로 기록하고 있다.

○ 백화점, 할인점 등의 유통업

백화점과 할인점 같은 소매유통업의 경우는 매출액 부분이 총매출액이 아니라 순매출액이라는 것을 유의해야 한다. 즉, 백화점에 입점해 있는 의류브랜드가 10만 원짜리 옷을 팔았다면 백화점 매출액이 그대로 10만 원으로 기록되는 것이 아니다. 일반적으로 그중에서 약 30% 정도의 수수료율을 적용한 3만 원이

백화점 매출이고, 나머지는 의류브랜드의 매출이 된다.

신세계 2020년 재무제표 주석 2.2 수익인식 기준 (일부)

당사는 고객이 재화를 구매하여 고객에게 재화의 통제가 이전되는 시점에 수익을 인식하고 있으며, 변동대가에 대해서는 이미 인식한 누적 수익금액 중 유의적인 부분을 되돌리지 않을 가능성이 매우 높은 정도까지 수익을 인식하고 있습니다.

한편 당사는 특정매장의 재화매출에 대해서는 고객에게 재화의 인도시점에 판매대가에서 특정매입원가를 차감한 **순액**을 수익으로 인식하고 있습니다.

○ 건설업, 조선업 등의 수주산업

건설업이나 조선업, IT 회사, 컨설팅 회사 등은 수주를 받아 장기간에 걸쳐 용역(서비스)을 제공한다. 이러한 특징 때문에 수익을 잡는 기준 자체가 일반 제조업과 다르다. 일반 제조업이 판매시점에 수익을 기록한다면, 수주산업에서는 용역(서비스)이 진행되는 동안 수익을 계속 기록한다. 이를 진행기준이라고 한다.

만약 이렇게 하지 않고 일반적인 '판매기준'을 적용하면 건설, 조선업 등은 용역기간이 워낙 길어서 완성시점까지 대부분 여러 해가 소요되므로 공사기간 동안은 계속 손실을 보다가 공사 완료시점에만 이익이 발생하는 것처럼 나타날 것이다.

원가가 투입되는 진행기준에 의해 매출을 결정하는 방식은 실무적으로는 고려할 사항이 매우 많지만, 기본 구조는 다음과 같은 공식에 의해 계산된다.

공사수익(매출액) = 도급 계약금액 × 진행률

이때 진행률이란 건설 또는 용역(서비스) 제공 시 전체 용역기간에 들어갈 총

○○지구 공사도급계약서

아래 사업의 사업주체인 (가칭) ○○ 제2지구 재건축조합(이하 "갑"이라 한다)과 시공사인 P산업 주식회사(이하 "을"이라 한다)는 ○○ 제2지구 재건축사업에 필요한 사항을 정하기 위하여 아래 및 별첨 공사계약조건과 같이 약정하고, 이를 증명하기 위하여 본 계약서 2통을 작성하여 "갑"과 "을"이 각각 기명날인한 후 1통씩 보관한다.

---- 아 래 ----

1. 사업의 명칭: ○○ 제2지구 재건축사업

2. 사업의 위치: 서울특별시 ○○지구 일대

3. 사업부지면적: 69,578.39㎡ (21,047.36평)

4. 사업의 내용: 관할 지방자치단체장이 승인한 건축시설의 신축공사

[도급 계약금액 표시]

5. 계약금액: 일금일천육백칠십사억팔천삼백칠십오천구백원정
　　　　　　(₩167,483,775,900)

※ 계약금액은 이 (가)계약서 계약조건 제7조, 제8조 및 제32조에 의거 조정변경한다.

6. 공사기간: 착공일로부터 36개월 이내

[용역기간 표시]

7. "갑"과 "을"은 주택건설촉진법 및 동법 시행령·동법 시행규칙과 주택건설기준등에관한규정 및 규칙, 주택공급에관한규칙, 집합건물의소유및관리에관한법률 등 관련 법령을 준수하여 계약조건에 따라 당해 재건축사업이 성공적으로 완료되도록 상호 신의와 성실의 원칙에 따라 이 계약을 이행하기로 한다.

원가에 대비해 당기에 투입된 원가의 비율을 말한다. 즉, 총 100억 원짜리 공사인데 현재까지 20억 원을 투입했다면 진행률은 20%가 되는 것이다.

진행률 = 실제투입원가 / 총공사예정원가

　예를 들어, 다음 한빛건설의 공사 관련 자료를 참고하여 2022년의 공사수익을 산출해보자.

　위의 표를 보면 2022년의 진행률 및 관련 공사이익은 다음과 같이 산출된다.

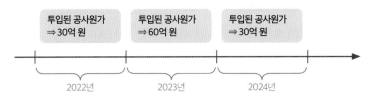

2022년의 진행률 = 투입된 원가 30억 원/전체 예정원가 120억 원 = 25%(①)

공사수익(매출액) = 전체 도급금액 200억 원 × 25%(①) = 50억 원(②)

공사이익(매출총이익) = 공사수익(매출액) 50억 원(②) - 투입된 원가(매출원가) 30억 원

= 20억 원

글로벌 세상의 다양한 회계용어

글로벌 세상의 회계용어와 회계연도의 다양성은 포괄손익계산서에도 마찬가지다. 각국이 처한 경제적·문화적·정치적 환경의 차이로 인해 회계측정 및 보고를 위한 규칙도 다소 차이를 보인다. 회계 계정과목 명칭 중에서 나라마다 차이를 보이는 것들의 예를 들면 다음과 같다.

대표적인 수익항목인 '매출'을 일본에서는 매상(賣上)이라고 하고, 미국에서는 Sales Revenue 또는 줄여서 Sales라고 부른다. 반면에 같은 영어권 국가라도 영연방국가에서는 Turnover로 부른다. 자산에서 '재고자산'에 해당하는 명칭은 미국에서는 Inventory라고 하는 반면에, 영국에서는 Stock이라는 표현을 사용한다. '자본금' 역시 미국은 Contributed Capital, 영국은 Share Capital이다.

재무제표를 지칭할 때도 다소 차이가 있다. 호주의 일부 회사는 Income Statement(손익계산서) 대신에 Statement of Financial Performance(재무성과표)라는 말을 사용하기도 한다. 손익계산서에 해당하는 영어명칭의 경우 Profit and Loss Statement가 가장 오랫동안 사용되어 왔다. 그러나 최근에는 발음상의 편의는 물론 손실Loss 자체를 목적으로 삼지는 않는다는 점을 감안하여 Income Statement가 주로 사용된다. 그런데 이익에 해당하는 영어에는 Profit이나 Income 외에 Earning 이라는 단어도 있다. 이를 반영하여 Earning Statement도 역시 손익계산서를 지칭한다.

이 중 흥미로운 것은 Earning이란 표현이다. Earning은 정확히 말하면 힘들게 노력한 결과 벌어들인 것(가령 근로소득)을 지칭한다. 따라서 불로소득(가령 상속이나 기부 등을 통해 얻은 것)을 포함하는 Income이라는 용어 대신에 진정한 의미의 성과를 나타내고자 할 때 사용된다. 최근 손익계산서의 맨 하단에 표시되는 주당순이익EPS이 Earnings Per Share의 약자라는 점은 한번 곱씹어볼 만하다.

현금흐름표로
더 많은 정보 캐내기

중국에서 가장 오래된 수학책이면서 신라시대에 수학 교과서로 쓰이기도 했던 《구장산술(九章算術)》에는 양수와 음수가 사용되고 있다. 음수를 나타내는 수막대를 빨간색으로 표시했는데, 손해를 봤을 때 적자(赤字)라고 말하는 게 여기서 유래되었다는 설도 있다. 예로부터 수기로 회계장부를 작성하는 경우에도 기본적으로는 검은색 글씨(흑자)를 쓰고, 손실이 발생하는 경우에 붉은색 글씨(적자)로 표시하였다.

실제 구장산술 중 일부

그런데 우리는 주위에서 가끔 흑자도산(黑字倒産)이라는 말을 듣는다. 장부상 흑자인데도 불구하고 기업이 도산하는 경우를 말한다. 아니 도대체 말이 되는가? 순이익을 기록했는데 도산을 하다니?

흑자도산은 어째서 일어날까?

일반적인 상식으로는 이익이 나는데 도산이 발생하는 상황을 이해하기 쉽지 않다. 하지만 실제로 이익이 발생하더라도 현금흐름은 오히려 악화(감소)될 수 있다. 물론 반대로 적자, 즉 손실이 나더라도 현금흐름은 오히려 개선(증가)될 수도 있다.

이것은 흔히 자금사정이라고 표현되는 기업의 현금흐름cash flow이 기업의 경영성과를 나타내는 순이익 흐름과 반드시 일치하는 것은 아님을 보여준다. 예를 들어 제품을 외상으로 판매한 경우, 현금 수령 여부와는 상관없이 판매시점에 '매출'이라는 수익을 기록한다. 그러나 실제로 현금이 들어오는 것은 아니므로 불일치가 일어나는 것이다. 또 다른 경우도 있다. 일정 금액만큼의 순손실이 발생하였고 실제 현금지출이 되었어도, 이보다 더 많은 자본을 외부에서 유치한다면 결과적으로 현금흐름은 개선되는 것이다.

따라서 재무제표를 통하여 회사의 현금흐름에 문제가 없는지를 잘 살펴보아야 한다. 궁극적으로 일정 기간 동안 회사의 부도 여부 또는 계속기업 가능성은 손익계산서상 이익보다 현금흐름에 달려 있다고 할 수 있다.

결국 회계정보 이용자들은 기업의 혈액과 같은 현금이 어떤 활동에서 유입되었고 어떤 활동에 사용되었는지 알고 싶어할 것이다. 따라서 현금흐름에 대한 정보를 체계적으로 작성할 필요가 있는데, 이러한 현금흐름 정보를 제공하는 재무제표가 바로 현금흐름표다.

GE의 前회장 잭 웰치는 한 인터뷰에서 "내가 5년만 빨리 현금흐름을 알았더라면 GE의 성장을 10년은 앞당길 수 있었을 것이다"라는 이야기를 했다. 경영 또한 매출 중심에서 손익 중심, 장기적으로는 현금흐름 중심의 관리로 나아가야 기업의 가치를 향상시킬 수 있다.

경영관리체제의 변화

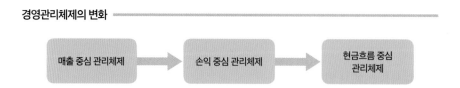

세 가지 경영활동으로 구성된 현금흐름

현금흐름은 현금의 유입 또는 유출을 말하며, 현금 구성항목 간의 이동은 현금

기업의 3대 활동과 현금흐름

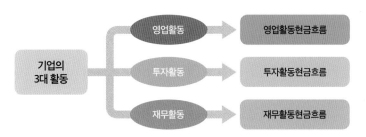

흐름으로 보지 않는다. 현금흐름이 어떤 활동에서 발생하였는지를 알기 위해서는 기업의 활동을 먼저 알아야 한다.

기업의 활동은 제1장에서 소개한 것처럼 영업, 투자, 재무로 구분된다. 즉, 기업은 투자자로부터 현금을 조달하여(재무활동), 영업을 위한 자산을 취득하고(투자활동), 그 자산을 사용하여 영업활동을 수행해 현금을 창출한다. 영업활동을 통해 창출된 현금은 주주나 채권자와 같은 자본공급자에게 다시 배분된다. 기업은 이러한 일련의 활동을 연속적으로 수행한다.

현금흐름표는 여러 재무제표 중에서도 이렇게 구분된 세 가지 경영활동별로 현금흐름 정보를 보여주는 역할을 한다.

○ 영업활동현금흐름

영업활동은 제품의 판매 같은 주요 수익창출활동만 의미하는 게 아니라, 투자활동이나 재무활동에 속하지 않는 거래와 사건을 모두 포함한다. 영업활동은 주로 제품의 생산과 판매활동, 상품과 용역의 구매와 판매활동 및 관리활동을 포함한다. 따라서 영업활동현금흐름은 사업활동의 지속, 차입금 상환, 배당금 지급 및 신규투자 등에 필요한 현금을 외부조달이 아니라 자체적인 영업활동으로부터 얼마나 창출하였는지에 대한 정보를 제공한다.

○ 투자활동현금흐름

투자활동은 건물이나 기계처럼 영업활동에 필요한 자산의 취득 및 처분활동을 말한다. 단, 이때 영업활동에 필요한 현금과 재고자산은 제외된다. 투자활동현금흐름은 미래 영업활동현금흐름을 창출할 자원의 확보와 처분에 관련된 현금흐름 정보를 제공한다.

○ 재무활동현금흐름

회사는 영업활동에서 창출한 잉여 현금흐름을 투자자들에게 이자, 차입금상환, 배당 등의 형태로 배분한다. 때로는 회사가 발행한 주식을 시장에서 사들이는 자기주식 취득을 통해 주주에게 현금이 배분되기도 한다. 이와 같은 활동을 재무활동이라 하는데, 재무활동은 영업활동과 투자활동에 필요한 자본(차입금 포함)의 조달, 환급 및 상환에 관한 활동을 말한다.

현금흐름은 기업활동과 어떻게 연결되는가

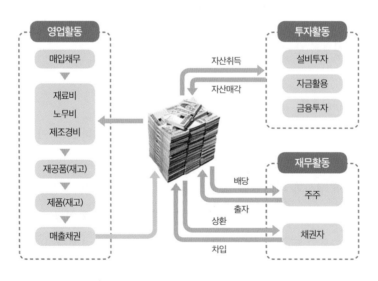

재무활동현금흐름의 정보는 주주, 채권자 등이 미래현금흐름에 대한 청구권을 예측하는 데 유용하며, 영업활동 및 투자활동의 결과 창출된 잉여 현금흐름

이 어떻게 배분되었는지를 나타내어준다.[2]

영업활동현금흐름은 왜 중요한가

기업의 세 가지 활동 가운데 가장 중요한 활동은 역시 **영업활동**이다. 왜냐하면 영업활동을 통해서 기업의 이익과 현금흐름이 직접적으로 창출되기 때문이다. 물론 유형자산 처분과 같은 투자활동 역시 이익을 창출하기는 한다. 하지만 이 것이 기업의 본원적 활동이라 할 수는 없다. 회사가 '정말 잘나간다'고 주장하려면 일단 영업활동현금흐름이 원활하게 창출되어야 한다.

회계정보 이용자들이 영업활동으로 인한 현금흐름을 중요하게 생각하는 이유는 무엇일까? 투자자나 채권자는 위험은 낮고 수익성이 높은 기업, 즉 좋은 기업에 투자하고자 한다. 현금흐름 관점에서 볼 때 좋은 기업이란 기업 본연의 목적을 달성하기 위한 핵심 영업활동을 하면서 거기서 충분한 현금을 창출하는 기업이다. 영업활동에서 충분한 현금흐름을 창출하면, 그 현금을 바탕으로 미래의 수익성을 좌우할 생산설비 투자가 이루어질 수 있으며, 또한 자금제공자인 주주나 채권자에게 자금의 대가를 제공할 수 있게 된다.

영업활동에서 충분한 현금을 창출하지 못하는 기업은 미래를 위한 투자를 하지 못하고 결국 시장에서 경쟁력을 상실할 가능성이 높다. 그뿐만 아니라 잘못하면 만기가 도래하는 차입금의 상환자금을 마련하기 위해 중요한 생산시설을 처분해야 할 수도 있다. 그 결과 미래의 영업활동 수익성은 더욱더 악화되며, 이러한 상태가 지속되면 기업은 결국 도산하게 된다. 이런 이유로 투자자들은 현금흐름표에 표시되는 영업활동현금흐름을 매우 중요한 정보로 간주한다.

참고로, 영업활동현금흐름에서 투자활동현금흐름(설비투자 등)을 차감한 잔액을 **잉여현금흐름**Free Cash Flow from Operations: FCF이라 하며, 기업가치를 평가하는 데 중요한 기초자료로 활용되고 있다.

현금흐름 패턴으로 기업 상황을 유추해보자

사실 회계를 공부한 사람도 현금흐름표를 제대로 해석하는 경우는 많지 않다. 당기순이익에 현금유출이 없는 비용인 감가상각비를 더한다거나, 매출채권과 재고자산의 증가는 현금의 유출과 동일하다고 간주하는 등 재무상태표와 손익계산서의 정보를 이용해 간접적으로 현금흐름표를 작성하는 것이 매우 복잡해보이기 때문이다. 심지어 회계사들 중에도 간혹 현금흐름표 작성의 어려움을 호소하는 경우가 있다.

하지만 사실 현금흐름표야말로 원초적인 재무제표다. 돈의 흐름을 나타낸 것이니 직관적으로 이해할 수 있고, 세부항목을 볼 때도 너무 심각하게 작성원리를 고민할 필요가 없다. 여러 번 강조했듯이 우리는 재무제표의 작성보다는 그것을 어떻게 읽고 활용하는가에 초점을 맞추고 있다. 따라서 현금흐름표의 경우에도 각 활동별 현금흐름 정보가 우리의 의사결정에 어떤 도움을 줄 수 있는지 살피는 능력을 키우는 게 더 중요하다.

현금흐름표의 정보를 활용하는 방법 중 하나는 현금흐름 패턴을 분석하는 것이다. 독자 여러분에게 질문을 하나 해보겠다.

> 투자활동현금흐름이 플러스(+) 패턴을 보이는 회사와 마이너스(-) 패턴을 보이는
> 회사 중 더욱 긍정적인 현금흐름을 보이는 회사는?

회계지능이 낮다면 이 질문에 플러스 패턴을 보이는 회사라고 답할지 모른다. 하지만 투자활동현금흐름이 플러스라는 것은 회사가 영업활동에 사용하던 공장 건물이나 설비, 차량 등을 처분함에 따라 회사에 현금이 유입된 경우다. 이에 반해 정상적인 회사의 경우에는 성장전략 차원에서 지속적인 투자가 이루어져 투자활동현금흐름이 마이너스의 패턴을 나타내므로, 이러한 회사가 더욱 긍정적인 현금흐름을 보여준다고 할 수 있다.

현금흐름 패턴분석을 더 자세히 알아보자. 이제 막 자본조달을 통해 설립된

우량기업의 현금흐름 패턴 사례(2016~2020년 삼성전자)

항목	2016/12	2017/12	2018/12	2019/12	2020/12
영업활동현금흐름	473,856	621,620	670,319	453,829	652,870
투자활동현금흐름	-296,587	-493,852	-522,405	-399,482	-536,286
재무활동현금흐름	-86,695	-125,609	-150,902	-94,845	-83,278
CAPEX®	241,430	427,922	295,564	253,678	375,920
FCF	232,427	193,698	374,755	200,152	276,950

영업활동현금흐름(+), 투자활동현금흐름(-), 재무활동현금흐름(-)의 전형적인 패턴을 보여준다.

신설회사의 경우 주주와 은행으로부터 현금이 유입되었을 것이므로 '재무활동현금흐름'은 플러스의 패턴을 보일 것이다. 또한 영업에 필요한 건물과 설비 등에 투자하면서 현금이 유출되어 '투자활동현금흐름'은 마이너스의 패턴을 보일 것이다. 그리고 아직 설립 초기라 영업비용의 지출보다 영업수익으로 인한 현금유입이 적을 가능성이 크므로, '영업활동현금흐름' 또한 마이너스의 패턴을 보인다고 해도 전혀 이상하지 않다.

하지만 이미 사업을 여러 해 진행한 회사가 여전히 영업활동현금흐름 마이너스, 투자활동현금흐름 마이너스도 재무활동현금흐름 플러스의 패턴을 보이고 있다면 문제다. 손익계산서상 이익을 기록했더라도 혹시 채권회수에 문제가 있는지, 투자가 과도하게 이루어졌다면 이 투자가 과연 온전한 투자인지를 판단해야 한다.

또한 영업활동이 원활하게 이루어지지 않는 회사에 자금을 출자하거나 대출해줄 투자자가 많지 않은데도 재무활동 현금유입액이 증가했다면, 혹시 높은 이자율을 부담하고 급하게 차입한 단기차입금 때문은 아닌지 유심히 살펴볼 필요가 있다.

그렇다면 바람직한 현금흐름 패턴은 어떻게 파악할 수 있을까? 질문의 답은

● **CAPEX**
Capital expenditures, 줄여서 CAPEX는 미래의 영업현금흐름을 창출하기 위해 지출한 비용을 말한다. 이는 기업이 설비자산을 구매하거나, 기존의 고정자산에 대한 투자에 돈을 사용할 때 발생한다.

의외로 쉽게 찾을 수 있다. 여러분이 생각하는 우량기업의 세 가지 활동별 현금흐름 패턴을 보자. 아마 몇 초 걸리지 않아 핵심을 제시할 수 있을 것이다.

우량기업이란 한마디로 '모든 것이 잘 돌아가는' 회사다. 영업활동에서 현금창출이 이루어지는 것은 당연하고, 이렇게 유입된 현금으로 지속적인 투자가 이루어지고, 만기가 돌아오는 차입금의 상환과 배당금의 지급이 이루어질 것이다. 따라서 영업활동현금흐름은 플러스(+), 투자활동현금흐름은 마이너스(−), 재무활동현금흐름은 마이너스(−) 패턴을 보일 가능성이 크다.

다음의 표는 각 활동별 현금흐름 패턴을 잘 요약하고 있다. [4]

	영업활동 현금흐름	투자활동 현금흐름	재무활동 현금흐름	설명
패턴1	+	+	+	영업활동에서 현금이 창출되고 있으며, 자산매각 및 재무활동에서 조달한 현금을 비축하여 타회사를 인수합병하거나 신사업분야에 진출을 모색하고 있는 유동성이 매우 풍부한 회사.
패턴2	+	−	−	영업활동에서 창출한 현금으로 고정자산을 구입하고 있으며, 또한 부채를 상환하거나 배당금을 지급하고 있는 회사.
패턴3	+	+	−	영업활동에서 창출한 현금과 자산을 매각한 자금으로 부채를 상환하는 회사.
패턴4	+	−	+	영업활동에서 창출한 현금과 차입금 혹은 증자대금으로 회사의 확장에 필요한 투자를 하고 있는 회사.
패턴5	−	+	+	영업활동에서 현금을 창출하지 못하는 문제점을 자산매각과 차입 혹은 증자를 통해서 보전하고 있는 회사.
패턴6	−	−	+	급격히 성장하고 있는 회사로서 영업활동에서의 부족자금과 고정자산의 구입에 필요한 자금을 장기차입 혹은 증자를 통해서 조달하고 있는 회사.
패턴7	−	+	−	영업활동에서의 부족자금과 채권자에 대한 차입금상환액을 고정자산의 매각을 통해 조달하고 있는 회사.
패턴8	−	−	−	영업활동의 부족현금과 시설투자 및 차입금 상환을 모두 기존의 현금비축액에서 사용하고 있는 회사.

마켓컬리나 쿠팡 등 성장하는 시장에서 공격적인 확대 전략을 펼치는 기업은 투자로 지출되는 현금은 많지만 영업활동에서 순유출도 커서 재무적으로 주주나 채권자로부터 자금을 조달하면서 사업을 키우는 패턴6(영업 −, 투자 −, 재무 +)이 나올 가능성이 크다. 하루 빨리 영업활동현금흐름의 순유입을 고대하면서 말이다.

현금흐름 패턴으로 쇠퇴 기업도 직관적으로 파악할 수 있다. 패턴7(영업 −, 투자 +, 재무 −)의 경우, 영업으로 돈이 들어오지 않자 설비자산 등을 매각하여 상환 압박을 주는 채권자 등에 차입금을 갚고 있는 회사로 볼 수 있다(사례: 회생절차 개시 직전 카페베네(2017년 말) / 영업 196억 −, 투자 200억 +, 재무 69 −).

회생을 위해 모든 힘을 쏟아 노력하는 기업의 경우 패턴5(영업 −, 투자 +, 재무 +)로 볼 수 있다. 영업으로 벌지 못하는 돈을 자산 매각과 대출, 증자 등으로 충당하는 고군분투 중인 상황이다(사례: 쌍용차(2020년 반기) / 영업 1,404억 −, 투자 1,503억 +, 재무 408억 +).

여러분이 주식투자에 관심이 있고, 실제 투자를 하고 있다면 지금 당장 투자 종목의 현금흐름 패턴을 보기를 추천한다. 현금흐름과 주가와의 상관관계는 그 어떤 지표보다 높기 때문이다.

인기 농구 만화《슬램덩크》에서 주장 채치수는 덩크슛에만 집착하는 주인공 강백호에게 "리바운드를 제압하는 자가 시합을 제압한다!"고 말한다. 농구 시합의 진정한 성공요인은 덩크슛처럼 화려한 득점이 아니라 흘러가는 공을 제대로 잡아내는 리바운드라는 것이다. 회계에서도 마찬가지다. 겉으로 보이는 손익계산서의 매출액과 이익에만 신경을 쓰는 것이 아니라 흘러가는 돈의 방향, 즉 현금흐름의 중요성을 깨달아야 한다. 채치수식으로 말하자면 '현금흐름을 제압하는 기업이 비즈니스를 제압한다'는 것이다.

"리바운드를 제압하는 자가 시합을 제압한다!" 마찬가지로 현금흐름을 아는 자가 회계를 지배한다. (ⓒ井上雄彦)

잘나가던 회사는 왜 망했을까?

　미술작품을 매입하여 판매하는 ㈜도니아트의 대표 갤러리정은 미술계의 큰 손으로 자리 잡으며 승승장구하고 있었다. 회사는 2020년도에 100억 원의 문화진흥자금(무이자 차입금)조달에 성공하여 그 돈으로 피카소 작품을 구매하여 판매까지 하였지만 경기불황이 계속되면서 만기가 돌아온 차입금을 상환하지 못해 2023년 1월에 도산하고 말았다. 다음 표는 ㈜도니아트의 거래 상황을 연도별로 나타낸 것이다. 이 그림을 보고 다음 질문에 답해보자.

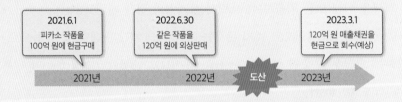

Q1 수익과 비용을 측정하기 위한 방법에는 현금주의와 발생주의가 있다. 회계기준은 손익계산서 작성 시에는 어떤 방법을 채택하고 있는가?

Q2 ㈜도니아트의 각 연도별 수익, 비용으로 인식할 금액을 현금주의와 발생주의로 나눠 다음 양식에 맞게 작성해보자. (단, 위 그림에서 나타난 것이 거래의 전부라고 가정하며, 기타수익과 비용은 생략한다.)

		2021년 말	2022년 말	2023년 말
현금주의	수익			
	비용			
	이익			
발생주의	수익			
	비용			
	이익			

Q3 ㈜도니아트가 2022년도에 회계상 이익을 내고도 2023년 1월에 도산하고 만 이유가 무엇인지, Q2의 결과를 토대로 이야기해보자.

- 현금주의란 현금을 수취한 때에 수익으로 인식하고, 현금을 지출한 때에 비용으로 인식하는 방법이다. 반면 발생주의란 현금의 유출입 시점에 관계없이 경제적 사건이 발생한 때에 수익과 비용을 인식하는 방법이다. 회계에서는 발생주의에 따라 손익계산서를 작성하므로 실제 현금흐름과 차이가 있을 수 있다. (Q1의 정답)

- 각 연도에 따른 수익과 비용은 아래와 같이 작성할 수 있다. (Q2의 정답)

		2021년 말	2022년 말	2023년 말
현금주의	수익	0원	0원	120억 원 (매출채권의 현금회수)
	비용	100억 원 (그림 구입비용)	0원	0원
	이익	-100억 원 (수익 - 비용)	0원	120억 원 (수익 - 비용)
발생주의	수익	0원	120억 원 (외상 매출채권)	0원
	비용	0원	100억 원 (그림 구입비용)	0원
	이익	0원	20억 원 (수익 - 비용)	0원

이때 발생기준으로 보면 2022년에 20억 원의 이익이 생긴다. 하지만 현금기준으로 봤을 때는 2021년 그림을 매입하면서 현금이 감소했지만, 관련 매출대금은 2023년에 회수된다.

- Q2에 따라 2022년 말에는 현금이 부족하였을 것이다. 비록 회계상으로 이익이 있었다고 해도 대금회수가 지연되면 자금의 압박이 심해진다. 만약 2023년 1월에 도래한 차입금 만기를 대금이 회수되는 2023년 3월까지만 연장할 수 있었다면 ㈜도니아트는 도산하지 않았을 것이다. (Q3의 정답)

6장

기업의 건강을
진단하는
재무제표 분석

"균형 잡힌 비율을 가진 기업이

곧 아름다운 기업이다."

레오나르도 다빈치의 <모나리자>가 아름다운 이유는 얼굴이 정확히 황금비율을 보여주기 때문이라고 한다. 황금비율은 주어진 길이를 둘로 나눴을 때 가장 아름답고 안정적으로 보이는 비율을 말한다. 황금비율 중에 하나가 정오각형의 한 변의 길이와 대각선 길이의 비인데, 모나리자의 얼굴은 정확히 이에 해당한다. 고대 그리스의 파르테논 신전도 황금비율을 보여주고, 우리 생활 속에서 자주 보는 명함이나 신용카드의 가로 세로 비율 역시 황금비율이다.

황금비율은 기업에서도 찾아볼 수 있다. 가장 아름다운 부채비율, 가장 건강한 자산회전율, 가장 전망 좋은 매출성장률, 가장 실속 있는 영업이익률처럼 말이다. 이러한 기업의 황금비율은 눈에 쉽게 보이지는 않는다. 하지만 투자자들은 황금비율을 가진 기업을 찾기 위해 매일 회계정보의 숲을 헤매고, 경영자들은 자기 기업의 황금비율을 만들기 위해 오늘도 고민하고 있다.

이번 장에서는 경영의 황금비율이라고 할 수 있는 '재무비율'을 통해 건강하고 아름다운 기업을 찾는 방법을 배우게 될 것이다.

경영정보의 숨은 보물
'재무비율'이란

모두가 아는 유명 프로야구 선수 이대호는 엄청난 기록을 가지고 있다. 그중 2010년 시즌에는 타자로서 도루를 제외한 모든 부문에서 최고의 자리에 올랐다.

당시 타율은 0.364를 기록했고, 2루타 이상의 장타를 의미하는 장타율은 0.667이었다. 출루율은 0.444로 역시 1위였다.

이대호 선수의 타율 속에는 타석, 타수, 안타수 등 다양한 정보가 압축돼 있다. ⓒLI Phil

숫자와 숫자의 관계를 보여주는 재무비율

'타율 0.364'라는 것은 안타를 친 비율이 36.4%임을 의미한다. 당시 이대호 선수는 478번 투수와 승부해서 174번 안타를 쳤으므로 174를 478로 나누어 0.364가 되는 것이다(야구에서는 %를 쓰지 않는다).

투수와 이뤄진 478번의 승부는 '478타수'로 표현할 수 있는데, 이때 이 선수가 타석에 들어선 모든 경우를 다 따지는 것은 아니고, 볼넷을 얻거나 보내기 번트를 쳤을 때는 투수와 정면승부를 펼친 것이 아니므로 타수에서 제외된다. 따라서 타율이라는 정보를 구하려면 기본적으로 타석, 타수, 안타수라는 세 가지 기본자료가 있어야 한다.

물론 타석에 몇 번 들어섰고, 몇 타수를 기록했으며, 몇 개의 안타를 쳤는지의 정보를 있는 그대로 나열해서 야구팬, 야구단 관계자, 스포츠 전문기자 등에게 제공하기도 한다. 그러나 '타율 0.364'라는 숫자 정보가 더 이해하기 쉽고 유용하며 빈번히 활용되는 것이 사실이다.

비율이 활용되는 것은 스포츠뿐만 아니라 비즈니스 세상에서도 마찬가지다. 기업의 성적표라고도 할 수 있는 재무제표 또한 여러 정보의 관계를 비율로 재가공해서, 직관적이고 의미 있는 정보로 다시 만들어내기도 한다. 대표적인 것이 경영 지표로도 많이 활용되는 재무비율이다. **재무비율**은 재무제표 분석의 핵심기술로 활용되므로, 회계정보를 이해하는 데 도움을 주는 계기판 또는 건강진단서라고 생각하면 된다.

혹시 재무비율을 구하려면 복잡한 계산이 필요한 것 아니냐는 것은 큰 오해다. 모든 분석은 대부분 기본적인 나눗셈으로 계산된다. 한 정보를 담고 있는 숫자를 다른 정보의 숫자로 나눈 뒤 결과를 해석하는 것이다. 게다가 재무비율에 대한 기초정보는 이미 재무제표에 나와 있으므로, 정보수집과 계산보다는 해석을 중심으로 공부하는 것이 재무비율을 제대로 이해하는 지름길이다.

재무비율을 분석하는 방법

일정 기간 동안 기업이 수행한 온갖 경영활동을 요약하는 재무제표는 경영정보의 보물창고다. 왜냐하면 재무제표는 기업이 가진 강점 및 약점 정보를 대부분 담고 있을 뿐 아니라, 다른 경영자료에 비해 신뢰성이 높고 자료수집에 소요되는 비용 또한 저렴하기 때문이다. 물론 그 보물은 찾아내서 활용할 줄 아는 사람에게만 소용이 있다.

재무비율 분석은 정보의 보물창고인 재무제표에서 정보들을 꺼내 상호연계시켜 의미 있는 재무비율을 산출하고 비교하는 것으로, 보물을 더욱 빛이 나게 활용하는 방법이다. 그렇다면 이제 재무비율 산출방법을 배우기 위해 다음 각각의 질문에 답을 해보자.

질문 1 동일업종인 A사와 B사의 손익계산서에 나타난 매출액 정보는 다음과 같다. 어느 회사에 투자할 것인가?

	A사	B사
매출액	1,000억 원	500억 원

주어진 매출액 정보만을 가지고 생각하면 당연히 매출액이 높은 A사가 더 낫다고 생각할 것이다. 두 번째 질문이다.

질문 2 동일업종인 A사와 B사의 재무상태표에 나타난 총자산 정보는 다음과 같다. 어느 회사에 투자할 것인가?

	A사	B사
총자산	1조 원	500억 원

자산총계 정보만을 가지고 생각하면 이번에도 당연히 자산 규모가 큰 회사가 안전성이 높을 것이므로 A사라고 대답할 것이다. 이제 마지막 질문이다.

질문 3 동일업종인 A사와 B사의 손익계산서 매출액과 재무상태표 총자산 정보는 다음과 같다. 어느 회사에 투자할 것인가?

	A사	B사
매출액	1,000억 원	500억 원
총자산	1조 원	500억 원

앞서 두 가지의 정보를 함께 살펴본 합리적인 투자자라면 이번에는 B회사에 투자하기로 결정할 것이다. 자산규모가 다른 두 기업의 매출을 살펴보면 A사는 1조 원의 자산을 가지고 10%에 해당하는 1,000억 원의 매출밖에 올리지 못했지만, B사는 500억 원의 자산을 가지고 100%에 해당하는 500억 원의 매출을 올렸기 때문이다.

만약 총자산이 다른 두 회사가 똑같은 매출을 기록했다면, 총자산이 큰 회사는 자산이용의 효율성에 문제가 있는 것이다. 반면 총자산이 적은 회사는 적은 자산으로 큰 매출을 올렸으므로 상대적으로 자산을 효율적으로 이용한 것이다.

단지 재무상태표의 총자산과 손익계산서의 매출액이라는 두 개의 정보를 붙여놓기만 했을 뿐인데 자산이용의 효율성을 가늠할 수 있게 됐다. 그냥 두 개의 정보를 나열만 해도 질문을 접한 여러분은 자신도 모르게 매출액과 자산을 나누어 비율을 계산하게 된다. 그만큼 비율정보가 이해하기 편하기 때문이다.

이 사례에 등장한 '매출액/총자산'의 비율은 실제로 총자산회전율이라고 부르는 재무비율이다. 회사의 자산규모 대비 매출액이 상승하면 이 숫자가 커지고, 반대의 경우는 작아진다. 총자산회전율은 어떤 업종이냐에 따라 상당한 차이를 보이지만, 동종기업 간에 비교한다면 이 회사가 자산을 얼마나 효율적으로 사용하였는지를 더욱 합리적으로 판단할 수 있다.

$$총자산회전율 = \frac{매출액}{(평균)총자산}$$

A사의 총자산회전율 = 매출액 1,000억 원 / 자산 1조 원 = 0.1회전

B사의 총자산회전율 = 매출액 500억 원 / 자산 500억 원 = 1회전

서로 다른 항목이 만나면 전혀 새로운 가치가 산출된다.(©JTBC 비긴어게인)

각자 그룹이나 솔로로 활동하던 가수들이 모여 버스킹을 하는 프로그램을 보면 새로운 조합이 색다른 시너지를 내는 모습도 재미있고, 그들이 부르는 익숙했던 곡들도 다른 멤버와 함께라면 전혀 다른 느낌으로 들린다. 이것은 마치 재무상태표와 손익계산서의 각기 다른 특정 항목을 연계해서 의미 있는 다른 정보를 산출해내는 것과 마찬가지다.

무엇에 기준하여 연계할 것인가

총자산회전율을 통해 재무비율 산출방법을 자연스럽게 습득하였을 것이다. 이때 중요한 것은 재무상태표의 자산, 부채, 자본 항목과 손익계산서의 수익, 비용 항목들을 상호연계하는 것이다.

앞서 A사와 B사를 비교한 것처럼, 재무비율을 효과적으로 활용하기 위해서는 흔히 벤치마크Benchmark라 불리는 비교기준치가 필요하다. 흔히 경쟁기업이나 선도기업 또는 산업평균비율 등이 벤치마크로 이용된다. 또한 한 기업의 전년도 재무비율이 벤치마크가 되기도 한다. 전년도 비율과 비교하는 것을 '추세분석'이라고 한다.

재무비율 분석방법은 세 단계로 이뤄진다.

- 첫째, 재무제표의 정보를 이용하여 미리 정해진 계산절차에 따라 분석할 기업의
  비율을 계산한다.
- 둘째, 계산한 비율을 표준비율, 즉 산업평균비율 등과 같은 적절한 벤치마크와
  비교한다.
- 셋째, 비교 결과를 놓고 분석대상 기업의 재무적 견실성 여부를 판단한다.

재무비율은 성격에 따라 영역별로 구분하여 의미를 부여하고 있는데 일반적으로는 안정성, 수익성, 성장성, 활동성으로 분류된다.

- 안정성 비율: 재무상태와 관련되어 단기지급능력을 나타내는 유동성 및 장기적
  인 지급능력과 재무적인 건전성 여부 판단.
- 수익성 비율: 기업의 일정 기간 동안의 영업성과를 측정.
- 성장성 비율: 기업의 규모와 매출 등의 성장성을 측정.
- 활동성 비율: 기업의 자산을 얼마나 효율적으로 사용했는가를 측정.

주요 재무비율

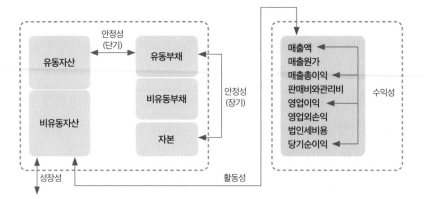

좋은 기업과 좋은 배우자의 공통점

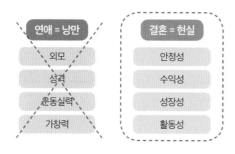

황○○ 씨는 마음에 드는 배우자를 찾아 헤매고 있지만, 번번이 이상형과 다른 사람을 만나서 결혼은커녕 연애도 못하고 있다. 고민 끝에 최고의 결혼 컨설턴트라는 강 컨설턴트에게 고민상담을 했다. 먼저 이상형이 무엇이냐는 강 컨설턴트의 질문에 황○○ 씨는 "외모는 배우 △△△ 스타일이 좋고, 운동실력이 있었으면 하고, 감미로운 노래를 잘 불러주는 사람"이라고 답했다. 강 컨설턴트는 고개를 저으며 말했다.

"○○ 씨는 지금 환상 속에 있군요. 그런 낭만적 이상형은 연애할 때 중요할 수는 있지만, 결혼은 현실입니다. 배우자를 선택할 때 정작 중요한 현실적 기준은 전혀 고려하지 않으시는군요."

궁금해진 황○○ 씨는 '배우자의 현실적 기준'이 무엇인지를 물었다.

"좋은 배우자의 기준은 첫째, **안정성**입니다. 지금 그 사람 소유의 집이나 차 등의 자산은 물론 혹시 숨겨놓은 빚이나 카드연체, 보증을 선 건 없는지도 봐야 합니다. 둘째는 **수익성**입니다. 연봉이 높다고 꼭 좋은 배우자감은 아닙니다. 씀씀이가 커서 저축은커녕 지출하기에 바쁘다면 문제가 됩니다. 셋째는 **성장성**입니다. 지속적으로 성장할 수 있는 직장에 다니는지, 직장 내에서 승진할 만한 인물인지, 사업가라면 하고 있는 일의 성장가능성을 과거 추세를 보면서 확실히 따져봐야 합니다. 넷째는 **활동성**입니다. 아무리 안정적인 자산과 전도유망한 직업을 가지고 있다고 하더라도 체력이 약하거나 끈기가 없어 오래 활동하지 못하면 소용이 없습니다."

이러한 조건은 사실 좋은 기업에도 정확히 들어맞는다. 안정성, 수익성, 성장성, 활동성을 고루 갖춘 기업이야말로 앞으로 계속 투자할 만한 좋은 기업인 것이다. 이야기를 진지하게 듣던 황○○ 씨는 말했다.

"감사해요. 그럼 저는 배우 △△△ 같은 외모에 성격 좋고 운동과 노래를 잘하면서 안정성, 수익성, 성장성, 활동성이 모두 뛰어난 배우자를 찾아야겠네요."

과연 황○○ 씨는 원하는 짝을 만날 수 있을까?

02

튼튼한지 알려주는 '안정성 비율'

"대출심사 땐 '새가슴'이 되죠."

한 언론 인터뷰에 실린 은행 대출심사 담당직원의 말이다. 저축은행 도산 등 부실대출이 사회적 문제가 되고, 아무 기업에게나 돈을 빌려줬다가는 은행이 무너질 수 있으니 조심 또 조심할 수밖에 없을 것이다.

은행 등 금융기관이 기업에 신규 대출을 해주거나 기존 대출의 연장을 결정할 때는 몇 가지 주요 재무비율을 유심히 살펴본다. 재무비율이 기업의 신용을 평가하고, 부채의 원금과 이자를 정해진 시기에 제대로 납부할 수 있는지를 판단하는 데 유용한 근거가 되기 때문이다.

이때 주로 활용되는 대표적 재무비율은 '안정성 비율'이다. 회사가 불안정하다는 것은 부도나 파산 등으로 망할 가능성이 높다는 의미이므로 안정성 비율은 회사가 망하지 않는 힘을 가지고 있는가를 분석할 때 활용된다. 장기간에 걸친 안정성 비율 추세를 분석하게 되면 회사가 어떠한 방향으로 나아가고 있는지 알 수 있다. 대표적인 안정성 비율로는 유동비율, 당좌비율, 부채비율 등이 꼽힌다.

유동비율: 과연 지불능력은 있는가

유동자산은 1년 안에 현금으로 전환되리라고 기대되는 항목이고, 유동부채는 1년 안에 갚아야 하는 항목이다. 그런데 유동자산보다 유동부채가 많다면? 경영 환경에 급격한 개선이 이뤄지지 않을 경우 1년 안에 회사의 현금사정은 나빠질 것이 분명하다.

유동비율은 이처럼 1년 미만의 단기부채 상환능력을 분석하기 위해 사용되는 비율로, 다음과 같이 구한다. 즉, 유동부채에 비해 유동자산이 얼마나 있는가를 나타내는 비율이라고 보면 된다.

$$유동비율(\%) = \frac{유동자산}{유동부채} \times 100$$

꾸준히 흑자를 유지하고 있는 회사의 경영자인데도 일시적으로 자금이 회전되지 않아 부도가 날 뻔한 적이 있다는 무용담을 늘어놓을 때가 많다. 거래처 부도 등으로 인해 채권이 회수되지 않을 때, 일시적으로 자금의 융통이 막힐 때 회사가 곧바로 현금으로 전환할 수 있는 자산이 있는지 없는지에 따라 그 회사의 자금회전은 큰 영향을 받는다.

위 공식대로라면 회사의 유동비율이 100%보다 높은 회사는 유동부채보다 유동자산이 많은 기업으로, 재무구조가 건실해 단기채무 지급능력이 안정적이라는 것을 의미한다. 반면 이 비율이 100% 미만이라면 유동자산으로 1년 이내에 유동부채를 상환할 수 없다. 따라서 은행으로부터 차입을 하거나 토지나 건물 등 비유동자산을 처분해야만 유동부채의 상환이 가능하고, 그렇지 않다면 보통 '부도'라고 부르는 지급불능 사태에 직면할 수도 있는 회사다. 따라서 유동비율이 100%에 미달

유동비율이 100%에 미달하고, 유동자산은 늘지도 않고, 유동부채는 자꾸 증가한다면 그 회사는 언제 목이 날아갈지 모른다. 이러한 회사의 CEO는 아마 웃는 게 웃는 게 아닐 것이다. ⓒthe_watt

하면 아무리 전망이 좋은 흑자예상 기업이더라도 단기채무에 대처하지 못해 도산 가능성이 있다는 것을 의미한다. 이러한 상황을 '유동성 위기'라고 한다.

한국거래소는 12월 결산법인 상장사 633개 사를 대상으로 유동자산 및 유동부채를 기준으로 유동비율을 조사한 결과, 올 상반기 115.63%로 작년 말 대비 0.73% 증가했다.

유동비율이란 유동자산을 유동부채로 나눈 값으로 단기채무 지급능력을 파악하는 데 쓰이는 지표다. 일반적으로 유동비율이 높을수록 상환능력이 높다.

이 기간 유동자산은 424조8,483억 원으로 전년 말 대비 0.002% 증가하는 데 그쳤지만, 유동부채가 367조4,157억 원으로 전년 말 대비 0.63% 감소하며 유동비율을 끌어올렸다. 유동비율이 가장 높은 기업으로는 A사가 21만4,083%로 나타났으며, 이어 B사(3만7,973%), C사(2만8,511%) 순으로 나타났다.

〈아시아경제〉 2012년 9월 5일자 기사 수정 인용〉

보도된 기사를 보면 상장기업의 유동비율 평균이 115%를 기록하고 있는데 가장 유동비율이 높은 기업은 무려 21만4,083%이다. 그렇다면 이 기업은 정말 엄청난 안정성을 가지고 있는 것일까? 그렇지는 않다. 재무비율은 다른 재무비율과 함께 종합적으로 분석해야 하고, 또한 유동비율이 높더라도 다음과 같이 해석에 주의를 해야 한다.

첫째, 유동비율이 높으면 경영자의 입장에서는 자산을 효율적으로 이용하고 있지 못하다는 신호가 될 수 있다. 유동자산에 포함된 현금및현금성자산, 매출채권 등의 경우 그 자산만으로는 수익성이 높지 않다. 또한 유동자산에 포함된 재고자산 역시 판매 과정을 거쳐야 하므로 반드시 많이 보유하고 있다는 것이 좋은 것은 아니다.

둘째로, 연말에 측정된 유동비율이 기업의 연중 유동성을 나타내는 것은 아님에 주의해야 한다. 경우에 따라서는 계절적인 요인에 따라 유동비율이 다르게 나타남에도 불구하고 결산일 기준으로 작성되는 재무상태표의 수치를 이용하다 보니 진정한 유동성을 나타내지 못할 수도 있다.

당좌비율: 더욱 엄격한 지불능력 검증도구

유동비율은 회사의 지불능력을 손쉽게 알게 해주므로 많이 활용되는 것이 당연하다. 그러나 유동비율을 구하는 요소인 유동자산에는 현금및현금성자산, 매출채권 등의 당좌자산뿐 아니라 제품, 상품, 원재료 등의 재고자산도 포함된다.

재고자산은 유동자산 중에서 유동성이 상대적으로 낮은 항목이다. 재고자산을 현금화하려면 판매와 대금회수라는 과정을 거쳐야 하므로 시간이 많이 걸리기 때문이다. 더욱이 재고자산에 포함되어 있는 제품이 모두 팔린다는 보장도 없다. 따라서 유동자산 중에 재고자산의 비중이 높다면 유동비율만으로 유동성을 평가하기에 무리가 있다.

유동비율의 이런 문제점을 개선하고, 단기간에 유동부채를 지급할 수 있는 진짜 능력을 측정하려면 당좌비율을 이용하는 게 더 정확하다. 당좌비율은 조금 더 빨리 현금화할 수 있는 자산, 즉 당좌자산을 유동부채로 나눈 것이다.

$$당좌비율(\%) = \frac{당좌자산}{유동부채} \times 100$$

당좌비율이 100% 이상이면 일단 단기적인 안정성은 양호하다고 볼 수 있다. 따라서 위험하다는 소문이 있는 회사를 제대로 검토하고 싶다면 이 수치를 사용할 수 있다.

당좌비율은 산성시험비율Acid-Test Ratio이라고도 불린다. 이는 당좌비율에 의한 회사의 지불능력 검증을 학교 다닐 때 실험했던 리트머스 종이의 산성시험에 비유한 것이다. 리트머

산은 푸른 리트머스 종이를 붉게 변화시키고, 알칼리는 붉은 리트머스 종이를 푸르게 변화시킨다.

스 용지에 대보면 산성인지 알칼리성인지 즉시 알 수 있는 것처럼 당좌비율에 적용하면 회사의 상태가 바로 나타난다고 볼 수 있다.

당좌비율이 높다는 것은 단기채무의 지불능력이 더 출중하다는 것을 말한다. 따라서 유동비율보다 기업의 유동성을 조금 더 엄격하게 측정하고자 할 경우 활용된다.

당좌비율 산출에 반영되는 항목들

재무상태표

유동자산	부채
현금 Y	
금융자산 Y	유동부채 Y
매출채권 Y	
재고자산	비유동부채
기타유동자산 Y	
비유동자산	자본

재고자산은 반영되지 않는다.

그런데 종종 부도설이 나돌고 있는 회사의 유동비율과 당좌비율이 급격히 개선되는 경우가 있다. 왜 그런 것일까?

부도설이 나도는 회사에 외상으로 제품을 공급할 회사는 없을 것이다. 당연히 거래 시 현금을 요구할 것이므로 매입채무는 감소할 것이다. 따라서 유동부채가 감소하는 효과가 나타나 겉으로 보기에는 유동비율과 당좌비율 수치가 모두 개선되는 것이다.

또한 부도설이 났다는 것은 그만큼 회사 현금흐름이 좋지 않다는 이야기이므로, 자금회수가 안 되어 매출채권이 증가하였을 수 있다. 재고자산 역시 판매부진으로 인해 증가할 가능성이 크다. 이 경우 유동자산뿐 아니라 매출채권을 포함한 당좌자산도 같이 증가할 수 있다. 그래서 오히려 유동비율과 당좌비율이 개선된 것처럼 보이는 것이다.

따라서 정말 주의해야 할 것은 당장 유동비율과 당좌비율이 얼마냐가 아니라, 얼마나 급격하게 변동했느냐다. 비록 그 변동이 긍정적인 이유에서 생긴 것이라도 말이다. 분명히 기름이 떨어질 때가 됐는데 자동차 주유계에는 기름이 계속 가득 차 있다고 나타난다면, 그것이야말로 정말 큰 위험일 수 있으니 차를 세우고 자동차 내부를 꼼꼼히 들여다봐야 한다. 마찬가지로 재무제표를 볼 때도 변동의 원인을 꼼꼼히 살펴야 하는 것이다.

부채비율: 지급불능 위험은 어느 정도 되는가

부채비율이란 타인자본인 부채와 자기자본 사이의 관계를 나타내는 재무지표로, 부채비율이 클수록 채권자가 돈을 떼일 위험도 크다는 것을 의미한다.

$$부채비율(\%) = \frac{부채}{자기자본} \times 100$$

재무건전성에 대한 다음 기사를 살펴보자.

> 글로벌 경기둔화와 수요산업 침체, 보호무역주의 강화 등 어려운 판매여건과 철광석, 석탄 등 원료가 상승으로 수익성이 악화되는 환경에서 포스코도 힘든 한해를 보냈다.
> 그럼에도 불구하고 포스코는 또 재무건전성을 지속 개선시키는 데는 효과를 봤다고 밝혔다. 연결기준 부채비율은 전년대비 1.9%P 감소한 65.4%로 2010년 이래 최저 수준을 기록했다. 순차입금은 7조9,782억 원으로 전년 대비 1조5,534억 원이 감소했다. 포스코는 투자자들의 우려를 해소하기 위해 더욱 부채비율을 관리하겠다고 밝혔다. 자금시재는 지난해보다 1조7,857억 원 증가한 12조4,634억 원을 기록했다.
> 《오피니언뉴스》 2020년 1월 31일자 기사 수정 인용)

이 기사에서 포스코는 '투자자들의 우려를 해소하기 위해' 부채비율을 낮추겠다고 했다. 즉, 부채비율이 낮으면 그만큼 회사가 안정적이라는 것을 보여준다.

그러나 비록 부채비율이 낮다 하더라도, 부채의 구성항목 중에서 유동부채가 많은지 아니면 비유동부채가 많은지에 따라 기업의 안정성은 완전히 달라진다. 1년 내에 상환해야 할 유동부채가 많으면, 비록 부채비율이 낮더라도 불안한 상태라 할 수 있다.

간혹 부채비율을 공부한 후에 자신들의 회사를 분석해보라고 하면 우리 회사가 곧 망하는 건 아닌가 걱정하시는 분들이 있다. 그 이유는 회사의 부채비율이 지나치게 높기 때문이다. 대부분의 회사는 부채비율을 100% 내외로 유지하지만 그렇지 않은 회사들도 있다. 건설업, 조선업처럼 시설투자가 많은 업종이나 한국전력, 서울메트로처럼 공공사업을 하는 회사 그리고 은행, 보험회사와 같은 금융기관은 부채비율이 100%를 훨씬 초과하는 게 일반적이다. 따라서 부채비율 역시 업종 특성을 고려하여 동종산업과 비교해보는 분석이 필수적이다.

이자보상비율: 이자를 갚을 능력이 되는가

〈베니스의 상인〉에 등장하는 안토니오는 고위험 벤처투자자로서 처음부터 이자조차 갚을 능력이 없었다. 사진은 영화 〈베니스의 상인〉(2004)의 한 장면.

자신의 목숨을 담보로 빌린 거액을 친구를 위해 준 사람이 있었다. 그는 기한 내에 빌린 돈을 갚지 못해 심장 부근의 가슴살을 도려내야 하는 극단적인 순간에도 친구를 원망하지 않았다. 오늘날의 각박한 현실에서는 말도 안 된다 싶은 이 사람은 윌리엄 셰익스피어의 희곡 《베니스의 상인》에 등장하는 사업가 안토니오다.

널리 알려진 대로 《베니스의 상인》의 줄거리는 이렇다. 안토니오의 친구인 바사니오는 재색을 겸비한 여인 포셔와 결혼하기 위해 큰돈이 필요했지만, 가진 게 없었기 때문에 사업가인 안토니오에게 도움을 요청했다. 마침 여유자금이 없었던 안토니오는 자신의 가슴살 1파운드를 담보로 유대인 고리대금업자인 샤일록에게 돈을 빌렸다. 바사니오는 그 덕분에 구혼에 성공할 수 있었지만, 안토니오는 해상무역에 나섰던 배들이 차례로 사고를 당하면서 빈털터리가 됐다. 목숨을 잃게 생긴 안토니오는 포서의 재치로 살아나고 이들은 행복한 결말을 맞는다.

《베니스의 상인》은 비극적 요소와 희극적 요소가 잘 조화된 재미있는 작품이지만, 회계 측면에서 보면 다른 생각이 든다. 채무자인 안토니오가 샤일록에게 대출을 받을 때 적개심을 잠시 접어두고 자신이 벌인 사업의 재무비율을 냉정하게 고려했다면 처음부터 그런 무시무시한 담보에 선뜻 동의하지는 못했을 것이다.

의리의 사나이 안토니오는 고위험 벤처사업이라 할 수 있는 해상무역에 전 재산을 투자했을 뿐 아니라, 대부분 차입을 통해 자금을 조달한 상태다. 그만큼 부채비율이 높았으므로, 처음부터 빌린 원금은 고사하고 이자도 갚지 못할 형편이었던 것이다. 추측하건대 분명 안토니오의 벤처기업은 이자보상비율이 100% 미만이었을 것이다.

이자보상비율(또는 이자보상배율)이란 이자비용에 비해 영업이익이 얼마나 많은지를 나타내는 비율로, 이자비용을 충당할 만큼 영업이익을 충분히 벌어들이고 있는지를 보여준다. 이자보상비율을 산출하는 공식은 다음과 같다.

$$\text{이자보상비율(\%)} = \frac{\text{영업이익}}{\text{이자비용}} \times 100$$

이 비율은 채권자에게 줘야 할 이자비용 지급능력이 수익성으로 뒷받침될 수 있는지를 평가하기 위한 것으로, 부채비율을 보완하는 역할을 한다. 이 비율이 높을수록 이자지급 능력이 양호하다고 할 수 있다. 반면 이자보상비율이 100% 이하라면 원금은 고사하고 이자조차 감당하기 힘든 심각한 상황이라고 볼 수 있다. 언론에서는 이자보상비율이 100% 이하(또는 이자보상배율이 1 이하)인 경우

좀비기업이라는 명칭으로 부르기도 한다.

증권시장에 상장된 중소기업 2곳 중 1곳이 사업을 해서 은행 이자도 못 내는 사실
상 '좀비기업'인 것으로 파악됐다. 2020년 기준 자산 5,000억 원 이하 상장회사
1,389곳 가운데 이자보상배율이 1 미만인 곳이 전체의 646곳(46.51%)에 달했다.
중소기업법에서 중소기업은 자산 5,000억 원 미만으로 규정하고 있다.

이자보상배율이 1도 안 된다는 것은 영업이익으로 이자도 못 낸다는 의미로, 업계
에서는 '한계기업' 또는 '좀비기업' 등으로 불린다. 이러한 상장 중소기업 중 한계
기업 비율은 2017년 32.2%, 2018년 38%, 2019년 39.4% 등 30%대를 유지했지
만 코로나19 사태를 거치며 2020년 50%대까지 치솟았다.

(〈매일경제〉 2021.03.10 기사 수정 인용)

03

얼마나 남나 보여주는
'수익성 비율'

헤밍웨이의 소설 《노인과 바다》에서 노인은 천신만고 끝에 초대형 청새치(대형 어류의 한 종류)를 잡았다. 하지만 포구로 돌아오는 동안 끊임없이 상어떼의 습격을 받았기 때문에, 애써 잡은 청새치는 뼈만 남았다. 기업도 마찬가지다. 큰 수익을 기록했다 하더라도 많은 비용이 소요된다면 남는 게 없는 것이다.

천신만고 끝에 큰 것을 잡아 올렸다 해도, 이것 저것 뜯기고 나면 소용이 있을까? (ⓒAXS)

얼마나 남는 사업인지를 한눈에 확인할 수 있는 지표가 바로 '수익성 비율'이다. 수익성 비율은 일정 기간 동안 기업이 거둔 영업성과를 측정하는 지표로서 자산이용을 얼마나 효율적으로 했는지, 이익창출능력이 얼마나 되는지 등을 평가하고 영업성과를 요인별로 분석하는 데에 사용된다. 주주나 채권자로부터 조달한 투자자본이 얼마나 효율적으로 이용되고 있는지를 보여주기 때문에, 이해관계자들의 의사결정에 중요한 정보로 이용된다. 일반적으로 수익성 비율은 높을수록 수익성이 우수하다는 것을 의미한다.

다음 쪽의 표는 페인트 제조로 유명한 삼화페인트의 경영성과를 나타낸 것이다. 살펴보면 2009년과 2010년 사이에 매출액이 큰 폭으로 상승하였으나 오

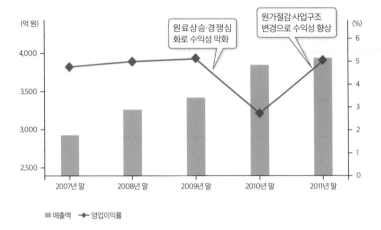

히려 영업이익률은 크게 떨어졌는데, 이는 원료상승과 경쟁심화 등으로 수익성이 악화된 탓이다. 2010년과 2011년 사이에는 매출성장세가 전기에 비해 둔화된 것으로 나타났다. 그러나 적극적인 원가 체질개선을 추구하면서 2011년에는 오히려 영업이익률이 크게 향상되었음을 알 수 있다. 단순히 매출액의 추이만으로는 보이지 않는 수익성의 변화를 한눈에 파악할 수 있는 재무비율이 매출총이익률이나 영업이익률 등과 같은 수익성 비율이다.

매출총이익률: 원가를 빼고 나면 남는 것

손익계산서 구조상 매출액에서 매출원가를 뺀 이익이 매출총이익이라는 것을 앞서 배웠다. 그렇다면 매출총이익률은? 바로 매출총이익이 매출액에서 차지하는 비율이다. 이를 뒤집어서 생각하면 매출원가의 비율까지 알 수 있다. 즉, 매출액에서 매출총이익을 빼면 매출원가라는 점을 이용할 수 있다는 것이다.

$$매출총이익률(\%) = \frac{매출총이익}{매출액} \times 100$$

매출총이익률을 높이려면 더 많은 이익을 실현해야 한다. 싸게 사서 비싸게 파는 방법, 즉 이익률이 높은 상품을 적극적으로 파는 방법이나 대량구입하여 매입단가를 낮추는 방법 등의 대책을 수립하여야 한다. 제조업의 경우 많은 기업들이 적극적인 제조원가 절감으로 매출총이익률을 높이고자 노력하고 있으나 쉽지는 않은 상황이다.

건설업이나 조선업의 경우 경쟁이 심화되고 제조원가가 상승한 까닭에 매출총이익률이 낮은 반면, 화장품이나 제약산업 등 고부가가치 업종에서는 이 비율이 매우 높게 나타나고 있다.

영업이익률: 본업의 이익을 파악하는 지표

회계에 존재하는 여러 종류의 이익 중에서 대표선수 격인 영업이익은 앞서 설명했듯이 매출액에서 매출원가를 빼고, 다시 영업비용인 판매비와관리비를 뺀 성과로서 기업의 목적활동, 즉 본업으로 벌어들인 성과를 의미한다. 그러나 영업이익을 파악할 때 금액만 보게 되면 그 영업이익이 적정수준인지 아닌지 알기가 어렵다.

그래서 영업이익을 매출액으로 나누어 영업이익률을 계산함으로써 과연 영업이익이 적정한지를 파악할 수 있다.

$$영업이익률(\%) = \frac{영업이익}{매출액} \times 100$$

영업이익률은 기업의 주된 영업활동 성과를 판단하는 지표다. 경영자의 능력과 효율을 나타내고, 기업의 해당산업 내 경쟁력을 평가하는 유용한 척도가 된다. 다른 비율과 마찬가지로 영업이익률 역시 한 회사 것만 봐선 안 되고, 동종업계의 비율 및 회사의 과거 추세와 비교하는 상대평가가 바람직하다. 업종에 따라 영업이익률도 차이가 나기 때문이다.

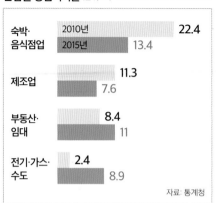

산업별 영업이익률 (단위: %)

숙박·음식점업	2010년	22.4
	2015년 13.4	
제조업	11.3	
	7.6	
부동산·임대	8.4	
	11	
전기·가스·수도	2.4	
	8.9	

자료: 통계청

참고로 통계청이 2017년 6월에 발표한 2015년 기준 경제총조사 통계상 우리나라 제조업의 평균 영업이익률은 7.6%로 5년 전인 2010년 조사 당시 영업이익률 11.3%에 비해 크게 떨어졌다. 100원어치를 팔면 7.6원 정도의 영업이익이 생긴다는 뜻이다. 숙박 및 음식점업은 13.4%, 부동산 및 임대업은 11%로 나타났다.

영업이익률은 타 업종과 비교하게 되면 산업 간 비즈니스 모델과 산업구조가 다르므로 같은 업종끼리 비교를 해야 한다. 또한 같은 업종이어도, 아모레퍼시픽처럼 브랜드 중심의 회사와 한국콜마나 코스맥스처럼 제조 중심의 회사는 다르게 분류해서 비교 분석하는 것이 좋다.

유통업 또한 크게 보면 같은 업종이지만 한 단계 더 들어가면 면세 사업 유무 등 유통 채널이 다르기 때문에 분석 시 주의를 요한다.

2019년 기준 유통업 매출 순위별 영업이익

(단위: 원)

순위	기업명	매출액	영업이익
1	이마트	13조1,548억	2511억
2	GS리테일	9조522억	2,229억
3	홈플러스	7조3,002억	1,602억
4	신세계	6조3,937억	4,682억
5	롯데마트	6조3,310억	-250억
6	현대백화점	2조1,990억	2,922억

ROA와 ROE: 같은 듯 다른 수익률의 개념

이 사장: 이봐, 강 사장. 요즘 잘나가는 것 같던데 표정은 안 좋네. 새로 시작한 사업

에서 수익은 얼마나 올렸나?

강 사장: 잘나가긴, 우리 재무제표를 보게. 재무상태표상 자산이 총 20억 원인데 올해 순이익을 1억 원 기록했으니, 5% 정도밖에 수익을 올리지 못했어.(ROA 계산)

이 사장: 잠깐! 재무상태표를 보니 부채를 제외하고 자네가 투자한 자본은 10억 원이잖나? 회사 경영자 관점이 아니라, 100% 지분을 가지고 있는 주주라는 관점에서 본다면 수익률이 10%라고도 볼 수 있지 않은가?(ROE 계산)

강 사장: 음… 그것도 말이 되는군.

이 사장: 10%면 굉장한 수익률이로군. 자네가 지금 잘나가고 있다는 게 맞지? 그럼 오늘 저녁은 자네가 내는 걸로 알겠네. 고맙네.

위 두 친구의 대화에서 자연스럽게 계산되고 있는 수익률이 ROA와 ROE다. 강 사장은 처음에 자산을 기준으로 한 ROA를 사용했고, 이 사장은 투자지분을 기준으로 한 ROE를 사용했다. 주식투자를 하는 사람들은 많이 들어봤을 테지만, 이 개념들은 투자뿐 아니라 경영에서도 많이 응용되는 재무비율이자 경영지표다.

ROA^Return On Assets는 총자산이익률을 의미한다. Assets은 자산을 뜻하므로, 사업에 투자된 자산 중에서 얼마나 이익으로 돌아왔는지를 보여주는 재무비율이다. 총자산은 총자본, 즉 타인자본인 부채와 자기자본인 자본의 합계와 같기 때문에 총자본이익률이라고도 한다.

$$\text{ROA(총자산이익률)(\%)} = \frac{\text{당기순이익(또는 영업이익)}}{\text{평균총자산}} \times 100$$

ROA는 경영자가 수익창출을 위하여 보유하고 있는 총자산이 정상적인 영업활동 과정에 얼마나 효율적으로 이용되었고 수익을 많이 창출했는지를 보여준다. 따라서 기업의 수익창출 능력은 물론 경영자의 성과를 평가하는 지표로도 이용된다.

반면 ROE^{Return On Equity}는 자기자본이익률을 의미한다. Equity가 주식 지분을 의미하므로, 주주들이 투자한 자기자본에 대해 이익이 얼마나 창출되었는가를 나타내는 지표라고 볼 수 있다.

$$ROE(\text{자기자본이익률})(\%) = \frac{\text{당기순이익(또는 영업이익)}}{\text{평균자기자본}} \times 100$$

ROE는 주주의 입장에서 회사의 성과를 측정하는 척도가 된다. 만약 ROE가 정기예금 이자율에도 못 미친다면, 주주 입장에서는 주식을 처분하고 투자를 철회하거나 주주총회를 통해 회사의 경영진을 교체하는 방향으로 의사결정을 하려 할 것이다.

앞서 사례를 든 두 친구의 대화에서 보면 순이익이 똑같은데 ROE는 10%로 ROA 5%보다 높다. 이는 앞서 설명한 부채의 레버리지 효과 때문이다. 쉽게 말해서 기업이 부채를 사용해서, 즉 돈을 빌려와서 수익을 올렸고 그 수익이 타인자본비용(이자비용)보다 많다면, 이때 부채의 사용은 곧 주주의 투자수익률^{ROE} 증가를 가져올 수 있다는 것이다.

ROE는 재무제표 분석 지표뿐만 아니라 주식투자가들에게 가장 사랑받고 있는 투자지표 중 하나이다. 이 배경 중 하나는 워런 버핏이 ROE가 15% 이상이면서 3년 이상 유지하는 기업에 투자한다는 것이 알려지면서다.

ROE는 기본적으로 자본의 효율성을 알 수 있는 지표이기 때문에 "ROE가 높은 기업에 투자하라"는 조언은 아마도 투자자들에게는 그럴듯하게 들릴 것이다. 그러나 이를 믿고 투자하여 손해를 보고 의아해하는 투자자들이 더 많을 것이다. ROE가 높은 기업에 대한 투자 여부 판단은 그렇게 간단한 문제가 아니다. 기업 데이터를 시계열적으로 관찰하면 ROE가 일정하게 유지되는 기업은 드물고, 오히려 ROE가 높아졌다 낮아졌다 하는 것을 반복하는 기업이 대부분이다. 워런 버핏도 3년 이상 유지(아마 그는 10년 이상 지속하는 기업을 찾는 것 같다)하는 것의 중요함을 알고 있었고 이를 충족하는 회사는 코카콜라, 맥도날드, 애플 같은 독점적 경쟁력을 가진 회사뿐이므로 그의 투자리스트에는 독점적 회사들이 다수 포진해 있다.

배당률: 주주에게 얼마를 돌려주는가

회사의 이익을 주주들에게 나눠주는 배당은 현금으로 주기도 하고, 주식으로 주기도 한다. 2012년 4월 상법이 개정되면서 현물배당도 가능하다.

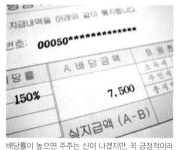

배당률이란 한 주당 액면금액에 비해 얼마의 배당금이 지급되는지를 보여주는 비율이다. 회사 전체적으로 보면 납입자본금 대비 회사가 지급하는 배당금총액의 비율이라고 볼 수 있다.

배당률이 높으면 주주는 신이 나겠지만, 꼭 긍정적이라고 볼 수만도 없다.

이 비율은 투자자의 배당금 수익을 좌우하기 때문에 투자자가 어느 회사에 투자할지를 결정하는 데 중요한 요인이 된다. 투자자 입장에서는 똑같이 1,000원짜리 주식이 있고 시가상승 가능성과 리스크가 비슷할 때, 한 회사는 100원을 배당해주고 다른 회사는 200원을 배당해준다면 당연히 200원 배당해주는 회사를 선택할 것이다.

배당률은 정기주주총회에서 결정되는데, 당기순이익이 많으면 배당률이 높고 당기순이익이 적으면 배당률이 낮아지는 것이 일반적이다.

하지만 배당률이 높다고 반드시 투자자에게 유리한 것만은 아니다. 왜냐하면 회사는 장기적인 투자를 위해 필요한 자금을 가지고 있어야 하는데, 벌어들인 이익을 모두 배당해버리면 미래를 대비한 투자자금을 포기하는 셈이기 때문이다. 흔히 성장을 추구하는 회사는 배당보다 사내유보를 선호하기 때문에 배당률이 낮으며, 안정적으로 사업을 영위하는 회사는 배당률이 높은 편이다.

편법으로 높인 ROE에 속지 말자

실질적으로 기업의 ROE를 높이려면 판매가격 인상이나 수량증가 등을 통해 매출을 향상시키거나, 기업의 비용을 절감해야 한다. 그러나 일부 기업들은 자본총계를 축소하여 수치상의 ROE를 높이는 눈속임을 쓰기도 한다.

ROE는 당기순이익을 평균자기자본으로 나눈 것이다. 따라서 평균자기자본의 크기가 작아질수록 ROE는 높아질 수 있다. 바로 이 점을 악용하는 것이다. 이를 위해서 일부러 배당을 지급하거나, 자사주(자기주식)를 매입하여 소각하기도 한다.

따라서 투자를 할지 말지 결정할 때는 특정연도의 ROE만 보지 말고, 과연 ROE가 일정한 수준으로 유지되는지 여러 해의 자료를 가지고 추세분석을 해야 한다.

04
성장속도를 보여주는
'성장성 비율'

우리 아이가 골프에 정말 소질이 있는지는 어떻게 파악할 수 있을까? 아이가 골프의 기본 자세를 배울 때 흥미를 보인다고 해서 골프에 소질이 있다고 할 수는 없을 것이다. 기본교육 후 실제 경기에 임했을 때도 마찬가지다. 처음에 좀 잘 치는 것 같다고 이 아이가 장차 훌륭한 선수가 될 것이라 기대하기는 어렵다.

하지만 1~2년 후 그동안 기록한 성적을 비교했을 때 또래 아이들에 비해 월등히 뛰어나다면 다르다. "짧은 기간 동안 많이 발전했군. 골프에 소질이 있어"라고 판단할 만한 것이다.

기업도 마찬가지로 골프 스코어처럼 눈에 보이는 성적이 있다. 기업의 가시적인 성적이 일정 기간 동안 얼마나 좋아졌는지, 아니면 반대로 줄지는 않았는지 살펴보면 그 회사의 성장성을 파악할 수 있다.

기업의 성장판이 닫히면 곤란하다.

기업의 규모가 어느 정도 성장했는지를 파악하기 위한 척도로는 주로 총자산과 매출액이 사용된다. 또 이익의 변화 정도 역시 투자자에게는 이익실현의 가능성을 나타내는 지표가 될 수 있을 것이다.

성장성을 분석할 때 주의할 것은 회사별로 기본규모가 다르다는 점이다. 똑같은 100% 성장이라도 매출규모가 10억 원이었던 회사가 20억 원 매출로 신장하는 것과, 매출규모 1,000억 원이었던 회사가 2,000억 원 매출로 신장하는 것은 분명히 다른 일이다. 당연히 기존 매출규모가 작을수록 성장성 수치를 높이기가 상대적으로 쉬운 것이다.

총자산증가율: 자산이 증가하는 성장 규모를 평가하자

총자산증가율이란 기업의 전체적인 성장규모를 측정하는 지표로서, 기업에 투입되어 운용된 총자산이 얼마나 증가했는지를 나타내는 수치다. 일반적으로 회사의 영업활동이 활발하게 이루어지면 유동자산이 크게 증가하기 때문에 총자산도 따라서 증가하는 경우가 많다.

그러나 회사가 막대한 설비투자를 하는 경우에도 총자산은 증가한다. 따라서 총자산증가율이 왜 높아졌는지 원인을 분석하려면 그중에서 어떠한 자산이 증가한 것인지 그 요인을 상세히 분석할 필요가 있다.

$$총자산증가율(\%) = \frac{당기말총자산 - 전기말총자산}{전기말총자산} \times 100$$

따라서 총자산을 늘리는 방법을 자세히 봐야 한다. 자산을 늘리기 위해서는 필수적으로 자본이 필요하다. 예를 들어 자산에 속하는 설비에 투자하려면 반드시 돈이 필요한 것이다. 이 돈은 금융기관으로부터 차입해서 조달할 수도 있고, 주주들에게 납입받은 자본금으로 조달할 수도 있을 것이다. 그러나 이익이 꾸준히 나는 기업이라면 이익 중에서 주주에게 배당하고 남은 금액을 내부유보 금액으로 쌓아두었다가 필요할 때 투자가 가능할 것이다.

여기서 중요한 점은 총자산성장률과 안정성비율을 동시에 살펴봐야 한다는 것이다. 만약 설비투자가 모두 부채로 조달되었다면 회사의 안정성은 낮아지기 때문이다. 이처럼 재무비율은 여러 측면에서 분석해야 그 의미가 정확해진다.

매출액증가율: 영업활동의 성적을 분석하자

매출액은 회사가 1년 동안 영업활동에 의해 판매한 제품이나 서비스 등의 총금액을 의미한다. 따라서 매출액증가율은 당기의 매출액이 전년도에 비해 얼마만큼 증가했는지를 나타낸다.

$$매출액증가율(\%) = \frac{당기매출액 - 전기매출액}{전기매출액} \times 100$$

즉, 매출액증가율의 변동은 회사의 영업활동이 전년도에 비해 얼마나 활발하게 이루어졌는가를 나타낸다고 할 수 있다. 다시 말해서 경쟁기업보다 매출액 증가율이 높았다면 영업활동이 잘 되어 시장점유율이 늘어난 것을 의미한다.

마켓컬리를 운영하는 ㈜컬리의 경우 새벽 신선식품 배송 시장의 확대와 함께 차별화된 마케팅 및 물류운용 방식으로 시장을 장악하며 사업을 확장하고 있다. 확대되는 시장에 맞춰서 매출확대가 크게 일어나는 전형적인 스타트업 매출 성장률을 보여주고 있다. 하지만 영업손실 규모 또한 커지고 있으므로 장기적으로는 수익성과 안정성을 확보하기 위한 전략을 가지고 있어야 한다.

마켓컬리 실적 추이 (단위: 억 원)

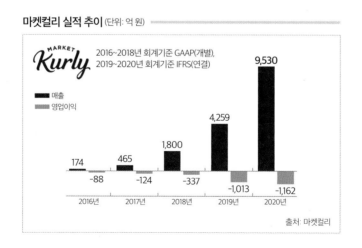

출처: 마켓컬리

05
부지런함을 나타내는
'활동성 비율'

과일이라고 다 같은 과일이 아니고, 기업이라고 다 같은 기업이 아니다. (©donga.com)

두 그루의 사과나무가 있다. 한 나무에는 사과가 5개 열렸고, 다른 나무에는 3개밖에 열리지 않았다. 둘 중에 어떤 것이 좋은 나무일까? 단순히 생각하면 5개가 열린 나무라고 답할 수 있다. 하지만 만약 5개 열린 나무는 키가 3미터나 되는 큰 나무이고, 3개 열린 나무는 이제 1미터 정도밖에 안 되는 묘목이라면?

5개의 사과가 열린 큰 나무가 3개 열린 작은 나무보다 좋다고 하기는 어렵다. 왜냐하면 크기가 얼마 되지 않은 나무에서 사과가 3개나 열렸으니, 효율 측면에서 보면 작은 나무가 앞서기 때문이다.

회사에서도 효율성이 중요하다. 만약 경영자가 구입한 자산을 가동하지 않고 그냥 놀린다면 보이지 않는 비용, 즉 '사용되지 않는 생산설비의 기회비용'이 발생할 것이다. 이를 반영하기 위해, 상장회사의 경우는 사업보고서에 설비를 얼마나 효율적으로 활용하고 있는지를 나타내는 가동률 수치를 표시해야 한다.

특정 자산이 얼마나 효율적으로 '현금화'되는지를 판단할 때 이용되는 비율이 곧 활동성 비율이다. 대표적인 활동성 비율로는 앞서 소개한 총자산회전율, 유

사업보고서에 나타난 가동률의 예(2020년 삼성전자)

당사 CE 및 IM 부문의 2020년(제52기) 가동률은 생산능력 대비 생산실적으로 산출하였으며, 영상기기 93.6%, HHP 77.5%입니다.

(단위: 천 대)

부문	품목	제52기		
		생산능력 대수	실제 생산 대수	가동률
CE 부문	영상기기	51,538	48,244	93.6%
IM 부문	HHP	321,600	249,218	77.5%

DS 부문의 메모리 사업과 DP 사업은 24시간 3교대 작업을 실시하고 있으며, 2020년(제52기) 누적 가동일은 휴일을 포함하여 총 366일입니다. 가동률을 '가동일' x '생산라인 수' x '24시간'으로 실제 가동시간을 산출하여 계산하였습니다.

(단위: 시간)

부문	품목	제52기		
		가동 가능 시간	실제 가동 시간	가동률
DS부문	메모리	73,248	73,248	100.0%
	DP	70,272	70,272	100.0%

동자산의 항목인 매출채권, 재고자산 부문에서 다뤘던 매출채권회전율과 재고자산회전율 등이 있다.

활동성 비율인 회전율이 높다는 것은 투자자산에 비하여 매출액이 상대적으로 높다는 뜻이다. 적은 자산을 투입하여 많은 매출을 실현한다는 것은 판매활동이 잘 이루어지고 있거나 자산을 효율적으로 운용하고 있다는 것이므로 긍정적이다.

총자산회전율: 자산이 효율적으로 운용되고 있는가

앞서 ROA와 ROE를 통해 자산이 효율적으로 사용되고 있는지를 판단하는 방법을 배웠다. 이에 더해 자산이용의 효율성 정도를 파악하려면 총자산과 매출을 이용해 총자산회전율을 구하면 된

기업 입장에서는 생산라인을 한 바퀴라도 더 돌려야 돈이 생기므로, 비효율성이 생겨서 작업이 늦어지는 것을 싫어한다. 사진은 영화 <모던 타임즈>(1936)의 한 장면.

다. 총자산회전율이 높을수록 효율적인 회사다. 단위는 '회전'으로 나타낸다.

$$총자산회전율 = \frac{매출액}{평균총자산}$$

회사 규모는 큰데 매출액이 상대적으로 적은 회사는 총자산회전율이 낮고, 회사 규모는 작은데 매출액이 상대적으로 큰 회사는 총자산회전율이 높다. 일반적으로 대기업 등 설비규모가 큰 회사는 회전율이 낮기 때문에 1회전 정도면 적정한 수준이라고 본다. 반면에 소수인원으로 높은 매출액을 나타내는 벤처기업이나, 상품의 회전이 빠른 유통업은 상대적으로 총자산회전율이 높은 편이다.

매출채권회전율: 매출채권이 부실화되지 않았는가

매출채권은 어떤 경우에 증가할까? 첫째, 장사가 잘 되는 경우다. 이때는 회사의 영업활동 성과로서 매출채권이 늘어나는 것이므로 회사에 좋은 일이다. 둘째는 매출이 증가하지는 않았지만 외상매출금이 회수되지 않는 경우다. 이때는 회사가 자금압박에 시달릴 수 있으므로 좋지 않다. 즉, 매출채권이 늘어나는 상황은 매출이 함께 늘고 있느냐 아니냐에 따라 좋을 수도 있고 나쁠 수도 있는 것이다.

매출채권이 잘 회수되고 있는지를 파악하는 데 유용한 수치는 매출채권회전율이다. 매출채권회전율은 평균매출채권에 비해 매출액이 얼마나 많은지를 비교하여 산출한다. 매출채권회전율이 높다는 것은 곧 매출채권의 현금화 속도가 빠르다는 것을 의미한다.

$$매출채권회전율 = \frac{매출액}{평균매출채권}$$

하지만 매출채권회전율은 제품의 특성에 따라 차이가 크다. 일반적으로 고가의 제품일수록 현금 대신 신용판매로 거래되는데, 신용판매가 발생하면 재무상태표에서 매출채권 잔액이 높아지면서 매출채권회전율은 낮아지게 된다. 반면 도·소매업은 신용판매가 거의 일어나지 않으므로 매출채권회전율이 상대적으로 높은 편이다. 따라서 특정회사의 매출채권회전율을 분석할 때도 역시 동종업계와 비교해보는 것이 의미가 있다.

재고자산회전율: 재고는 오래 보유할수록 손해

회사의 안전성 여부를 판단할 때는 재고수준을 파악하는 것이 매우 중요하다. 재고는 회사의 자산이지만, 오랫동안 팔리지 않고 남아 있으면 어느 순간 천덕꾸러기가 되고 만다.

재고자산이 너무 오래 남아 있으면 가치가 손상되고 천덕꾸러기가 되고 만다.

경영자의 중요한 판단요소 중 하나는 과연 얼마나 생산하고 얼마나 구입해야 하는가이다. 제품의 생산량 또는 상품의 매입량 말이다. 만약 경영자가 판단을 잘못해서 제품이나 상품이 적정수준 이상으로 많아지면 그 재고자산은 언젠가 회사의 손실로 돌아오게 될 것이다.

하지만 재고자산 관리에만 너무 신경을 쓰느라 적정수준 이하의 재고를 유지하게 된다면, 갑자기 판매할 수 있는 기회가 생겨도 기회를 놓쳐 매출을 감소시키게 된다. 예를 들면 빵집 주인은 그날 빵을 몇 개나 팔 수 있을지 미리 생각해야 한다. 그래야 그 수량에 맞춰서 빵을 만들어놓기 때문이다. 빵을 너무 많이 만들어서 남게 되면 저녁에 할인판매를 하거나 그래도 안 팔리면 버리는 수밖에 없다. 그런데 안 팔리는 게 겁이 나서 빵을 너무 조금 만들어놓으면 빵이 모자라서 못 파는 경우가 생긴다. 주인 입장에서는 둘 다 안타까울 것이다.

재고자산이 적정한지 판단하는 기준으로 재고자산회전율을 사용한다. 이 수치는 매출원가를 평균재고자산으로 나누어 계산하는데, 재고자산이 얼마나 효율적으로 관리되고 있는지를 보여주는 것이다.

$$재고자산회전율 = \frac{매출원가}{평균재고자산}$$

　재고자산회전율이 높을수록 재고자산이 효율적으로 관리되고 있다는 뜻이며, 재고자산회전율이 급격히 하락하거나 산업평균과 비교했을 때 상당한 차이가 있으면 재고자산관리가 비효율적으로 이뤄지고 있을 가능성을 나타낸다. 판매가 기대 이하로 부진해서 재고자산이 쌓이고 있거나 그 재고자산이 오래되면 재고자산회전율은 크게 둔화된다.

복잡한 재무비율 계산, 대신해줄 사람 없나요?

재무비율의 종류도 너무 많고 계산하기도 복잡해서 겁이 나도 걱정하지 말기 바란다. 이미 다 계산이
되어 있다. 물론 모든 회사가 그렇지는 않지만, 상장사의 경우에는 신용평가기관이나 일반 포털사이
트에, 비상장회사의 경우에도 신용평가기관에서 제공하는 평가보고서에 이미 계산이 되어 있다. 그
러므로 계산법과 공식을 암기하는 것보다는 재무비율의 의미를 이해하는 것이 훨씬 중요하다.

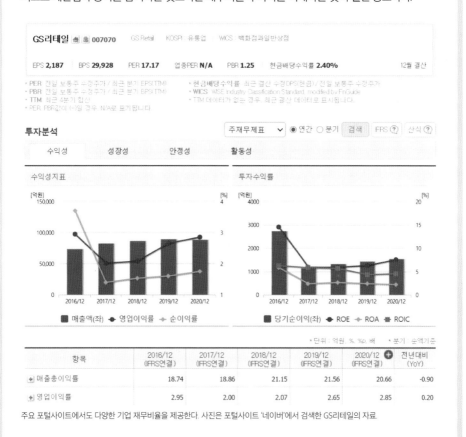

주요 포털사이트에서도 다양한 기업 재무비율을 제공한다. 사진은 포털사이트 '네이버'에서 검색한 GS리테일의 자료.

06

회계정보를 활용하여
아름다운 기업 찾기1

여러분이 기업의 정보를 활용해 주식투자를 하거나 거래를 할 때, 아니면 취업이나 이직을 위해 해당 기업을 파악할 때, 가장 기본적이고 유용한 것이 회계정보라는 것을 계속 강조했다. 그리고 앞서 재무제표 각 항목을 공부했고, 재무비율을 통해 이를 더 직관적으로 보는 방법을 알았다.

하지만 회계공부를 하고 난 후에도, 분석 대상 기업의 재무제표를 들고 어떤 분석부터 해야 할지 모르겠다는 하소연을 하는 경우가 많다. 회계 정보는 실무적인 자료이므로 실제 기업 분석에 바로 활용이 되지만, 분석 순서를 모르거나 기준이 없이 분석하다 보면, 놓치는 정보도 생기고 결국 의사결정에 큰 도움을 얻지 못하게 된다.

회계정보를 활용한 10단계 기업 분석

1. 사업보고서와 감사보고서를 활용한 정보 수집과 기업 프로필 작성

2. 재무제표에 대한 외부 감사인의 의견과 주석 정보 확인

3. 기업의 단기적인 유동성 분석

4. 운전자본 회전율 분석을 통해 영업활동성 분석

5. 자산투자의 효율성과 자산 구성 내역 파악

6. 기업의 장기 안정성(재무구조) 분석

7. 회사의 성장성과 레버리지(변동성) 분석

8. 기업의 수익성과 투자수익률 분석

9. 현금흐름 분석으로 이상 징후와 이익의 질Quality 분석

10. 우발상황 파악을 통한 재무적 위험요인 분석

1단계: 사업보고서와 감사보고서를 활용한 정보 수집과 기업 프로필 작성

먼저 분석하고자 하는 회사의 정보를 손에 쥐어야 한다. 이때 가장 좋은 자료는 사업보고서(또는 감사보고서) 그 자체다. 사업보고서(또는 감사보고서)를 확보하지 않고 요약된 자료나 해당 기업의 신문기사 내용만 가지고 분석하는 것은 단편적인 정보만을 얻게 되거나 기업의 의도가 담긴 자료만 보는 일이 될 수 있다.

사업보고서Annual Reports나 분기보고서는 각 나라의 감독기관이나 주식거래소에서 공시하는 전자공시시스템에서 확인할 수 있다. 당연히 회사가 투자자에게 제공하는 IRInvestor Relations 자료에서도 찾을 수 있다.

사업보고서와 함께 **경영자 서한**을 기업이 IR 자료로 공개한다면, 이 정보 또한 같이 봐야 한다. 인수합병M&A, 기업의 주요 리스크, 사업전망, 경영실적 등 주요 현황을 경영자 입장에서 설명하는 자료로 비재무적 요소까지 담고 있어 경영환경 분석을 위한 필수 자료로 활용되기 때문이다.

사업보고서를 볼 때는 재무에 관한 사항뿐만 아니라, 회사 전반의 정보와 사업 내용(비즈니스 모델)까지 파악해야 한다. 사업보고서 목차 순서만 봐도 알 수 있다. 회사에 대한 정보와 사업 내용이 재무제표보다 먼저 나와 있다. 이는 사업의 내용을 먼저 파악해야 재무제표를 제대로 볼 수 있다는 의미기도 하다.

회사의 주주 및 종속기업 파악을 통해 지배구조를 이해하는 것도 중요하다.

사업보고서 등을 통해 기업의 정보를 입수할 때, 해당 회사 프로필을 정리하

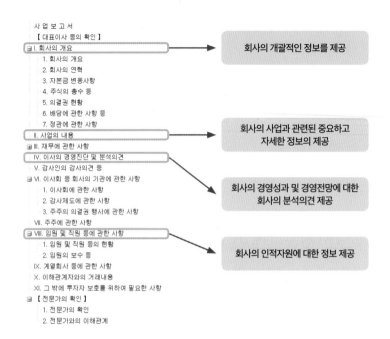

사 업 보 고 서
【대표이사 등의 확인】
I. 회사의 개요 → 회사의 개괄적인 정보를 제공
  1. 회사의 개요
  2. 회사의 연혁
  3. 자본금 변동사항
  4. 주식의 총수 등
  5. 의결권 현황
  6. 배당에 관한 사항 등
  7. 정관에 관한 사항
II. 사업의 내용 → 회사의 사업과 관련된 중요하고 자세한 정보의 제공
III. 재무에 관한 사항
IV. 이사의 경영진단 및 분석의견 → 회사의 경영성과 및 경영전망에 대한 회사의 분석의견 제공
  V. 감사인의 감사의견 등
  VI. 이사회 등 회사의 기관에 관한 사항
    1. 이사회에 관한 사항
    2. 감사제도에 관한 사항
    3. 주주의 의결권 행사에 관한 사항
  VII. 주주에 관한 사항
VIII. 임원 및 직원 등에 관한 사항 → 회사의 인적자원에 대한 정보 제공
  1. 임원 및 직원 등의 현황
  2. 임원의 보수 등
  IX. 계열회사 등에 관한 사항
  X. 이해관계자와의 거래내용
  XI. 그 밖에 투자자 보호를 위하여 필요한 사항
  【전문가의 확인】
    1. 전문가의 확인
    2. 전문가와의 이해관계

면서 보면 이해하는 데 더 도움이 된다. 또한 기업이 상장되어 있다면, 기업의 프로필은 일반 포털 사이트에서도 간단히 확인할 수 있다.

Tesla, Inc.

3500 Deer Creek Road   Sector(s): **Consumer Cyclical**
Palo Alto, CA 94304   Industry: **Auto Manufacturers**
United States   Full Time Employees: **70,757**
650-681-5000
http://www.tesla.com

Key Executives

Name	Title	Pay	Exercised	Year Born
Mr. Elon R. Musk	Technoking of Tesla, CEO & Director	23.76k	N/A	1972
Mr. Zachary J. Kirkhorn	Master of Coin & CFO	276.06k	N/A	1985
Mr. Jerome Guillen	Pres of Tesla Heavy Trucking	301.15k	2.56M	1973
Mr. Andrew D. Baglino	Sr. VP of Powertrain & Energy Engineering	301.15k	210.35k	1981

야후 파이낸스에 나온 테슬라의 프로필 정보. 일론 머스크의 직책인 '테크노킹'이 인상적이다.

2단계: 재무제표에 대한 외부 감사인의 의견과 주석 정보 확인

각 계정과목에 대한 자세한 설명과 회계정책에 대해 기술하고 있는 재무제표는 무엇일까?

앞서 여러 번 강조한 것처럼 바로 '주석'이다. 주석은 재무제표에 표시된 항목을 구체적으로 설명하거나 세분화한 정보를 제공한다. 특히 회사의 영업, 주주의 구성뿐만 아니라 사업부별 정보를 제공하므로 먼저 파악해야 하는 정보다.

주석을 통한 여러 가지 분석 포인트 중, 매출을 더 깊게 이해할 수 있는 부분이 있다. 매출을 더 깊게 이해할 것이 있냐는 생각이 들겠지만, 매출이라고 다 같은 매출은 아니다. 특히 특수관계자와의 거래에서 발생한 매출이 많은 경우에는 실제로 발생한 매출인지, 특별한 조건은 없는지 주의 깊게 살펴봐야 한다.

셀트리온 2020년 감사보고서 주석 일부

(2) 당사와 특수관계자와의 주요 거래 내역은 다음과 같습니다.

(단위: 천 원)

구분	기업명	2020년				
		재화 및 용역 매출	기타수입	이자수입	재화 및 용역 매입	기타비용
유의적인 영향력을 행사하는 기업	셀트리온홀딩스	–	26,594	–	–	–
종속기업	셀트리온제약	23,363,178	1,666,435	–	63,241,288	76,220
	Celltrion Global Safety Data Center, Inc	–	39,019		789,837	–
	Celltrion Group Hongkong	–	16,141	14,741	–	
	Vcell Healthcare		70,339			
	Celltrion USA, Inc.	–	121,554	29	149	–
기타특수관계자	셀트리온헬스케어(*1)	1,478,991,030	1,861,438	49,530	273,625	–
	셀트리온스킨큐어	201,490	166,325	–	483,944	–
	Celltrion Healthcare Hungary	42,601,845	–	–	2,468,548	–
	기타	177,702	254,446	–	10,314,676	1,450,000
합계		1,545,335,245	4,222,291	64,300	77,572,067	1,526,220

위의 표를 보면 셀트리온의 경우, 전체 매출(약 1조7천억 원)에 약 88%에 해당하는 약 1조5천억 원의 매출을 특수관계기업인 셀트리온헬스케어와의 거래에

서 올리는 것을 알 수 있다. 이러한 점을 주석을 통해 알게 되었다면, 바로 셀트리온헬스케어의 사업보고서를 입수하여 거래관계를 연결해 파악하는 것이 중요하다.

또한 사업보고서(또는 감사보고서)에서 감사의견을 통해 유의미한 의문사항은 없는지, 어떤 강조사항 내지 특기사항이 있는지를 파악해 외부 감사인이 찾은 유의점을 인지하고 본격적으로 재무제표 분석에 들어가야 한다.

예를 들어 건설업 재무제표의 경우 매출액을 결정하는 수익인식 기준으로 (공사)진행기준을 따르므로 이 점에 대해 감사인이 유의점을 강조해서 이야기했다면, 재무제표 중 손익계산서를 볼 때 일반적인 제조업이나 유통업의 직관적인 판매기준 매출정보와는 다르게 현금흐름 등과 더 연결하거나 주석의 상세 진행기준 산정 내역, 수주 잔량(잔고) 등도 같이 봐야 한다.

3단계: 기업의 단기적인 유동성 분석

이제 본격적으로 재무제표와 재무비율을 통한 분석을 할 차례다. 먼저 재무상태표를 보고 단기 유동성 파악을 통해 안정성을 분석해야 한다(다시 한 번 강조하지만 손익계산서부터 보면 재무상태표 분석으로 넘어오기 힘들다). 단기적으로 유동성 위기를 겪는 회사의 경우, 모든 영업활동이 꼬이고 신규 투자나 재투자가 어려워 이하 모든 분석이 의미가 없어지기 때문이다. 그들은 당장 눈앞에 급한 불을 끄기 급급하다.

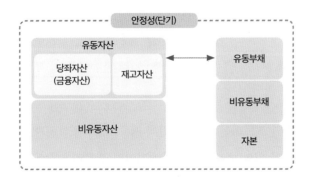

따라서 회사의 단기 안정성을 확인하기 위해 1년 내로 현금화가 가능한 유동자산과 1년 내로 상환해야 하는 유동부채를 비교하며 단기 안전성을 파악한 후, 투자에 사용 가능한 현금흐름 분석을 실시한다.

이때 활용되는 것이 앞서 배운 유동비율과 당좌비율이다. 유동비율을 통해 당장 갚을 돈을 유동자산의 처분 및 회수로 상환할 수 있는가를 파악한다. 또한 당좌비율을 통해 영업활동이 부진한 상태더라도(영업이 부진한 기업은 재고자산 처분 및 회수가 어려울 수 있다), 단기부채를 상환할 수 있는가를 분석한다.

단기 안정성 분석 Check Point

1 기본적으로 유동비율 100% 이상, 당좌비율 80% 이상을 기준으로 판단한다(업종마다 기준은 다름).

2 현금및현금성자산과 금융상품의 처분이 제한되어 있는지 주석을 통해 확인한다 (가압류 등 파악).

3 유동비율의 함정(매출채권과 재고자산이 많은 경우)에 빠지지 않도록, 항목별 분석을 실시한다.

4 매출채권, 재고자산이 증가하고 있다면 추가적으로 회전율 분석을 실시한다.

4단계: 운전자본 회전율 분석을 통해 영업활동성 분석

매출채권 회전율의 감소는 현금흐름에 어떤 영향을 미치게 될까?

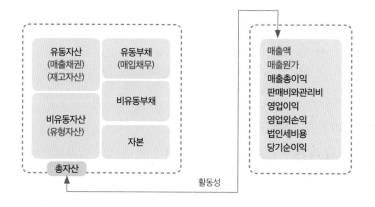

정답은 '채권 회수가 원활하지 않은 상황이므로, 현금흐름에는 악영향을 미치게 된다'이다. 회전율과 현금흐름을 연결할 수 있다면, 더 확장하여 매출채권, 재고자산, 매입채무, 즉 운전자본 관점에서 원활하게 잘 돌아가는지를 파악해야 한다. 운전자본 회전율은 마치 혈액순환과 같다고 보면 된다.

기업의 경영활동 프로세스를 단계적으로 보면 다음과 같다.

- **1단계** 조달한 자금은 기업의 주된 영업을 위한 설비자산(유형자산)에 투자된다.
- **2단계** 원부재료 등을 외상구입(매입채무)하여 설비자산에 투입한다.
- **3단계** 생산된 제품(재고자산)은 영업활동에 의해 판매(외상)된다.
- **4단계** 판매된 제품금액(매출채권)은 일정기간 후에 회수된다.

이 중 1단계는 장기적인 투자(자본적 지출)로 비유동자산으로 분류되고, 나머지 2~4단계는 기업이 경영활동을 수행할 때 계속 변화하며 수시로 발생한다. 이때 매입채무, 재고자산, 매출채권, 이 세 가지 운전자본working capital이 원활하게 돌아가는지 파악하는 게 중요하다. 즉, 이 셋은 기업 영업활동의 시차를 반영하는 자산과 부채이므로 그 시차 확인을 통해 영업활동의 효율성을 확인할 수 있다.

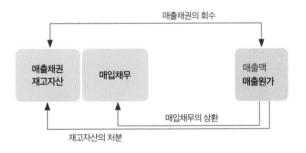

운전자본을 통해 현금전환기간도 파악할 수 있다. 현금전환기간은 현금유출부터 현금유입까지 걸리는 기간을 의미한다. 원활한 경영활동을 위해서는, 현금전환기간을 짧게 유지하는 것이 바람직하다.

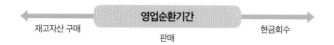

현금전환기간 = 재고자산보유기간 + 매출채권회수기간 – 매입채무결제기간

현금전환기간은 원재료 매입부터 재고자산을 보유하는 기간, 판매가 되더라도 매출채권을 회수(회전)하는 기간까지를 산정하므로 이때는 현금으로 전환되지 않고, 회수를 해야 비로소 전환이 된다. 그리고 매입채무결제일이 늦어질수록 현금이 회사에는 머무르는 것이므로 매입채무결제기간은 현금전환기간에서 차감한다.

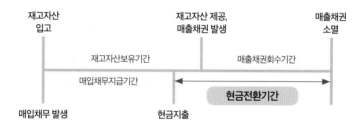

단기 활동성 분석 Check Point

1 재고자산회전율, 매출채권회전율이 감소하고 있는지를 확인한다.

2 업종 평균 또는 경쟁기업과 비교하여 영업활동의 효율성을 판단한다.

3 현금전환기간을 계산하여, 회사의 유동성지표(유동비율, 당좌비율)의 적정성을 평가한다.

5단계: 자산투자의 효율성과 자산 구성 내역 파악

단기적인 운전자본회전율을 파악했다면, 이제 장기적인 회전율을 파악하는 단계로 넘어간다. 투자한 설비(총)자산이 어느 정도의 매출을 창출하는지를 파악하는 단계다.

이 단계에서 활용되는 것은 총자산회전율과, 유형자산회전율이다. 특히 제조업 등 설비자산이 중요한 경우에는 유형자산회전율을 통해 투자된 설비가 실제 매출로 연결이 되는지 파악하는 것이 중요하다. 아무리 투자가 많이 되어도 그 자산을 활용해 영업활동으로 이어지지 않는다면 고정원가만 발생시키는 골칫 거리가 될 가능성이 높기 때문이다.

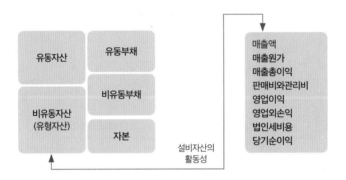

그리고 최근에는 설비자산뿐만 아니라, 시너지를 낼 수 있는 전략적 지분 투자도 많이 이뤄진다. 따라서 투자자산, 기술, 브랜드 등의 취득을 통한 영업활동도 활발하므로 무형자산 투자에 대한 효율성 분석 또한 중요해지고 있다. 또한 기업이 영업활동과 상관없는 비영업자산을 가지고 있다면, 그 자산의 처분 계획 등도 파악해야 한다.

자산 투자의 효율성 Check Point

1 총자산회전율, 유형자산회전율이 증감하고 있는지, 경쟁기업에 비해 떨어지는지
　를 파악한다.

2 일시적인 회전율 감소는 설비투자 때문일 수도 있으므로 유의해야 한다(사업 투자 주기 파악도 필요).

3 사업보고서상 설비자산에 대한 가동률 지표를 활용하여, 회사 설비자산의 활동성을 판단하라.

4 자산의 구성내역 중 매출(수익)과 연계되지 않는 비영업용자산의 가치를 파악하라.

5 전기 대비 자산의 변동내역을 통해 현재 회사의 투자가 어느 쪽으로 집중되고 있는지 파악하라.

6 현금흐름표의 투자활동현금흐름이 영업활동현금흐름의 전환 등 적정한 투자를 하고 있는지 확인하라.

07
회계정보를 활용하여
아름다운 기업 찾기2

이제 아름다운 기업을 찾는 10단계 과정 중 5단계를 마쳤다. 단계별 순서대로 분석하면, 누락없이 기업을 분석하거나 기업 분석 스토리텔링에도 도움이 된다. 즉 회계정보를 활용해서 기업을 이야기할 때, 분석 단계별로 이야기를 하면 정보를 전달하는 입장이나 듣는 입장에서 이해도가 훨씬 높아질 수 있는 것이다. 자, 그럼 나머지 단계에 대해서도 알아보자.

6단계: 기업의 장기 안정성(재무구조) 분석

투자한 자산이 효율적으로 활용되고 있는지를 파악했다면, 그 투자자산의 자금 원천 파악도 필요하다. 장기적으로 자본비용 이상으로 수익을 내는 것은 물론, 투자자에게 상환이나 배당 등으로 보답을 해야 하기 때문이다.

기업이 투자 자금을 위해 유보된 자본을 활용하는지, 장기 차입으로 조달하는지는 기본적으로 재무상태표의 오른쪽에 위치한 부채(타인자본)와 자본(자기자본)을 비교하면 알 수 있다. 재무비율은 부채비율이 주로 활용된다.

즉, 회사의 장기안정성을 확인하려면 부채와 자본을 비교하여 부채비율을 확인하고, 더 나아가 주석 정보를 통해 상세 내역을 확인하여야 한다.

시디즈 2020년 감사보고서 일부

재무상태표

제11기: 2020년 12월 31일 현재
제10기: 2019년 12월 31일 현재

㈜시디즈 (단위: 원)

과목	제11기말	제10기말
부채		
유동부채	40,657,953,473	30,824,145,742
매입채무	23,802,453,419	16,811,957,702
기타채무	10,424,310,782	11,744,951,808
당기법인세부채	2,828,797,230	1,051,189,173
충당부채	226,035,416	200,540,599
기타부채	3,376,356,626	1,015,506,460
비유동부채	6,329,767,627	4,206,320,310
퇴직급여채무	-	-
기타채무	-	2,720,000,000
이연법인세부채	72,939,749	72,689,502
충당부채	84,069,798	80,856,078
기타부채	6,172,758,080	1,332,774,730
부채총계	46,987,721,100	35,030,466,052

위의 표를 참고해 보자. 시디즈는 차입경영을 하는 회사인가? 아니다. 시디즈는 사채와 차입금 항목이 없는 무차입 경영을 하고 있다. 그렇다면 시디즈는 무부채 기업인가? 아니다. 실무적으로 영업용부채 때문에 무부채 기업은 있을 수 없다.

이때 영업용부채는 무이자부부채이므로 기업의 운전자본 투자를 감소시켜, 영업활동현금흐름을 좋게 한다. 즉, 영업용부채로 인한 부채비율의 증가는 오히려 기업의 현금흐름 안정성에 도움이 된다고 볼 수 있다.

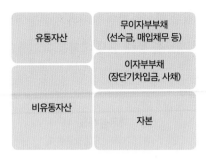

결국 영업용부채가 많아 부채비율이 높다면, 다소 안심해도 된다. 그리고 가장 중요한 것은 부채로 (차입성) 자금을 조달하였다면, 주석을 통해 그 조건을 확인하는 것이다. 또한 충분한 영업이익으로 이자비용을 감당할 수 있는지를 파악하는 것도 중요하다.

장기 안정성 Check Point

1 부채비율(금융업은 자기자본비율)을 통해 전반적인 재무구조를 파악한다.

2 특수업종(조선업, 건설업, 유통업 등)의 무이자부부채(비금융부채)의 순효과를 고려하기 위해 차입금의존도를 파악한다.

3 부채활용의 순효과를 고려해 회사가 적정수준의 부채를 활용하는지 파악한다.

  1) 이자보상비율이 여유가 있는지(200% 이상)

  2) 과세소득이 충분한지(절세효과)

  3) 매출이 증가하고 있는 회사인지(재무레버리지효과) 등을 고려한다.

7단계: 회사의 성장성과 레버리지(변동성) 분석

성장성 분석은 이외로 쉽다. 증가율 개념이기 때문이다. 전기 대비 자산, 매출액, 영업이익, 순이익의 증가율Growth Rate을 파악하는 것은 그리 어려운 일이 아니다. 중요한 것은 시장 상황과 연결하며 성장을 파악하는 것이며, 그에 따른 기업의 투자 상황 또한 기업의 원가구조를 파악하여 레버리지 효과를 같이 고려해야 하는 것이다.

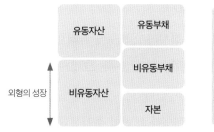

레버리지 분석은 대규모 설비투자로 고정원가 부담이 높은 기업의 경우 이익 변동성이 높다라는 것을 사전에 인지하고, 성장 또는 역성장 상황에서 분석 기업의 이익변동을 예측하는 것을 의미한다.

제조업 등 고정원가가 높은 원가구조를 가진 기업은 시장환경의 급격한 변화(원재료 가격 등의 상승), 또는 대규모 설비투자가 발생하지 않는 경우 매출의 증가는 거의 대부분 이익으로 연결된다. 하지만 매출이 감소하는 상황이 되면, 그 반대 상황이 펼쳐지므로 주의해야 한다.

성장성 분석 Check Point

1 이익의 감소보다 중요한 것은 매출의 역성장이다. 매출이 증가하고 있는지 확인하라.

2 일시적인 이익의 감소는 설비투자나 시장확대를 위한 판관비 투자일 수 있으므로 전략적인 판단이 필요하다.

3 부채의 상환과 함께 발생하는 자산의 감소는 회사의 안정성 측면에서 유리할 수 있으므로 현금흐름표를 추가로 활용한다.

4 순이익 증가율은 반드시 영업이익 증가율과 함께 판단한다. 영업과 관련 없는 수익은 일반적으로 일회성 수익인 경우가 많다.

8단계: 기업의 수익성과 투자수익률 분석

아무리 안정성이 높고, 급성장하는 회사라고 해도 궁극적으로는 이익을 내야
하며, 투자자들에게 투자한 자본의 대가를 줘야 한다. 그렇게 하지 못하면 다른
그 어떤 회계지표가 좋다고 한들 소용이 없다.

8단계는 그 동안 가장 흔하게 봤던 이익률 개념의 수익성과 투자 대비 수익성
을 보는 분석단계이다. 수익성 지표는 매출액 대비 수익성과 투자액 대비 수익
성으로 분류할 수 있다.

1 매출액 대비 수익성 : 창출한 수익이 이익으로 남는 비율Margin rate

➡ 매출총이익률, 영업이익률, 당기순이익률

2 투자액 대비 수익성 : 투자한 자산(자본)의 성과를 평가하는 비율Return rate

➡ ROA, ROE

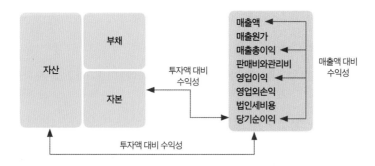

수익성 분석 Check Point

1 매출액 대비 수익성 지표를 통해, 회사의 주력사업의 수익성을 확인한다(전기 대
비 변동, 경쟁기업 대비 비교 우위).

2 투자금액 대비 수익성 지표를 통해, 투자매력도를 판단한다.

3 ROE와 ROA의 감소는 매출확대(시장점유율), 신사업 진출로 일시적으로 감소할
수 있으므로 일시적인 감소일지 확인한다.

4 배당 없이 현금과 금융상품만 쌓고 있는 회사인지 확인한다.

5 일시적 비용으로 인해 턴어라운드가 가능한 기업인지, 반대로 일시적이고, 지속

가능하지 않은 이익으로 높은 이익을 보고했는지 확인한다.

6 높은 부채 레버리지로 ROE를 유지하는지를 확인한다(파산 위험 체크).

9단계: 현금흐름 분석으로 이상 징후와 이익의 질Quality 분석

여러분이 앞서 공부한 현금흐름 분석 또한 반드시 수행해야 하는 절차다. 공부를 했음에도 불구하고 손익계산서상 이익이 기업에 유입되는 현금과 같다고 생각된다면, 다시 한 번 나의 회계지능 향상을 위해 6장의 현금흐름 파트를 공부하길 추천한다.

손익계산서상 이익은 실제 유입되는 현금흐름이 아닌, 사건의 발생 또는 약속에 기반한 발생주의에 근거하고 있다. 따라서 이익의 질을 분석하기 위해서는 반드시 현금흐름 분석이 필요하다.

영업이익은 높은데 영업활동현금흐름은 낮거나 오히려 순유출(마이너스)된 기업은 이익의 질이 낮다고 할 수 있다. 반면, 영업이익과 영업활동현금흐름이 유사하거나 오히려 영업활동현금흐름 순유입액이 더 크다면, 그 기업은 이익의 질이 높다고 볼 수 있다.

스타벅스커피코리아의 손익계산서와 현금흐름표를 보면 영업이익보다 영업활동현금흐름이 큰 것을 볼 수 있다. 채권회수가 원활하고 재고 흐름도 빠르며, 결정적으로 고객들이 미리 일정 금액을 충전해서 주문을 하는 경우가 많아 선수금이 많기 때문이다. 같은 영업이익을 기록하더라도 당연히 현금흐름이 원활한 기업이 가치가 높다.

또한 현금흐름 분석을 통해 부실 기업을 직관적으로 파악할 수 있다. 아래와 같은 징후가 보이면 그 기업은 조심하도록 하자.

1 영업활동현금흐름이 지속적으로 감소

2 자금조달의 주요원천이 단기차입금

3 만기 도래하는 장기차입금을 신규 단기차입금으로 상환

10단계: 우발상황 파악을 통한 재무적 위험요인 분석

　1단계부터 9단계까지 분석이 모두 끝났다면, 소송 사건이나 보증의 제공 등 우발상황과 위험요인을 파악하는 것으로 분석을 마무리해야 한다.

　앞 단계에서 아무리 좋은 결과를 가져왔어도, 우발상황이 발생하는 경우에는 치명적인 결과를 가져올 수 있음을 미리 인지하는 것이 중요하다.

　물론 우발상황이 긍정적으로 작용하는 경우도 있다. 소송 위험에서 벗어나는 등 위험요인이 제거가 된다면, 전화위복으로 작용하는 경우가 있는 것이다.

2020년 대한항공의 소송 사건

3. 중요한 소송사건 현황

1. 대한항공

① 캐나다 여객 민사집단소송(온타리오 법원 56747CP)

구분	내용
소제기일	2008. 1. 25(제1소송), 2008. 2. 29(제2소송)
소송 당사자	원고: 다수 항공권 구매자(집단소송) 피고: 제1소송 - 당사 포함 5개 항공사(추가 가능성) 　　　 제2소송 - 당사 포함 21개 항공사
소송의 내용	여객운임담합으로 인한 손해배상 소송 제기
소송가액	- 제1소송: CAD 110,000,000(원고 청구액 기준) - 제2소송: CAD 610,000,000(원고 청구액 기준)
진행상황	집단소송을 진행하기 위하여 온타리오 법원의 인증을 받아야 하나, 2건 모두 소장 제출 후 인증절차를 신청하지 않아 진행사항 없음
향후 소송일정 및 대응방안	향후 소송 일정 미정
향후 소송결과에 따라 회사에 미치는 영향	당사에 미칠 재무적 영향 판단하기 어려움

넷플릭스의 10K 보고서(Annual report)의 위험요인(Risk Factors). 해당 요인을 사전에 인지하는 것이 중요하다.

지금까지와 같은 10단계 분석을 여러분이 분석하고자 하는 기업에 단계별로 적용한다면, 어느 순간 아름다운 기업이 눈앞에 나타날 것이다.

코스트코 창업자를 인터뷰하라!

©ibtimes.com

경영전문지에 수습기자로 입사한 당신은 운 좋게도 유통업계의 스티브 잡스라 불리는 코스트코 창업자 짐 시네갈과 인터뷰를 할 기회를 얻었다. 가까스로 인터뷰는 끝냈지만, 막상 기사를 쓰려니 그의 이야기를 이해하는 것이 쉽지 않다.

이제부터 짐 시네갈이 말하는 코스트코의 성공비결을 회계적으로 분석해보자.

☑ 첫 번째 과제

짐 시네갈 회장은 여러 가지 재무비율을 이용해 코스트코의 성공비결을 이야기했다. 다음 인터뷰 내용에 등장하는 여러 가지 재무비율을 안정성, 수익성, 성장성, 활동성 비율로 구분해보자.

"코스트코는 창업 때부터 '마진 15% 룰'을 엄수한다. 마진이 그 이상 생길 때는 가격을 낮춰 고객에게 혜택을 나눠준다. 월마트 등 다른 대형할인점(20~25%)이나 백화점(50%)의 마진율보다 크게 낮다."

Q1 위에서 코스트코는 마진을 낮게 유지하여 물건 하나당 이익률을 낮춤으로써 전체 이익률을 높이는 전략을 택했다. 이것은 어떤 비율에 속하는가?

"금융위기 이후 코스트코는 2010년과 2011년 각각 9.13%와 14.07%의 매출증가율을 기록했다. 그런데 이때는 우리가 모든 제품 공급자들에게 양해를 구해 오히려 제품가격을 내렸던 시기다. 금융위기 때는 가격을 내려도 어차피 주머니 사정이 좋지 않아 동일한 가격으로 제품을 구매하는 것처럼 느낀다. 하지만 가격을 조금이라도 높이면 즉각 거부반응이 온다."

Q2 위에서 코스트코는 가격을 낮춰 판매량을 늘렸고, 이를 통해 매출증가율이 높아졌다. 이것은 어떤 비율에 속하는가?

"월마트는 14만 개 아이템을 진열해 놓지만 우린 4,000개만 판다. 품목별로 가장 품질 좋고, 값이 싸며, 큰 사이즈 하나만 제공하는 것이다. 비슷한 제품 4~5개를 고객이 고르다가 결국 안 사가는 것보다 확실한 제품 하나가 잘 팔리는 게 낫다. 이런 방식으로 코스트코는 1년에 재고가 13차례 소진된다. 월마트 등 경쟁기업은 연간 9차례 재고가 소진된다. 재고 없이 계속 팔아 치우는 재고자산회전율은 우리의 힘이고 이를 통해 유동성도 좋아졌다."

Q3 위에서 코스트코는 필요 없는 재고를 줄이고, 있는 재고도 빨리 소진되게 하는 전략을 택했다. 이것은 어떤 비율에 속하는가?

정답

Q1 수익성 비율   Q2 성장성 비율   Q3 활동성 비율

☑ 두 번째 과제

당신의 기사를 본 편집장은 인터뷰 마지막 부분에서 언급된 '높은 재고자산회전율을 통해 유동성이 좋아졌다'는 말을 이해할 수 없다고 했다. 재고자산회전율이 유동성에 어떤 영향을 미치는지를 어떻게 설명할 수 있을까?

해설

• **재고자산회전율**을 높이려면 평균재고자산 보유액을 줄이거나, 매출원가를 늘려야 한다. 물건을 판매하는 것이 주 업무인 코스트코는 대부분의 재고자산이 팔기 위해 쌓아둔 상품이다. 그래서 짐 시네갈 회장의 말처럼 결국 상품을 빠르게 판매함으로써 재고자산회전율을 높일 수 있는 것이다. 일반적으로 마트나 백화점 같은 유통업은 다른 업종보다 재고자산회전율이 높아야 하고, 그중에서도 금방 상하는 신선식품 부문은 다른 부문보다 더 높아야 한다. 즉, 각 기업이나 부문에 따라 합리적인 회전율이 존재하는 것이다.

이 합리적인 회전율보다 낮은 수준의 회전율을 나타내는 경우에는 관리 및 보관을 위한 비용이 생겨난다. 또 재고자산이 계속 쌓이면 이른바 '땡처리'를 통해 가격을 낮춰서라도 팔아야 하기 때문에 가격하락에 의한 손실위험도 커진다. 이는 불필요한 비용이 발생한 것으로, 다른 용도로 사용해야 할 자금을 전용해서 사용해야 하는 상황이 생길 수 있다. 그뿐만 아니라 판매가 원활하지 않으므로 자금이 부족해지고, 매입채무(상품을 구매한 외상대금)를 상환하기 위해 단기차입을 들이고, 이로써 또다시 갚아야 할 부채가 늘어나는 악순환이 발생할 수 있다. 결국 이는 유동성의 악화로 이어진다. 따라서 재고자산의 원활한 회전은 건강한 기업의 필수조건이다.[2]

7장

CEO처럼
회계정보
활용하기

"합리적인 의사결정에는
대부분 회계가 필요하다."

기업이나 사회가 자원을 최적배분하고 합리적 의사결정을 내리려면 그 타당성을 검토하기 위해 다양한 정보가 필요하다. **회계**는 바로 이러한 의사결정을 돕는다고 이미 여러 차례 이야기했다.

기업의 성과는 앞으로 어떠한 전략을 수립하고 실행하고 평가하느냐에 따라 좌우된다. 그러나 재무보고서에서는 기업의 이익전략을 찾을 수 없다. 재무제표에는 과거 성과만이 담겨 있기 때문이다. 만약 재무제표가 왜곡되었다면 미래 예측은 더욱 어려워진다.

재무보고가 경영의 동반자로서 바람직한 역할을 수행하려면 회계이익의 청사진을 담은 미래 정보까지 제공할 수 있어야 한다. 현재의 회계는 이처럼 좀 더 현실적인 정보를 제공하는 데 한계가 있는 것이 사실이다.

재무제표가 태생적으로 이용자를 잘못된 길로 이끌 가능성을 어느 정도 가지고 있다면, 문제는 이러한 가능성을 어떻게 최소화하느냐이다. 규제기관의 감독은 물론 감사인의 주의기능도 중요하다. 그러나 가장 중요한 것은 역시 정보이용자의 **회계지능**을 높이는 방법일 것이다. 수많은 회계정보를 어떻게 활용하여 바람직한 결정을 내릴 것인지, 다양한 분야에서 동시에 고민이 필요한 시점이다.

01
경영과 회계의
관계를 이해하자

1996년 필자가 교환교수로 모교인 텍사스주립대학교를 다시 방문했을 때의 일이다. 셔틀버스를 기다리고 있는데 남미경제학 박사과정에 재학중이라는 미국 남학생이 내 전공이 무엇이냐고 물었다. 필자가 회계Accounting라고 답하자 곧바로 질문한 것이 "회계란 무엇인가?What is accounting?"였다. 명색이 경제학 박사과정이라는 학생이 회계가 어떤 학문인지를 몰라서 묻는 것이 당황스러웠지만, 알고 있는 지식을 동원하여 회계의 정의는 물론 사회 속에서의 역할 등을 구구절절하게 설명해주었다. 그러자 말하기를 "그렇다면 Accounting이라는 용어는 당신이 설명한 회계의 본질을 담고 있지 못한 것 같다"는 것이었다.

"Sometimes I just feel like processing some data, but I have no data to process—other times I have the data, but I have nothing to process it with."

"난 가끔 있지도 않은 데이터를 다룬다는 느낌이 들어. 어떨 땐 데이터는 있는데 다루지 않는 것 같기도 하고." 회계는 '데이터'를 통해 '정보'를 창출해야만 의미가 있다. (©BP Cartoon)

생각해보니 Accounting이라는 단어는 단순히 계정Account을 이용해 기록한다는 뜻 외에는 별 의미가 없다. 그러고 보니 우리말의 회계(會計)도 단순히 '모여서 계산한다'는 의미 외에는 별다른 게 없었다. 그날의 대화를 계기로 필자는 회계를 '측정에 기초한 의사결정 지원을 위한 정보 창출 활용학'이라고 소개하고 있다.

관리회계가 아니라 '경영회계'다

재무회계나 관리회계 모두 핵심은 측정, 즉 구체적인 수치로 파악하는 것과 의사결정을 지원한다는 것 두 가지이다. 그러나 그중에서도 **관리회계**Management Accounting는 경영Management과 회계의 접목으로, 경영이 먼저이고 회계는 경영을 지원하는 역할을 하는 것으로 가정하고 있다. 아마 처음부터 '경영회계'라고 번역했다면 의미전달이 훨씬 쉬웠을 것이다.

경영(經營)은 '조직이 보유한 인적·물적 자원을 효율적·효과적으로 활용하여 조직이 추구하는 목표를 달성하기 위한 체계적 프로세스 및 수단'이라고 정의된다. 이것도 물론 간략히 '사람을 통해 성취하는 것Getting Things Done Through People'으로 기억하면 된다.

● 효과성
Effectiveness. 기대되었던 목표가 실제 달성된 정도.

● 효율성
Efficiency. 능률. 들인 노력(Input)에 대한 얻은 결과(Output)의 상대적인 비율.

경영의 주된 관심사는 목적을 달성했는지 여부와 한정된 자원을 효과성●과 효율성●에 따라 활용했는지를 측정하는 것이다. 물론 추구하는 목적이 정당한지에 대한 검토가 이루어졌다는 전제하에서이다.

효율성은 투입과 산출을 비교해서 측정할 수 있다. 자동차의 연비나 야구의 타율은 대표적인 효율성 지표다.

프로야구 기아 타이거즈의 선동렬 전 감독은 16 대 1이라는 큰 점수차로 이기고 난 후에 "오늘 7회에 득점한 6점은 차라리 어제 패한 게임에서 터지거나 다음 게임에서 터졌으면 좋았을 텐데"라며 아쉬움을 토로한 바 있다. 적은 득점으로도 승리를 올리는 효율성이 그만큼 중요한 것이다.

반면에 **효과성**은 설정한 목적을 달성했는지 여부로 측정된다. 즉, 서울 가는 것이 목적이었는데 모로 가도 어쨌든 서울에 갔다면 효과적인 셈이다.

경영의 3대 핵심기능은 계획, 조직화, 통제로 구분된다. 또는 **가치사슬**Value Chain 관점에서 경영 기능별로 보면 연구, 디자인(설계), 엔지니어링, 생산, 마케팅 등으로 구분될 수도 있다. 관리회계는 이러한 경영의 3대 기능을 수행하거나, 가치사슬 단계별 의사결정에 필요한 정보를 만들고 지원해야 한다. 배의 일

등항해사가 좌표나 풍랑의 세기 등 온갖 정보를 제공하여 선장을 보좌하듯이 관리회계 담당자는 최고경영자를 비롯한 조직구성원에게 필요한 때에 필요한 정보를 제공해야 하는 것이다.

따라서 관리회계의 주된 이슈 역시 크게 계획, 조직화, 통제 관련 분야로 나눌 수 있다. 계획 관련 분야는 다시 단기 및 장기로, 조직화 관련 분야는 책임회계 등으로, 통제 관련 분야는 성과평가 및 보상 그리고 차이분석 이슈로 다뤄진다.

관리회계의 특징은 다음에 소개하는 미국공인관리회계사협회IMA●가 내린 정의에 잘 반영되어 있다.

● IMA
CPA(공인회계사) 시험을 주관하는 미국공인회계사협회(AICPA)와 함께 쌍벽을 이루는 조직으로 CMA(공인관리회계사) 시험을 주관하고 있으며, 전 세계 최대 전문조직 중 하나다.

> 관리회계란 경영활동을 지원하고, 바람직한 행동을 유도하고, 조직의 전략적·전술적·운영적 목표달성에 필요한 비재무 및 재무정보 시스템을 기획·설계·측정·운영하는 가치창출 지향 지속적 개선 프로세스다.
>
> (A value-adding continues improvement process of planning, designing, measuring and operating non-financial information systems and financial information systems that guides management action, motivates behavior and supports and creates the cultural values necessary to achieve an organization's strategic, tactical, and operating objectives.)

재무회계와 관리회계를 구분해서 보지 마라

그런데 많은 사람들이 관리회계에 대해 오해하는 것들이 있다. 첫 번째 오해는 관리회계를 재무회계의 일부분으로 보거나 관리회계 정보는 재무회계 정보만을 가공하여 사용하는 것이라는 착각이다. 관리회계는 경영자를 비롯한 구성원들이 부닥치는 다양한 상황에서 판단과 의사결정을 지원하고, 동기부여를 꾀하기 위한 정보를 다룬다. 따라서 요구되거나 활용되는 정보의 차원이 재무회계와 전혀 다르다.

물론 기업 관리자도 재무제표에 들어 있는 재무정보를 유용하게 사용한다.

이 책의 앞부분에서 소개한 쓰리엠(3M)사의 캐치프레이즈 '3/30'을 기억하는가? 이것은 비전 달성을 위한 캐치프레이즈지만, 그 핵심측정치인 매출액은 재무정보에 속하는 것이다. 이처럼 재무정보는 내부 관리목적에서도 매우 중요하다. 각 사업부나 제품별 수익성 분석을 위해서 더욱 세분화된 정보가 필요하다는 차이점이 있을 뿐 재무제표에 담긴 수익, 비용 및 원가 정보 등은 재무회계 및 관리회계에서 모두 필요하다고 보면 된다.

그러나 경영의사결정에는 재무정보 외에 비재무정보 역시 필요하다. 예를 들어 품질 관리가 중요한 반도체 제조를 하는 삼성전자나 SK하이닉스 같은 기업이라면 재무정보로 나타내기 어려운 품질관리 수준을 어떻게 측정할 수 있을까? 이 경우 품질관리에 소요되는 비용(일명 품질원가)은 물론 불량률이나 ppm⁕ 같은 척도를 이용할 수 있다.

⦁ ppm
Parts Per Million. 총 100만 개 중 나오는 불량품의 개수를 뜻한다.
⦁ 식스시그마
Six Sigma. 통계척도인 σ(시그마)를 이용하여 품질수준을 정량적으로 평가한 것으로 품질수준이 6σ를 달성하는 것은 불량률 3.4ppm 이하로 유지함을 의미한다.

1ppm은 제품 100만 개를 생산하면 그중 불량품이 1개 있다는 뜻이다. 수치만 놓고 보면 불량률 0.01%와 100ppm은 동일한 결과를 나타내지만, 품질개선에 대한 의지를 드러내는 데에는 '불량률 0.01%'보다 '100만 개 중의 100개'라는 수치가 훨씬 이해하기 쉽고 강력하게 느껴진다. 불량률 0.01%는 우리가 잘하고 있다는 만족감도 줄 수 있다. 즉, ppm은 불량에 대한 종업원의 인식을 더 강화하기 위해 % 대신 도입한 척도이다. 비슷한 예로 식스시그마⁕ 운동은 통계적 지식을 이용해 품질관리를 한 단계 업그레이드한 것이다.

LG전자가 업계 최초로 기존 '**식스시그마**'에 빅데이터와 인공지능^AI, 사물인터넷 ^IoT을 접목한 '빅Big식스시그마' 프로젝트에 나선다. 식스시그마는 100만 개 제품 중 3~4개 불량만을 허용하는 품질 혁신 운동을 말한다. LG전자는 앞서 1996년 국내 기업 최초로 식스시그마를 도입하면서 생산·품질·구매·개발 등 업무의 다양한 영역에서 이를 활용해왔다. 그러나 최근 들어 산업 전반에 걸쳐 디지털화가 빠르게 진행되면서 제품 관련 데이터 양과 변수가 늘어나 기존 식스시그마 방법을 그대로 적용하는 데 한계가 있다고 회사 측은 판단한 것으로 알려졌다. LG전자는 기존 식스시그마의 절차와 본질은 유지하면서 빅데이터, AI 등 디지털 기술을 접목해 품질 수준을 혁신적으로 높인다는 계획이다.

〈매일경제〉 2020년 4월 15일자 기사 수정 인용〉

○ 재무제표를 보완하는 사업보고서

재무회계는 외부 정보이용자가 필요로 하는 최소한의 정보를 신뢰성에 초점을 맞추어, 과거에 발생한 거래 위주로 담은 것이다. 반면 관리회계는 과거정보는 물론 현재 진행 중인 프로젝트에 대한 재무 및 비재무 정보를 비롯해 다차원적인 정보를 활용한다. 만약 어떤 정보가 아직 확정된 게 아니더라도 판단에 도움이 될 경우에는 활용한다.

사업보고서 역시 전자공시 시스템에서 확인할 수 있는데, 이를 통해 주요 원재료의 가격 변동추이 등 많은 정보를 얻을 수 있다. 그림은 현대건설의 2020년 사업보고서 중 일부.

가령 앞에서 소개한 영화배우의 러닝 개런티를 계산할 때는 앞으로 들어올 예상관객수를 확률변수로 가정하고 손익분기점이나 CVP 분석을 수행한다. 실제 관객수가 예상보다 적을 수도 있고 많을 수도 있지만, 그러한 불확실성을 감안하고 의사결정을 하는 것이다.

재무제표가 갖는 한계를 보완하기 위해 사업보고서*를 살펴보는 것이 중요하다. 회사의 개황 및 사업내용 등 기업경영 전반에 관한 정보를 담고 있는 사업보고서는 재무회계에서 관리회계로 한 발 더 확장된 공시 확대 목적의 보고서다. 특히,

● 사업보고서

매 사업연도 말에 기업 경영성과 및 재무상태, 유가증권 변동에 관한 사항 등을 기록한 주된 공시자료. 상장회사는 반드시 공시해야 하고 외부 감사 대상기업 중 일정요건 이상의 비상장회사도 작성해야 한다. 사업연도 말 경과 후 90일 이내에는 사업보고서를, 분기·반기 말 경과 후 45일 이내에 반기보고서(사업연도 개시일로부터 6월간 보고서) 및 분기보고서(사업연도 개시일부터 3월간 및 9월간 보고서)를 금융위원회와 한국거래소에 제출한 후 공시한다.

기아의 2020년 사업보고서상에 나오는 자동차 생산 능력, 생산 실적, 가동률 정보

사업보고서 중 사업의 내용 파트에 나오는 기업의 가동률 정보는 고정 생산 설비의 활용여부와 함께 수익성 분석에도 중요한 정보이므로 꼭 확인해야 하는 내용이다.

재무회계와 관리회계는 측정 방식을 약간 달리한다. 예를 들어 패션기업인 이랜드는 내부 성과평가상 철 지난 의류재고는 장부가액보다 낮은 가액, 즉 시장에서 처분 가능한 시가로 평가한다. 유행에 뒤진 불필요한 재고를 빨리 감축하라는 동기부여 차원에서다.

또, 과거 동아건설은 리비아 대수로 제2차 프로젝트 공사에 응찰했을 때 재무제표에서는 자산으로 기록되는 중장비들을 관리회계에서 '제로 가치'로 간주하기도 했다. 당시 상황을 좀 더 자세히 살펴보자.

한때 국내 10대 재벌에 속했지만 2001년에 도산했다가 회생하는 등 굴곡을 경험한 동아건설은 1980년대에 오랜 준비와 우여곡절 끝에 리비아사막을 관통하는 대수로를 건설하는 제1차 초대형 프로젝트를 따낸 바 있다. 제1차 프로젝트 진행 중 1990년에 제2차 프로젝트 공개입찰에 참여하기로 결정한 동아건설로서는 과연 얼마의 금액으로 응찰할 것인가가 최대의 관건이었다. 왜냐하면 지나치게 낮은 응찰가는 낙찰확률을 높이지만 그만큼 수익성이 낮아 기업에 부담이 되고 반대의 경우 입찰에 실패할 가능성이 높기 때문이다.

이러한 초대형 입찰 상황에서는 장기간에 걸쳐 발생할 원가의 추정에 상당한 식견이 필요한데, 1차 프로젝트 수행경험을 무기로 갖고 있던 동아건설은 원가추정에도 어느 정도 자신이 있었다. 이를 십분 활용하여 초기에 책정한 예정가격보다 상당히 높은 가격으로 응찰하였다. 물론 경쟁업체가 동아건설보다 낮은 금액으로 응찰하였지만 리비아는 동아건설의 프로젝트 수행경험과 신규업체의 경험부족

에 따른 위험을 중시한 끝에 동아건설의 손을 들어주었다.

사업을 수주한 것도 기쁜 일이지만 더욱 기쁜 일은 제1차 프로젝트에 투입했던 중장비를 추가적 원가부담 없이 제2차 프로젝트에 이용할 수 있었다는 점이다. 만약 입찰에서 질 경우 이 장비들은 운반비 부담 때문에 국내로 반입하기보다는 현지에 두고 와야 할 형편이었다. 즉, 매몰원가^{sunk cost}가 될 뻔했다. 그래서 애초부터 중장비들을 오래 보유하는 자산이 아니라 소모되는 비용으로 간주했던 것이다.

○ 관리회계에는 더 자세한 정보가 필요하다

역사적으로 가장 오래전부터 사용되어온 관리회계 정보는 원가정보다. 그러나 1980년대 중반부터는 품질, 시간, 창의성, 팀워크 등 이른바 핵심성공요인에 대한 관리도 그 못지않게

수많은 무형자산을 가지고 있는 월트디즈니 컴퍼니(The Walt Disney Company)의 IR 자료 도입페이지

중요해졌고, 브랜드나 뛰어난 인적자원 등의 무형자산 역시 중요해졌다. 이런 요소들은 기업경영에서 우선적인 관리대상이지만, 구체적이고 객관적인 수치로 측정하기 어렵기 때문에 재무제표에서 빠져 있다. 그러나 이들 자산 역시 정기적으로 측정하고 관리해야 함은 물론이다.

우리는 앞에서 자료를 가공한 것이 정보라고 배웠다. 똑같은 자료를 수집하더라도 나중에 정보로 활용되는 수준은 달라진다. 예를 들어 백화점 같은 경우에는 판매용 상품을 구입하면 분개장에는 '재고자산의 증가, 현금의 감소 또는 외상 매입금의 증가' 등으로 기록된다. 이 자료가 재무제표를 만들기 위한 것일 때는 거래기록상 최소한의 내용만 담아도 무방하다. 어차피 나중에 결산을 통해 손익계산서와 재무상태표에 하나로 합쳐서 반영될 것이기 때문이다.

그런데 이 자료가 관리 목적으로 활용되려면 이보다 자세한 정보가 기록돼야한다. 물건을 가져올 때 우리 차를 썼는지 아니면 공급업체 차량을 썼는지, 한

번에 가져왔는지 아니면 몇 회에 나누어 가져왔는지, 당초 약속한 시간에 맞춰 지연 없이 입고되었는지, 품질 수준은 적절했는지 등의 정보를 별도로 기록해 두어야 관리에 활용할 수 있다. 그렇게 안내하면서 기록하는 조직과 그렇지 않은 조직은 차이가 날 수밖에 없는 것이다.

요컨대 재무회계와 관리회계는 분명 상호공통되는 부분이 존재하지만, 관리회계는 미래 의사결정을 지원하고 구성원들에게 동기부여를 하기 위한 정보를 포함하므로 훨씬 범위가 넓다고 볼 수 있다.

시스템이 같아도 결과는 달라질 수 있다

관리회계에 대한 두 번째 오해는 손쉽게 구축될 수 있다고 착각하는 것이다. 전형적인 관리회계 제도를 도입한다고 반드시 기업경영에 어마어마한 효과를 발휘한다고 기대해서는 안 된다. 사실 관리회계의 핵심기법들은 1900년대 초에 GE나 듀퐁, GM 등 다국적 기업들이 고안한 것들로, 이미 대부분의 기업에 도입되어 있다. 그렇지만 모든 기업이 그들처럼 업계를 선도하게 되는 건 아니다.

똑같이 손익분기점이라는 단기운영계획 기법을 활용해도, 그 활용 수준은 기업마다 천차만별이다. 바둑으로 치면 아마 18급의 초보 수준에서 프로 9단까지 다양한 차이가 나는 것과 같다. 심지어 똑같은 프로 9단 중에서도 한창 때의 이창호나 조훈현처럼 급이 다른 이들이 있는 것처럼 말이다.

동일한 관리회계 기법을 도입했음에도 불구하고 기업마다 효과가 달라지는 이유는 아무리 훌륭한 전략도 제대로 실행하지 않으면 소용이 없기 때문이다. 즉, 실행력이 관건이다. 뒤에서 자세히 배우겠지만 균형성과표[BSC]가 탄생한 것도 그 때문이다. 결국 기업 성과는 구성원들의 회계지능 수준과 최고경영자의 성과관리 리더십에 의해 달라지는 것이다.

사실 관리회계의 역사는 새로운 측정치를 고안하고 활용해온 역사로 볼 수 있다. 재고회전율, 매출액, 이익률 지표에서 시작해서 사업부 평가를 위해 ROI, RI, EVA(경제적 부가가치)가 만들어졌고, 전략적 성과관리를 위한 BSC도 탄생했다. 필요할 때마다 기업 스스로가 관리회계 기법을 고안해온 것이다. 대개 우량기업일수록 창의적으로 새로운 기법을 도입하고, 그 효과가 인정되면 다른 기업들이 벤치마킹하면서 일반화된다. 또한, 최근에는 급성장하는 배민이나 쿠팡 같은 스타트업의 경우 성장성에 기반한 거래지표와 함께 한 달 동안 해당 서비스를 이용한 순수한 이용자 수를 나타내는 지표인 MAU^Monthly Active Users가 중요하다.

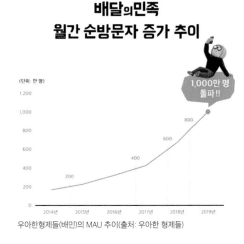

우아한형제들(배민)의 MAU 추이(출처: 우아한 형제들)

요컨대 관리회계 기법이 얼마나 효과를 거두는가는 판단이나 의사결정을 위해 적재적소에서 정보를 활용하는 것에 달려 있다.

야구에서 감독이나 해설가들은 종종 '야구지능이 높은 선수'라는 말을 한다. 야구지능이 높은 선수들은 현재 처한 상황, 감독의 작전지시는 물론 상대 감독이 내릴 작전지시까지 고려하고, 과거 게임의 경험까지 종합해서 최선의 플레이를 전개한다. 기업경영도 마찬가지이다. 과거 자료를 토대로 동일한 실수를 반복하지 않는 조직, 그렇게 일하는 것이 체득화된 직원이 모여 끊임없이 개선을 추구하는 것이다. 이를 위해서는 전 구성원의 '회계지능'을 높여야 한다.

재무회계와 관리회계 사이의 인과관계

세 번째 오해는 재무회계와 관리회계 간에는 인과관계가 적거나 없다고 생각하는 것이다. 그러나 재무제표에 담긴 재무수치는 이미 과거에 수행한 다양한 경영의사결정의 결과다. 많은 사람들이 이러한 인과관계를 놓치고 있다.

앞으로 차차 설명하겠지만, 균형성과표^BSC의 용어인 선행적·후행적 관점에서 보면 재무성과는 일련의 경영활동으로 이루어진 후행적 결과다. 따라서 미래 재무성과의 예측을 위해서는 현재 진행 중인 다양한 프로젝트의 상황을 잘

Q1 2012 Motorola Mobility Financial Results

$ in Millions, except per share amounts

GAAP	Q1, 2012	Q4, 2011	Q1, 2011
Net Revenues	$3,078	$3,436	$3,032
Operating Loss	($70)	($78)	($36)
Operating Margin	-2.3%	-2.3%	-1.2%
Net Loss	($86)	($80)	($81)
Loss Per Share	($0.28)	($0.27)	($0.27)

영업손실

Non-GAAP*	Q1, 2012	Q4, 2011	Q1, 2011
Operating Earnings	$6	$65	$20
Operating Margin	0.2%	1.9%	0.7%
Net Earnings(Loss)	($10)	($61)	($25)
Earnings(Loss) Per Share	($0.03)	$0.20	($0.08)

영업이익

* Excluding non-GAAP adjustments

파악해야 한다. 이것은 전략적 성과관리라는 주제로 다루게 될 것이다.

휴대폰 제조업체인 **모토로라**의 경우 재무회계기준GAAP에 의한 실적과 관리회계기준Non-GAAP의 실적을 같이 공개한 적이 있다. 그 이유는 당시 회사가 매각을 앞두고 재무회계기준에 의한 실적이 영업손실을 기록할 정도로 부진하자 '실제로는 그렇지 않습니다'라고 주장하기 위해서다. 물론 내부기준에 의한 영업이익을 외부 이해관계자가 수용할지는 미지수다.

왜 이리 팝콘 가격이 비싼 거야?

CGV나 롯데시네마에서 보고 싶은 영화의 표를 구입하고 영화관에 입장하기 전에 팝콘 콤보 세트를 구매하기 위해 줄을 기다리며 이런 생각을 한 적이 있을 것이다.

"왜 이리 팝콘 가격이 비싼 거야? 거의 영화 가격 수준이군."

많은 사람들은 이 질문에 어떤 답변을 할까?

어떤 사람은 영화관에서 폭리를 취하고 있다고 흥분하며 싸게 팔아야 한다고 할 것이고, 그래도 경제 마인드가 있는 사람은 영화관에는 팝콘을 파는 경쟁 매장이 없고 영화관에서 운영하는 판매처만 있으니 관객은 포로가 되어서 비싼 팝콘 가격을 지불한다고 독점논리에서 설명할 것이다. 또 어떤 사람은 집에서보다 맛있는 팝콘과 시원한 음료를 영화를 보면서 먹을 수 있어서 그 정도 가격은 기꺼이 지불할 수 있고, 오히려 팝콘을 먹는 재미에 영화관에 온다고 이야기하기도 할 것이다. 팝콘을 먹는 것은 확실히 영화관을 가게 됨으로써 얻는 체험이므로 그것이 가격에 포함되어 있다는 답변이다.

위에서 말한 답변들은 나름대로 합당해 보인다. 그래도 공통된 관점은 "영화표 가격과 비교해봤을 때 팝콘 가격은 비싸다!"라는 것이다. 하지만 관점을 바꿔서 영화관의 경영자 입장이 되어보자. 경영자 입장에서는 영화관을 경영하면서 얻는 이익은 영화표를 팔아서 얻는 것과 팝콘 등 스낵을 팔아서 얻는 것 모두 동일한 이익으로 느낄 것이다. 만약에 경영자들이 그들의 이익을 최대화시키고 싶다고 가정해보면, 영화표 가격을 올릴 수도 있고 팝콘 가격을 올릴 수도 있는 일이다.

경제학자 스티븐 랜즈버그는 이렇게 이야기했다. "저는 경영자가 '영화관에 오는 사람들 중 일부는 다른 사람들보다 팝콘을 좋아한다.'라는 사실을 알고 있다고 생각합니다. 그렇다면 이 사람들을 위해 가격이 싼 팝콘으로 팝콘러버(팝콘 선호 고객)들을 유혹해서 영화관에 많이 오도록 한 후 그들에게 높은 영화표 가격을 내게끔 유도할 수도 있습니다. 하지만 이 경영 전략은 만약 팝콘 등 스낵을 먹지 않는 고객들이 많다면, 당연히 역효과일 것입니다."

이제 팝콘 가격이 왜 비싼가에 대한 다른 관점의 이야기를 해보자. 비싼 팝콘의 목적은 팝콘을 좋아하는 소비자들에게 많은 돈을 얻어내는 것이 아니다. 그러한 목적이라면 그들에게 싼 팝콘과 비싼 영화티켓을 파는 방법이 더 나을 것이다. 비싼 팝콘의 목적은 다른 고객들에게 다른 수익(영화표값 + 팝콘값)을 창출해 내는 것이다. 팝콘러버와 영화만을 즐기는 사람은 각자 다른 즐거움을 위해서 돈을 지불할 것이다. 몇몇 영화관객들은 다른 사람들보다 더 팝콘을 좋아하지만 극장 경영자는 그들이 영화티켓을 위해 줄 서 있을 때 그 몇몇을 구분해 내는 것이다. 영화만을 위한 관객과 팝콘 등 스낵을 즐기는 관객을 구분해 내려면 방법이 필요했고 그 방법은 비싼 팝콘 가격이라는 것이다. 왜냐하면 경영자들이 고객을 유형별로 나누는 segmenting 것은 고객이 가치를 받아들이는 것에 따라 가격을 변경할 수 있기 때문이다.

극장 경영자들은 그 고객들을 돌려보내고 싶어하지 않는다. 그래서 스낵을 먹는 사람들에게 높은 가격을 지불하게 하고 티켓 가격을 내린다. 팝콘 등 스낵이 목적인 사람이지만 영화 가격까지 높다면 그들의 의사결정은 바뀔 것이기 때문이다. 즉, 스낵을 좋아하는 고객은 그들이 기꺼이 지불할 용의가 있는 스낵 가격을 지불하는 대신에 상대적으로 싸게 영화를 즐기는 것이고 어차피 비싼 스낵 가격을 지불할 용의가 없는 고객은 스낵은 즐기지 못하지만 역시 정당한 가격에 영화를 즐긴다는 것이다.

'영화를 즐길 수 있는 찬스 아니면 영화를 팝콘과 즐길 수 있는 찬스.' 경제학자들은 이것을 'a two-part tariff'라고 부른다. 고객들이 물건을 구입할 때에 정당한 가격으로 인식하는 것은 물론이다. 이러한 가격전략을 쓰는 사례는 많다. 예컨대 고급 호텔이나 골프장 회원제 클럽들은 멤버십 요금과 별도로 매월 관리비 명목으로 요금을 청구하고, 질레트는 면도기를 팔면서 상대적으로 비싼 면도날도 판다. 놀이동산은 입장료와 별도로 하나하나의 놀이기구 값도 판매한다.

몇몇 사람들은 '가격차별'이라면 부정적인 견해를 갖는다. 상이한 고객별로 다르게 가격을 매기는 것은 불공평하고 불법이 아니냐는 것이다. 하지만 이런 방법을 불법화하면 어떤 일이 일어날까? 극장, 항공사, 레스토랑 그리고 비즈니스 관계자들은 높은 가격을 부담할 수 없는 아이들, 학생들, 대가족들에게까지도 가격을 올려야만 할 것이다.

비슷한 예로 고속도로 휴게소의 라면을 들 수 있다. 얼마 전에 신문에 휴게소 편의점은 컵라면과 삼각김밥을 팔지 않는다며 비판하는 기사가 실렸다. 휴게소 편의점에서 이러한 상품을 판매한다면 많은 운전자들이 간편하고 저렴한 컵라면과 삼각김밥을 애용할 것이다. 그 결과 고속도로 휴게소의 전체 매출과 이익은 줄어들 것이고 이러한 저조한 성과가 지속되어 극단적인 경우 적자운영을 우려한 휴게소가 적자해소를 위해 화장실을 유료화한다면 휴게소를 주로 화장실 이용과 휴식공간으로만 이용하는 고객 입장에서는 큰 피해가 아닐 수 없다.

이처럼 고객 세그먼트 분석을 토대로 각자에게 적절한 (지불 용의)가격으로 각 서비스나 상품 등을 소비하게 함으로써 서로에게 도움이 되는 상황을 만드는 것이 핵심이다.

이런 관점에서 영화관을 운영하는 사업자들을 다시 보자. CJ, 오리온(쇼박스), 롯데 등이다. 오히려 영화관은 팝콘과 음료를 팔기 위해 존재하는 곳일 수도 있다는 생각이 든다.

회계정보를 근거로
의사결정하기

경영자는 선택할 수 있는 여러 가지 대안 중에 가장 바람직하다고 판단되는 것을 고르는 나름의 방법을 갖고 있다. 이는 흔히 의사결정모델이라고 부르는데, 대개 아래와 같은 5단계의 과정을 거친다.

의사결정은 단기의사결정과 장기의사결정으로 나눌 수 있다. 단기의사결정은 관련되는 기간이 주로 1년 이내로 짧은 반면, 장기의사결정capital budgeting(자본예산)은 긴 기간에 영향을 미치는 것으로 시설능력 변경처럼 고정원가까지 바꿀 정도의 큰 의사결정이다.

의사결정과정의 단계

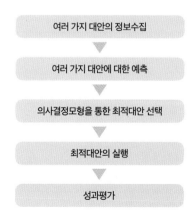

여러 가지 대안의 정보수집

▼

여러 가지 대안에 대한 예측

▼

의사결정모형을 통한 최적대안 선택

▼

최적대안의 실행

▼

성과평가

의사결정의 유형

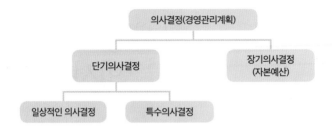

또, 단기의사결정은 제품의 가격이나 생산일정을 계획하는 것처럼 일상적인 의사결정과 긴급주문에 대한 의사결정같이 비일상적으로 발생하는 특수의사결정으로 나눌 수 있다.

단기의사결정에서의 정보 활용

장기의사결정은 조금 후에 공부하기로 하고, 먼저 단기의사결정 중에서도 특수한 상황 하의 의사결정에 대해 알아보자.

왕대부 사장은 이탈리아 식당 '갓파더'를 운영한다. 이 식당은 파스타 도시락이라는 메뉴 하나만 파는데 가격은 7,000원이고, 식당에서 하루에 요리해서 판매할 수 있는 도시락의 최대수량은 700개다.

어느 여름날 유난히 날씨가 더웠던 탓에 파스타 도시락의 주문이 감소해서 이날은 영업마감 시간이 거의 끝나갈 때까지 주문을 500개밖에 받지 못했다.

항목	내역	금액
재료비[●]	500개 × 2,000원	100만 원
노무비	조리사 5명 × 일당 20만 원	100만 원
경비 및 관리비	전기료, 조리기구의 감가상각비 등	50만 원
총원가		**250만 원**
도시락 생산량		500개
도시락 1개당 원가		5,000원

● 재료비에는 음식재료 외에 포장용기 비용이 개당 500원씩 포함되어 있다.

이때 원가를 집계해보면 앞 쪽의 표와 같다.

그런데 갑자기 어떤 단체에서 도시락 100개의 주문이 들어왔다. 그쪽 담당자는 대량주문이니 가격을 정가인 7,000원 대신에 4,000원으로 깎아 달라고 요구했다. 왕대부 사장이 다음에 또 주문할 계획이 있느냐고 묻자 담당자는 아마 그렇지는 않을 것 같다고 했다.

분노한 왕대부 사장은 당장 주문을 거절하려 했다. 그쪽에서 요구한 개당 4,000원은 도시락 1개당 원가인 5,000원에도 못 미치는 가격이었기 때문이다. 그러자 식당의 2인자인 외국인 요리사 톰이 왕대부 사장의 귀에 속삭였다.

"이 요구를 받아들이는 게 유리합니다." 특수 의사결정에는 유휴생산능력을 가졌느냐가 중요한 변수가 된다. 사진은 영화 <대부>(1972)의 한 장면.

"사장님, 이 주문을 받아들이십시오. 개당 2,000원씩 남는 장사입니다."

과연 톰의 말은 맞는 것일까? 톰의 계산법을 따라가보자.

현재 파스타 도시락 1개를 만들 때 들어가는 변동원가는 재료비인 2,000원이다. 여기에 노무비와 경비 및 관리비는 최대생산가능량capacity인 700개까지는 변동하지 않는 고정원가다. 그런데 아직 도시락을 500개밖에 생산하지 않아 추가로 100개의 도시락 생산이 가능하므로, 고정원가가 추가로 발생하지 않는다. 따라서 도시락 한 개 가격이 4,000원이라 해도 들어가는 원가는 재료비(용기값 포함)인 2,000원뿐이므로 2,000원이 남는다. 즉, 공헌이익은 개당 2,000원에 달한다. 이 말을 들은 왕대부 사장은 미소를 지으며 당장 주문을 수락하라고 지시했다.

이처럼 기존의 거래처가 아닌 고객이 주문을 하거나, 기존의 거래처가 정상주문 외에 대량구매를 조건으로 가격할인을 요구하는 것은 모두 특별주문에 해당한다. 경영자는 특별주문의 수락여부를 결정할 때 기업에 유휴생산능력이 존재하는지를 고려해서 결정해야 한다. 특별주문을 받았을 때 회사가 처할 수 있는 상황별로 핵심포인트를 정리하면 다음과 같다.

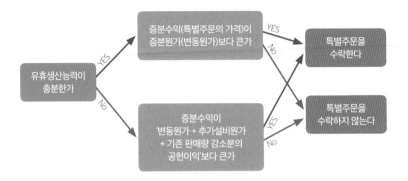

유휴생산능력이 존재하는 경우

특별주문이 들어와도 기존 설비능력만으로 생산이 가능하다. 따라서 이 경우에는 특별주문 제품을 생산할 때 발생하는 증분수익과 증분변동원가만 고려하면 된다.

유휴생산능력이 없거나 부족한 경우

특별주문이 들어왔을 때 기존 설비능력이 부족하면 특별주문에 맞추기 위해 설비 능력을 확충하거나 기존 생산량을 줄여야 한다. 따라서 이 경우에는 특별주문으로 인한 증분수익, 증분변동원가와 함께 추가 설비원가 또는 기존제품 판매량 감소에 따른 수익과 변동원가의 감소액(공헌이익 감소분)을 모두 고려해야 한다.

이러한 분석에 따르면 특별주문의 수락Accept 또는 거부Reject 의사결정은 위의 그림과 같이 정리할 수 있다. 특별주문에 대한 의사결정 이외에도 자가생산 및 외부구입에 대한 결정, 제품라인의 추가 또는 폐지 결정, 기존설비의 대체 결정도 비슷한 원리로 접근할 수 있다.

장기의사결정에서의 정보 활용

이번에는 장기의사결정의 과정을 알아보자. 다음은 남미의 볼리비아 광산개발 사업에 대한 내용이다. 한번 살펴보자.

지방에서 공장을 운영하며 성공한 박 사장은 지인으로부터 '볼리비아의 광산에 투자를 해보라'는 제안을 받았다. 내용은 다음과 같았다.

- 총 투자자금: 100억 원
- 예상 투자회수금: 1년 후 30억 원, 2년 후 40억 원, 3년 후 50억 원

　　　　　　(총 120억 원)

- 투자자의 예상 현금흐름:

현재	1년 후	2년 후	3년 후
-100억 원	+30억 원	+40억 원	+50억 원

박 사장은 투자안을 보고 '100억 원을 투자해서 3년만에 120억 원을 번다니, 꽤 괜찮은 사업인데?'라고 생각했다. 하지만 왠지 꺼림칙한 기분에 망설이고 있다.

박 사장뿐만 아니라 독자들 중에도 이 정도 사업이면 괜찮다고 생각하는 사람이 있을 것이고, 그다지 흥미를 느끼지 못하는 사람도 있을 것이다. 투자자의 성향이 다 다르기 때문이다. 그렇지만 어쨌든 이렇게 기간이 길고 투자자금도 많이 소요되는 장기의사결정을 하려면 뭔가 정확한 결정을 도와줄 도구가 필요하지 않을까?

이러한 장기의사결정을 위한 도구를 자본예산모형Capital Budgeting Model이라 부른다. 자본예산모형은 투자안의 타당성을 평가하기 위하여 투자안의 현금흐름이나 이익에 미치는 영향을 평가하는 기법이다. 대표적인 방식은 순현재가치NPV와 내부수익률IRR을 산출하는 것으로, 둘 다 미래 현금흐름을 현재시점으로 바꿔놓고 분석하는 방식이다.

박 사장은 1년 후 30억 원, 2년 후 40억 원, 3년 후 50억 원을 받게 되겠지만 몇 년 후에 물가가 얼마나 오르게 될지는 모를 일이다. 또한 현재 투자하는 100억 원을 다른 곳에 투자했을 때 얻을 수 있는 수익을 포기해야 하므로 이러한 기회원가까지 고려해야 한다. 즉, 미래에 벌어들일 수익을 오늘의 가치로 환산해본다면 더 적어질 수밖에 없는 것이다.

● 현금흐름 할인법(DCF법Discount Cash Flow method)

©MBA MONDAYS ILLUSTRATED

미래의 현금흐름은 분명 현재 시점의 현금흐름과 동일한 가치라고 볼 수 없다. 그러므로 타임머신 역할을 하는 적절한 할인율로 현금흐름을 할인하여 현재가치를 구해야 한다.

여기서 적절한 할인율이란 이 투자가 가져다 줘야 할 최저요구수익률로서, 소요자본의 기회원가인 자본비용의 의미를 갖는다. 쉽게 말해서 리스크가 있고 시간이 소요되는 이 투자안을 보고 투자자는 최소한 이 정도 수익률은 올려야 한다는 이야기도 된다. 앞서 볼리비아 투자안 사례를 다시 한 번 짚어보자.

> 박 사장은 볼리비아에 투자할 총 투자자금 100억 원 중에서 50억 원은 그동안 다른 사업으로 벌어들였던 자본을 활용할 예정이지만, 나머지 50억 원은 금융기관에서 빌려야 한다. 그런데 지구 반대편 볼리비아에서 일어나는 투자라는 리스크 때문에 돈을 선뜻 빌려주는 은행이 없다. 그래서 할 수 없이 12%라는 높은 이자율(자본비용)을 부담하고 차입하기로 했다.

이때 박 사장이 은행에서 빌린 돈 50억 원에 대해서는 12%의 이자율이라는 자본비용이 발생한다는 것을 알 수 있다. 그러면 내 돈으로 보유 중이던 50억 원에 대해서는 자본비용이 전혀 발생하지 않는 것일까? 그렇지 않다. 소유하고 있는 자본인 50억 원에도 자본비용이 든다. 바로 나의 자본에 대한 기회원가 관점에서 생각해야 하는 것이다.

앞서 원가배분에서 배웠지만, **기회원가**란 '어느 하나의 의사결정을 선택하고 다른 것을 포기한 결과, 상실되는 효익을 화폐가치로 평가한 것'이다. 여러 대안이 있었다면 포기한 가치 중 가장 큰 것이 기회원가가 된다. 네이버와 카카오 중 고민하다가 네이버 주식에 투자했다면, 카카오 주식의 수익률이 기회원가다. 박 사장이 소유하고 있는 50억 원을 볼리비아 프로젝트에 투자한다면 다른 곳에는 투자를 할 수 없으므로 기회원가가 발생하는 것이다.

그렇다면 기회원가는 어떻게 측정할 수 있을까? 만약 50억 원을 프로젝트에 투자하지 않았다면 박 사장은 최소한 그 돈을 안전하게 은행에 예금해서 이자는 받았을 것이다. 예금 이자율이 3%이고, 박 사장이 자금을 모두 은행에 예금하는 것으로 가정한다면 50억 원의 기회원가는 최소 3%가 될 것이다.

하지만 예금은 안전하긴 해도 수익률이 낮기 때문에, 사업가인 박 사장이 예금에만 투자하지는 않을 것이다. 수익률이 높은 주식이나 부동산에 일부를 투자할 생각도 있다. 이렇게 여러 투자처에 투자한다고 생각하면, 박 사장은 그간의 경험으로 미뤄봤을 때 대략 8% 정도는 수익을 올릴 수 있었을 거라고 확신한다. 그러면 50억 원의 기회원가는 8%가 될 것이다.

결국 박 사장이 들인 자본비용을 계산해보면 이렇다. 은행에서 빌린 50억 원에 대해서는 최소한 이자율인 12% 이상은 벌어들여야 손해가 나지 않고, 원래 가지고 있던 50억 원은 최소한 다른 데 투자해서 벌어들일 수 있는 8%보다는 많이 벌어야 손해가 나지 않는다. 이를 평균적으로 생각해 보면 100억 원 전체를 투자할 경우 최소한 10%(12%와 8%의 투자금 대비 가중평균)의 수익률은 나와야 손해를 안 본다. 따라서 박 사장은 볼리비아 프로젝트를 주관하는 주체에게 10% 이상의 수익률을 내달라고 요구할 것이다.

● 순현재가치법(NPV법)

이제 10%의 요구수익률(기회원가)을 할인율로 이용해서 미래에 받을 수 있는 현금흐름을 현재의 가치로 할인해보자.

현재	1년 말	2년 말	3년 말
-100억 원	$\dfrac{+30억\ 원}{(1+10\%)}$ = 약 27억 원	$\dfrac{+40억\ 원}{(1+10\%)^2}$ = 약 33억 원	$\dfrac{+50억\ 원}{(1+10\%)^3}$ = 약 38억 원

이렇게 할인하면 3년 후에 받을 현금유입액 120억 원은 현재가치로 따졌을 때 약 98억 원밖에 되지 않는다. 투자해야 하는 현금유출액 100억 원보다 2억 원이 적은 것이다. 따라서 이 투자안의 순현재가치NPV, Net Present Value는 -2억 원이다. 박 사장이 이 사실을 안다면 볼리비아에 투자하지 말고, 10%의 기회원가가 있는 다른 곳에 투자하는 게 나을 것이다.

이처럼 순현재가치법은 자본예산모형 중 화폐의 시간적 가치를 고려하는 모형이다. 어떤 투자안의 순현재가치란 투자안으로부터 발생할 현금유입의 현재가치에서 현금유출의 현재가치를 차감한 금액을 뜻한다.

○ 내부수익률법(IRR법)

볼리비아 사업의 NPV가 -2억 원이라 하더라도, 보통 사업의 타당성을 평가할 때는 비율로 이야기하는 경우가 많다. 즉, 내부수익률IRR, Internal Rate of Return을 이용하여 의사결정을 할 수도 있다. 내부수익률법은 투자안의 IRR을 구하여 이를 요구수익률(자본비용)과 비교함으로써 투자를 결정하는 방법이다. 보통은 NPV와 IRR을 모두 산출하여 의사결정에 이용한다.

이때 IRR이란 투자를 통해 벌어들일 것으로 기대되는 돈인 미래기대현금유입과 나갈 것으로 기대되는 돈인 현금유출의 현재가치를 동일하게 하는 할인율이다. 다르게 말하면 투자안의 NPV가 0이 되게 하는 할인율이다.

볼리비아 투자안에서 NPV가 0이 되려면 미래현금유입액의 현재가치가 현금유출액의 현재가치인 100억 원과 같아야 한다. 따라서 다음과 같이 IRR을 구할 수 있다.

현재		1년 말		2년 말		3년 말
100억 원	$=$	$\dfrac{+30억\ 원}{(1 + IRR\%)}$	$+$	$\dfrac{+40억\ 원}{(1 + IRR\%)^2}$	$+$	$\dfrac{+50억\ 원}{(1 + IRR\%)^3}$

IRR을 구하는 공식은 매우 복잡하므로 여기서는 설명하지 않기로 한다. 대신 엑셀 프로그램의 IRR 함수나 재무용 계산기를 통해 구하면 쉽다. 이 경우는 약 9%가 도출된다. 즉, 볼리비아 광산 프로젝트의 IRR은 9%인 것이다. 그런데 이 사업을 위한 자본비용이 10%였으므로, 역시 사업을 하지 않는 게 낫다는 결과가 나온다. 10%의 자본비용을 부담하면서 9%의 수익을 얻는 사업을 하는 것은 손해이기 때문이다.

○ 회수기간법

현금흐름 할인법에 속하지 않는 자본예산 방법으로는 회수기간법^{Payback Method}이 대표적이다. 이는 영업활동을 통해 투자액을 회수하는 데 걸리는 기간이 얼마인지를 통해 투자안을 평가하는 방법이다. 회수기간법의 기본전제는 투자원금이 빨리 회수될수록 더 바람직한 투자라는 것이다.

볼리비아 투자안의 경우 박 사장은 최소한 2년 이내에 투자원금 100억 원을 회수하길 원한다. 그러나 예상 회수안을 보면 투자원금 회수는 2년을 넘긴 후에 이뤄진다. 따라서 투자를 하지 않는 것이 나을 수 있다.

	현재	1년 말	2년 말	3년 말
현금흐름	-100억 원	+30억 원	+40억 원	+50억 원
미회수 잔액		70억 원		
			30억 원	
				0원

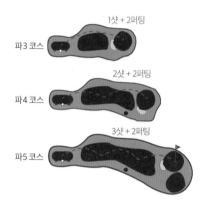

1샷 + 2퍼팅

파3 코스

2샷 + 2퍼팅

파4 코스

3샷 + 2퍼팅

파5 코스

골프는 상대방보다 적은 타수로 공을 넣으면, 즉 '유리한 차이'를 만들면 이기는 스포츠다.

골프 코스의 각 홀에는 그 홀에서 몇 번 만에 쳐야 하는가의 표준, 즉 기준타수인 파Par가 있다. '파 3홀'이라고 하면 세 번 만에 홀에 공을 넣음으로써 마무리하는 것이 표준인 코스다. 골프는 상대방보다 적은 타수로 홀인을 하면 이기는 경기이므로, 골퍼들은 머릿속에 이 표준을 생각하면서 더 적은 타수를 치기 위해 노력한다.

오히려 표준보다 더 잘할 수도 있다. 기준타수보다 1타 적으면 버디Birdy, 2타 적으면 이글Eagle, 3타 적으면 알바트로스Albatross다. 이러한 차이는 유리한 차이를 의미한다.

반면에 각 홀에서 기준타수보다 1타를 더 치면 보기Bogey, 2타 더 치면 더블보기Double Bogey, 3타 더 치면 트리플 보기Triple Bogey가 된다. 이처럼 불리한 차이가 발생했다면 이를 본보기 삼아 더욱 스윙연습을 하고 코스를 철저히 분석해서 차이를 줄이기 위해 노력할 것이다. 골프에서처럼 기준과 실제 결과와의 차이 크기는 물론 유·불리한 방향을 동시에 고려하여 각 상황에 이름을 붙여놓는 것은 기업경영에도 도움이 된다.

차이분석은 어떻게 주의환기 기능을 할까?

기록과 계산 못지않게 중요한 회계의 기능이 주의환기이다. 모든 조직은 사전에 계획할 때 설정한 대로 일이 제대로 진행되는지를 궁금해한다. 이는 '계획Plan → 실행Do → 분석Check → 조치Act'로 이루어지는 경영순환 과정 중에서 제3단계 '분석'에 해당한다. 진행 중인 프로젝트나 과업의 성과를 정기적으로 파악해야 문제가 생겨도 제때 보고 받고 조치를 취함으로써 조직이 다시 제 궤도에 오를 수 있다.

이처럼 당초 계획에서 크게 벗어나는 항목에 대해 관련 책임자들이 관심을 갖고 적절한 수정조치를 취하거나 계획을 수정하도록 하는 것을 예외관리MBE, Management By Exception라고 한다.

예외관리의 핵심은 당초 설정한 기준과 거둬들인 실적 간의 상호비교다. 기업경영에서 대표적인 벤치마크(기준)로 사용되는 것은 전년도 실적, 표준, 예산 혹은 경쟁사 실적 등이다. 특히 이 중에서 우수한 기업의 실적은 최선의 실무Best Practices라고 불린다.

자사의 실적을 벤치마크와 비교하여 차이를 파악한 후 그 원인을 분석하는 것을 차이분석Variance Analysis이라고 한다. 차이분석의 대표적인 사례가 바로 벤치마킹Benchmarking이다. 최선의 실무를 타산지석으로 삼아 우리 회사의 실무를 개선하는 것으로, 1980년대 후반부터 미국 제록스사가 일본의 품질경영을 벤치마킹하면서 재미를 본 이후로 유행하기 시작했다. 참고로 벤치마킹에서는 차이분석이라는 용어 대신에 '갭 분석Gap Analysis'이라는 용어를 사용한다.

벤치마킹이 가능하려면 자사의 실적과 타사의 실적을 동일선상에서 비교할 수 있어야 한다. 이때 사용되는 측정치 중 핵심적인 것을 KPI(핵심성과지표)라고 부른다.

유리함과 불리함을 알려주는 표준원가계산제도

예산과 실제의 차이를 분석하는 것이 중요하다.

차이분석 중에서도 표준원가와 실제 원가를 비교하는 방법은 가장 먼저 사용되었을 뿐 아니라 가장 기본이 되는 분석이다. 재료소비량이 표준투입량과 얼마나 차이가 나는가? 매출액이 전년도와 얼마나 차이가 나는가? 광고비 등 관리비용은 설정된 예산과 얼마나 달라졌는가? 그 이유는 무엇인가? 이런 것들을 분석하다 보면 기업경영이 점점 나아질 것은 분명하다. 이처럼 표준원가를 이용한 원가계산 기법을 표준원가계산Standard Costing이라고 부른다. 이때 표준이나 예산은 모두 미래지향적인 판단의 기준치지만, 표준은 단위개념으로 쓰이고 예산은 총액개념으로 사용된다.

이것은 일상생활에서도 자주 쓰이는 방법이다. 예를 들어 친구들끼리 친목모임을 갖게 되면 행사를 진행한 후에 비용을 참여자들에게 청구할 수도 있지만, 여러 번 모임을 하다 보면 미리 예산을 짜고 회비를 걷을 수 있을 것이다. 이렇게 걷은 회비는 모자랄 수도 있고 남을 수도 있다. 즉, 차이가 생길 수 있는 것이다. 그래도 예산(표준)을 설정하고 비용을 사용하다 보면 과다한 비용지출을 줄일 수 있고, 참여인원을 미리 예측해서 음식을 주문하는 등 모두가 즐기기 좋게 모임이 운영될 것이다. 만약 이번 모임이 예산을 초과했다면, 원인을 꼼꼼히 따져보고 문제점을 보완함으로써 다음 모임을 더 알차게 준비할 수 있을 것이다.

다음 쪽의 그림은 국내 한 제조업체의 원가계산 시스템을 나타낸 것이다. 다소 복잡해 보이지만, 우측 하단에 위치한 표준과 실적의 차이분석을 주의 깊게 봐주기를 바란다. 이처럼 계획과 실제의 차이분석은 원가계산 시스템의 핵심요소가 된다.

차이분석은 원가관리를 책임지는 공장뿐 아니라 콜센터와 같은 조직단위(원가 중심점)에서 차이가 일어나는 원인도 계산한다. 가격, 수량, 믹스, 조업도 등으로 구분해서 차이를 계산하면서 그 피드백 정보를 활용할 수 있게 해준다.

분석과 피드백이 지속적 발전을 만든다

차이분석이 기업경영에서 중요한 이유는 무엇일까? 한마디로 넓게는 성과평가, 좁게는 피드백이라고 할 수 있다. 성과평가는 사전에 설정된 표준과 예산 또는 목표 등의 벤치마크를 실제 성과와 비교하여 평가한다. 그 결과를 토대로 성과를 어떻게 배분할지 결정하고, 인센티브를 제공하거나 동기부여를 함으로써 조직의 능률과 효과를 증진시키고, 나아가 조직의 장기적 생존과 발전을 도모하게 된다. 따라서 성과평가는 경영통제 과정의 주요 단계인 것이다.

성과평가의 핵심은 곧 현재 기업의 경영상태를 파악하여 필요한 경우에 적절한 조치를 취하는 것이다. 앞서 말한 경영순환 과정의 제3단계인 분석Check과 제4단계에 해당하는 조치Act를 아우름으로써 피드백을 가능케 하는 것이다.

모 회사의 실제 원가계산시스템 예시

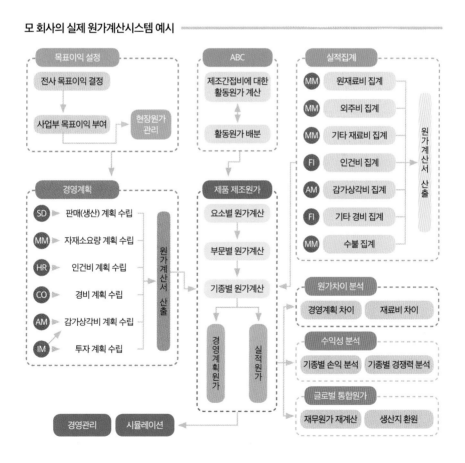

공학에서는 피드백을 '어떤 원인에 의해 나타난 결과가 다시 원인에 작용해 그 결과를 줄이거나 늘리는 자동조절 원리'로 정의한다. 이를 차용한 기업경영에서는 '분석결과를 활용해 개선을 추구하는 것'으로 이해할 수 있다. 참고로 피드백은 목표수정, 예측 방법의 변경, 새로운 대안 모색, 운영방식 변경, 의사결정 방법의 변경, 성과측정과 보상방법의 변경 등에 활용할 수 있다.

최근 경영에서는 지속적 프로세스 개선CPI, Continuous Process Improvement이 중요한 이슈로 꼽힌다. 마치 스포츠에서 더 나은 성과를 위해 '보다 멀리, 보다 빨리, 보다 높이'를 외치듯이 기업도 경쟁에서 살아남기 위해 '보다 좋게, 보다 싸게, 보다 빨리'를 위해 노력하는 것이다. 이와 더불어 핵심성공요인, 가치사슬, 내외부적 균형 등도 경영에서 중요한 이슈들이다.

성공적인 기업의 공통점은 어느 산업에 속하든지 더 나은 미래를 위해 끊임없이 개선을 추구한다는 것이다. 미래를 사전에 예측하고 그 예측과 실제를 정기적으로 비교·평가하면서 그 가운데 유용한 피드백을 얻고자 노력하는 것이다. 이런 기업은 과거로부터 한 수 배움으로써 미래를 더욱 용이하게 통제할 수 있을 것이다.

차이분석의 기본 메커니즘

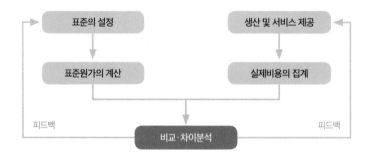

○ **관리자가 '차이'를 알아야 하는 이유**

관리자에게는 회계와 관련된 많은 과정 중에서 실제성과를 예산성과와 비교하는 것만큼 관심과 걱정이 필요한 일도 없다. 경영자는 협상에 의해 결정된 예산을 달성할 책임이 있고, 실패한 것으로 보여서도 안 되기 때문이다.

그러나 차이분석의 주요 목적은 책임을 전가하는 것이 아니라 더 나은 아이디어를 학습하기 위한 것이다. 따라서 궁극적인 개선이 이루어지도록 하는 것이 최고경영자와 회계담당자의 진짜 책임인 것이다.

예컨대 스타벅스의 경영자라면 새로 운영하는 매장의 매출이 기대치에 도달하거나 초과하게 만들어야 할 책임이 있다. 스타벅스는 2020년 기준으로 세계 약 1만 8,354개의 매장이 있다. 앞으로 중국 시장 등의 성장세에 맞춰서 시장을 확대한다는 목표를 가지고 있다. 이 과정에서 관리자가 직접 예산성과를 수립하고 각 매장의 실제 성과를 감독하고 있다.

Revenue Components

We generate the majority of our revenues through company-operated stores and licensed stores.

Company-operated and Licensed Store Summary as of September 27, 2020

	Americas	As a% of Total Americas Stores	International	As a% of Total International Stores %	Total	As a% of Total Stores
Company-operated stores	10,109	55 %	6,528	46 %	16,637	51 %
Licensed stores	8,245	45 %	7,778	54 %	16,023	49 %
Total	18,354	100 %	14,306	100 %	32,660	100 %

The mix of company-operated versus licensed stores in a given market will vary based on several factors, including our ability to access desirable local retail space the complexity, profitability and expected ultimate size of the market for Starbucks and our ability to leverage the support infrastructure within a geographic region.

스타벅스 2020년 사업보고서에 언급된 스토어의 현황

스타벅스든 맥도날드든 아니면 또 다른 어떤 회사든, 관리자는 차이에 대하여 분명하고 정확하게 설명할 수 있어야 한다. 단순히 문제점을 지적하는 것이 아니라 왜 차이가 나는지 그 이유를 이해하고, 해결책을 찾고, 문제를 극복하기 위한 계획을 수립해야 한다. 관리자는 부정적인 성과에 집착하기보다 긍정적인 결과를 논해야 한다.

가장 좋은 것은 예산성과와 실제성과의 차이분석이 전사적으로 도입되어서 책임을 분담하고, 조직의 각 부문에서 아이디어가 모아지는 것이다. 맥도날드가 스타벅스와의 치열한 경쟁을 의식하여 커피를 체계적으로 고급화하는 것처럼 말이다.

관리자가 차이분석을 통해 학습의 기회를 갖는 최선의 실무사례로 존슨앤드존슨이 꼽힌다. 존슨앤드존슨은 고도의 분업화된 조직으로 수백 개의 자회사를 운영하고 있다. 자회사의 관리회계 담당자는 경영자가 문제점을 찾아내고 수정할 때 차이분석을 이용하는데, 이것은 자회사의 모든 고위경영자들이 함께 모이는 회의에서 이뤄진다. 존슨앤드존슨의 한 임원은 다음과 같이 말한다.

> "경영자들은 원가, 추세, 생산효율성, 마케팅 계획 그리고 경쟁적인 상황에 대하여 깊이 검토하라고 요구받는다. 이 차이분석 회의는 우리가 어떻게 영업변화의 상승국면과 하강국면을 바라보고 반응해야 하는지 알려주고 창조적인 생각을 할 수 있게 해준다."

이처럼 차이분석은 조직의 성공을 좌우할 수 있다. 회계 담당자는 정확한 숫자를 지체없이 관리자나 구성원들(일종의 피평가자)에게 제시하고, 관리자와 구성원들은 그 성과를 현실적으로 받아들여서 문제를 해결해야 한다. 과거의 실수에서 배우고 바로 수정하는 것은 회계 담당자는 물론 동기부여자, 의사소통자 및 협력자의 역할이 성공적으로 수행될 때 가능한 일이다. [5]

차이분석의 탄생과 역사

차이분석은 영국 산업혁명 이후 공장제 공업이 태동할 때 만들어졌다. 산업혁명 초기의 관리회계정보는 제조업체가 생산한 제품원가를 파악하는 정도로밖에 활용되지 않았다. 더군다나 당시에는 주로 단일공정에 의한 단일제품이 생산되었기 때문에 복잡성도 높지 않았다. 그러나 점차 복잡한 공정을 거쳐 다양한 제품을 생산하기 시작하면서 간접비를 배분해야 했고, 보유기계를 효율적으로 활용하기 위해 체계적 관리에 관심을 갖기 시작했다. 과학적 관리법으로 유명한 테일러F. Taylor의 시간관리 및 동작연구의 탄생도 이와 맥을 같이한다.

19세기 말부터 주로 엔지니어들이 주축이 되어 **표준원가** 개념을 사용하기 시작했다. 작업을 효율적으로 수행할 경우 예상되는 재료투입량과 작업시간을 설정한 후 실제 실적을 이와 비교하는 것이다. 재료가격이나 수량 차이, 노무비나 작업시간 차이 등 불리한 차이가 발생하면 그 원인을 파악하거나 작업자의 개선의지를 북돋기 위한 목적이었다.

이후 표준원가 차이분석은 다양한 분야로 확대되었다. 수익중심점, 이익중심점, 투자중심점 등 다양한 조직단위로 확대된 것은 물론 제품믹스 차이, 시장점유율 및 시장 크기 차이, 생산성 차이 등 다양한 항목으로도 확장되었다.

04
전략적 의사결정을 위한
회계 마인드

"자료나 측정결과를 해석할 때는 프로세스의 기존 전후관계를 염두에 두고 있어
야 한다. '좋은 결과'만을 추구하려는 경향은, 특히 전후관계가 무시되는 경우 묻혀
있는 약점들을 간과하게 한다. 이는 대개 측정의 시야가 지나치게 좁거나 넓은 경
우에 발생한다."

세계적 품질경영의 전문가 그레고리 왓슨의 말이다. 우리는 앞서 전형적인 의
사결정 상황에서 회계정보를 어떻게 활용할 것인지를 이야기했다. 그러나 최고
경영자를 비롯한 경영진들이 자주 당면하는 의사결정 상황은 중간관리자나 일
선 구성원들이 처한 상황과는 다를 수밖에 없다. 이른바 전략적 의사결정이라
고 부르는 상황이다.

　전략이란 기업의 비전을 달성하기 위한 일련의 비즈니스 가설로 정의할 수
있다. 자신이 잘하는 바를 실행해 기업가치를 제고하기 위한 계획인 것이다. 따
라서 전략적 의사결정이란 일상적 또는 운영적 의사결정과 달리 장기적·전사
적·통합적 시각이 필요하며, 기업성공을 좌우하는 영역이라고 보면 된다.

　성과관리에서 가장 유명한 캐치프레이즈인 측정 없이는 관리되지 않는다You
get what you measure라는 격언은 뒤집어 말하면 관리하고자 하는 것은 반드시 측

정되어야 한다는 뜻이기도 하다. 마찬가지로 전략 역시 제대로 실행되고 있는지 파악하려면 핵심성공요인 간의 상충관계 및 우선순위 그리고 인과분석에 대한 이해가 중요하다.

핵심성공요인CSF, Critical Success Factor은 조직이나 프로젝트가 목표한 바를 달성하기 위해 특별히 관리되어야 할 요소를 말한다. 전형적인 핵심성공요인에는 원가, 품질, 시간(속도), 창의성, 디자인, 유통채널의 확보 등이 꼽힌다. 전략적 성과관리에서는 이러한 핵심성공요인을 관리하는 것이 중요하다.

예산과 실제의 차이를 분석하는 것이 중요하다.

최고경영자를 위한 관리회계 정보는 기업이 추구하는 전략의 핵심성공요인이 무엇인가에 따라 달라지지만, 어떤 경우에도 핵심성공요인은 제대로 관리되어야 한다. 그 이유는 이것이 가치를 높이고 원가를 줄여 경쟁력을 높이는 중요한 요소이기 때문이다. 다음 몇 가지 사례들을 통해 회계가 전략적 의사결정에 어떤 역할을 수행하는지 알아보자.

○ 사례1: 사전 타당성 검토

삼성물산의 YSL구로공장에서는 공장장을 제외한 대부분의 구성원들이 공장의 자동화를 반대했다. 그러나 실제 자동화를 행한 후 뚜껑을 열어보니 당초 예상했던 노무비 절감 효과 외에도 양복 1벌 생산에 소요되는 시간이 일주일에서 3일로 단축되면서 놀라운 부수적 효과가 나타났다. 작업장이 여유로워지면서 생산성이 높아졌고, 생산기간이 줄어들면서 예전처럼 미리 만들어놓는 대신에 일부는 원단으로 보유하게 됐다. 이를 통해 고객 개개인의 체형에 맞는 사이즈를 생산한 후 집으로 배달하는 QRSQuick Response System시스템을 가동할 수 있게 됐고, 덕분에 재고는 줄이면서 매출을 획기적으로 높일 수 있었다.

이 사례는 경영에서 자동화 시스템 도입 같은 특정대안이 가져올 무형의 장점까지 꿰뚫는 혜안이 필요하다는 것을 이야기하고 있다. 사전 타당성 검토는 완벽하기 어렵다. 너무 놓치는 요소들이 많기 때문이다. 특히 눈에 보이지 않는 무형적 장점이 우회적으로 재무성과에 연계될 수 있다는 걸 놓치면 안 된다.

○ 사례2: 예산 초과집행 결정

당초 배정된 예산만 이용하면 **신제품 출시기간**이 2개월 늦어질 수밖에 없는 상황이다. 반면에 당초 목표로 잡은 출시기간을 맞추려면 최초 예산의 50%를 초과집행해야 한다. 과연 어떤 선택을 할 것인가?

● ROI
Return On Investment.
투자대비이익률. 이익을 투자자본으로 나눈 것으로, 투자한 돈에 비해 얼마나 이익을 올렸는지 보여준다.

실제로 이 회사의 경우는 예산 50% 초과집행은 ROI[*] 관점에서 불과 3.5%의 타격만 가져오지만 2개월 출시기간 지연은 33% ROI 하락을 초래하는 것으로 나왔다. 그럼에도 대부분의 피평가자들은 출시를 늦추자고 주장하는 우를 범했다. 출시기간의 단축이라는 무형적 가치가 재무성과에 미칠 효과를 파악하지 못한 것이다. 이때 중요한 것은 평가나 질책을 두려워하지 않는 문화를 만들어 구성원들이 전사적으로 최적의 선택을 추구할 수 있도록 해야 한다는 것이다.

○ 사례3: 효자상품 판단

초코파이와 자일리톨껌 중 어느 것이 **오리온**에 더 효자상품일까? 얼핏 생각하기에는 잘 알려진 초코파이가 회사에 훨씬 이익을 줄 것 같지만, 부피가 크기 때문에 물류비용 등을 감안하면 수익성은 오히려 자일리톨껌이 더 높다.

회사가 취급하는 각종 제품의 수익성은 제조원가 외에도 마케팅, 물류 등 다른 곳에 투입되는 총원가까지 분석해야 비로소 그 상품의 진정한 가치를 파악할 수 있게 된다. 이 사례는 제대로 된 원가파악에 기초한 수익성 분석이 이뤄져야 한다는 것을 보여준다.

○ 사례4: 물류 운송방식 선택

LG전자의 물류를 담당하는 **범한판토스**는 2002년 월드컵 특수로 인해 브라질 마니우스의 공장에 LCD 패널을 급하게 수송해야 했다. 비행기로 수송하기에는 물류원가가 너무 비쌌기 때문에 회사는 방안을 강구했다. 결국 LA까지는 비행기를 이용하고 LA에서 마이애미까지는 트레일러를, 그리고 다시 마이애미에서 브라질까지는 배를 이용해 운송함으로써 시간절약과 원가절감의 타협안을 성공적으로 실행했다.

이처럼 특수한 상황이 발생하면 회사는 문제를 해결하기 위해 여러 대안을 생각하게 된다. 그중에서 최적의 의사결정을 하려면 다양한 방법으로 머리를 써서 비용과 편의성을 동시에 고려해야 한다. 이 사례는 최적의 의사결정을 위해 그동안 전혀 시도하지 않았던 상상력을 발휘할 필요가 있음을 잘 보여준다.

○ 사례5: 신규 아이디어 제안

독특한 디자인과 파격적 광고로 유명한 패션업체 **베네통**은 유행에 뒤진 의류 재고를 줄이기 위해 다각적인 검토를 행했다. 그 결과 자동화를 추진하는 동시에 중간지점에 대형 물류창고를 신설하기로 했다. 자동화는 생산소요시간을 일주일에서 3일로 단축하여 원단을 미리 염색해야 할 시간을 늦춰주었고, 자칫 유행에 뒤진 색깔로 잘못 염색하는 실수를 줄이는 데 도움이 되었다. 또한 물류창고는 고객이 원하는 색상과 디자인의 제품을 더 신속히 매장에 배달하는 데 일조함으로써 미처 팔지 못한 재고를 대폭 감축할 수 있었다.

베네통의 경우 궁극적으로 재고를 감소시키려면 디자인과 생산 못지않게 물류단계에서 시간을 단축하는 것도 반드시 관리해야 할 가치사슬 단계인 셈이다. 이처럼 회사가 경영상 승부를 보기 위해서는 어떤 경영단계에서 승부를 걸어야 하는지 아는 것이 중요하다.

○ 사례6: 전략적 우선순위 결정

콘티넨탈 항공사에는 비행기 조종사를 평가하는 항목에 '항공유 소비량'이 포함되어 있었다. 이를 염두에 둔 기장은 비행기 출발이 지연된 상황에서도 정시도착을 위해 속도를 높이는 대신 항공유 소비량을 줄이기 위해 규정속도 운행을 고집했다. 결국 원가절감은 이뤄졌지만, 도착지연으로 고객 불만족을 초래하게 됐다.

위의 경우는 항공사나 기장 모두 올바른 선택을 하지 못한 것이다. 항공사는 조종사에게 무엇이 우선인가를 제대로 이해시키지 못했고, 조종사는 올바른 전략적 행동을 하지 못했다. 이 경우에서 항공사와 조종사가 놓친 핵심성공요인은 '전략적 우선순위의 이해 및 실행'이라 할 수 있다. 특히 CEO는 항공사의 핵심성공요인을 제대로 이해 못했을 뿐만 아니라 핵심성과지표KPI를 잘못 선정한 것이다.

이와는 대조적으로 영국의 브리티시에어웨이BA 항공사는 정시출발과 정시도착 두 지표를 최우선적으로 관리하여 성과를 거두고 있다.

이상의 내용을 보더라도 최고경영자가 전략적 방향을 제대로 설정하고, 이를 구성원들과 공유하여 전략적 우선순위를 제대로 이해하며, 이를 통해 제대로 실행하는 것이 얼마나 중요한지를 알 수 있다. 이처럼 조직의 혁신활동과 미래의 성공에 결정적 역할을 하는 이슈들이 바로 **핵심성공요인**이다.

전략경영에서는 고객이 왜 우리를 선택하는가에 대한 전형적인 답을 핵심성공요인에서 구한다. 그리고 전략적 성과관리에서는 핵심성공요인별로 의미 있는 **핵심성과지표**KPI를 선정하고 관리하는데, 관리회계는 이러한 과정을 지원하는 핵심역할을 수행한다.

05
균형 잡힌 KPI로
전략경영 실행하기

지난해 심각한 적자를 기록한 제조업체 ㈜ 아리송실업의 CEO는 목표매출을 달성하지 못한 영업부장을 불러 질책했다. 영업부장 도 심각한 표정으로 자책하며, 개인과 부서 의 성과평가를 염려하고 있다.

매출만으로 직원들을 평가하는 회사, 괜찮은 걸까?

이 회사의 **핵심성과지표**KPI는 오직 재무측 정치인 매출이다. 물론 좋았던 시절도 있었다. 몇 년 전 매출성장을 기록했을 때는 다른 부서는 제외하고 오직 영업부서에만 특별 보너스가 지급되어서 시샘 을 받기도 했다. 그런데 상황이 역전되어버린 지금, 질책을 받고 있는 영업부장 을 멀리서 바라보고 있는 생산부장, 인사부장, 구매부장, 연구실장, 서비스실장 은 과연 책임이 없을까?

생산부장은 사실 영업부장이 요구하는 제품을 원활히 생산하지 못했고, 인사 부장은 숙련된 생산직원을 채용하지 못했다. 구매부장도 불량이 많이 발생하는 원재료를 구매하여 생산에 차질을 빚게 했고 이것이 가격상승으로 이어져 매출 에 악영향을 줬다. 연구실장은 신제품 개발을 하지 못했고, 서비스실장은 고객 불평에 제대로 대응을 못해 재구매율을 떨어뜨렸다. 따지고 보면 모두의 책임

성과를 측정할 때 한 가지만 보게 되면 장님 코끼리 만지듯 잘못된 판단을 하게 된다. (©munozesol)

인 것이다.

하지만 이 회사는 오직 매출로만 성과 평가를 한다. 다른 활동을 균형 있게 볼 수 있는 성과측정치가 없는 것이다. 이 것은 마치 눈을 가리고 코끼리를 만질 때 꼬리를 만지면 밧줄이라고 오해하고, 몸통을 만지면 벽이라고 오해하고, 다리 를 만지면 나무기둥이라고 오해하는 것

과 같은 이치다.

후행적 성과관리를 보완하는 BSC

㈜아리송실업에는 균형 잡힌 성과측정치가 필요하다. 이때 '균형'은 매출과 이 익측정치를 활용해야 한다는 식의 재무적 관점만을 이야기하는 것이 아니다. 재무적 관점의 성과측정치는 과거 경영활동의 결과만 보여주는 후행지표이기 때문에, 여기에만 의존할 경우 종업원들은 단기적 성과를 높이기 위해 장기적 가치창출을 위한 투자(교육, 연구개발 등의 선행지표)를 희생시킬 수도 있다.

이러한 재무지표 위주의 후행적 성과관리를 보완하기 위해 탄생한 것이 균형 성과표BSC, Balanced Scorecard다. 이때의 '균형'은 재무적 관점, 고객 관점, 내부 비즈 니스 프로세스 관점 그리고 학습 및 성장(혁신) 관점 등 다양한 시각에서 종합적 으로 고려한다는 의미다. 또 재무와 비재무, 장기적인 지표와 단기적인 지표, 내부와 외부, 선행지표와 후행지표 간의 동시적이고 균형적인 활용을 강조한다 는 의미이기도 하다.

BSC의 공식적인 정의는 '전략의 실행을 관리하고 기업의 경쟁, 시장 및 기술 환경의 변화에 대응하여 전략 자체를 유연하게 변화시키기 위한 프레임워크' 다. 그러나 필자는 독자들이 '조직의 전략으로부터 심사숙고 끝에 도출된 일련 의 측정치'로 기억하기를 권한다.

BSC의 주된 특징 중의 하나는 주로 네 가지 관점에서 균형 있는 성과측정을 한다는 것이다. 그 네 가지 관점을 간략히 요약하면 위의 그림과 같다.

예를 들어《지금 당장 회계공부 시작하라》를 읽은 어느 회사 직원이 회사의 공통원가 배분기준에 문제가 있음을 깨닫고 배분기준 개선에 대해 경영진에게 제안했다고 하자(학습과 성장 관점). 제안을 받은 경영진은 문제의 심각성을 발견하고 이를 반영했다(내부 프로세스 관점). 그 결과 원가산정과 가격책정이 합리적으로 이뤄져 고객들이 회사의 제품을 신뢰해 구매율이 높아졌다(고객 관점). 그리고 이것은 자연스럽게 매출과 이익의 향상으로 연결이 된다(재무적 관점).

인과관계적 분석을 활용하라

이처럼 BSC는 인과관계적 분석을 토대로 성과지표를 선정하고 관리한다. 가령 학습과 성장 관점의 모래성 이론●을 보면, 기업의 성과를 만드는 요소들에도 우선순위가 있다. '5% 원가 절감' 같은 최종 재무성과를 실현하기 위해서는 단순히 인원이나 건물 등 설비 크기를 줄이는 것보다 인적·물적 자원의

● **모래성 이론**
Sand Cone Theory. 아무리 높은 모래성이라도 항상 한 줌의 모래에서 시작되듯이, 기업 성장은 가장 기본이 되는 품질관리에 있다는 이론.

품질을 먼저 개선하는 것을 우선해야 한다. 이것이 반복되어 프로세스가 안정되면 가동률이 높아지고 업무처리 속도 등이 개선되어 적은 인력으로도 업무처리가 가능해지고, 이것이 원가절감으로 이어질 수 있다.

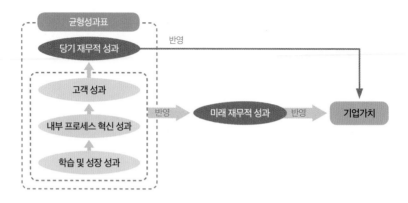

이와 같은 인과관계적인 사고는 위의 그림과 같은 전략지도를 포함한 간략한 균형성과표 형태로 표현할 수 있다. 기업이 목표로 하는 최종 재무성과를 실현하려면 제일 기본에 위치한 '학습과 성장' 관점에서 직원의 업무관련 교육 시간 및 경영개선제안 등에 대한 측정치를 마련하고, '내부 비즈니스 프로세스' 관점에서 개선 사항 진행에 대한 측정치를 활용해야 한다. 그리고 '고객' 관점에서도 시장점유율, 재구매율 등의 측정치를 마련하고 관리해야 균형 잡힌 성과관리를 한다고 할 수 있다.

BSC가 추구하는 전략적 성과관리를 잘 실현하고 있는 조직을 **전략집중형조직**SFO, Strategy Focused Organization이라 한다. SFO는 다음 5가지 원칙하에 운영되는 조직을 말한다.

원칙 1 전략을 실천적 용어로 구체화할 것

원칙 2 전략적 일체화를 꾀할 것

원칙 3 전략을 모든 사람들의 일상업무로 만들 것

원칙 4 전략을 지속적인 프로세스로 만들 것

원칙 5 최고경영자의 리더십을 통해 변화를 촉진할 것

사우스웨스트 항공사의 BSC 템플릿

프로세스: 운영관리 / 주제: 턴어라운드 시간 단축	전략목표	KPI	타겟	이행과제	예산
재무관점 — 이익 및 순자산이익률 / 수익 성장 / 적은 수의 비행기	• 수익성 • 매출성장 • 적은 비행기 대수	• 시장가치 • 좌석판매수익 • 비행기 리스비용	• 30% CAGR* • 20% CAGR • 5% CAGR		
고객관점 — 고객 획득 및 유지 / 적시 서비스 / 저가격	• 정시운행 • 낮은 가격 • 보다 많은 고객 획득 및 유지	• FAA 정시도착 비율 • 고객순위 • 재구매 고객수 • 고객수	• #1 • #1 • 70% • 연 12% 성장	• 품질관리 • 고객애호프로그램 • CRM시스템 실행	\$XXX \$XXX \$XXX
내부관점 — 도착 후 재이륙시간 단축	• 턴어라운드 타임 단축	• 정시대기 • 정시출발	• 30 • 90%	• 사이클 타임 최적화	\$XXX
학습관점 — 전략업무 이동트랩 요원 / 전략 시스템 요원 업무일정 / 공항 현장 요원의 정렬	• 필요 스킬 개발 • 지원시스템 개발 • 현장요원의 전략 정렬	• 전략적 직무준비성 • 정보시스템 가용 • 전략적 지각 • 현장요원의 우리사주 비율	• Yr 1 : 0% • Yr 3 : 90% • Yr 5 : 100% • 100% • 100% • 100%	• 현장요원 훈련 • 요원 일정시스템 개시 • 커뮤니케이션 프로그램 • ESOP (종업원지주제, 우리사주)	\$XXX \$XXX \$XXX \$XXX
				총예산	\$XXX

● CAGR: 누적평균성장률

　　미국에서 가장 일하기 좋은 기업으로 꼽히는 사우스웨스트 항공사Southwest Airlines가 어떻게 KPI와 BSC를 이용하고 있는지 살펴보자. 9·11 사태나 금융위기를 겪으면서도 한 번도 적자를 기록한 적이 없는 우수 항공사인 사우스웨스트 항공사는 KPI로 턴어라운드 타임Turn-around Time을 활용하고 있다. 턴어라운드 타임은 비행기가 목적지에 도착해서 탑승객을 내린 후 정비, 세차, 주유 등을 마치고 다시 이륙할 때까지의 시간(일명 공항체류시간)을 의미한다. 이것이 짧을수록 고가의 장비이자 고정비가 높은 비행기의 회전율이 높아지고 운행단가를 낮춰 비행기 요금을 낮출 수 있다.

　　설립 초기부터 저원가 전략을 표방한 사우스웨스트 항공사는 턴어라운드 타

같은 기종을 사용하면 정비 속도도 빨라지고 부품을 호환할 수 있다.

임을 단축하기 위한 노력을 지속적으로 기울이고 있다. 이를 실현하기 위해 턴어라운드 타임이라는 지표를 중심으로 전 구성원이 정렬alignment되어 있다. 비교적 오래된 수치를 담은 템플릿이지만, 앞쪽 그림을 보면 왜 사우스웨스트 항공사의 최종 재무성과가 타 경쟁사에 비해 높은지를 잘 알 수 있다. 사우스웨스트 항공사는 턴어라운드 타임 단축을 위해 단일기종의 비행기만을 구입하는 것은 물론, 종업원지주제(우리사주)를 도입하여 구성원들이 회사 전략목표 달성을 위해 최선의 노력을 기울이도록 하고 있다.

BSC는 어떻게 탄생했을까?

1990년대 초 기업의 경쟁력 원천은 변화하고 있었지만, 기업은 여전히 재무지표 중심의 성과측정 시스템을 운영하고 있었다. 이러한 문제점을 인식한 12개의 다국적 기업 총수들은 하버드대의 로버트 카플란 교수(사진)와 놀란노튼앤드컴퍼니의 노튼 박사에게 새로운 성과측정 모델 개발을 의뢰한다. 그 결과 '**미래조직의 성과측정** Measuring Performance in the Organization of the Future'이라는 프로

젝트가 수행되었고, 이를 통해 탄생한 것이 BSC이다. BSC, 즉 균형성과표는 앞서 설명한 네 가지 관점을 포용하며 다양한 지표 간의 균형을 강조함으로써 기존 성과측정 시스템을 한 차원 개선했다.

그런데 BSC 역시 여러 번에 걸쳐 진화해왔다. 초기의 BSC는 원가절감 및 저가경쟁 등 기존 시스템이 가졌던 단기적 초점보다는 고객에게 개별화된 가치를 제공하여 성장기회를 창출하고 전략적 일체화를 추구하는 데 초점이 있었다. 새로운 측정 시스템, 즉 **개선된 성과측정 시스템** Improved Performance Measurement System으로 정의될 수 있었던 것이다.

이후 새로운 위협과 기회가 끊임없이 발생하는 경영환경이 만들어지면서 원인과 결과에 대한 가정과 이론의 변화를 창출해낼 수 있는 능력에 초점이 맞춰졌다. 즉, **이중고리학습** Double-Loop Learning 능력을 가진 경영관리 프로세스의 중심틀이 되면서 전략적 관리 시스템으로 진화한 것이다.

2000년 이후에는 **전략집중형조직** SFO의 중요성이 강조되면서 전략적 커뮤니케이션 시스템으로 진화했다. 이처럼 BSC는 초기의 개선된 성과측정 시스템에서 전략경영 시스템으로 그리고 전략적 커뮤니케이션 시스템으로 환경에 맞게 진화해왔다.

06
구성원들과 함께
기업가치 창출하기

앞에서 다룬 차이분석의 장점을 최대한으로 활용하기 위해서는 경영자 및 구성원에게 피드백 정보를 성과보고서의 형태로 지속적으로 제공해야 한다. 균형성과표도 전략실행의 결과를 보여주는 실시간의 성과보고서다. 경영자는 정기적으로 균형성과표상의 목표와 실적을 비교하여 지금의 전략과 운영활동을 평가하고, 필요한 경우에는 전략을 변경하거나 목표를 재수정할 수 있어야 한다.

성과보고서가 제 역할을 하려면 예산과 기업의 경영실적을 요약·보고하는 회계 시스템이 상호연계되어야 한다. 두 가지를 비교할 때는 개별 관리자의 책임을 강조할 필요가 있는데, 이처럼 조직을 특정 업무수행 및 목적달성에 책임을 지는 단위로 구분 짓고, 이들 책임단위별로 활동결과를 집계하여 성과평가가 제대로 이루어질 수 있도록 체계를 갖추는 것을 **책임회계**Responsibility Accounting라 한다.

● **정렬**
Alignment. 크게 수직적 정렬과 수평적 정렬로 나뉜다. 그중에서도 수직적 정렬은 하향전개(Cascading)의 성공여부로 평가되는데, 하향전개란 상위목표를 달성하기 위해 하위단계에서 수행되어야 할 과업이나 목표를 세분화하는 것을 말한다.

대부분의 조직은 사업본부, 부문, 사업장, 부서 등 다양한 명칭의 단위로 나뉘어 특정한 기능이나 과업을 수행한다. 이때 중요한 것은 어떻게 하면 조직단위의 책임자들이 조직 전체의 목적달성을 위해 노력하게 하느냐는 것이다. 균형성과표에서는 이를 정렬●이라고 표현한다. 전사목표와 부문목표가, 또는 조직목표와 개인목표가 서로 일치할 때 '정렬되었다'고 말한다.

책임회계는 기업목표 달성을 위해 자원배분을 공식적으로 다루면서, 동시에 그 목표달성에 필요한 활동을 수행할 책임자를 선정하고, 이들이 성과를 의무적으로 보고하도록 한다. 따라서 책임회계는 정렬을 위해 개인 및 부서의 성과를 측정하고자 활용하는 다양한 개념 및 수단이자 관리회계의 핵심기법이다.

CEO와 구성원의 간극을 어떻게 좁힐 것인가

그러나 실제 기업경영에서 최고경영자와 구성원 간의 정렬이 일어나는 것은 쉽지 않다. 정렬이 깨질 경우 기업에 타격을 준다. 실제로 많은 최고경영자들은 임직원들이 전략을 제대로 이해하지 못한다는 점, 전략과 연계된 보고가 거의 없다는 점, 때로는 보고가 너무 다양해서 무엇이 진실인지 파악하기가 어렵다는 점을 아쉬워하곤 한다. 반면에 구성원들은 자신이 속한 팀이나 사업부의 전략방향이 무엇인지 알 수 없고 내가 왜 이걸 하고 있는지, 과연 무엇이 중요한지 그리고 일이 어떻게 진행되고 있는지를 잘 파악하지 못한 채 적시에 피드백을 받지 못하는 것을 아쉬워한다.

이처럼 최고경영자와 구성원 간의 전략적 간극은 앞서 살펴보았던 BSC를 통해 어느 정도 해소될 수 있다. BSC는 전략의 커뮤니케이션과 피드백을 강조하기 때문에 다음과 같은 장점을 갖고 있다.

첫째, 전략집중형 조직SFO으로 탈바꿈하게 한다. 전략으로부터 도출된 성과지표를 통해 어떤 요인이 중요한지 파악할 수 있으며, 이들 간의 인과관계와 상호 작용을 이해할 수 있게 해주므로 전략에 대한 이해와 공유가 쉬워진다. 대부분 기업에서 전략은 상위의 개념이고 모호하기 때문에, 전략만 봐서는 구성원들이 뭘 어떻게 해야 하는지 파악하기가 쉽지 않다.

따라서 기업은 구성원들에게 전략목표를 달성하는 구체적 방법을 알려줘야 하는데, 가장 적절한 방법이 바로 전략가설을 설정하고 그 가설을 달성할 수 있는 지표들을 인과관계에 의해 도출하는 것이다. 이를 통해 구성원들은 아래에

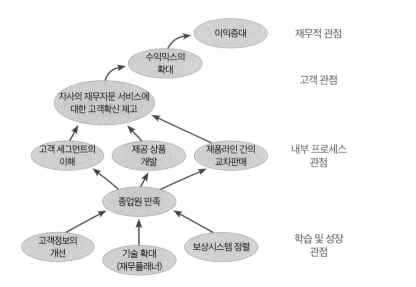

서 달성하는 개별지표의 목표가 상위의 전략목표 달성에 어떻게 도움이 되는지를 파악할 수 있고, 구체적인 행동을 할 수 있게 된다. 이러한 특징 때문에《BSC step by step 성과 창출과 전략 실행》의 저자 폴 니벤Paul R. Niven은 가치창출을 위해 중요한 '방법How'을 전달하는 것이 전략지도의 첫 번째 역할이며, 이것을 '성공비법Recipe for Success'이라고 불렀다.

둘째, 전사적 최적화를 실현하게 한다. 이 팀에서 성과향상 노력을 했더니 다른 팀에 성과저하가 나타나는 부분최적화가 아니라, 목표수준을 적절하게 조정함으로써 전사최적화를 유도할 수 있게 된다. 이것이 가능한 이유는 BSC가 강조하는 성과동인과 지표 간 연계가 각 핵심성공요인과 관련지표들 간의 상충관계, 우선순위, 각각의 비중에 대한 이해를 전제로 이뤄지기 때문이다.

셋째, 경영자가 장기적 관점까지 감안하여 올바른 의사결정을 내리게 한다. 왜냐하면 BSC는 시간적 지체를 감안해서 인과관계를 분석하기 때문에 어떤 결과를 불러오는 동인이 무엇인지 규명하기 때문이다. 이로써 단기적 성과개선 노력과 장기적 기업가치 간의 상충관계를 파악할 수 있게 된다. 요컨대 BSC는 재무성과 위주의 평가 시스템이 초래할 수 있는 위험성(단기적 성과개선 노력이 장기적인 기업가치를 저해할 수 있는)을 경계하게 하는 데 기여한다.

넷째, 전략적 학습을 가능하게 한다. 전략을 둘러싼 여러 가정과 이론이 타당한지 항상 재검토하고, 새로운 전략의 필요성을 제기하거나 비어 있는 지표들이 무엇인지 파악하게 하기 때문이다.

BSC는 다양한 범주의 재무적 및 비재무적 지표들을 단순히 모아놓기만 한 것이 아니다. 기업이 추구하는 전략이 조직구성원에게 전달되고 이를 달성케 하는 핵심지표들을 인과관계 사슬로 연결하는 것이다. 또한 결과물을 측정한 후행지표와 그 성과동인이 되는 선행지표를 적절히 배합하여, 궁극적으로 모든 측정지표들이 재무적 목표와 연결되도록 하려는 것이다.

구성원들을 숫자로 뭉치게 하라

회계는 경영활동을 의미 있는 숫자로 요약해서 표시하는 것이 특징이다. 대부분 수치는 현금흐름과 같은 재무수치와 관련되지만 반드시 그렇지만은 않다. 시간, 시장점유율, 품질, 종업원 만족도, 이직률 등 궁극적으로 기업 경영성과에 연결될 비재무적인 핵심변수를 측정하고 활용하는 것도 회계의 대상이다.

조직운영상 가장 어려운 점은 역시 경영진과 구성원과의 일체감 형성일 것이다. 그런데 회계는 비즈니스의 언어를 통해 이를 도울 수 있다. 숫자나 KPI를 이용해 정확한 정보전달이 가능하기 때문이다. 즉, 회계는 최고경영자가 강조하는 바를 구성원들과 공유하고 구성원 각자의 열정을 이끌어내어 실천에 옮기는 데 도움을 준다.

우리가 이 책의 앞부분에서 이야기했던 바와 같이 구성원들 눈에 직접 보이는 숫자를 통해 동기부여하는 것이 무엇보다 중요하다. 이는 특히 관리회계에서 강조된다. 의심스럽다면 '3/30'이라는 캐치프레이즈나 ppm의 개념을 다시 한번 떠올려보기 바란다.

기업의 비재무적 요소인 환경Environment·사회Social·지배구조Governance를 뜻하

ENVIRONMENT	SOCIAL	GOVERNANCE
· 기후 변화 및 탄소배출	· 고객만족	· 이사회 구성
· 환경오염	· 데이터보호 및 프라이버시	· 감사위원회 구조
· 대기 및 수질오염	· 성별 및 다양성	· 뇌물 및 부패
· 생물의 다양성	· 지역 사회 관계	· 로비 및 정치 기부금
· 삼림 벌채	· 인권	· 기업 윤리
· 에너지 효율	· 노동기준	
· 폐기물 관리	· 공급망 관리	
· 물 부족		

SKT의 ESG 선언(©SK Insight)

는 ESG 또한 재무적인 요소와 비재무적인 요소의 정렬이 환경과 사회까지 포함함을 보여주고 있다. 2021년 1월 14일 금융위원회는 2025년부터 자산 총액 2조 원 이상의 유가증권시장 상장사의 ESG 공시 의무화가 도입되며, 2030년부터는 모든 코스피 상장사로 확대된다고 발표하였다. 이로써 비재무적 친환경 사회적 책임 활동이 기업 가치를 평가하는 주요 지표로 자리매김하게 되었다.

거듭 말하지만, 회계는 기업의 정보를 제공하는 것을 목적으로 하고 그중에서도 관리회계는 경영자를 비롯한 구성원의 장단기 경영계획 및 통제 관련 의사결정에 필요한 정보를 제공하는 것이 목적이다. 따라서 우리가 공부한 내용 이외에도 경영에서 발생할 수 있는 모든 이슈가 회계의 주제가 될 수 있다.

또한 시대의 흐름에 따라 다양한 주제가 나타날 것이고, 그 내용이 계속 첨부될 것이며, 예전에 중시되었던 주제나 기법이 사라지기도 할 것이다. 예컨대 환경문제가 대두되면서 환경회계가 중요한 관심을 받고 있고, 최근에는 상생경영 및 지속가능성에 대한 관심이 높아지고 있다. 이를 위한 성과평가지표로는 BSC 외에도 재무회계상의 이익이 아닌 자기자본비용까지 고려한 경제적부가가치EVA 등이 광범위하게 활용되고 있다. 또한 각 단계별 품질원가를 측정하여 이를 최소화하려는 품질회계, 합리적인 구매를 위한 구매원가분석, 유통망별 물류원가 측정과 내부대체가격을 결정하는 의사결정까지 그야말로 경영 구석구석까지 회계의 주제가 넓어지고 있다.

따라서 비즈니스 세계의 구성원이라면 회계의 활용은 필수불가결한 능력일 수밖에 없다. 회계라는 경영의 도구를 더욱 정교하게 다듬어 사용해야 하는 이유도 그것이다. 지금 당장 회계 공부를 시작해야 하는 것이다.

모든 구성원들의 회계지능이 높아진다면 구성원들은 기업의 전략과 비즈니스 모델을 이해하고, CEO와 직원들이 정렬되고, 끊임없는 개선 아이디어를 제시할 것이다. 이런 인재들이야말로 냉혹한 비즈니스 세계를 제패할 수 있는 기업가치 창출의 선봉장이 될 것이다.

뭉쳐야 사는 기업을 만들려면

제조업인 ㈜문어발그룹은 창원, 경주, 포항에 각각 별도의 생산라인을 갖춘 사업부를 운영하고 있다. 각 사업부 책임자들은 그 사업부의 영업이익을 토대로 성과를 평가받는다. 이때 각 사업부의 매출액 비율에 따라 본사공통원가가 배분되는데, 이것 역시 각 사업부 영업이익 산출에 비용으로 포함된다. 2023년 1사분기 각 사업부의 요약 손익계산서는 다음과 같다.

(단위: 억 원)

	창원	경주	포항	그룹(전체)
매출액	2,000	1,200	1,600	4,800
매출원가	1,050	540	640	2,230
매출총이익	950	660	960	2,570
사업부관리비	250	125	160	535
본사공통원가	400	240	320	960
영업이익	300	295	480	1,075

창원사업부 책임자인 박소심 이사는 요즘 억울함을 느끼고 있다. 창원사업부의 매출액은 다른 두 사업부보다 높지만, 영업이익은 경주사업부와 비슷하고 포항사업부보다 훨씬 낮은 것이다. 그 이유는 창원사업부의 생산라인 중 하나가 수익성이 매우 낮기 때문이다. 하지만 매출액이 높다는 이유로 본사공통원가는 제일 많이 배분받고, 그래서 매출원가는 더욱 높아질 수밖에 없는 것이다.

박 이사는 되도록 빨리 이 생산라인을 교체하고 싶지만 마땅한 기회가 없고, 그나마 가동하지 않으면 유휴시설로 방치해야 하기 때문에 아직까지 운영하고 있다. 하지만 박소심 이사는 큰 결심을 내렸다. 성과평가를 잘 받기 위해 이제부터 이 생산라인의 운영을 중단하기로 결심한 것이다.

창원사업부의 수익성이 낮은 생산라인의 1분기 내역은 오른쪽과 같다. 단, 해당 생산라인을 중지시키면 매출원가와 사업부관리비는 발생하지 않는다.

(단위: 억 원)

	창원
매출액	800
매출원가	600
사업부관리비	100

☑ **첫 번째 과제**

수익성 낮은 생산라인 가동을 중단하기로 한 박소심 이사의 결정은 과연 옳은 것일까?

Q1 아래 표는 문제의 생산라인 가동을 중지한 후인 2023년 2사분기 각 사업부와 ㈜문어발그룹(전체)의 손익계산서다. 앞서 제시된 자료들을 바탕으로 빈칸을 완성해보자. (단, 수익성 낮은 생산라인 가동을 중단시킨 것 외에 매출과 영업활동 결과는 1사분기와 동일하다.)

(단위: 억 원)

	창원	경주	포항	그룹(전체)
매출액	＿＿＿	1,200	1,600	＿＿＿
매출원가	＿＿＿	540	640	＿＿＿
매출총이익	＿＿＿	660	960	
사업부관리비	＿＿＿	125	160	＿＿＿
본사공통원가	＿＿＿	＿＿＿	＿＿＿	960
영업이익	＿＿＿	＿＿＿	＿＿＿	

Q2 낮은 수익성의 생산라인을 중단한 조치로 창원사업부의 경영성과가 좋아졌는가?

Q3 낮은 수익성의 생산라인을 중단한 조치로 ㈜문어발그룹의 경영성과가 좋아졌는가?

☑ **두 번째 과제**

당신이 ㈜문어발그룹의 회장이라면, 각 사업부 경영자들이 그룹 전체의 이익에 부합되는 의사결정을 내릴 수 있도록 성과평가 시스템을 어떻게 개선할 수 있을까?

도전! 실무회계

첫 번째 과제 해설

- 2사분기 ㈜문어발그룹의 손익계산서는 다음과 같다. (Q1의 정답)

(단위: 억 원)

	창원	경주	포항	그룹(전체)
매출액	1,200 (①)	1,200	1,600	4,000
매출원가	450 (②)	540	640	1,630
매출총이익	750 (④)	660	960	2,370
사업부관리비	150 (③)	125	160	435
본사공통원가 (⑤)	288	288	384	960
영업이익 (⑥)	312	247	416	975

1사분기 손익계산서의 각 항목에서 수익성 낮은 생산라인의 1분기 내역을 빼면 매출액(①), 매출원가(②), 사업부관리비(③)를 새로 구할 수 있다. 그리고 매출액에서 매출원가를 빼면 매출총이익(④)이 나온다. 문어발그룹(전체)의 매출액, 매출원가, 사업부관리비는 각각 세 사업부를 모두 합치면 되고, 그룹 전체 매출총이익은 전체 매출액에서 매출원가를 빼면 된다(이 금액은 세 사업부의 매출총이익의 합과 같다).

본사공통원가(⑤)는 매출액을 기준으로 배분된다고 했으므로, 전체 공통원가인 960억 원을 1,200 : 1,200 : 1,600의 비율로 나누면 창원사업부 288억 원, 경주사업부 288억 원, 포항사업부 384억 원으로 배분된다. 영업이익(⑥)은 매출총이익에서 사업부관리비와 본사공통원가를 빼면 나온다.

- 위 손익계산서에 따르면 창원사업부의 매출액은 줄었지만 영업이익은 1사분기 300억 원에서 2사분기 312억 원으로 증가하였다. 따라서 영업이익에 따라 성과평가를 받는 박소심 이사는 매우 만족스러울 것이다. (Q2의 정답)

- 반면 그룹 전체의 매출액은 1사분기 4,800억 원에서 2사분기 4,000억 원으로 줄었고, 영업이익도 1사분기 1,075억 원에서 975억 원으로 감소하였다. 이것이 박소심 이사에게 어떤 영향을 미칠지는 여러분의 생각에 맡기겠다. (Q3의 정답)

두 번째 과제 해설

현재 영업이익만으로 각 사업부 책임자를 평가하는 ㈜문어발그룹의 성과평가 기준은 회사 전체의 이익을 해칠 수 있는 요인이 있다. 개인의 이익만 생각하다가 전체의 이익을 해치는 현상, 즉 부분최적화 현상이 발생하는 것이다. 근본적인 원인은 각 사업부 책임자들이 통제할 수 없는 원가인 본사공통원가를 부담능력기준인 매출액으로 배분하는 것에 있다. 가장 좋은 방법은 인과관계가 확실한 배분기준을 적용하는 것이지만, 그것이 어렵다면 매출액을 줄여서라도 배분을 피하게 만드는 문제점이라도 없애야 한다. 만약 매출액이 아니라 본사공통원가를 고려하지 않은 영업이익으로 성과평가를 한다면 각 사업부 책임자들이 불만을 품지 않을 것이다.

참고문헌

1) 캐런 버먼·조 나이트, 《팀장 재무학》. 하남경 역. 위즈덤하우스, 2006.

2) 신홍철·정영기, 《회계학원론》. 도서출판 청람, 2019.

3) 신홍철·이주원·강대준, 《신관리회계》. 경문사, 2019.

4) Dugan, Gup and Samson 〈Teaching the statement of Cash flows〉, Journal of Accounting Education Vol.9,1991.

5) Charles T. Horngren, Srikant M. Datar and George Foster, 《원가회계 해법(Cost Accounting)》(제12판). 이정우, 서영민 공역. 시그마프레스, 2008.

6) Baker, Ronald J., Pricing on Purpose, 2007, "Why Movie Theatre Popcorn Is So Expensive?"

찾아보기

Index